Sprache der Massenmedien

von

Harald Burger

2., durchgesehene und erweiterte Auflage

W DE G

1990

Walter de Gruyter · Berlin · New York

SAMMLUNG GÖSCHEN 2225

Professor Dr. *Harald Burger*
Ordinarius für Germanistische Linguistik
an der Universität Zürich

CIP-Titelaufnahme der Deutschen Bibliothek

Burger, Harald:
Sprache der Massenmedien / von Harald Burger. – 2., durchges. u. erw. Aufl. – Berlin ; New York : de Gruyter, 1990
(Sammlung Göschen ; Bd. 2225)
ISBN 3-11-012306-1
NE: GT

Printed in Germany
Satz: Fotosatz Otto Gutfreund, Darmstadt
Druck: Druckerei Gerike GmbH, Berlin
Buchbinderische Verarbeitung: Lüderitz & Bauer, Berlin

Vorwort

Die Massenmedien haben keine eigene „Sprache", wenn man Sprache im Sinne von „Subsystem", „Varietät" oder ähnlich versteht. Wohl aber haben sie eigene Praktiken des Umgangs mit Sprache – eigene kommunikative Verfahren und in gewissem Rahmen eigene Textsorten – entwickelt, die sie von der übrigen Sprachrealität deutlich abheben. Die so verstandene „Sprache der Massenmedien" darzustellen, ist Ziel dieser Einführung.

Das Buch wendet sich an alle, die sich für Massenkommunikation und deren aktuelle Probleme interessieren, insbesondere an Studierende der Germanistik und anderer Philologien, der Kommunikationswissenschaft und Pädagogik.

Von der Vielzahl sogenannter Massenmedien, zu denen auch Plakate, Schallplatten, Comics usw. zählen würden, behandeln wir nur die elektronischen Medien (Radio und Fernsehen) sowie einige Aspekte der Printmedien (Zeitungen, Zeitschriften usw.), da diese beiden Gruppen sich linguistisch gesehen unter einheitlichen Gesichtspunkten behandeln lassen und da sie gemeinsame Entwicklungstendenzen zeigen.

Eines der Hauptprobleme für eine sprachwissenschaftliche Beschreibung von Medientexten ist der rasche Wandel von Sendeformen, Strukturplänen, journalistischen Moden. Man braucht, noch viel mehr als in anderen Bereichen der Sprachverwendung, große Datenmengen, um verläßliche Aussagen machen zu können, und auch dann gelten die Aussagen jeweils nur für eine gewisse Zeitspanne im Umkreis des Untersuchungskorpus. Zu solchen Daten zu gelangen, war mir nur möglich durch langjährige Beschäftigung mit dem Gegenstand in Seminarien und sonstigen Lehrveranstaltungen. Viel verdanke ich den von mir geleiteten studentischen Projektgruppen, die sich – in Zusammenarbeit mit dem Publizistischen Seminar der Universität Zürich und seinem Leiter, Ulrich

Saxer – jeweils über mehrere Semester mit einem Thema (wie „Interview“, „Magazin“ usw.) befaßten.

Besonders dankbar bin ich Peter Schulz, dem ehemaligen Leiter der Abteilung „Ausbildung“ von Radio und Fernsehen der deutschen Schweiz (jetzt Leiter des Medien-Ausbildungszentrums MAZ in Luzern), der mich vor vielen Jahren zur Beschäftigung mit der Sprache der Massenmedien anregte und mir Gelegenheit gab, bei zahlreichen Tagungen und Kursen Einblick in die Sprachprobleme der journalistischen Praxis zu gewinnen. Die Praxis der deutschen Medien kenne ich vor allem aus verschiedenen Fortbildungsveranstaltungen, die ich beim Bayerischen Rundfunk durchgeführt habe.

Im übrigen danke ich für vielfältige Anregungen und Hilfe Frau Dr. Annelies Buhofer und Frau lic. phil. Brigit Eriksson, für technische Hilfestellung Herrn Dr. Paul Michel, sowie Frau Margrit Hirsch und Frau Livia Meister für das Schreiben des Manuskripts.

Zürich, im April 1984

Vorwort zur zweiten Auflage

Der Text der ersten Auflage wurde auf Druckfehler hin durchgesehen und an einigen Stellen aktualisiert. Darüber hinaus habe ich für die Neuauflage die hauptsächlichen Entwicklungen, die sich in den Medien und in der Forschung registrieren lassen, resümiert (Kap. 11).

Zürich, im Dezember 1989

Inhalt

1. Einführung – historische Aspekte

Auf den ersten Blick trivial ist die Tatsache, daß Zeitungen geschichtlich zurückverfolgt werden können, daß sie in Archiven dokumentiert, also jedermann auch in ihrer historischen Dimension zugänglich sind, während Radio und Fernsehen dieser Dimension weitgehend entbehren. Für sprachwissenschaftliche Untersuchungen hat dies aber folgenschwere Konsequenzen: Bei der Zeitung können wir verfolgen, wie und warum sich bestimmte Formen gegenüber anderen durchgesetzt haben, wie sich Stile verändern, kurz: wir können den Jetztzustand als Resultat eines langen Entwicklungsprozesses begreifen. Bei Radio und Fernsehen – obwohl sie noch über keine lange Geschichte verfügen – sind wir weitgehend auf den Jetztzustand angewiesen. Natürlich gibt es bei diesen Medien Konserven; doch versagt die Dokumentation gerade in den Bereichen, die für sprachwissenschaftliche Untersuchungen am aufschlußreichsten sind, in den alltäglichen „Struktursendungen" (d.h. täglich oder zumindest periodisch wiederkehrenden Sendungen) ohne überzeitlichen Anspruch. Aufbewahrt werden Sendungen zu besonderen Anlässen, besonders geglückte „Sternstunden" des Mediums u.dgl., nicht aber die unscheinbare Ansage, der Korrespondentenbericht über irgendeine Phase in irgendeinem Krieg. Wenn man – wie wir es für die Schweiz getan haben (vgl. S. 218) – die Entwicklung einer Gattung hinsichtlich eines linguistischen Merkmals – wie der Verteilung von Standardsprache und Dialekt – untersuchen will, ist man auf zufällige Aufzeichnungen von Sendungen und Aussagen von Mitarbeitern über die früheren Zustände, allenfalls auf interne schriftliche Konzepte angewiesen. Daraus resultiert für Linguisten, die sich mit den elektronischen Medien befassen, die Notwendigkeit, kontinuierlich oder mindestens in bestimmten Abständen Struktursendungen aufzuzeichnen und damit die Möglichkeit für Langzeitstudien zu schaffen.

Die historische Dimension ist in sprachlicher Hinsicht freilich auch für die Presse noch so gut wie unerforscht. Ich kann denn auch nur auf einige historische Aspekte verweisen, die für das jetzige sprachliche Verhältnis der drei Medien zueinander aufschlußreich sind. (Die amerikanischen Verhältnisse, die in mancher Hinsicht analoge Entwicklungen aufweisen, sind ansatzweise in der interessanten Arbeit von Heath 1981 dargestellt.)

In den frühen Zeiten der Zeitung im 17. und 18. Jh. werden die stilistischen Muster von existierenden literarischen Gattungen übernommen, z.B. von Erzählungen und Briefen. (Die Zeitungsbeispiele dieses Kapitels sind sämtlich der Neuen Zürcher Zeitung entnommen, da diese einige der wenigen Zeitungen ist, die während des ganzen hier beschriebenen Zeitraums existierte.) Der folgende Text, der am 24.4.1782 unter „Vermischte Nachrichten" erschien, erinnert eher an eine Kleistsche Novelle als an Texte, wie man sie heute unter „Unfälle und Verbrechen" finden würde:

(24.4.1782)
In einem Wirthshaus im Eisenburger Komitat in Ungarn kam am 12. Februar ein Fremder, begehrte von dem Wirth ein eigenes Zimmer, welcher ihm aber kein anderes, als das von seinem abwesenden Sohn geben konnte. Der Fremde schläft, von der Reise ermüdet, ruhig, als der nach Haus kommende Sohn ihn störte, und ihn in die gemeine Wirthsstube hinabzugehen zwingt. Gegen 1. Uhr kommt der Wirth, mit Vorsatz den Fremden zu tödten, hinauf, und schneidet seinem eignen Sohn die Gurgel ab, legt das Messer neben ihn, als wenn Selbstmord wäre begangen worden, und zählt hierauf ruhig in seiner Stube das ihm Abends von dem Fremden aufzubewahren übergebene Geld. Beym Eintritt in die Gaststube des Morgens erblikte er den eben erwachenden Gast, rennt hinauf an das Bett, worinn er den Fremden zu schlafen geglaubt, und fällt bey Erblickung seines noch röchelnden Sohnes todt darnieder.

Im Gegensatz zu der entpersönlichten, sachlichen Sprache heutiger Nachrichten sind es häufig eigentliche Erzählungen, die da präsentiert werden, Erzählungen mit beinahe literarischem Anspruch, mit einem hohen Anteil an Expressivität, auch mit der Absicht, Spannung zu erzeugen und den Leser in Atem zu halten. So liest man noch im 19. Jh. Texte dieser Art (Hervorhebungen von mir sind im folgenden kursiv gekennzeichnet, H.B.):

(8.1.1863) Deutschland
In dem badischen Ort Istein *hat sich* ein grauenerregender Mord *ereignet.* Vor 17 Jahren *hatten* sehr arme Eltern ihr einziges Töchterchen einer

englischen Familie zur Erziehung *anvertraut.* Die Eltern *erfuhren* nichts mehr von dem Schicksal der Tochter. Da kam am 24. Dez. v.J., dem Weihnachtsabend, eine Dame nach Istein, wies sich beim Bürgermeister als jene Tochter aus und ging dann, ohne sich zu erkennen zu geben, zu ihren Eltern, um ein Nachtlager bittend. Sie erhielt ein Strohlager gegen das Versprechen von Fr. 5. Da nun die Alte sah, daß die Dame viel Geld bei sich trug, machte sie ihrem Mann den Vorschlag, den Gast zu ermorden. Der Mann wollte davon nichts wissen, die Frau suchte ihn deshalb zu entfernen und schickte ihn fort, Branntwein zu holen. Jetzt warf sich die Alte über das Mädchen her und *schnitt* ihr die Kehle *ab.* Sie *hatte* ihre eigene Tochter *ermordet,* die 30–40,000 Fr. bei sich hatte, um damit am h. Christtag ihre Eltern zu überraschen. Der Mann *fiel* in Wahnsinn, die Mörderin *ist* im Gefängniß.

(Man beachte neben den sonstigen narrativen Techniken vor allem die Tempus-Wahl: Perfekt und Präsens „umrahmen" die im Präteritum [Plusquamperfekt] erzählte Geschichte.)

Der novellistische Charakter solcher Texte wird vor allem dadurch legitimiert, daß es sich vorwiegend um echte oder fiktive „Augenzeugenberichte" handelt. Besonders bei Schilderungen kriegerischer Ereignisse kann der Augenzeuge, den man mitten im Schlachtgetümmel zu sehen vermeint, die Fiktion des Unmittelbar-Dabeiseins vermitteln:

(8.1.1863)
Amerika. Immer noch bildet das furchtbare Gemetzel bei Friedrichsburg das Thema aller Zeitungen. Es war eine Schlachtgrube, in welcher Tausende und aber Tausende durch ein fünffaches Artillerie- und Infanteriefeuer niedergemäht wurden, ohne nur Gelegenheit zu haben, ihre Gewehre abzudrücken. (...)

„In dem Augenblick, wo sich die erste Division der Feinde exponirte, brach das mörderische Feuer los. Aus den Schießgräben, aus den Batterien auf beiden Terrassen und aus den auf der obern Terrasse nach rechts hin bis zum Fluß aufgestellten, die Flanke der Sturmkolonnen bestreichenden Batterien donnerte ohne Unterbrechung Salve auf Salve. Das Loos der Truppen die in solchem Feuer vorrückten, läßt sich besser vorstellen als schildern. Ueber die Ebene marschirten sie vorwärts. Sie wurden buchstäblich in Schwaden niedergemähet. Die explodirenden Bomben rissen breite Lücken in ihre Reihen, die sofort wieder geschlossen wurden. Mindestens fünfzehn Minuten – fünfzehn Ewigkeiten – drangen sie in dem Höllenfeuer vorwärts mit von Sekunde zu Sekunde sich lichtenden Reihen. Schon haben sie fast den Fuß der Anhöhe erreicht, als Brigade auf Brigade feindlicher Infanterie sich auf dem Kamm erhebt und auf kurze Distanz Kleingewehrsalven unter sie feuert. Es war ein grauenvoller Anblick. Die Grenze der menschlichen Ausdauer war erreicht. Unter dem Jubelgeschrei des Feindes wich die Heldenschar zurück. Sechstausend Mann stark war sie in den Kampf gezogen; spät am Abend sagte mir General French, daß er nur noch fünfzehnhundert Mann habe!"

Der Erzähler bedient sich hier aus dem gängigen Arsenal sprachlich-literarischer Mittel der Spannungserzeugung: Die Schilderung blendet sich in den entscheidenden Augenblick des Geschehens ein. Der Augenzeuge bekennt seine Sprachnot. In kurzen Sätzen wird das sich steigernde Entsetzen beschworen. Lexikalische Steigerung *fünfzehn Minuten – fünfzehn Ewigkeiten*. Aspekt-Wechsel vom erzählenden Präteritum zum Präsens (u. Perfekt) bei der Peripetie. Dann wieder zurück ins Präteritum und Abschluß mit einem resümierenden Satz aus dem „Interview" mit dem General. Die Funktion des Augenzeugenberichtes ist dort am besten erkennbar, wo in einem längeren Artikel zunächst verschiedene briefliche Mitteilungen zusammengefaßt werden und dann dem Augenzeugen das Wort gegeben wird:

(24.5.1823)
Mittlerweile erzählen Briefe aus Burgos, die sich in der französischen Quotidienne, und, aus derselben, im Moniteur vom 16. befinden, wie am 6. die provisorische Junta, in Begleit des königl. französ. Kommissärs, H. von Martignac, und am 9. des H. Herzogs von Angouleme königl. Hoh. zu ermeldtem Burgos, unter lautem Jubel der Einwohner eingerückt war. „Ich sah" (bemerkt ein Augenzeuge) „wie viele derselben, um das Gefühl ihres Glücks und ihres Danks auszudrücken, das Zeichen des Kreuzes machten, und eine Frau hört' ich überlaut rufen: Euch hat Gott gesandt; Er kömmt in Eurer Mitte! Man hatte ein prächtiges Geleit organisirt, um dem Prinzen entgegen zu gehn. Zwölf Mann von hohem Wuchse eröffneten den Zug; auf sie folgten Gruppen von Tänzern, und auf diese mehrere Waffenherolde und Offiziere, welche eine Person (un personnage?) umgaben, die den König von Spanien vorstellte.

Von der „Nachrichtenperspektive" wird umgeschaltet zur Perspektive desjenigen, „der dabei war", der sagen kann: „Ich habe gesehen und gehört, was die Leute gesagt und getan haben."

Augenzeugenberichte werden in der Regel brieflich übermittelt.

Überhaupt sind Briefe – neben anderen Zeitungen – die Hauptquelle des Journalisten in der frühen Zeit. Die vordergründig bloß „technische" Tatsache der brieflichen Übermittlung von Informationen hat unmittelbare Konsequenzen auch im sprachlichen Bereich: Die Strukturmodelle von Briefen prägen auch die Textgestalt der Zeitungstexte.

So ist es ganz selbstverständlich, daß die Schreiber *ich* sagen dürfen, daß sie ihren Gefühlen, Vermutungen, Bewertungen Ausdruck geben (auch wenn es sich nicht um Augenzeugen handelt):

Soeben vernehme *ich*, daß Fürst Gortschakoff den Baron Budberg in einer telegraphischen Depesche beauftragt hat, über die Angelegenheit die Ansicht der französischen Regierung zu erforschen.
(8.1.1863)

Ein aus Jamaika angekommenes Paquetboot, welches am 18. Februar von da absegelte, bringt die Nachricht mit, daß am 3ten dieses in Kingston, der Hauptstadt dieser Insel, eine *schrekliche* Feuersbrunst entstanden ist, wodurch 84. Häuser und Magazine im Rauch aufgegangen sind. *Zum Glücke*, daß der Brand nicht weiter um sich griff. – Der Konvoy von Lisabonn und Oporto ist *glücklich* in Portsmouth eingetroffen.
(London, vom 5. April; 17.4.1782)

In dem badischen Ort Istein hat sich ein *grauenerregender* Mord ereignet (...)
(8.1.1863) (s.o. S. 8)

Die Newyorker Presse fordert zu Volksversammlungen und Sturmpetitionen auf. Wird dieß das *schauerliche* Ereignis weniger *schauerlich* machen?
(8.1.1863)

Hochgestellte Persönlichkeiten werden – was einem professionellen Journalisten späterer Zeit die Haare zu Berge stehen ließe – mit den devoten Formeln von Briefen an Höhergestellte behandelt:

Den 15. dieses hoffen wir des Großfürsten und der Großfürstin von Rußland königliche Hoheiten hier bey uns zu haben.
(17.4.1782)

Auf ein anderes, nicht minder wichtiges Vorbild verweist die frequente Verwendung von Fußnoten:

„Bemerkenswerth ist es" (setzt dann das Blatt der New-Times hinzu) „daß die erste Maßregel, welche ein Gegenstand der Bemühungen des Sir Will.

A'Court seyn sollte, die Veränderung des Ministeriums nämlich, wirklich ist erhalten, und in den Sitzungen der Cortes vom 23. und 24. April förmlich angekündigt worden*)."

„Und noch befriedigender ist es, zu vernehmen, daß der Präsident der Cortes, H. Flores Calderon, in seiner Eröffnungsrede der Cortessitzungen zu Sevilla ausdrücklich erklärte, daß die Regierung bereit sey, dem Einrükken der französischen Truppen in Spanien ungeachtet, Vorschläge von Seite Frankreichs anzuhören, und Veränderungen in der Konstitution vorzunehmen; beyde Punkte, und zumal der letztere**), klare Beweise, daß die Partheyen nicht ungeneigt seyen, sich unter einander zu verstehen", u.s.f.

*) Irren wir uns nicht, so behaupteten seither andere Nachrichten, daß diese Veränderung dennoch nicht statt gefunden. Vergl. auch oben, unter der Rubrik Spanien, den Brief aus Sevilla vom 30. April, welcher ausdrücklich sagt, daß damals kein Ministerium vorhanden, also ein neues wenigstens noch nicht eingetreten war.

**) Diese Stelle in der Rede des Präsidenten Calderon lautete aber eben nicht so, wie oben im Text angeführt ist, sondern buchstäblich, wie folgt:

„Hier (wo unsere Feinde, uns neuerdings zu versammeln, es nicht verhindern konnten) werden wir ohne Scheue die Vorschläge erwarten, die man uns bisher niemals gemacht, wohl aber zu machen sich gestellt hat, um Unkluge und Schwache zu täuschen."

„Wir wiederholen: Daß, als wir unsere Verfassung bildeten, wir solche eben so wenig allen Veränderungen der Laune bloß stellen, als ihr eine Unveränderlichkeit und Ewigkeit geben wollten, welche alles Werk der Menschen nicht verträgt; da wir uns demnach, in festen und genauen Formen, solchen Veränderungen, welche Zeit und Erfahrung nothwendig machen sollten, fügen würden, so bald es der Nation belieben wird, solches zu thun, dagegen aber niemals leiden werden, daß irgend eine Gewalt auf Erde sich eine Initiative anmaße, welche die heiligsten Rechte unter über sich kehren müßte", u.s.f.u.f. Alles mit weit Mehrerm.

Der Artikel selbst ist weitgehend Zitat aus einer anderen Zeitung. Die Fußnoten dienen nun dazu, Abweichungen von der durch diese Quelle vermittelten Darstellung zu vermerken: durch Verweis auf andere Quellen mit anderslautenden Darstellungen, durch wörtliches Zitat einer Rede, die in der Hauptquelle nur indirekt und zudem offenbar nicht zutreffend zitiert ist. Die verwendeten textlinguistischen Mittel verweisen deutlich auf das Genre der wissenschaftlichen Abhandlung: *vgl. auch oben; Diese Stelle (...) lautete (...) buchstäblich, wie folgt* (d.h. es folgt der wörtliche Beleg für eine Behauptung).

Die enge Verknüpfung des Zeitungsstils mit nicht-journalistischen Gattungen hängt auch mit der beruflichen Stellung der Zeitungsmacher zusammen: Im frühen Zeitungswesen war die Tätigkeit des Redakteurs und des Korrespondenten noch wenig oder gar nicht professionalisiert. Insbesondere Beiträge aus dem Ausland kamen oft von Leuten, die nur nebenamtlich für die Zeitung arbeiteten, hauptberuflich aber Lehrer, Kaufleute u.ä. waren. Der Journalismus wird zum Hauptberuf an der Wende vom 18. zum 19. Jahrhundert. Zunächst ändert sich dadurch nur wenig im stilistischen Bereich. Die modellbildende Kraft der belletristischen Vorbilder ist so stark, daß es eines mühsamen Prozesses der Emanzipation bedarf, bis der Journalist seine eigenen stilistischen Wege findet. Bis in die jüngste Zeit gibt es ja Journalisten – vor allem im Ressort „Kultur" –, die sich primär als Schriftsteller verstehen, und das nicht nur in der Presse, sondern selbst in den elektronischen Medien (vgl. S. 271ff.).

Die Professionalisierung des Berufs bringt nach und nach eine neue Einschätzung der Rolle und Bedeutsamkeit der journalistischen Persönlichkeit mit sich. In den Anfängen wird kein Wert darauf gelegt, zu sagen, wer den Artikel verfaßt hat. Die Schreiber der Briefe bleiben i.a. ungenannt. Wenn hingegen eine andere Zeitung als Quelle für den Artikel fungiert, wird sie natürlich angegeben. Im übrigen genügt das Augenzeugenprinzip, bei dem nur von Belang ist, daß der Schreiber dabei war, nicht aber, wer der Schreiber ist.
Im 19. Jahrhundert wird die Anonymität des Journalisten zum Thema hitziger politischer Diskussionen.

Im Jahre 1850 stellte in der französischen Volksvertretung der Legitimist de Tinguy den Antrag: es sollte jeder Zeitungs-Aufsatz politischen, filosofischen, religiösen Inhalts von seinem wirklichen Verfasser unterzeichnet werden. Im Namen der Linken erklärte Lavergne das Einverständnis mit dieser Forderung unter der Voraussetzung, daß die Unterschrift die einzige Beschränkung der Preßfreiheit sei, und die Versammlung erhob mit 313

anlagen die am allerwenigsten einträgliche ist. Mit andern Worten: hätten sämmtliche Aktionärs wie Ein Mann ihr Geld in Grundbesitz oder in Fonds gesteckt, so würden sie, ganz abgesehen von allen Krisen, einen weit größern Zins beziehen und ihre Titel würden auch auf dem Geldmarkt mehr Werth haben. (...)

Der nächste thematische Schritt wird wieder durch einen zusammenfassenden Redebericht eingeleitet, und nach dem Doppelpunkt folgt indirekte Rede im Konjunktiv. Abweichend von heutiger Praxis gleitet das indirekte Zitat im Konjunktiv allmählich in indikativisches Zitieren hinüber, ohne daß durch Anführungszeichen klar gemacht würde, ob wörtlich zitiert wird oder nicht.

Das englische Blatt sucht dann seinem Publikum die Interessen ganz besonders an's Herz zu legen: Es lasse sich da nicht von einer verfehlten Spekulation reden, deren Schaden der Spekulant auf sich tragen möge; denn alles Volk sei am Schicksal der Eisenbahngesellschaften direkt interessirt; diese seien einerseits freilich auch Handelsleute und müssen als solche wie alle andern Handelsleute, je nach dem Erfolg ihres Geschäfts, stehen oder fallen, ohne von der Staatsgesellschaft Hülfe erwarten zu können; anderseits aber dienen sie dem Publikum unmittelbar als die Träger einer sehr wichtigen Lebensaufgabe und in dieser Hinsicht sei es von der höchsten Bedeutung für das Land, daß sie für ihre Zeit und ihr Kapital einen entsprechenden Ersatz erhalten. Die Gesellschaften haben ein Recht, den Schutz des Publikums zu verlangen, so gut hinwieder das Publikum berechtigt ist, sich gegenüber den Gesellschaften sicher zu stellen. (...)

Unter solchen Umständen schließt das englische Blatt, sollte das Publikum nicht vergessen, sondern vielmehr tief beherzigen, daß die Interessen der reisenden Klasse und diejenigen der Eisenbahnaktionäre keineswegs einander widerstreiten, sondern bis auf einen gewissen Punkt vollkommen einig gehen. (...)

Den Abschluß bildet ein in zwei Punkte gegliedertes Resümee des Redakteurs, das implizit auf die Relevanz der Vorgänge in England für die Situation im eigenen Land hinweist:

Bezeichnend in dieser Anschauung des englischen Blattes ist zweierlei: erstens, daß trotz der schlimmen Stellung der englischen Bahnen auch nicht von ferne der Gedanke an einen Staatsstreich auftaucht; zweitens, daß die Erstellung von Konkurrenzbahnen à la London–Brighton als das Spiel von Spekulanten erklärt wird, nämlich von Leuten, die sich ebenso wenig um die Dividenden des Aktionärs als die Erleichterung des Publikums, desto mehr aber um die Kreirung einträglicher Eisenbahnstellen für sich und ihre Freunde bekümmern.

Die Beschränkung auf Briefe und andere Zeitungen als Quellen sowie die fehlende Professionalisierung bestimmten auch den Aufbau der Zeitung. Die Aufgliederung der Zeitung in Ressorts, wie sie heute – außerhalb der Boulevardpresse – üblich ist, ist Produkt einer langen Entwicklung. In den Anfängen ist das wichtigste Ordnungsprinzip die Herkunft der Texte (Paris, Holland...). Diese werden dann allenfalls grob geordnet nach Inland/Ausland. Relevanzkriterien spielen allenfalls insofern eine Rolle, als von den hauptsächlichen Meldungen noch eine Sammelkategorie „Vermischte Meldungen" als weniger wichtig abgesetzt wird. Innerhalb eines Briefes aus dem Ausland werden die Berichte nach dem „und-dann-Prinzip" aneinandergereiht. Der Schreiber berichtet dies und das, was er für berichtenswert hält. Ein Beispiel vom 17.4.1782:

Frankreich
Paris, vom 9. Aprill. Der Hof hat durch einen Kourrier die Nachricht erhalten, daß die grosse Kauffahrteyflotte von St. Domingue zu Ferrol und Korunna glücklich eingelaufen sey: 70. bis 80. Schiffe haben sich von derselben getrennt und sind durch die Strasse nach Marseille gegangen. – Indessen die englischen Blätter von dem Glück der brittischen Waffen in Indien so viel zu sagen wissen, will man hier Nachricht haben, Hyder Aly habe die Engländer gänzlich geschlagen, 4000. derselben getödet, und den General Munro samt der ganzen Artillerie und Bagage gefangen genommen. Man hat aber gute Ursache zu glauben, dieses Gerüchte werde sich so wenig als die so oft angekündigte Eroberung von Madraß, bestätigen. – Auf der Insel St. Kristoph sind uns 20. Schiffe zu 300. bis 400. Tonnen, mit Zucker, Mund- und Kriegsvorrath befrachtet, in die Hände gefallen. – Zu London schmeichelt man sich, der Friede mit den Amerikanern werde bald geschlossen seyn; hier zu Paris aber schmeichelt man sich natürlich des Gegentheils.

Italien
Genua, den 3. April. Seit 1709 hatten wir keine so grosse Kälte als dieses Jahr. Das Feld hat viel gelitten: Zu Novi sind die Oelbäume bis in die Wurzeln erfroren. Von Lisabon wird geschrieben, daß als diesen Winter der Schnee auf 2. Schuh hoch gefallen war, das Volk dieses unerhörte Phänomene für die Ankündigung des jüngsten Tags angesehen habe, und aus der Stadt geflohen sey. Man hat viel Mühe gehabt, es wieder in die Stadt zu bringen. – (...)

Ein von außen kommender Impuls, der das Gesicht und auch die Funktionen des Mediums entscheidend verändert, der den Nachrichtenfluß beschleunigt und die Professionalität unterstützt, ist die Erfindung des Telegraphen (1833) und des Telephons (1860).

Wuttke (1875) beschreibt anschaulich die radikalen Veränderungen, die der Telegraph im Zeitungswesen bewirkt. Es setzt eine ökonomisch bedingte Konzentration im Nachrichtenwesen ein (die bis heute noch keinen Abschluß gefunden hat, s.u.):

Ein Telegrammengeschäft anzufangen setzt noch ganz andere Mittel voraus, als die Herausgabe einer Zeitung. Sonst niemand als eine große Geldmacht ist im Stande, den erforderlichen Aufwand zu tragen. Denn es gehört dazu eine weite Verzweigung in „Stationen"; eigne Berichterstatter muß es in den Regierungssitzen, in den wichtigsten Hafenplätzen und für alle großen Börsen bestellt haben, die ihm das Neueste zutelegrafiren, das es in der nächsten Stunde nach allen Richtungen weiter austrägt. Belangreiches, was jedermann am Orte sieht oder erfahren kann, vermag das Telegrammengeschäft nur dadurch sofort, worauf es doch hauptsächlich ankommt, zu erhalten, daß daselbst jemand vorhanden ist, der auf der Stelle die betreffende Nachricht ihm gibt.
(Wuttke 1875, 131)

Die wirtschaftlichen Aspekte haben dann unmittelbar sprachlich-stilistische Konsequenzen:

Weil das Telegrafiren noch so theuer berechnet wird, faßt man die Nachricht so kurz als möglich, überspringt also Zwischenworte, übergeht Nebensächliches. Zu dem ausdrücklich Telegrafirten muß das nach des Absenders Meinung leicht zu Ergänzende hinzugedacht werden. Der Empfänger füllt die unvollständige Kunde aus.
(Wuttke, ebda.)

Die Verkürzung der sprachlichen Formulierungen kann zu Mißverständnissen führen, manche Telegramme sind geradezu unverständlich. Doch gefährlicher ist, nach Wuttke, die Verkürzung im Inhaltlichen:

(...) es blitzen den Zeitungen gar nicht selten abgerissene Nachrichten zu, die mit den vorangegangenen Kunden durchaus nicht in Einklang zu bringen, in ihrer Plötzlichkeit überraschen und wie sie ohne Auseinandersetzung, ohne Erläuterung gegeben sind, manchmal halb unverständlich erscheinen, gemeinlich aber verwirren und falsche Vorstellungen erwecken.

Eine bloße Angabe der Sache ohne nähere Ausführung, mehr eine bloße Ueberschrift als einen Bericht liefert in der Regel das Telegramm. Nun läuft dasselbe aber um Tage den umständlichen Benachrichtigungen zuvor. Ist jedoch einmal der gewöhnliche Leser vom Ausfall einer Angelegenheit unterrichtet, so erlischt in der Regel sein Antheil an ihrem Verlauf und das Wie des Hergangs kümmert ihn nicht weiter. Die vollendete Thatsache allein drückt sich seinem Geiste ein. Er gewinnt demzufolge kein rechtes Verständniß der betreffenden Dinge, ja, was noch schlimmer ist, er wird oftmals zu falscher Beurtheilung verleitet.
(Wuttke, ebd.)

Hier werden Probleme angesprochen, die bis zum heutigen Tage Grundprobleme der Nachrichtenvermittlung geblieben sind: die punktuelle, auf das jeweils Neueste ausgerichtete Information erschwert das Begreifen von übergreifenden Zusammenhängen, von Kausalbeziehungen zwischen Ereignissen. Die „Neuigkeit" wird ein Wert an sich, sie prägt das Bewußtsein des Rezipienten, auch wenn die Meldung sich nachträglich als falsch oder nur halb-wahr herausstellt.

Stets hat das Telegramm die bestimmende Wirkung des ersten Eindrucks für sich. Nicht immer vermögen nachhinkende Auseinandersetzungen diese abzuschwächen. Ehe sie gelesen werden können, ist schon das allgemeine Urtheil nach einer gewissen Seite hin eingenommen. Sie werden, wenn sie überhaupt noch beachtet werden, mit ungläubigem Gemüth aufgenommen. Der eigentliche Bericht wird durch das vorlaufende Telegramm zu der Bedeutungslosigkeit eines Nachtrags herabgedrückt.
(Wuttke 1875, 138)

In den ersten Zeiten werden die telegraphisch übermittelten Texte als „Telegramme" hervorgehoben, und sie stechen durch ihre Kürze von den übrigen Artikeln deutlich ab. Noch 1883 liest man einen solchen Telegramm-Block:

Telegramme

Panama, 27. Februar. Der Delegirte des Papstes in Chile weigert sich, den von der Regierung ernannten Erzbischof von Santiago anzuerkennen. Die Regierung bestand auf ihrem Rechte und der Vertreter des Papstes erhielt seine Pässe.

Paris, 27. Februar. Der Anarchist Metayer ist gestern in Brüssel gestorben, ohne eine Enthüllung zu machen.

Madrid, 27. Februar. Der „Correo“ publiziert einen Brief aus Xeres, der sagt, die revolutionäre Bande der schwarzen Hand zähle 7000 Affilirte. Der Prozeß gegen die Internationalen wird Mitte März beginnen.

London, 27. Febr. Im Unterhaus wurde ein Amendement Parnells, das die irische Politik der Regierung tadelt, mit 133 (?) gegen 15 Stimmen abgelehnt.

Die neuen Medien kommen der Kommerzialisierung der Nachrichtenzulieferung entgegen, wie sie mit den Nachrichtenagenturen einsetzt (Gründungsdaten: 1835 Agence Havas in Paris, 1848 Associated Press in New York, 1849 Wolffs Telegraphisches Büro in Berlin, 1851 Reuter in London).

Die Agenturen sind zunächst auf die Vermittlung von Handelsnachrichten beschränkt, dehnen ihren Wirkungskreis aber im Laufe der Zeit bis zu den heutigen vielfältigen Funktionen aus.

Gegen Ende des 19. Jahrhunderts wird die Zeitung dann zum Massenkommunikationsmittel in dem Sinn, wie wir es heute verstehen: für jedermann verfügbar, billig, täglich erhältlich, rasch und weltweit informierend etc.

Für die Sprache hat dies, global gesagt, zur Folge:

Die Zeitung entwickelt sich weg von den älteren Medien, insbesondere vom Buch, und bildet selbständige Produktions- und Rezeptionsformen aus. Dies führt zu neuen Ausprägungen von „Schriftlichkeit“, die die traditionellen Vorstellungen vom Schreiben und Lesen gründlich umkrempeln: Während Bücher in mühevoller Formulierungsarbeit, in verschiedenen Phasen der Planung und Realisierung zustandekommen, wird der Journalist zum Inbegriff des „Schnellschreibers“, desjenigen, der ein Produkt verfertigt, das explizit für einmaligen Gebrauch bestimmt ist. Und der Rezipient ist nicht – wie beim Buch – darauf verpflichtet, mit voller Aufmerksamkeit zu lesen, er kann sorglos blättern, einzelnes herausgreifen, anfangen und wieder aufhören, wann und wo er will. Schließlich wird er das Blatt im Regelfall nicht aufheben und sammeln, sondern wegwerfen oder zweckentfremdet weiterverwenden. Die frühen Psycholinguisten wie Wygotski, die die psychologischen und sprachlichen Merkmale des Schreibens und Lesens zu fassen versuchten, dachten an Schreib- und Lesevorgänge, wie sie sie vom Buch her kannten. Und bis heute hat die Linguistik noch kaum Kenntnis nehmen wollen von den radikalen Wandlungen der alltäglichen Praxis im Bereich der Schriftlichkeit, wie sie sich durch die Massenkommunikation vollzogen haben (vgl. aber Häcki Buhofer 1985).

Wenige Jahrzehnte, nachdem sich das Massenmedium Zeitung als solches etabliert hat, wird es attackiert durch das Radio, das einige Jahre nach dem Ersten Weltkrieg in verschiedenen Ländern regelmäßige Sendungen aufnimmt. Sprachlich gesehen, bedeutet dies den Angriff mündlicher Massenkommunikation auf die Bereiche, die bisher der Schriftlichkeit vorbehalten waren. Zunächst ist es noch eine auf die akustische Komponente gesprochener Sprache reduzierte Form der Kommunikation. Mit Tonfilm und Fernsehen werden dann auch noch die optischen Anteile mündlicher Kommunikation vermittelbar.

Es ist aufschlußreich zu sehen, wie Radio und Fernsehen lange Zeit an die schriftlichen Vorbilder von Zeitungstexten gebunden bleiben, wie lange es braucht, bis die eigentlichen Möglichkeiten mündlicher Kommunikation voll ausgenützt werden.

Dies ist der sprachliche Aspekt einer allgemeineren Entwicklung: Zunächst fühlt sich das alte Medium vom jeweils neuen in seiner Existenz bedroht, bis es sich darauf besinnt, daß ihm Mittel und Aufgabenbereiche offenstehen, die dem neuen Medium nicht gegeben sind. Und auch das jeweils neue Medium, das zunächst „totalitäre" Tendenzen aufweist, entdeckt mit der Zeit seine spezifischen partikulären Möglichkeiten.

Heute bilden die Massenmedien, insbesondere die Presse, Radio und Fernsehen (daneben aber auch Schallplatten, Filme etc., die hier außer Betracht bleiben), ein hochstrukturiertes und komplexes System, dessen Elemente sich in vielfältiger Hinsicht, insbesondere aber hinsichtlich der Funktionen ausdifferenziert haben. Der oft prognostizierte Tod der Zeitung hat nicht stattgefunden, und das Radio ist vom Fernsehen nicht abgewürgt worden.

Die Differenzierung spielt sich in sprachlicher Hinsicht vorwiegend auf der Skala zwischen extrem „schriftlichen" und extrem

„mündlichen“ Formen ab, mit vielfältigen kommunikativen und psycholinguistischen Konsequenzen.

Hauptziel der vorliegenden Darstellung ist es, aus der Optik der frühen Achtzigerjahre einige sprachliche Merkmale dieses Systems zu beschreiben.

Da die Merkmale des traditionellen Zeitungsstils verschiedenenorts, wenn auch noch keineswegs erschöpfend, zusammengestellt sind (zuletzt Lüger 1983), werden wir uns bei der Presse auf die Aspekte konzentrieren, in denen sich die Dynamik des Systems zeigt, und im übrigen das Schwergewicht auf die elektronischen Medien legen (zur Forschungssituation 1980 vgl. Strassner 1981 a). Dort werden wir uns primär mit dem Bereich „Information“ befassen, da dafür die meiste linguistische Vorarbeit geleistet wurde. Von den dialogischen Formen bei Radio und Fernsehen steht, entsprechend der Forschungssituation, das Interview im Vordergrund. (Für andere Dialogformen – die bisher erst ansatzweise untersucht wurden – sei verwiesen z.B. auf Kreuzer/Prümm [Hrsg.] 1979, Strassner 1981 c, Löffler 1983, Linke 1985, Burger/v. Matt 1980.)

Es ist freilich ein Risiko, das Mediensystem gerade in diesem Augenblick beschreiben zu wolllen: zu einem Zeitpunkt, wo die „neuen Medien“ Radio und Fernsehen in den Sog noch neuerer Technologien geraten, die Zeitung, Radio und Fernsehen zwar nicht ersetzen, die aber ihre Herstellung und Verteilung entscheidend beeinflussen und umstrukturieren werden (man lese dazu das „Handbuch der neuen Medien“ von Ratzke 1982). Ich verweise insbesondere auf die explosive Entwicklung der Textverarbeitungssysteme, die den schriftlichen Nachrichtenfluß in noch kaum vorstellbarem Maß beeinflussen wird, sowie auf die „Elektronische Berichterstattung“ beim Fernsehen (Weischenberg 1982, 98 ff.).

Mit den neuen Technologien verändern sich zunächst einmal das Berufsbild und der Aufgabenbereich des Journalisten. Das gilt für die Presse wie für die elektronischen Medien. Überall zeichnet sich eine „Tendenz zur Amalgamierung technischer und journalistischer Funktionen“ (Weischenberg, 106) ab. In der Presse hat man bereits einige Erfahrung mit der neuen Technik. Prott et al. (1982 und 1983) haben während mehr als zwei Jahren in zwei Tageszeitungen Norddeutschlands die Umstellung auf Textverarbeitungssysteme verfolgt und dabei auch linguistisch unmittelbar relevante Beobachtungen machen können. Die „traditionellen" Redakteure „sammeln und sortieren Informationen (Recherche), verarbeiten sie in die Form unterschiedlicher Stilmittel (z.B. Bericht, Reportage, Kommentar), bearbeiten neben eigenen auch fremde Texte (Redigieren), die sie schließlich mittels grafischer Gestaltungsanweisungen für die technische Reproduktion vorbereiten. (...) Etwa drei Viertel ihrer durchschnittlichen Arbeitszeit verwendet diese Berufsgruppe auf Schreiben, Redigieren und Recherchieren. Die beiden erstgenannten Tätigkeiten beanspruchen allein mehr als die Hälfte der Arbeitszeit." (Prott et al. 1983, 19f.)

Durch die Anwendung der Elektronik werden nun die verschiedenen Etappen im Produktionsprozeß einer Zeitung zusammengezogen, und bestimmte Arbeitsphasen werden stark reduziert oder fallen ganz weg (z.B. die Korrektur). Die Arbeit am Bildschirm hat für den Redakteur psycholinguistische Konsequenzen: der Vorgang der Planung und Realisierung des Textes scheint sich gegenüber der herkömmlichen Arbeit mit Schreibmaschine, Bleistift, Schere zu verändern. Die Äußerungen der interviewten Redakteure deuten darauf hin, daß früher getrennte Operationen wie Textentwurf und Redigieren weitgehend ineinander verfließen, und daß der Bildschirm sogar dazu „zwingt", einen möglichst fehlerfreien, keiner weiteren Korrektur mehr bedürfenden Text zu produzieren. Ein Lokalredakteur beispielsweise sagt auf die Frage, welche Rolle das Bildschirmgerät in seinem Arbeitsalltag spiele:

„Hauptsächlich Schreiben und dann natürlich das Redigieren der eigenen Sachen, was ich allerdings während des Schreibens mache. Ich hole den Text nicht nachher noch einmal ran und lese das ganz durch, sondern ich versuche, das gleich von Anfang an so hinzukriegen, weil das Zurückholen des Textes auf den Bildschirm mir zu aufwendig erscheint. Das ist mir auch zu kompliziert, das noch einmal durchzulesen und dann auf diesen Bildschirm zu starren. Ich versuche, das gleich wähend des Schreibens so hinzukriegen, daß ich Fehler rauskriege."

Einerseits wächst das Gefühl der Verantwortlichkeit für das Endprodukt – und damit wohl auch die Sorgfalt der Textherstellung –, andererseits hört man die Vermutung, daß die Elektronik geradezu zu einer flüchtigeren, weniger kontrollierten Art des Schreibens führe.

Die Fernsehjournalisten sehen sich vor vergleichbare Probleme gestellt: Bei der elektronischen Berichterstattung werden Bild und Ton „nebeneinander aufgenommen, bearbeitet und wiedergegeben“ (vgl. das Schema bei Weischenberg 1982, 102f.).

Die neue Technik ist langfristig offenbar preisgünstig, da sie Personalkosten einspart. Schließlich sind „sogar Reportage-Teams denkbar, die nur aus einem Kameramann und einem Journalisten bestehen. Erheblich reduzieren lassen sich auch die Materialkosten (bis 1:15 gegenüber Film), da Magnetbänder mehrfach verwendet werden können und somit kein teurer ‚Abfall‘ entsteht.“ (Weischenberg, 105) Das Verfahren bietet sich also für die aktuelle Berichterstattung an, und insbesondere für kommerzielles Lokalfernsehen. Daß durch die neue Technik ein medienübergreifender Austausch möglich wird, belegt eine Aussage des Korrespondenten Hans-Gerd Wiegand, der „nach dreijährigem Einsatz von EB in Kanada in einem Bericht an seine Vorgesetzten beim Westdeutschen Rundfunk“ schrieb: „Wenn Fernsehen und Hörfunk an denselben Themen interessiert sind, produziere ich zunächst die Fernseh-Fassung, kopiere den endgemischten Ton, kommentiere zusätzlich vordergründige Bildinformationen und erarbeite mit leichten Schnittkorrekturen die Endfassung für den Hörfunk. So erspare ich dem Hörfunk direkte Produktionskosten, vollen Schnitt-Termin, volle Sprachaufnahme, volle Endmischung.“ (Weischenberg, 168)

Ein weiterer Faktor, der die Medienlandschaft nun auch im deutschsprachigen Raum beeinflussen wird, ist der Trend zur Kommerzialisierung von Radio und Fernsehen.

In der Schweiz gibt es seit November 1983 private Lokalradiosender (nachdem schon seit einigen Jahren der „wilde“ Privatsender „Radio 24“ existiert hatte, der von italienischem Territorium aus sendete). Damit wird erstmals beobachtbar, welche Folgen die Konfrontation öffentlicher und privater Sender für deutschsprachige Medientexte haben kann. Das österreichische sog. „Lokalradio" ist derzeit noch ein Ableger des öffentlich-rechtlichen Rundfunks und mit den Schweizer (oder französischen) Privatradios nicht direkt vergleichbar. („Die Landesstudios produzieren gemeinsam das österreichweit ausgestrahlte Programm Ö-Regional und – nach Sendertrennung zu bestimmten Zeiten des Tages – neun Lokalprogramme für den eigenen Sendebereich." Wolf 1982, 49; dort sind auch die Ziele dieser „Lokalradios" charakterisiert.)

Aufgrund all dieser neuen Entwicklungen sind die Medien mehr und mehr darauf angewiesen, sich strukturell und funktional gegeneinander abzugrenzen. Prognosen über den Verlauf dieser Abgrenzung gibt es viele. Für den Linguisten sind insbesondere zwei Aspekte von Interesse: (1) Dem Radio scheint es bereits gelungen zu sein, sich gegenüber dem primären Konkurrenten Fernsehen ein eigenes und wirksames Profil zu schaffen. Auf der einen Seite pflegt das Radio erprobte Formen auch weiterhin – sorgfältig gestaltete und langfristig vorbereitete Sendungen (Features etc.) –, auf der anderen Seite nützt das Radio seine gegenüber anderen Medien größere Mobilität und Flexibilität (hinsichtlich Produktion und Rezeption) und bietet sich dem Hörer den ganzen Tag über als beliebig verfügbaren „Begleiter" an (mit dem Konzept der sog. „Begleitprogramme", die kaum mehr als „Programme" im herkömmlichen Sinne zu bezeichnen sind, vgl. S. 165 f.).

Wenn man die Programmkonzepte der Privatradios betrachtet, so darf man vermuten, daß sich beim Radio allgemein der zweite Trend noch verstärken dürfte. Schon jetzt wird von Medienkritikern beklagt, daß für sorgfältig gestaltete Radiosendungen immer weniger Geld und Interesse vorhanden sei. Wenn die Entwicklung tatsächlich in dieser Richtung weitergeht, dann wird sich auch die Vorstellung von dem, was eine „Sendung", linguistisch gesehen: was eine „Radio-Textsorte" ist, tiefgreifend wandeln.

(2) Mit dem ersten Punkt hängt ein weiterer Trend zusammen, der sich auch aufs Fernsehen erstreckt: die Tendenz zu „live"-Sendungen (Direktsendungen, bei denen „die Gleichzeitigkeit des Aufnahmevorganges [...] und des Zuschauererlebnisses bewußt vom Empfänger vollzogen wird" bzw. vollziehbar sein sollte, Koszyk/Pruys 1976, 201 f.). Die Begleitprogramme des Radios sind prinzipiell

Sendungen mit live-Moderation (vgl. S. 191). Das öffentlich-rechtliche Fernsehen sieht sich in die Richtung von live-Produktionen gedrängt (Unterhaltungssendungen mit Saal- oder Studiopublikum, Studiodiskussionen zu aktuellen Themen, Sportübertragungen usw.), unter anderem, weil es sich gegen die privaten Anbieter von Filmkonserven zur Wehr setzen muß. Welche Konsequenzen dies für die Entwicklung der Fernsehsprache haben wird, ist noch kaum abzusehen.

2. Kommunikationstheoretische Merkmale und kommunikative Dilemmas

Wer Kommunikationsformen und -prozesse beschreibt, die einen irgendwie „gemachten“, womöglich technischen Charakter haben, ist leicht versucht, die zu beschreibende Kommunikation an dem zu messen, was man gemeinhin als Urform von Kommunikation betrachtet: der Interaktion face-to-face. Ein solches Verfahren ist heuristisch von Nutzen, doch sollten sich damit nicht ungeprüft Wertungen und Vorurteile in die Beschreibung einschleichen. Eine Kommunikation, die in vielfacher Hinsicht weit abliegt von der face-to-face-Kommunikation, ist deshalb nicht von vornherein als weniger „echt“, weniger „tiefgehend“ etc. zu diskreditieren.

Wir wollen im folgenden auf einige Aspekte hinweisen, die die Besonderheit von Massenkommunikation ausmachen, freilich nur soweit sie sprachlich unmittelbare Folgen haben. (Die allgemeinen kommunikationstheoretischen Probleme von Massenkommunikation sind Gegenstand der Publizistikwissenschaft/Kommunikationswissenschaft, vgl. etwa Maletzke 1972; eine Abgrenzung der Massenkommunikation von anderen Typen der Kommunikation wird in Burger/Imhasly 1978, 87ff., versucht). Damit werden zugleich die kommunikativen Gründe dafür erkennbar, daß sich medienspezifische Verwendungen von Sprache herausgebildet haben.

Daß Massenkommunikation in verschiedener Hinsicht von sonstigen Kommunikationsformen und Kommunikationsgewohnheiten abweicht, wird von Journalisten und Rezipienten als Dilemma der Massenmedien erlebt, freilich auf je eigene Weise. Die Perspektiven von Produzent und Rezipient unterscheiden sich beträchtlich. Bei sprachwissenschaftlichen Untersuchungen von Medientexten muß man stets Klarheit darüber haben, aus welcher Perspektive der Analysant seine Beobachtungen macht. Diese Forderung zu begründen, ist ein weiteres Ziel der folgenden kommunikationstheoretischen Überlegungen. In der Terminologie folge ich hier dem Sprachgebrauch in der Kommunikationswissenschaft.

1. Der „Kommunikator" (in allgemein-kommunikationstheoretischem Sprachgebrauch der „Sender" einer Botschaft) ist in den Medien keine einheitliche und keine leicht zu bestimmende Größe. Bei der Presse sind die Kommunikatoren großenteils anonym. Wenn sie mit Namen unterzeichnen, hat dies einen bestimmten, je nach Zeitungstyp unterschiedlichen Sinn (vgl. S. 99).

Obwohl die Presse durch den Gesetzgeber nicht auf vergleichbar strikte Grundsätze (Ausgewogenheit etc.) verpflichtet ist wie die öffentlich-rechtlichen Rundfunkanstalten, ist der Pressejournalist doch auch in vielfältiger Weise institutionell eingebunden und in seiner Autonomie eingeschränkt: Er ist Mitglied einer Redaktion und damit deren internen Normen unterworfen; die Redaktion ist verantwortlich dem, der die Zeitung finanziert, der damit den Rahmen des Sagbaren bestimmen kann usw. Was der Journalist schreibt und wie er es schreibt, ist also nicht in sein Belieben gestellt. Das sieht man sehr schnell, wenn jemand einmal diesen normativen Rahmen durchbricht. Wallraff („Der Aufmacher – Der Mann, der bei BILD Hans Esser war", Köln ^{2}1982), der sich als „Hans Esser" in die Redaktion von BILD hat aufnehmen lassen, um die Praktiken des Blattes unter die Lupe zu nehmen, sucht anfangs nach Themen und Darstellungsmögichkeiten, die gegen den Strich der üblichen BILD-Texte laufen. Doch wird ihm das rasch abgewöhnt. Die Disziplinierung geht bis ins sprachlich-lexikalische Detail (vgl. etwa 66ff.). Auch wenn man den Wallraff-Reportagen nicht in allen Einzelheiten Glauben schenken will, so zeigen die Beispiele mindestens soviel in aller Deutlichkeit: BILD verwendet ein „standardisiertes" Vokabular und eine entsprechende Phraseologie; Terminologien anderer Provenienz sind nicht zugelassen, und die dem Springer-Konzern nahestehenden Kreise verlassen sich darauf, daß auch sprachlich *ihre* Interessen vertreten werden (68). Der Kommunikator ist also in BILD wie auch sonst in der Boulevardpresse nicht ein Individuum, dessen Meinungen in den Texten erscheinen und dessen Individualstil man beschreiben könnte, sondern im Prinzip ein austauschbarer Texter, der Artikel nach festen Mustern und Spielregeln abfaßt, dies auch dann, wenn er seinen Namen unter den Artikel setzt. In anderen Zeitungen ist der Spielraum des Redakteurs und Korrespondenten einerseits größer, andererseits aber auf andere Art wieder eingeschränkt durch den Druck der Agentursprache (vgl. S. 98).

Bei Radio und Fernsehen stellt sich das Problem des Kommunikators anders, insofern hier häufig die Person desjenigen, der den Text verfaßt, und desjenigen, der ihn dem Publikum präsentiert, nicht identisch sind. (Bei der Presse wird der Teil des Betriebs, der die Zeitung „realisiert“, also den Herstellungsvorgang betreut, für den Rezipienten gar nicht sichtbar.) Als Beispiel nehme man die Tagesschau der ARD. Die Texte werden von der Redaktion produziert. Diese ist also aus der Perspektive der Produktion primärer Kommunikator. Dem Rezipienten übermittelt wird der Text aber durch den Sprecher, der somit als sekundärer Kommunikator gelten kann. Aus der Perspektive des Rezipienten ist die Reihenfolge (und Rangfolge) umgekehrt: primär ist für ihn der Sprecher, und die Redaktion als eigentlicher Produzent tritt meist nicht ins Bewußtsein. Das gilt für die ARD-Tagesschau in besonders hohem Maße, weil der Sprecher dort eine quasi ritualisierte Funktion hat. „In der Anfangszeit erschien der Sprecher wie ein entpersönlichter, abstrakter Sachverhalt, wie eine perfekt distanzierte Sprechmaschine vor grauem, dann nach Einführung des Farbfernsehens, vor lichtgrünem Hintergrund.“ (Strassner 1982, 36) Auf die Zuschauer wirkte er als Instanz, die die Objektivät der Nachrichten garantiert. „Die Folge war, den ‚Tagesschau‘-Sprecher als offiziellen, quasi als Sprecher der Bundesregierung anzusehen (...)“ (ebd. 37).

In der Diskussion um eine Neukonzeption der Deutschschweizer Tagesschau, die bis 1980 ganz nach dem Vorbild der ARD gestaltet war, spielten ähnliche Überlegungen eine Rolle. „Unter den Zuschauern (...) gibt es viele, die glauben, den alten Tagesschausprechern sei Unrecht geschehen, als man ihnen Moderatoren vor die Nase setzte; der Glaube ist verbreitet, es seien die Sprecher, die die Nachrichten verfaßten.“ (NZZ 3.9.80)

Je nach Rundfunkanstalt haben Sprecher bei Nachrichtensendungen von Radio und Fernsehen mehr oder weniger Kompetenz, die ihnen überantworteten Texte noch in Details zu verändern. Re-

Sendung hören oder eine Musikkassette mit türkischer Musik auflegen. (...) Man muß wohl davon ausgehen, daß die türkischen Kinder habituell dem Fernsehen eher bild- als wortorientiert gegenübertreten. Und obwohl sie meist zusammen mit der Familie fernsehen, wird – nach einer Umfrage in der vorliegenden Untersuchung – hinterher oder währenddessen kaum über den Film gesprochen." (Zu dem letzten Punkt ist allerdings anzumerken, daß Umfragen nicht das geeignete methodische Instrument sind, um sich ein Bild über tatsächliches kommunikatives Verhalten zu machen. Selbsteinschätzung und faktisches Verhalten können bekanntlich stark divergieren.)

Im Gegensatz zum Rezipienten der Einschaltquoten, den man als „effektiven" Rezipienten bezeichnen kann und der für die Linguistik nur von mittelbarem Interesse ist, ist ein anderer Aspekt des Rezipienten unmittelbar folgenreich für die sprachliche Gestaltung von Medientexten: Man könnte hier von „intendiertem Rezipienten" sprechen und damit jene Rezipientengruppe bezeichnen, die vom Kommunikator explizit oder implizit als unmittelbarer Adressat anvisiert wird. (Ob er seinen Adressaten erreicht, ob der intendierte zum effektiven Rezipienten wird, hängt dann von vielen, zum größten Teil außerlinguistischen Faktoren ab. – Unter Adressat verstehen wir dabei den Empfänger eines Kommunikationsaktes, der vom Sender als Empfänger intendiert ist, nicht jemanden, der zufällig die Botschaft wahrnimmt, vgl. Burger/Imhasly 1978, 18f.).

Für den Kommunikator bei Radio und Fernsehen besteht eines seiner kommunikativen Probleme darin, daß er sich zwar auf den intendierten Rezipienten einstellt, aber prinzipiell mit „Zufallsrezipienten" rechnen muß. Als „Zufallsrezipient" kann man denjenigen bezeichnen, der sich dem Medium in einer unspezifischen Weise zuwendet, der einfach probeweise einschaltet, ohne sich schon auf eine bestimmte Sendung festgelegt zu haben – so wie jemand die Zeitung durchblättert, ohne schon zu wissen, was er lesen will.

Damit, daß man dem Zufallsrezipienten einredet, er sei ein Adressat, ist er wohl noch nicht zum Weiterhören motiviert. (Eine Radiopredigt begann so: *Lieber Hörer, du hast jetzt das Radio eingeschaltet, um eine Predigt zu hören.* – Wer tatsächlich nur aus Langeweile am Radioknopf gedreht hat, ist vielleicht ob dieser Unterstellung beleidigt und dreht weiter... In Burger/Imhasly 1978, 90, ist eine längere Passage aus einer Radiopredigt zitiert, die sozusagen nur aus einer Umdefinition von Zufallsrezipienten in Adressaten besteht.)

Wie der Kommunikator seinen intendierten Rezipienten definiert, das kann unmittelbare Folgen für die Sprache der Sendung haben. Es ist trivial (obwohl keineswegs immer realisiert), daß man sich in einer Sendung für Kinder einer anderen Sprache bedienen sollte als in einer Sendung für Erwachsene. Weniger trivial ist, daß bestimmte Kultursendungen einen ganz engen Kreis von intendierten Rezipienten definieren. Das zeigt sich im Text durch sachliche Präsuppositionen, die nur ein Publikum mit bestimmten Vorkenntnissen zu realisieren vermag, und durch das Sprachregister, in dem Fachvokabular und Jargon dominieren (vgl. S. 271 ff.). Solche Sendungen, die vom Kommunikator als Sendungen für „Minoritäten" konzipiert sind, exkommunizieren alle diejenigen, die über die entsprechenden Voraussetzungen nicht verfügen. Wenn es in einer Theaterkritik (Theater aktuell, Radio DRS, 23.5.80) heißt *Weder der eine noch der andere Abend wurde den Erwartungen des Theaterhabitués völlig gerecht,* so ist damit klar definiert, wer hier zuhören soll und wer nicht.

3. Aus der Perspektive des Journalisten besteht das hauptsächliche Dilemma der Massenkommunikation darin, daß sie sich prinzipiell nur in einer Richtung vollzieht („Einweg-Kommunikation"). Der Rezipient hat keine Möglichkeit, unmittelbar zu reagieren und damit die Kommunikation, deren Gelingen oder Mißlingen, zu beeinflussen. Für den Kommunikator bedeutet dies, daß er kein unmittelbares Feedback hat, daß er im Augenblick nicht wissen kann, wie die Sendung „ankommt". Anstatt dieses Faktum zu bejammern, anstatt die Massenkommunikation an einer fiktiven „echteren" Kommunikation zu messen und damit auch schon abzuurteilen, sollte man zwei Punkte bedenken:

(1) Für den Rezipienten ist die „Einbahnstraße" je länger je weniger ein Problem. Früher konnte man noch mit einigem Recht sagen, der Rezipient sei seinem Medium ausgeliefert, als er nur

einen Sender zur Verfügung hatte und ihm nur die Wahl zwischen Konsumieren oder Abschalten blieb. Heute, angesichts des wachsenden Angebots durch Kabelfernsehen, private Radio- und Fernsehsender (je nach Land schon mehr oder weniger verfügbar), Video etc., kann der Rezipient ganz einfach dadurch reagieren, daß er das Programm wählt, das ihm paßt.

(2) Die Medien versuchen auf vielfältige Art, die technisch bedingte Beschränkung zu unterlaufen und mindestens Surrogate von Zweiwegkommunikation zu entwickeln. Ich zähle die gängigsten Verfahren auf:

(a) Mit der Entwicklung der „Begleitprogramme" hat man die Figur eines Moderators kreiert, der den Rezipienten als Partner begleitet und so zu ihm spricht, als wäre er ganz privat und individuell anwesend (vgl. S. 167). Diese fiktive Form direkter Kommunikation dominiert heute weite Teile des Radioprogramms.

(b) Der Rezipient wird in die Kommunikationssituation hereingeholt. Das kann freilich immer nur durch Stellvertreter geschehen. Dafür gibt es zwei hauptsächliche Möglichkeiten:

(b1) Die Vertretung des Rezipienten wird durch ein Publikum im Studio oder in den Räumlichkeiten, wo z.B. eine Unterhaltungssendung stattfindet (z.B. eine Stadthalle), übernommen. Daß es sich um eine Stellvertreterfunktion handelt, wird meist schon in der Begrüßung deutlich, wie im Anfang von Joachim Fuchsbergers „Auf los geht's los" vom 15.1.83: Fuchsberger kommt auf die Bühne und beginnt mit der – bezüglich des Adressaten – noch unspezifischen Begrüßung *Guten Abend*. Nach andauerndem Applaus des Publikums werden *wir alle hier* und *Sie, liebe Zuschauer* mehrfach in enge Beziehung gebracht (wobei durch *wir alle* eine Solidarität von Showmaster und Saalpublikum als selbstverständlich vorausgesetzt wird):

[Zum Transkriptionsverfahren vgl. Anhang]

(...) Mit – der ersten Sendung des Jahres neunzehnhundertdreiundachtzig geht – Auf los geht's los ins siebte Jahr – und – in die Eurovision. – Wir alle hier bei Auf los geht's los – hoffen natürlich sehr̂, daß für Sie, liebe Zuschauer̂, wo immer Sie jetzt auch sein mögen, – dieses kein – verflíxtes – siebtes Jahr wird. – Wir ḥaben die erfreuliche Aufgabe, – siebenmal in diesem Jahr zumindest (SIC!) versuchen, das für Sie zu produzieren, – was wir glaube ich im Augenblick alle am meisten brauchen, ein bißchen gute Laune. – Ich drücke Ihnen ganz fest die Daumen, daß in diesem Jahr neunzehnhundertdreiundachtzig Sie nicht allzu viele Sorgen – drücken mögen. – Und ich wünsche Ihnen, – daß für Sie alle das Jahr so beginnt, – wie für uns hier bei Auf los geht's los, nämlich mít – Síegen. (APPLAUS) Aus der / Aus der wunderschönen Siegerlandhalle begrüßen wir heute abend auch zum allerersten Mal offiziell – unsere Eid- und hoffentlich auch – Freud-Genossen – aus der Schweíz!

Bei den großen Unterhaltungsshows hat das Publikum vor allem die Funktion, Feedback zu demonstrieren, zu klatschen, zu lachen... Wenn es das einmal versäumt, wenn es sozusagen das Stichwort verpaßt, geniert sich der Showmaster nicht, den Feedback zu verlangen. In der Fortsetzung der Szene aus „Auf los geht's los" redet Fuchsberger davon, daß nun auch die Schweizer sich an der Finanzierung der Sendung beteiligen:

Ab jétzt zahlen unsre Schweizer Freunde ein bißchen was dazú, nich wahr? und mit diesen Räppli und mit diesen Fränkli, da konnten wir uns ein kleines – Lífting – leisten, haben Sie's gemerkt, wir haben einen neuen Vorspann, – da war ja eine ganze Menge los, in den letzten Jahren bei Auf los geht's los, wir ham – eine neue – Dekoration, ein neues Bühnenbild – Sie wollen klatschen? – Tun Sie (APPLAUS SETZT EIN) sich keine Hemmungen an! (...)

Im Extremfall dient die Anwesenheit eines Studio-Publikums dazu, die Ausstrahlung eines Beitrags überhaupt zu legitimieren. So geschehen in „Omnibus" (S 3, 16.1.83). Anlaß ist das Luther-Jahr mit Neuerscheinungen auf dem Buchmarkt über Luther. Im Zentrum der Sendung steht dann eine Disputation zwischen einem Theologen (Prof. Manns, Mainz) und einem Historiker (Prof. Diwald, Erlangen) über das Luther-Buch des letzteren. Die Disputation, die sich formal an die Spielregeln scholastischer Disputationen ausdrücklich anlehnt, wird scharf geführt, mit allen Mitteln der Gelehrsamkeit und Rhetorik. Wer über die verhandelten Themen nicht fachlich vorinformiert ist, dürfte schon die Probleme selbst, und erst recht die Argumente kaum verstehen. Woran man sich allenfalls freut, ist das Streitgehabe der beiden Kontrahenten. Zur Hauptsendezeit wäre ein solcher Beitrag unzumutbar. Wäre – wenn nicht im Studio ein kleiner Kreis von Leuten säße, denen die

Disputation abschnittweise vorgeführt wird (auf einer großen Leinwand): ein innerer Kreis von Teilnehmern (der Moderator und zwei Fachleute – ein Funktionär des Religionslehrerverbandes und ein Professor einer Pädagogischen Hochschule) diskutiert die in der Disputation angesprochenen Probleme auf einer weniger elaborierten, dafür etwas „praktischeren" Ebene, vor allem unter dem Aspekt, ob solche theologischen und historischen Probleme für das Religionsverständnis und die religiöse Praxis der heutigen Jugend überhaupt noch von irgendwelcher Relevanz seien. Außer diesem inneren Kreis greifen gelegentlich auch noch weitere Anwesende in das Gespräch ein: einige junge Musikwissenschaftler, die eine Edition von Luthers Liedern herausgeben (und die am Ende einige dieser Stücke selber aufführen). Diese jungen Leute sind sich im Prinzip einig, daß die in der Disputation verhandelten Probleme sie überhaupt nichts mehr angehen. Ohne sich dadurch stören zu lassen, diskutieren die Teilnehmer des inneren Kreises weiter über die potentielle Relevanz der Themen.

(b2) Während im „Omnibus"-Beispiel das Studiopublikum nur fallweise aktiv wird, gibt es andere Sendungen, in denen das Studiopublikum für das Dialoggeschehen konstitutiv ist. Ein interessantes Beispiel dafür ist die „Telearena" des Deutschschweizer Fernsehens, eine Sendung, die enormen Erfolg hatte und von anderen Sendern nachgeahmt wurde („Spielraum" ZDF, „Telearena" VARA [Holland], „Agora" Radio-Télévision Suisse Romande. Die Geschichte dieses Experiments ist inzwischen dokumentiert durch Inderbitzin 1984.). Ein für die Sendung verfaßtes Bühnenstück dient jeweils dazu, die Diskussion anzufeuern. Stück und Diskussion sind ineinander verflochten, dadurch daß den Teilen des Stückes jeweils Diskussionsblöcke folgen. Die Diskussion wird geleitet von einem Moderator (bei den Nachfolgesendungen waren es z.T. mehrere), das große Diskussionspublikum ist in mehreren Blöcken um den Moderator herum angeordnet. Bei der Auswahl der Diskussionsteilnehmer wird darauf geachtet, daß möglichst das ganze Spektrum der möglichen Meinungen zu einem Thema (z.B. „Sucht", „Alkohol", „Auto") vertreten ist, daß also die Gesamtheit der Rezipienten sich vertreten sieht. Eine Groß-Diskussion dieser Art ist ein Novum im Bereich der Typen von Diskussionen, sie erfordert ihre eigenen Spielregeln. (Die spezifischen Dialogstrukturen, die sich daraus ergeben, sind ansatzweise dargestellt in Burger/v. Matt 1980.)

(c) Die Vertretung des Rezipienten wird durch einen einzelnen geleistet, der durch ein subsidiäres Medium – das Telefon – in die Sendung hereingeholt wird. Das Telefon gewinnt, vor allem im Radio, in dieser Funktion zunehmend an Bedeutung. Besonders drastisch sieht man das bei den neuen Schweizer Lokalradios, die einen wesentlichen Teil ihrer Aktivitäten (neben Musik und Werbung) im unmittelbaren „Hörerkontakt" sehen und dafür die unterschiedlichsten Formen entwickeln. Aber auch in den öffentlich-rechtlichen Sendern gibt es bereits eine ganze Reihe von standardisierten Typen des Telefon-Dialogs (Wettbewerbe mit Quiz-Charakter, Meinungsumfragen zu bestimmten Themen...). Hier tut sich ein großes Forschungsfeld auf, das in diesem Buch nicht mehr behandelt werden kann. Der Telefon-Dialog in den bereits erprobten Formen zeigt durchwegs ein kommunikatives Paradox: Wenn er „programmgemäß" funktionieren soll, muß er kurz sein und hochgradig ritualisiert; andererseits soll er soviel kommunikative „Nähe" bringen wie eben möglich.
Ein beliebig herausgegriffenes Beispiel aus einer Magazin-Sendung von Ö-Regional (Allerlei bis vier, 17.1.83) mag das belegen: Die Hörerin, die eine Quizfrage richtig beantwortet hat, wird nun noch „persönlich" befragt. Die Fragen der Moderatorin sind stereotyp, eben das, was man in einer solchen Situation halt fragen kann, ihre Resümees sind jeweils Kalauer *(Is Ihnen das Singen vergangen)* oder Gemeinplätze *(die Steirer sind ein sangesfreudiges Völkchen; wie die Alten sungen, so zwitschern die Jungen)*, und ihre Zustimmungssignale sind überdeutlich verstärkend *(jaa, jaja klar)* oder klischiert *(des is aber scho fein net?)* Gegen Ende hört eigentlich keiner mehr auf den anderen, jeder verfolgt seine eigene Gesprächsstrategie, was sich an den vielen Simultanpassagen zeigt.

Moderatorin:	Was waren denn so Ihre – Lieblingsfächer in der Schule, Frau G.?
Hörerin:	Ach – Lieblingsfächer – also am allerliebsten hab i gsungen.
Moderatorin:	Und hat sich des – eh erhalten?

Hörerin: Ja nur bis zu einem gewissen Alter. Wie i dann verheiratet war und da war / hab i eigenli kei Gelegenheit ghabt.
Moderatorin: Is Ihnen – das Singen vergangen?
Hörerin: Nein! (BEIDE LACHEN)
(...)
Moderatorin: Und was was sind Sie für eine – Landsmännin, Frau G.? |Es klingt|
Hörerin: |Ja – |
Moderatorin: ein bis|serl nach|–
Hörerin: |an sich e|Streiterin
Moderatorin: Aha, die Steirer sind sehr sanges- / ein sangesfreudiges Völkchen.

(...)
Moderatorin: Und die stimmlichen Ansätze – waren vorhanden?
Hörerin: Ne i weiß net, i hab halt immer ganz gut singen können –
Moderatorin: jaa
Hörerin: ziemlich schnell richtig singen können, |so als Kind|
Moderatorin: |hm(+) |hm(+)
Hörerin: aber mer hat da net – me hat dies eigentlich zwenig beachtet – des war so e – e miese Zeit|wie|i aufg-
Moderatorin: |ja |
Hörerin: wachsen bin
Moderatorin: jaja klar!
Hörerin: me hat solche Sachen gar net –
Moderatorin: Heute wär da – die Chance|– |eher|gegeben |
Hörerin: |das|– |hundertprozentig| |Klar, |wenn me halt in de Kindheit de–
Moderatorin: |hm(+)| daß me da en bisserl
Hörerin: daß me da –
Moderatorin: ausbilden|könnte |
Hörerin: |ausbilden|könnte, aber das war damals – net – net – wirklich net drinnen, deswegen –
Moderatorin: Ja, Frau G., vielleicht eh gibt's ein Schallplättchen in Richtung Volksmusik, jedenfalls –
Hörerin: Ah ja|– |i freu mi, wenn i's hör|– und|
Moderatorin: |kriegn Sie| |kriegn Sie |
Hörerin: meine Enkel musizieren und singen jo au, des is|eigentli – |etwas Wunderschöns da|
Moderatorin: |ah hat sich das|– hat sich das – |

Hörerin:	miteinander.
Moderatorin:	hat sich das vererbt?
Hörerin:	Ja – en bisserl, na | ja |
Moderatorin:	| Na | ja, des is aber scho fein,
	net? Wenn me | dann |
Hörerin:	| Ja, | is nett, is sehr nett, find i des
Moderatorin:	Wie die Alten sungen, so zwitschern die Jungen,
Hörerin:	Ja
Moderatorin:	so unter dem Motto, net?
Hörerin:	Is es richtigs Motto, is wirklich wahr.

Einige der Privatradios suchen neue Wege des Hörer-Telefons, um sich aus dieser kommunikativen Schlinge zu ziehen. Bereits nach der ersten kurzen Anlaufzeit dieser Sender läßt sich ein ganzes Spektrum von „Phone-ins“ registrieren, bei denen Hörer entweder zu einem Thema oder auch ganz frei, ohne jede Vorgabe, anrufen können und sagen können, was sie wollen. Bei „Lora“ (einem Zürcher Lokalsender) geht das so weit, daß Hörer in der Nacht endlose Gespräche mit dem Moderator führen, völlig ohne Rücksicht auf die „öffentliche“ Situation, ohne Rücksicht darauf, ob das Gespräch außer den Beteiligten auch sonst noch jemanden interessieren könnte. Hier wird der Journalist zeitweise zum Psychotherapeuten, und alle dürfen zuhören... Bei diesem Experiment werden die einschränkenden Rahmenbedingungen des Mediums und seiner traditionellen Programmstruktur bewußt ignoriert. Ob sie aber durch den bloßen Kraftakt tatsächlich außer Kraft gesetzt sind, ist eine Frage, die noch zu untersuchen wäre.

(d) Entweder schon während der Sendung oder im Anschluß daran werden vom Rezipienten Aktivitäten gefordert, die ihn in gewissem Maß zum M i t s p i e l e r machen. Bisher wohl deutlichstes Beispiel für den ersten Fall ist die „Publikumswette“ in „Wetten, daß...“, bei der sich z.T. solche Mengen von Rezipienten zum Mitmachen aufgerufen fühlen, daß sowohl von Seiten des Publikums wie des Moderators Elstner die „Notbremse“ gezogen wurde:

[Elstner liest Wettvorschläge des Publikums vor:]

Also – erster Wettvorschlag: „Wetten, daß Sie keinen Kandidaten finden, der eine – originelle Wette hat – ich meine, daß er nicht immer 20 oder mehr Leute für eine Wette gebraucht.“ Ah, das ist eine hübsche Geschichte.

Man wirft uns ein bißchen vor, daß zum Schluß immer so der große Auflauf kommt, nich. – 70 Nonnen, es waren nur 50 verlangt, es kamen 70, das hat mir besonders Freude gemacht (...)

[Später, als die Wetten am Publikum „getestet" werden:]

Dann die Geschichte mit dem Kandidaten, ich glaube, das hat man mir hier nur eingegeben, um mal einen Appell an alle, die im Saal sitzen, zu richten, daß man von uns nich immer verlangt, daß wir 100 oder 200 Menschen bringen."
(11.12.82)

Ein typisches (und wegen seiner Folgen umstrittenes) Beispiel für den zweiten Fall ist „Aktenzeichen XY".

4. Bei Texten, die unter den Bedingungen von Öffentlichkeit realisiert werden, ist auch die Frage der öffentlichen Diskussion zugänglich, welche kommunikative Funktionen die Texte haben können und solllen, ob sie beispielsweise Meinungen bilden dürfen oder nicht, ob sie pädagogisch wirken sollen oder nicht usw. Wenn man die potentiellen Textfunktionen von Medienprodukten mit dem Kategorienraster durchmustert, der von R. Jakobson entwickelt wurde und von anderen (z.B. D. Hymes, vgl. Burger/Imhasly 1978, 40ff.) verfeinert wurde, so werden unschwer kritische Punkte und augenfällige Gewichtungen erkennbar. Ich greife zwei Aspekte heraus:

(a) Bei den Rundfunkanstalten sind durch die Aufsichtsorgane rigide Maßstäbe dafür gesetzt, inwieweit die persuasive Funktion realisiert werden darf. Im politischen Bereich ist Persuasion – im Sinne von Meinungslenkung – nur dann toleriert, wenn insgesamt die Vielfalt der Meinungen und Richtungen genügend repräsentiert ist. Auf Verletzungen dieser Regeln reagiert das politische System – insbesondere Parteien und Interessenverbände – sehr empfindlich. (Sehr aufschlußreich sind die Fallstudien bei Saxer, Fernsehen unter Anklage, 1979. Die rechtlichen Grundlagen sind dargestellt von Bausch, in: von La Roche/Buchholz [Hrsg.]) 1980, 252ff.) Auch für den zweiten großen Bereich, in dem Persuasion eine zentrale Rolle spielt, gelten strikte juristische Regeln: die Konsumwerbung.

Das Verhältnis von Information und Persuasion ist einer der kritischen Punkte, wahrscheinlich der sensibelste Punkt in der Diskussion um die Funktionen der Medien. Hier liegt ein wesentlicher Unterschied zwischen den öffentlich-rechtlichen Rundfunkanstalten einerseits, den privaten Radio- und Fernsehsendern sowie der Presse andererseits. In der westlichen Presse ist wegen ihrer privatwirtschaftlichen Struktur Persuasion im politischen Bereich nicht nur toleriert, sondern man erwartet von „seiner" Zeitung, daß sie nicht nur Entscheidungshilfen liefert, sondern auch Ratschläge, Lösungen.

(b) Einer der leitenden Gedanken bei der Bestimmung von Textfunktionen ist der, daß für ein Kommunikationsereignis jeweils eine Funktion dominant ist und daß die Dominanzen je nach Kommunikationstyp rascher oder weniger rasch wechseln können. Für die elektronischen Medien gilt heute, daß sich eine Funktion als dominante Funktion für weite Teile des Programms durchgesetzt hat: die „Unterhaltung". Dieser Terminus aus dem Sprachgebrauch des Journalismus wäre am ehesten dem linguistischen Terminus der „phatischen" Sprachfunktion zu subsumieren. Wahrscheinlich aber wäre es besser, für die Beschreibung massenmedialer Kommunikation die Unterhaltung als Sprachfunktion eigener Ausprägung anzusehen.

Nach Auffassung der Produzenten (und wohl auch des Publikums) soll Unterhaltung nicht nur in den als „Unterhaltungssendungen" deklarierten Programmen stattfinden, sondern auch Informationsprogramme müssen hochgradig unterhaltend sein, wenn sie ihr Publikum finden sollen. (Das hat z.B. seine direkten sprachlichen Auswirkungen im Bereich der Nachrichtenmagazine, vgl. S. 132ff., oder es zeigt sich in der forcierten Verwendung des Interviews, vgl. S. 89.) Wie breit das Spektrum dessen ist, was Unterhaltung leisten soll, erkennt man an der Liste von „Gratifikationen", die von Rezipienten den eigentlichen Unterhaltungssendungen zugeschrieben werden. Teichert (1979) hat sie aufgrund von Diskussionen mit und Befragungen von Rezipienten zusammengestellt:

„Unterhaltungssendungen
- tragen zur Festigung und Erhaltung zwischenmenschlicher Beziehungen bei,
- sie geben Anregungen für gegenseitiges Verständnis,
- sie helfen beim Zurechtfinden in dieser Welt,

- sie erweitern das Wissen über sich selbst,
- sie vermitteln und stärken persönliche Ziel- und Wertvorstellungen,
- sie lassen Routinezwänge des Alltags vergessen,
- sie erleichtern das Ertragen schwieriger Probleme, und
- sie schaffen emotionale Entspannung." (83)

(Vgl. auch die pointierten Stellungnahmen renommierter Journalisten zum Stichwort „Unterhaltung", die in Jörg [Hrsg.] 1982 zusammengestellt sind.)

Es gibt eine Ausprägung von „Unterhaltung", die ziemlich genau dem entspricht, was die Linguistik mit „phatischer" Sprachfunktion meint: in den „Begleitprogrammen" des Radios (vgl. S. 167) ist die Funktion des Moderators primär die phatische, insofern er den „Kontakt" zum Hörer herstellen, sich als der „Partner" des Hörers etablieren soll.

5. Bereits ein flüchtiger Blick auf ein x-beliebiges Nachrichtenmagazin zeigt, daß auch die Struktur des „Kommunikats" (des Textes, des Filmes etc.) bei den elektronischen Medien sehr komplex sein kann.

Strukturell komplizierte Sendungen sind natürlich dann relativ einfach zu produzieren, wenn Zeit für die Produktion zur Verfügung steht, wenn in Ruhe die verschiedenen technischen Möglichkeiten ausgenutzt werden können, also immer dann, wenn nicht live gesendet wird. Doch auch live-Sendungen können – bei minutiöser Vorbereitung – hochgradig komplex ausfallen. Ein Beispiel vom Schweizer Fernsehen: die Sendung „Heute abend in...". Die Sendung wird vier bis sechs Mal pro Jahr ausgestrahlt und behandelt kontroverse Themen (Alkoholkonsum, Autobahnbau etc.). Die Themen werden aus sehr verschiedenen Perspektiven dargestellt, durch die Betroffenen selber, durch Personen, die sich aus beruflichen oder politischen Gründen mit der Problematik auseinandersetzen müssen usw. Diskutiert wird an verschiedenen Orten, in vier bis sechs Gruppen. Jede Gruppe wird von einem Gesprächsleiter des Fernsehens betreut.

Mit einem großen Aufwand an Personal und Technik entsteht dann beispielsweise eine Sendung mit folgender Struktur (Thema „Drogen", 9.12.76)

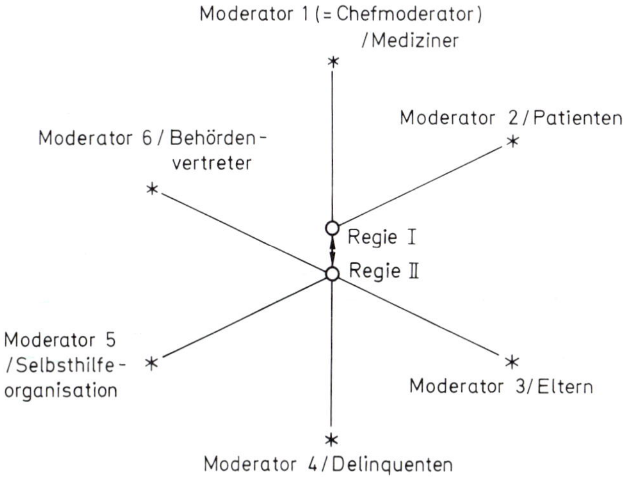

Jeder Gesprächsleiter ist mit der Regie verbunden, die dafür verantwortlich ist, daß Fragen, Wünsche etc. zum Chefmoderator gelangen, der entscheidet, ob sie berücksichtigt werden oder nicht. Es ist also aufgrund der technischen Bedingungen nicht möglich, daß eine Gruppe unmittelbar in die Diskussion einer anderen Gruppe eingreift. Alles wird über den Chefmoderator geleitet. Für die einzelnen Gesprächsleiter bedeutet dies eine besondere Beanspruchung ihrer Aufmerksamkeit: sie müssen mit einem Ohr auf die Regieanweisungen hören und mit dem anderen auf ihre Gruppe. Daß so etwas überhaupt gelingen kann – und wie die offiziellen Umfragen zeigen, ist die Sendung außerordentlich beliebt –, ist nur verständlich, wenn man die Art der Vorbereitung betrachtet: Jede Gruppe trifft sich einen Tag vor der Sendung mit ihrem Gesprächsleiter. Die Gruppen sollen vor der Sendung untereinander keinen Kontakt haben. Unmittelbar vor der Sendung findet noch einmal ein Treffen statt, bei dem das Konzept und die Spielregeln der Sendung erläutert werden. Für die Gespräche innerhalb der Sendung gelten strenge Regeln: Die Äußerungen der Teilnehmer müssen sich unmittelbar auf die Fragen des Gesprächsleiters beziehen, sie dürfen nicht länger als 60 sec dauern, sie müssen frei formuliert sein (Notizen sind nicht erlaubt) usw. Aus der Perspektive alltäglicher Kommunikationsgewohnheiten müssen solche Regeln zu kommunikativen Paradoxa führen (frei, möglichst spontan reden und doch nur 60 Sekunden etc.). Diskursanalytisch von großem Interesse wäre hier – ähnlich wie bei der „Telearena" – zu sehen, welche Strategien die Teilnehmer für die Bewältigung des Dilemmas entwickeln.

6. Bei dialogischer Struktur des Kommunikats ist ein weiteres medienspezifisches Phänomen zu beobachten: Die Dialogteilnehmer sprechen nicht nur miteinander, sondern immer auch im Hinblick auf das zuhörende/zuschauende Publikum. Strukturell sind also zwei „Kommunikationskreise" zu unterscheiden: der innere Kreis des dialogischen Geschehens (= „Primärsituation") und der äußere Kreis der Beziehung zwischen den Dialogteilnehmern und dem Publikum (= „Sekundärsituation"). Man kann dann von einer „Brechung" der Kommunikation im inneren Kreis auf den äußeren Kreis hin sprechen. (Vgl. die graphische Darstellung bei Burger/Imhasly 1978, 94.) Besonders deutlich hörbar/sichtbar wird diese Brechung bei der Moderation (vgl. S. 168) und beim Interview (vgl. S. 281). Es gibt da institutionalisierte Brechungen, wenn es z.B. eine der definierten Rollen des Moderators oder Interviewers ist, sich in die Perspektive des Rezipienten zu versetzen und dessen Stellvertretung zu übernehmen. Es gibt aber auch punktuelle Brechungen, wenn etwa ein versierter Politiker beim Interview zeitweise nicht den Interviewer anschaut, sondern „den Rezipienten", indem er direkt in die Kamera blickt.

Bei Sendungen mit Studiopublikum muß man sogar drei Kommunikationskreise ansetzen. Die Kommunikation erfährt dabei eine zweifache Brechung: vom inneren Kreis auf den ersten äußeren Kreis hin (das Studiopublikum) und zugleich auf den zweiten äußeren Kreis hin (das Publikum am Radio- oder Fernsehapparat). In einem gewissen Maß ist auch das Verhalten des ersten äußeren Kreises auf den zweiten äußeren Kreis hin gebrochen: das Studiopublikum weiß, daß es (zeitweise) auch gehört und gesehen wird, und verhält sich entsprechend.

Das Hörertelefon kann unter dem Aspekt der Kommunikationskreise als Versuch gesehen werden, eine direkte Beziehung zwischen Primär- und Sekundärsituation herzustellen. Tatsächlich entsteht dadurch aber eine besonders vertrackte Brechung: Für den Hörer, der telefoniert, ergibt sich zunächst eine direkte kommunikative Beziehung zum Kommunikator; da dieser Dialog aber (live) gesendet wird, nehmen alle anderen Rezipienten dies als einen inneren Kommunikationskreis wahr; der telefonierende Hörer seinerseits weiß, daß das Gespräch gesendet wird, und verhält sich entsprechend; und da er nicht als Experte oder Politiker auftritt, sondern als „einer wie Du und ich", hat er gleichzeitig die Rolle des stellvertretenden Rezipienten und eines Kommunikators zu erfüllen. Das führt zu dem oben beschriebenen Dilemma zwischen öffentlichem und privatem Sprechen.

Das gleiche Dilemma kann sich auch bei Dialogen im inneren Kommunikationskreis ergeben.

In den großen Unterhaltungssendungen eines Kulenkampff, Elstner, Fuchsberger usw. gibt es immer wieder interviewartige Passagen, in denen der Showmaster sich „ganz persönlich" nach biographischen und anderen Einzelheiten seiner Gäste erkundigt. Hier kommt es immer wieder zu Situationen, in denen auf kaum noch erträgliche Art die Privatsphäre der Interviewten in die Öffentlichkeit geholt wird, wie in folgender Episode aus Kulenkampffs „Einer wird gewinnen" (4.12.82): Da kommen bei der Befragung der Kandidatin (für eines der Spiele) Details ihres Privatlebens zur Sprache, die nicht jedermann angehen. Dabei ist die Kandidatin keineswegs das „Opfer" des Showmasters, sondern beide haben ein offensichtliches, geradezu exhibitionistisches Vergnügen an der recht langen Szene (von der hier nur ein kleiner Ausschnitt wiedergegeben werden kann). In einer ersten Phase findet Kulenkampf heraus, daß die junge Frau ein Kind – ein Kind – hat:

(…)

Kandidatin:	Es wird im Februar zwei
Kulenkampff:	Wird im Februar zwei
Kandidatin:	Ja
Kulenkampff:	Und mehr haben Sie nicht äh (KAND. LACHT) – so –
Kandidatin:	Ja im Moment nicht – im Moment nicht
Kulenkampff:	Ja im Moment nicht – jetzt wollen wir aber die Sendung machen (KAND. UND PUBLIKUM LACHEN) aso –

nich? (KAND. LACHT DIE GANZE ZEIT LAUT) – Hinterher wollen wir noch schön en Glas Bier zusammen trinken oder en Glas Wein, nich? Und morgen fliegen Sie dann wieder zurück.
Kandidatin: Ich mein, es hat noch länger Zeit.
Kulenkampff: Hat noch länger! Gut. (BEIDE LACHEN)

In einer zweiten Phase – vor Beginn des Spiels – ruft er sie wieder zu sich, wobei er wieder auf ihre Mutterrolle zu sprechen kommt. Als es dann peinlich zu werden droht, bedient er sich des rhetorischen Tricks zu sagen, er wolle nicht in ihr Privatleben eindringen, tut es dann aber trotzdem und umso intensiver. Und später sagt er dann noch zu ihrer beider Rechtfertigung, heute brauche man ja nicht mehr „schamrot zu werden“ bei solchen Sachen.

Kulenkampff: Christa! (RUFEND) – Uuh! – Mutter! (PUBLIKUM LACHT) (KAND. KOMMT LACHEND) Mutter H.! – Junge Mutter!
Kandidatin: Schon besser!
Kulenkampff: Ganz junge Mutter!| nnh?|
Kandidatin: |Ja – |schon besser.
Kulenkampff: Mutter noch immer eines Kindes (KAND. LACHT) nnh?
Kandidatin: Hm(+)
Kulenkampff: Is Ihr Mann auch da?
Kandidatin: Nein
Kulenkampff: Aber der schaut zu?
Kandidatin: Nein
Kulenkampff: Warum nich?
Kandidatin: Weiß ich nicht
Kulenkampff: Is der unterwegs oder was?
Kandidatin: Ich weiß es nicht
Kulenkampff: Ach Sie wissen gar nicĥ, wo der is?
Kandidatin: Nee (LACHT, PUBLIKUM AUCH)
Kulenkampff: Ja dann is es natürlich schwierig (ALLE LACHEN) – ja wir wollen nich – in Ihrem Privatleben nich – (KAND. LACHT) Auch – is er, is er – für längere Zeit verreist? oder –
Kandidatin: Ja, so kann man s auch nennen, ja (LACHT)
Kulenkampff: So kann man s auch nennen – ah so (PUBLIKUM LACHT AUCH) – und Sie erwarten auch keine Wiederkehr, in absehbarer –

Kandidatin: Nein (LACHT)

Kulenkampff: in abseh/ (LACHT LAUT) – Das is aber lieb, daß Sie das sagen – (PUBLIKUM LACHT EBENFALLS UND KLATSCHT/MODERATOR IN DEN BEIFALL HINEIN:) das is aber lieb – – das is aber lieb – – Ja deswegen meinten Sie, mit dem zweiten,
dass es ein bisserl | schwierig ist | – –

Kandidatin: (LACHT) | Ja |

Kulenkampff: aber vielleicht sieht er zu – Sollen wir ihn rufen?

Kandidatin: (ERNSTER) Nein, bitte nicht

Kulenkampff: Soll er heimkommen?

Kandidatin: Nein, bitte nicht.

Kulenkampff: Soll der bleiben, wo der Pfeffer wächst?

Kandidatin: Ja (PUBLIKUM UND KAND. LACHEN)

Kulenkampff: (INS PUBLIKUM RESP. IN DIE KAMERA HINEIN:) Bleiben Sie da, wo der Pfeffer wächst! – (APPLAUS, MODERATOR MUSS SEHR LACHEN) – Ach –

Kandidatin: Ehrlich

Kulenkampff: Sie sind ehrlich? | Ja was! | Warum denn nicht?

Kandidatin: (LACHT) | Ja |

Kulenkampff: (APPLAUS VEREBBT) Na Gott sei dank, daß die Zeiten ja vorbei sind, wo wir jetzt beide schamrot werden müßten, die Augen niederschlagen und uns entschuldigen – nich? Is doch prima! Is n Junge oder n Mädchen?

Kandidatin: n Mädchen

Kulenkampff: Ein Mädchen – is aúch gut.

Kandidatin: Hm

Kulenkampff: – Nich? (PUBLIKUM LACHT)

Kandidatin: Ja

Kulenkampff: Ja! (PUBLIKUM UND KAND. LACHEN) Ja is n Junge schlécht? (PUBLIKUM UND KAND. LACHEN WIEDER) – Wie s kommt, wird s genommen!

Kandidatin: Genau!

(...)

7. Die beschriebenen Besonderheiten der massenmedialen Kommunikationssituation bei den elektronischen Medien ergeben für eine linguistische Textanalyse Probleme, die bei anderen Kommunikationstypen nicht oder nicht so deutlich auftreten: Für die Beschreibung von T e x t s o r t e n hat man Kriterien entwickelt, die die jeweilige kommunikative Konstellation abgrenzen (z.B. Steger et al., 1974, 78 ff.). Einige dieser Kriterien sind für Radio- und

Fernsehtexte nicht oder nur eingeschränkt verwendbar. Die meisten der folgenden Textanalysen werden das in der einen oder anderen Hinsicht belegen. Ich gebe hier einige vorläufige Hinweise:

(a) Das Merkmal „öffentlich" trifft auf Medientexte zwar grundsätzlich zu. Die neueren Tendenzen der elektronischen Medien aber fördern Kommunikationsweisen, die Elemente des Nicht-Öffentlichen bis hin zum ganz Privaten und sogar Intimen aufweisen. Hier hat es keinen Sinn zu sagen, der kommunikative Prozeß habe entweder das Merkmal ‚öffentlich' oder nicht, sondern das Kriterium wird unentscheidbar. Das gilt insbesondere aus der Perspektive des Rezipienten, während für den Kommunikator der institutionell-öffentliche Aspekt dominant bleibt.

(b) Für den Rezipienten ist Sprache in Radio und Fernsehen immer gesprochene Sprache (mit Ausnahme von Schrifteinblendungen beim Fernsehen). In welcher „Modalität" aber die gesprochene Sprache realisiert ist, ist für den Rezipienten meist nicht entscheidbar: ob ein geschriebener Text wörtlich vorgelesen wird, ob der gesprochene Text auf der Basis von schriftlichen Stichworten ad hoc formuliert ist, ob der Text auswendig gelernt wurde oder ob er ganz „spontan" formuliert ist – all das ist dem Zugriff des Rezipienten entzogen. Der einzige für ihn klar entscheidbare Fall ist dann gegeben, wenn man beim Fernsehen einen Sprecher mit dem Blatt sieht, von dem er abliest. (Da man aber normalerweise dem Sprecher nicht aufs Blatt schauen kann, weiß man auch dann streng genommen nicht, wie wörtlich der Text abgelesen wird.) Die weitgehende Unentscheidbarkeit des Kriteriums ist nicht einfach technisch bedingt, sondern wird vom Kommunikator und dessen professioneller Attitüde systematisch gefördert: Gewandte Journalisten können Texte so ablesen (bzw. die schriftlichen Texte schon so konzipieren), daß sie mindestens so klingen, als wären sie nur nach Stichworten formuliert. Und umgekehrt können sie „frei" reden „wie gedruckt". Anstelle einer klaren Entgegensetzung mündlich/schriftlich entsteht so ein Kontinuum von mehr „mündlich" zu mehr „schriftlich" geprägten Texten.

(c) Daraus ergibt sich bereits, daß auch das Kriterium der „Vorbereitetheit" des Kommunikators – das ja mit dem Kriterium mündlich-schriftlich verhängt ist – für den Rezipienten weitgehend unentscheidbar wird. Eine Merkmalsausprägung ,routiniert vorbereitet' einzuführen, ist keine Lösung des Problems, da dies nur den selbstverständlichen professionellen Aspekt der Sache benennt, aber die Realisierung im einzelnen völlig offenläßt (auch ein „Kommunikationsprofi" kann mehr oder weniger vorbereitet sein, sich auf die eine oder andere Weise vorbereiten). Selbst beim nichtprofessionellen Kommunikator (z. B. Hörer beim „Hörer-Telefon") ist das Kriterium schwer entscheidbar: bei Hörer-Telefonen kann man oft beobachten, daß der Hörer offenbar eine eigene Gesprächsstrategie im Kopf hat, die er hartnäckig verfolgt (er weiß wörtlich „auswendig", was er sagen will) und die in Konflikt geraten kann mit der professionellen Strategie des Kommunikators.

(d) Ob der Zeitpunkt von Produktion und Rezeption des Medientextes identisch sind oder nicht, journalistisch gesprochen: ob es sich um eine live-Sendung handelt oder nicht, ist für den Rezipienten in vielen Fällen nicht auszumachen. Da live Gesendetes im allgemeinen als attraktiver eingestuft wird, ist den Kommunikatoren auch nicht unbedingt daran gelegen, eine „Konserve" als solche kenntlich zu machen. (Über eine eigentliche „Täuschung" des Rezipienten und deren systembedingte Hintergründe berichtet die Fallstudie von Troesser 1981: bei einer Radiosendung mit Hörerkontakt wird dem Rezipienten suggeriert, es handle sich um eine live-Sendung, obwohl die Sendung in Wirklichkeit am Vortag aufgezeichnet wird.)

Aus all dem ergibt sich wiederum, daß eine sprachwissenschaftliche Betrachtung die Perspektiven von Kommunikator und Rezipient strikt auseinanderhalten muß. Wenn man bei den elektronischen Medien überhaupt sinnvoll von „Textsorten" sprechen will, muß man dies aus der Perspektive des Rezipienten tun. Es ist etwas ganz anderes, zu sagen, wie ein Filmbericht „gemacht" ist, als zu beschreiben, was für den Rezipienten an diesem Filmbericht wahrnehmbar ist.

3. Mündlichkeit in der Presse

Man kann die heutigen Presseorgane nach dem Gesichtspunkt gliedern, wie sehr sie auf den Prinzipien schriftlicher Textkonstruktion beharren bzw. in welchem Maße sie Elemente der Mündlichkeit aufnehmen. Die traditionsbewußten, politisch primär konservativen Tageszeitungen wie NZZ oder FAZ pflegen durchwegs die „klassischen" Textsorten der Zeitung. Die Merkmale dieser Textsorten sind in den publizistischen Handbüchern beschrieben (z. B. Dovifat [Hrsg.] 1968/69; ders. 1967). Von linguistischer Seite hat jüngst Lüger (1983) eine Klassifikation und Charakterisierung der Presse-Textsorten vorgelegt, die sich weitgehend – wenn auch nicht ausschließlich – an der klassischen Zeitung orientiert. Er unterscheidet mit Mitteln der Sprechakttheorie fünf Gruppen von Textsorten:

1. Informationsbetonte Texte (Nachricht, Meldung, Bericht, Reportage, Problemdarstellung, Wetterbericht)
2. Meinungsbetont-persuasive Texte (Kommentar, Glosse, Kritik)
3. Instruierend-anweisende Texte (Handlungsanleitungen, Ratgebungen)
4. Bizentrierte Texte (Interview, Konsultation)
5. Kontaktherstellende Texte

Diese Darstellung ist gut brauchbar für eine erste linguistische Sortierung des in der Presse vorkommenden Textmaterials – und mehr will das „Germanistische Arbeitsheft" ja auch nicht bieten. Doch ist die Perspektive zu einseitig linguistisch, als daß sie ein realistisches Bild von der heutigen Pressewirklichkeit liefern würde. Es handelt sich, überspitzt gesagt, um linguistische Analysen an Beispielmaterial aus der Presse. Man sieht dies schon daran, daß solche Textsorten, die für das Gesamtbild der Zeitung (Wetterbericht, Horoskop, Kochrezepte, Börsenbericht) relativ unerheblich sind, genauso ausführlich beschrieben werden wie die zentralen Textsorten (Nachrichten etc.). Sie eignen sich eben wegen ihrer Kürze und hochgradigen Konventionalisierung besonders gut für eine linguistische Textsortenanalyse (vgl. auch Sandig 1978, 99ff.). Will man jedoch die Rolle der Presse und ihrer Sprache im Gesamtmediensystem fassen, muß man etwas wissen über die Frequenz der jeweiligen Textsorte in den verschiedenen Typen von Presseerzeugnissen, über die unterschiedlichen Ausprägungen der gleichen Textsorte in verschiedenen Organen, und wichtiger noch: man muß wissen, inwieweit eine solche – linguistisch stringent beschriebene – Abgrenzung von Textsorten in der Presse überhaupt noch praktiziert wird. Dazu sind empirische Untersuchungen mit größeren Datenmengen erforderlich, und die Arbeit von Lüger wird dafür eine gute klassifikatorische Basis abgeben. Das Kriterium der Mündlichkeit erscheint bei Lüger bezeichnenderweise nur in der vierten Gruppe, und auch dort wird nichts gesagt über seinen Stellenwert in der Presse. Mir scheint, daß das Verhältnis zu „Schriftlichkeit" und „Mündlichkeit" ein guter Indikator ist für divergierende Tendenzen in den heutigen Printmedien, insbesondere für die Sonderstellung der Boulevard- und Regenbogenpresse.

Man wird hier zunächst an die Frage denken, in welchem Maße und in welcher Weise Gesprochenes „unmittelbar", d.h. mit den grammatischen Mitteln der „direkten Rede" in Texte aufgenommen wird, die im übrigen monologischen Charakter haben. Ferner zeigt sich das Problem besonders deutlich an einer „kritischen" Textsorte, an der sich die Geister der Journalisten scheiden: dem Presseinterview. Ob, in welchem Maße und in welcher Weise ein Presseorgan das Presseinterview verwendet, das ist ein klarer Indikator dafür, an welcher Stelle des Spielraums von Pressetexten es sich selber eingeordnet sehen möchte.

3.1 Direkte Rede

Am einen Ende der Skala stehen die klassischen Tageszeitungen, die die Verwendung der direkten Rede scheuen, bzw. die sie nur unter bestimmten Bedingungen und dann gezielt einsetzen.

Direkte Rede wird im Deutschen konventionell durch Anführungszeichen angezeigt. Über die Funktion des bloßen Zitierens hinaus können Anführungszeichen eine Reihe weiterer Funktionen übernehmen (vgl. Klockow 1980). Für unseren Zusammenhang wichtig sind besonders die „modalisierenden“ Funktionen. Modalisierend sind Anführungszeichen – nach Klockow – dann, wenn sie z.B. die Geltung, die Glaubwürdigkeit, den Stil usw. einer Formulierung in irgendeiner Weise relativieren. Bei Zeitungen wie der NZZ wird direkte Rede in den meisten Fällen mit modalisierendem Effekt eingesetzt. Wörtlichkeit des Zitierens ist kein Selbstwert. Wenn in direkter Rede zitiert wird, dann drückt sich darin meist die bewußt-kritische Haltung des Journalisten dieses Pressebereichs aus (Beispiele bei Klockow, passim).

Bezüglich der Verwendung von direkter Rede haben Zeitungen wie die NZZ eine Wandlung gegenüber dem 19. Jahrhundert durchgemacht. Als Konsequenz der veränderten Quellenlage sind Texte anderer Zeitungen nur noch im Ausnahmefall (bei unklarer politischer oder militärischer Situation zum Beispiel) eine wichtige Basis der journalistischen Recherche, und damit entfällt ein großer Bereich schriftlicher Texte, die als Basis wörtlicher Zitate dienen könnten. (Die Agenturmeldungen werden grundsätzlich anders behandelt, vgl. S. 98) Wenn – mündliche oder schriftliche – Äußerungen zitiert werden, dominiert heute die indirekte Rede.

Am andern Ende der Skala zwischen Schriftlichkeit und Mündlichkeit steht die Boulevardpresse und die Regenbogenpresse.

Zur Terminologie:
Boulevardpresse: „Straßenverkaufszeitungen. (...) Heute meint man mit diesem Begriff jene Periodika, die vorwiegend auf der Straße zum Verkauf angeboten werden, eine betont populär-sensationelle Aufmachung (...) haben, den Leser durch schockierende Stories ansprechen wollen (sex, crime, war) (...). In der Auflage führend ist die ‚Bild-Zeitung‘ (...); in weitem Auflagenabstand folgen die ‚Abendzeitung‘ sowie ‚tz‘ (München) und ‚Express‘ (Köln).“ (Koszyk/Pruys 1976, 58) Das deutschschweizerische Pendant zu BILD ist BLICK.

Regenbogenpresse: „Bezeichnung für unterhaltende Wochenblätter, auch Soraya-Presse genannt (...)“
(Koszyk/Pruys, 289)

Hier ist die direkte Rede zu einem integralen textkonstruierenden Mittel geworden, das weit über die üblichen Verfahren und Funktionen des Zitierens hinaus Anwendung findet. Die Bedeutung dieses Stilmittels erkennt man bei BLICK bereits bei den Schlagzeilen: Wir haben bei vier Jahrgängen (1959, 1966, 1973, 1980) eine Stichprobe von 50 Textseiten daraufhin untersucht. In den Jahren 1959 und 1966 beträgt der Anteil der direkten Rede an den Schlagzeilen noch 1/34. 1973 steigt er auf 1/10 und 1980 noch etwas höher auf 1/9. Während in den früheren Jahrgängen die direkten Reden deutlich fiktiv sind (*„Kalifornia" meldet sich: Chessmann unschuldig* [ohne Anführungszeichen] 1959; *Sittenpolizei: „Führt Freudenhäuser ein!"* [1967]), wirken sie in den jüngeren Jahrgängen authentischer, könnten mindestens so gesagt worden sein (*„Zuerst liebte er mich – und dann war Schluß"* 1980; *WM-Leader Jones: „Ich bin ein Idiot"* 1980). Man darf vermuten, daß der intensive Umgang mit den sprachlichen Mitteln der Redewiedergabe das Bewußtsein dafür geschärft hat, daß authentisch formulierte direkte Rede besser ankommt als fiktive, und welches die Indizien für authentisch wirkende Formulierungen sind. Saxer et al. haben in ihrer Längsschnittstudie „20 Jahre BLICK" (1979) gezeigt, wie zwischen 1959 und 1979 die Formulierung der Schlagzeilen in verschiedener Hinsicht immer raffinierter wird. „Jede zweite Schlagzeile wird heute mit semantischen Raffinements wie Wortspielen, Oppositionen, Zitaten, semantischen Inkongruenzen oder wörtlicher Rede angereichert." (153) Dem entspricht der allgemeinere Befund, daß sich „die ‚klassische' Form des Boulevardjournalismus, die Reportage oder Story im BLICK stark ausgebreitet" habe, Textsorten, die der Mündlichkeit deutlich entgegenkommen: „Damit sind jene Formen gemeint, die im angelsächsischen Raum unter dem Begriff ‚feature' bekannt und wohl tatsachenorientiert, aber eben persönlich gefärbt sind. Dieses Genre lebt vom Erlebnisbericht, dem Stimmungsbild, von Zitaten und Einzelheiten. Es ist diejenige Form, die dem Leser das Gefühl vermittelt, dabei zu sein, das Ereignis mitzuerleben." (160) BILD geht mit der direkten Rede in den Schlagzeilen derzeit sparsamer um, verwendet sie aber um so extensiver in den Texten selbst. Wenn man von den Schlagzeilen zum Text weitergeht, kann man unter dem Gesichtspunkt der Authentizität der Rede drei Typen unterscheiden:

1. Von einem namentlich genannten Sprecher Gesagtes, das in dieser Form gesagt wurde bzw. hätte gesagt werden können:

(1) Warum neue Raketen? Verteidigungsstaatssekretär Würzbach (CDU) zu BILD: „Die sowjetischen SS-20 mit ihrer kurzen Flugzeit von 14 Minuten sind auf Ziele in Europa, vor allem in der Bundesrepublik gerichtet (...)“ (BILD 23.11.83)

(2) Brigitte M. (46) hat ihren Mann Hans (52) mit einem Beil erschlagen, weil er jahrelang die 7 Töchter mißbraucht hat. Natürlich darf man ungestraft niemanden töten. Aber das Essener Schwurgericht hat Frau M. wegen Mordes gestern nur zu 4 Jahren verurteilt – die unterste Grenze. „Überall“, berichtet seine verhärmte Frau im Schwurgerichtssaal 386 A, „überall hat er die Kinder mißbraucht, in der Badewanne, in der Garage, im Keller.“ (BILD 26.11.83)

(3) „Da ist ein Mann im Garten, der sieht aus wie Daddy“, sagte der sechsjährige Stephen. Sein Daddy, der berühmte Rockmusiker Tom Evans (36, Foto) hing am Apfelbaum. Selbstmord! Warum, lesen Sie auf Seite 4. (BILD 22.11.83)

(4) Vorsicht, das Lächeln dieser Blondine ist trügerisch! Filmsternchen Ann Turkel (32) wurde bekannt, als sie Filmstar Richard Harris heiratete, bei der Scheidung um vier Millionen Mark ärmer machte, für eine Nacht zurückkehrte und flötete: „Ich möchte wieder heiraten.“ Wenig später erfuhr Harris: Nicht ihn, sondern den deutschen Bodybuilder Hans Buhringer (30, kl. Foto). Ann: „Ein wunderbarer Liebhaber.“ (BILD 8.2.83)

Bei (1) ist der BILD-Reporter expliziter Adressat der Äußerung. Bei (2) hat die Frau im Gerichtssaal diesen Satz (oder einen ähnlichen) gesagt, und der Reporter hat ihn wohl so gehört. Bei (3) besteht die Authentizität bestenfalls darin, daß der Reporter von jemand anderem gehört hat, daß Stephen dies oder ähnliches gesagt habe. Bei (4) darf man davon ausgehen, daß kein Reporter den ersten der zitierten Sätze gehört hat und daß es völlig belanglos ist, was Ann effektiv gesagt hat (wenn sie überhaupt etwas gesagt hat).

2. Formulierungen, die einer Institution, einem Staat o.ä. zugeschrieben werden (wobei offenbleibt, ob es sich um schriftliche oder mündliche Quellen handeln soll), die aber – wie der außersprachliche Zusammenhang zeigt – nicht in dieser Form formuliert worden sein können oder höchstwahrscheinlich nicht so formuliert worden sind.

Die Sowjets behaupten: Lagelle hat in einem Bus einem Sowjetbürger für Spionagedienste 20000 Rubel gegeben! Washington dagegen: „Nichts davon bekannt." Lagelle hat inzwischen Moskau mit Familie verlassen. (BLICK 20.10.59)

Die traditionellen Wachen vor dem Buckingham Palast stehen hinter Gitter. Das Kriegsministerium hat befohlen: „Marsch, zurück in den Hof!" (BLICK 20.10.59)

In den letzten Jahren geht BLICK deutlich sparsamer mit diesem Verfahren um.

Bei BILD findet sich diese Technik vor allem in den ausdrücklich als solche betitelten „Nachrichten" (vgl. S. 99f.):

Im Oktober stieg der Stromverbrauch um 5 % auf 27 Milliarden Kilowattstunden. Die E-Werke: Durch den Aufschwung in der Industrie wird mehr verbraucht. (BILD 24.11.83)

3. Direkte Rede als Wiedergabe von unterstellten Gedanken, Vermutungen etc.:

Unten strömten Tausende zusammen. „Springt er – oder springt er nicht!" Diese Frage stand in den Gesichtern der erwartungslüsternen Menge. (BLICK 20.10.59)

Dieser Typ hat, soweit ich sehe, inzwischen an Bedeutung verloren. Gegenwärtig gilt für BLICK und BILD: Was man sich denkt – wenn man etwas denkt –, sagt man auch.

Die Effekte der direkten Rede sind je nach Typ verschieden:

(1) Sie läßt den Leser an der originären (Gesprächs-)Situation – sei sie echt oder fiktiv – teilhaben.

Das entspricht einer expliziten Absicht der Boulevardpresse: „dabei zu sein", wann und wo immer etwas geschieht, so schnell und so gut informiert zu sein wie kein anderer. Das alte Prinzip des „Augenzeugen" erhält hier eine ungeahnt wichtige und neue Funktion. Ob der Reporter genannt wird oder nicht: durch das bloße Signal der direkten Rede suggeriert man dem Leser, daß der Reporter alles gehört und gesehen und mit den Beteiligten geredet hat. Dies auch dann, wenn es von der Situation her äußerst unwahrscheinlich ist, daß ein Reporter dabeigewesen sein könnte. (Der fiktive Charakter vieler solcher „Redewiedergaben" wird noch deutlicher bei bestimmten Interview-Typen, vgl. S. 67.)

(2) Sie personifiziert anonyme Institutionen.

Das ist der Boulevard-Presse vor allem im politischen Sektor von Nutzen: Die direkte Rede erspart dem Redakteur eine differenziertere Formulierung dessen, worum es den Parteien geht. Wenn *die Sowjets* es so und so gesagt haben, wird es schon stimmen (oder auch nicht, wenn die Redaktion ihre Fragezeichen setzt), und man braucht nicht weiter nach Argumentationen, Hintergründen zu fragen.

(3) Sie ermöglicht dem Leser, sich in die agierenden Personen hineinzuversetzen, einfacher und unmittelbarer, als es etwa durch differenzierte psychologische Formulierungen möglich wäre.

Generell gilt für alle Verwendungsweisen von direkter Rede, daß sie Formulierungen erlaubt, in denen Sachinformationen und Wertungen, emotionale Faktoren etc. nicht geschieden sind *(Marsch, zurück in den Hof!)*. Das entspricht einem allgemeinen Prinzip der Nachrichtenvermittlung in der Boulevard-Presse.

Mittelberg (1967, 265 ff.) übt noch in sprachpflegerischer Absicht Kritik an der Verwendung der Anführungszeichen in BILD: „Wir haben nicht den Eindruck, daß dabei irgendwo der Sinn der Aussage verfälscht wird, aber um der orthographischen Erziehung der Leser willen sollte man nur die wörtliche Rede mit vollen Anführungszeichen abheben und die halben Zeichen für die erlebte Rede [der Terminus ist hier mißverständlich für verschiedenartige Abweichungen von der Wörtlichkeit des Zitats verwendet, H. B.] benutzen." (266) Seit den 60er Jahren dürfte sich das orthographische Bewußtsein wie wohl überhaupt das Sprachbewußtsein hinsichtlich massenmedialer Texte verändert haben. Die „nichtkorrekte" Anwendung der Anführungszeichen, vor allem auch ihre Anwendung bei fiktiven Zitaten, ist so selbstverständlich geworden, daß Sprachkritiker hier auf verlorenem Posten stehen.

Wann immer irgend jemand sich anbietet, der etwas gesagt hat oder gesagt haben könnte, dann sagt er es. Man braucht keine großen quantitativen Analysen zu erstellen, um sagen zu können, daß bei BILD die zitierenden „mündlichen" Anteile dieser Texte den redaktionellen (narrativen, kommentierenden etc.), also „schriftlichen" Anteilen nicht mehr nachstehen, daß sie funktionell

– gemessen an der Wichtigkeit der Passage für den Gesamttext – sogar dominant sind.

3.2 *Das Presse-Interview*

Daß in der Presse eine „mündliche" Darstellungsform wie das Interview überhaupt eine Rolle spielt, ist keine Selbstverständlichkeit. Während direkte Rede sonst immer in irgendeinen – sei es auch noch so reduzierten – redaktionellen Kontext eingebettet ist, ist das Interview eine selbständige Textsorte – zumindest in seinen „reinen" Formen. Entsprechend gab es heiße Diskussionen um die Frage, ob das Interview nicht eine Textsorte sei, die dem Wesen der Presse inadäquat sei und die man den dafür besser geeigneten elektronischen Medien überlassen solle. Als Mittel der Recherche war und ist das Interview ein selbstverständliches Instrument der Presse, als Darstellungsform jedoch war und ist es umstritten.

In einem seither vielzitierten Aufsatz hat Netzer (1970) „Thesen über das Interview" formuliert, in denen es strikt aus dem Rahmen der gedruckten Medien verbannt und zudem strengen formalen, kommunikativen und ethischen Regeln unterstellt wird.

Ich ziehe nur die Passage heran, die die kommunikativen und stilistischen Aspekte betrifft. Als „Formprinzip" bedeute das Interview für die Zeitung „so gut wie nichts". Als Beleg dafür verweist er auf die journalistische Praxis berühmter Vorbilder:

Auch Heinrich v. Kleist, Heinrich Heine und Theodor Fontane oder Maximilian Harden haben in ihrer journalistischen Tätigkeit interviewt. Nur haben sie kein Interview in der Form, wie wir es heute kennen, veröffentlicht. Warum nicht? Es gibt im wesentlichen zwei Gründe dafür. Der eine: Das Interview eignet sich nicht für den Druck. Es ist ähnlich wie mit einem Filmdrehbuch, einem Hörspiel oder einem Schiller-Drama, das wir in der Schule lesen müssen: man muß es hören oder sehen. Ein gedrucktes Interview: das heißt das Stenogramm eines Gespräches. Wird es unredigiert gedruckt, dann gerät unser Auge ins Stolpern, stört uns der holprige Satzbau, der Mangel an Grammatik. Wird es redigiert, dann ist es zu glatt – es fehlen die Pausen, die Äh's und Oh's, wir bekommen das Zögern auf eine Antwort nicht mit, das bisweilen mehr aussagen kann als die Antwort selbst. Heine und Fontane wären nie auf die Idee gekommen, ein Interview im Wortlaut drucken zu lassen. Wozu waren sie schließlich Journalisten? Um die Information, die sie bekommen hatten, zu verarbeiten, in ein Deutsch umzusetzen, das ihre Leser verstanden, an dessen Feinheiten sie sich delektierten, und das Ganze in den Rahmen des größeren Themas zu stellen. (32f.)

Netzer hat mit seinem engagierten Plädoyer die Entwicklung nicht aufhalten können. Die meisten Tageszeitungen – von wenigen Ausnahmen abgesehen (NZZ, FAZ) – bringen heute regelmäßig Interviews. Für viele – insbesondere lokale – Blätter ist das Interview zu einem den herkömmlichen Presse-Textsorten ebenbürtigen Darstellungsmittel geworden.

Was ist das Interview, und insbesondere was ist das Presse-Interview?

Allen Arten von Interviews ist als Grundkonstellation gemeinsam, daß es sich um dialogische Kommunikation handelt, mit einem Interviewer und einem (oder mehreren) Interviewten. Hinsichtlich der Steuerung des Dialogs ist die Rangverteilung asymmetrisch: der Interviewer hat alle Rechte der Steuerung, hat somit einen höheren „situativen" Status. Dieser Rangverteilung kann z.B. der soziale Status zuwiderlaufen, und aus dieser Spannung leben viele Interviews (Interviewer: ein unbekannter Journalist, Interviewter: ein bekannter Politiker).

Die linguistische Literatur zum Interview ist bei Hoffmann (1982, 28ff.) zusammengefaßt und kritisch gesichtet. Diskursanalytische Probleme, wie sie etwa bei Berens (1975), Schwitalla (1978), Ecker et al. (1977), Hang (1976) behandelt werden, können wir in dieser Darstellung allenfalls streifen, weil es uns nicht um detaillierte Analysen von Gesprächsstrategien etc., sondern um den Aufweis typischer und medienspezifischer Merkmale der Textsorte geht.

Definitorische Probleme ergeben sich bei stark bearbeiteten Interviews: bis zu welchem Grade kann man ein Interview redaktionell bearbeiten, daß es noch als Interview erkennbar bleibt? (vgl. S. 67ff.); bei den elektronischen Medien kommen noch die Probleme der Abgrenzung des Interviews gegenüber Statement bzw. Diskussion hinzu (vgl. S. 75ff.).

Interview als Form der Recherche und Interview als journalistische Darstellungsform unterscheiden sich grundsätzlich: Als Darstellungsform ist das Interview von vornherein auf Öffentlichkeit hin angelegt, während die Recherche eine Sache unter vier Augen bleiben kann.

Daraus erklären sich die wesentlichen strukturellen Merkmale der Textsorte. Für alle Medien-Interviews gilt also dieses abstrakte Kommunikationsschema:

Dabei bleibt noch offen, ob das Publikum dem Dialog simultan zugewendet ist oder mit zeitlicher Verschiebung. Für das Presseinterview modifiziert sich das Schema, da hier ein Transfer vom gesprochenen zum geschriebenen Medium stattfindet:

Phase	I	II	III
Modalität	mündlich	schriftlich	schriftlich
Situation	Dialog	a) *Verschriftlichung zu Archivierungszwecken b) Produktion des Zeitungstextes	Rezeption des Textes durch Leser

(* fakultativ)

In der Phase II finden häufig zwei Bearbeitungsschritte statt: (a) die Verschriftlichung des Tonbandmaterials zu Archivierungszwecken, (b) die Redaktion für die Publikation. Daß bei (a) bereits eine eigentliche Bearbeitung (nicht bloß eine „Transkription") vorliegt, erklärt sich daraus, daß „in der Regel nur der ‚verschriftlichungswürdige' Teil des Outputs festgehalten" wird (Löffler 1978, 120). Den Prozeß von I über IIb zu III kann man als Beispiel einer „zerdehnten Kommunikationssituation" (nach Ehlich 1981, 39) auffassen.

In Burger/Imhasly (1978, 116ff.) ist an einem Beispiel die Umformung von I (in wortwörtlicher Transkription) zu IIb analysiert. Die Umformungen beschränken sich auf Anpassungen des gesprochenen Textes an die grammatischen und textlinguistischen Regeln und die stilistischen Gepflogenheiten geschriebener (Zeitungs-)Texte. Aufschlußreicher ist, daß Elemente des Originaltextes erhalten bleiben, von denen man es nicht von vornherein erwarten würde, wie im folgenden Ausschnitt (es handelt sich um ein Interview des Zürcher Tages-Anzeigers mit dem Chef-Dirigenten des Zürcher Tonhalle-Orchesters, veröffentlicht am 1.7.77):

Ich kann konzertante Aufführungen in andern Städten, wenn das jetzt die Befriedigung meines persönlichen Ehrgeizes wäre, ich will nicht sagen, so oft dirigieren, wie ich will, aber doch sehr oft machen, nicht wahr? Wieso soll ich das nun ausgerechnet in Zürich befriedigen? Wenn es heißt „Karriere", und: „Der will ja nur Karriere machen": ja um Gottes willen, selbstverständlich will ich Karriere machen (...) Und wenn, finde ich, jemand Karriere macht und in Wien und in Salzburg oder sonstwo dirigiert, ist das absolut nichts Schlechtes. Schlecht wäre nur, wenn (und das impliziert ja Ihre Frage) ich hier den Zürchern Dinge aufdrängen würde im Konzert, von denen man sagen würde: Ja aber, wozu das? Das ist doch bloß dazu da, damit der ein Stück draufbekommt.

Hier sind dialogtypische Merkmale im lexikalischen und phraseologischen Bereich *(nicht wahr? / ja um Gottes willen / Ja aber)*, aber auch im Bereich der Syntax (ausklammernde Wortstellung: *wenn ich hier den Zürchern Dinge aufdrängen würde im Konzert*) aufbewahrt, und zwar offensichtlich bewußt aufbewahrt, nicht etwa aus Nachlässigkeit. Das Produkt ist also ein Zwischending zwischen „redigiert" und „unredigiert" im Sinne von Netzer (s.o.). Es ist soweit redigiert, daß „unser Auge" eben nicht „ins Stolpern gerät". Und umgekehrt ist es nicht so sehr geglättet, daß die „Äh's und Oh's" völlig getilgt wären. Damit werden die stilistischen Einwände gegen das Presseinterview, die bei Netzer paradigmatisch formuliert sind, weitgehend gegenstandslos.

Durch derartige Bearbeitungsverfahren gelingt es der Presse, trotz der medialen Bedingungen einiges von der Authentizität der gesprochenen Primärsituation zu reproduzieren und auf diese Weise eine Annäherung zu erzielen an Formen, die sonst als Reservat der elektronischen Medien gelten. Die redaktionelle „Einbettung“ des Presseinterviews ist je nach Zeitung unterschiedlich. Das folgende – nach meinen Beobachtungen an verschiedensten Zeitungen – durchaus typische Beispiel zeigt, in wie hohem Maße der redaktionelle Text dazu dient, die unterschiedlichen Bedingungen von Primär- und Sekundärsituation miteinander zu vermitteln:

Das aktuelle Interview: Heute mit GC-Trainer Miroslav Blazevic

„Ich will den Weg Weisweilers beschreiten“

Wer ihm im Nobelhotel begegnet, wo er zurzeit noch wohnt, und nicht im Hardturmstadion, wird kaum darauf tippen, daß er Fußballtrainer ist. Miroslav Blazevic (47), der neue Trainer des Grasshopper-Clubs, ist auch dann elegant gekleidet, meist in uni dunklem Anzug mit Krawatte und passender Pochette, wenn seine Kollegen die Trainings- und Freizeitanzüge der Sportartikel-Leader zur Schau tragen. Der Kettenraucher, der aussieht wie ein lässiger cleverer Kriminalinspektor in einem französischen Halbweltfilm, war während vier Jahren – mit Erfolg – im jugoslawischen Fußball tätig. Wie sieht er nun seine (schwierige) Aufgabe beim Schweizer Meister? Mit dem jugoslawisch-schweizerischen Doppelbürger sprach Karl Schlatter.

Sie haben am Mittwoch Ihre neue Mannschaft im Spiel in Wettingen erstmals in Aktion gesehen. Wie war Ihr Eindruck? (usw.)
(Tages-Anzeiger [Zürich], 12.8.83)

Der Obertitel *Das aktuelle Interview (...)* führt den Text mit der Textsortenbezeichnung ein – ein Symptom dafür, daß die Textsorte ähnlich gewichtet wird wie andere auf analoge Weise „markierte“ journalistische Textsorten (der Hauptkommentar wird vielfach als solcher gekennzeichnet; auch bei der Glosse ist es gängig, den Titel „Glosse“ zu verwenden, damit der Text „richtig“ interpretiert wird, damit also nicht Ironisches buchstäblich und somit falsch verstanden wird).

Der Haupttitel (die Schlagzeile) bringt einen Kernsatz des Interviews selber, durch die Anführungszeichen als Vorgriff auf das Interview kenntlich gemacht. Der Vorspann schließlich vermittelt Charakteristika der Persönlichkeit des Interviewten, und zwar gerade die Züge, die im Interviewtext, der hier weitgehend sachbezogen abläuft, ausgespart bleiben müssen. Ohne daß explizit gesagt würde, wann, wo und unter welchen Umständen das Originalinterview stattfand, bietet der Vorspann „atmosphärische" Elemente einer Situation, die die Primärsituation sein könnte. Was in den elektronischen Medien akustisch (Raumklang, Geräusche, Stimmen) bzw. akustisch und optisch übertragen wird, wird hier verbal evoziert. Dadurch und durch die Wahl eines Interview-Teils als Schlagzeile werden Primär- und Sekundärsituation (und das heißt auch: Elemente von Mündlichkeit und Schriftlichkeit) ineinander verflochten.

Die Funktionen, die das Interview in Relation zu anderen Presse-Textsorten hat, müßten an einem großen Korpus untersucht werden. Vermutlich wird das Interview – ähnlich wie der Kommentar – vorwiegend komplementär eingesetzt, d.h. als Darstellung eines im gleichen Blatt bereits präsentierten Sachverhaltes aus einer neuen Perspektive, seltener hingegen als einzige Präsentation eines Themas. Dadurch unterscheidet sich die Verwendung des Interviews in der Presse wohl immer noch grundlegend von der Praxis der elektronischen Medien (vgl. S. 87ff.).

Die Perspektive, aus der der Interviewte spricht, ist dann meist die des für ein Ereignis Verantwortlichen, des durch das Ereignis persönlich Betroffenen u.ä.

Der Interview-Text selber folgt strukturell weitgehend denselben Regeln wie Radio- und Fernsehinterviews. (Man vergleiche hierfür vor allem Schwitalla [1978], der Rundfunkinterviews untersucht, und Ecker et al. [1977], die sich mit dem „Spiegel"-Gespräch befassen.) Anstatt hier zu wiederholen, was in den einschlägigen Arbeiten im Detail behandelt ist, seien einige der Strukturregeln an einem Extremfall des Presseinterviews demonstriert: dem fingierten Interview. Dieser „Fall" ist ähnlich aufschlußreich wie die quasi-experimentellen Verfahren, mit denen Soziologen gezielt automatisierte Alltagsroutinen stören. Die Störung macht das dem „normalen" Verhalten zugrundeliegende und normalerweise nicht als solches wahrgenommene Muster sichtbar.

Es ist gar nicht so einfach, ein Interview zu fingieren, so daß es auch näherer (linguistischer) Prüfung noch standhalten würde. Doch genügt für den Rezipienten, der nicht von vornherein damit rechnet, hinters Licht geführt zu werden, die bloße Ankündigung des Textes als „Interview" und die Nennung der Partner (vor allem wenn der Interviewte eine renommierte Persönlichkeit ist), damit er mindestens eine Zeitlang auf die Authentizität vertraut. Ein Beispiel mag zeigen, welches die Abweichungen vom normalen Interview-Regelsystem sind, die (bei näherem Zusehen) die Fiktion als solche durchschaubar machen. Es handelt sich um ein „Interview" mit dem Schweizer Bundesrat [schweiz. Terminus für die Funktion, die in der BRD als ‚Minister' bezeichnet wird] Furgler, das in der linken Zeitschrift „Tell" veröffentlicht wurde (29.4.82).

Thema des Gesprächs ist die Strafrechtsverschärfung, über die am 6. Juni 1982 entschieden werden sollte.

Die grundlegende Abweichung dieses Interviews vom Normaltyp besteht in einer Verletzung der Rollen-Asymmetrie. Insgesamt drängt sich der Interviewer stärker in den Vordergrund, als man dies sonst gewohnt ist. Und zwar nicht nur durch besonders hartnäckige oder boshafte Fragen, sondern schon rein quantitativ durch die Länge seiner Äußerungen und qualitativ dadurch, daß seine Äußerungen z.T. nicht mehr nur stimulierenden Charakter haben, sondern eigene Beiträge zum Thema darstellen.

In normalen Interviews kommt es – bei selbstbewußten Interviewten – häufig vor, daß der Interviewte auf eine Frage zunächst mit einer Rückfrage reagiert. Das stellt aber die Struktur des Gesprächs nicht in Frage. Im fingierten Interview hingegen veranlaßt die Rückfrage einen eigentlichen Rollentausch. Der Interviewer antwortet – und zwar sehr ausführlich – auf die Rückfrage des Interviewten:

tell:	Mir bleibt die Spucke weg. Auf welchem Planet leben Sie eigentlich?
Furgler:	Das frage ich Sie!
tell:	Also ich leb in der Betoncity Zürich. Wenn ich, wie heute, als ich zu Ihnen nach Bern fuhr, von meiner Wohnung zum Bahnhof laufe, komme ich am Heroinmarkt vorbei. Ich sehe dort viele junge Leute, die sich krank- und totfixen, weil sie ohne Heroin sich und die Welt nicht mehr ertragen. Ich leb in der Stadt mit der höchsten Selbstmordrate und den höchsten

Bodenpreisen weltweit. Ich leb in einer Stadt, in der ein faktisches Demonstrationsverbot herrscht; in der zwar Hunderte von Jugendlichen in normierten Schnellgerichtsverfahren abgeurteilt werden, in der aber noch kein einziger Krawallpolizist von der korrupten Justiz verurteilt wurde, obwohl jedem hier klar ist, daß es Übergriffe gab. (...)

Der Rollentausch ist um so auffälliger, als die Rückfrage Furglers üblicherweise als phraseologische Formulierung nicht einer Frage, sondern einer Zurückweisung einer Äußerung verstanden würde. Auch was das soziale Verhalten der Partner betrifft, entspricht das fingierte Interview nicht den Regeln. Im letzten Ausschnitt – wie an vielen anderen Stellen – ist der Interviewer nicht nur aggressiv, sondern schlicht unhöflich bis unverschämt, und im Normalfall hätte ein prominenter Interviewter sich das nicht gefallen lassen. Am leichtesten zu erkennen ist die Fingiertheit des Gesprächs auf textlinguistischer Ebene. Zwischen Frage und Antwort ist an zahlreichen Stellen ein Bruch, Kohärenz ist nicht oder nur sehr vage gegeben. (Das ist z. T. bedingt durch die Entstehungsgeschichte des Textes: man hat großenteils Originalpassagen aus Reden u. ä. des Bundesrates als Versatzstücke in das „Interview" eingesetzt.) Ein Beispiel:

tell: (...) Ich kenne genügend von Ihnen – soviel, daß mir manchmal der Horror einfährt. (...) Ihre absolute Fehlerlosigkeit, Ihre makellose Karriere, Ihre ungeheure Tüchtigkeit. Herr Furgler, sind Sie ein Mensch ohne menschliche Schwächen?

Furgler: Hier müßten wir vermutlich ein paar Hemmnisse beseitigen, so daß jeder spürt, es geht um die Begegnung von Mensch zu Mensch. Gespräch setzt das Eingehenwollen auf den Partner und dessen Eigenartigkeit und Einmaligkeit voraus. (...)

Natürlich gehört es zu den normalen Strategien des Interviewten vor allem in Interviews mit starkem Dissens zwischen den Beteiligten, daß er unliebsamen Fragen „auszuweichen" oder „abzulenken" versucht. Das ist hier aber nicht der Fall. (Es ist auch nicht so – wie sonst häufig zu beobachten –, daß der Interviewte im weiteren Verlauf seiner Äußerung dann doch noch auf die Frage einginge.) Die Antworten sind während großer Teile des seitenlangen Interviews nicht klar auf die jeweilige Frage bezogen. Offensichtlich ging es dem Redakteur weniger darum, die ihm zur Verfügung stehenden Furgler-Äußerungen nahtlos in einen Interview-Kontext einzubetten, als vielmehr möglichst bissige Fragen zu stellen, wobei die Inkohärenz der Antwort gerade als Symptom der Vagheit und Schwammigkeit der Furglerschen Sprache gelten soll. Gegen Ende des Interviews bricht der Text gänzlich aus der angeblichen Textsorte Interview aus und wird zu einer Art „Gespräch" mit gleichberechtigten Partnern. Insgesamt dient der Text also eher der Selbstdarstellung des Interviewers und der Meinung seines Blattes, als einer auch nur irgendwie „gerechten" Darstellung des Interviewten.

Sogar bis ins linguistische Detail hinein wird die Widersprüchlichkeit des Textes nachweisbar: In normalen Interviews bemühen sich die Partner um eine einigermaßen homogene Sprache, auch was das Lexikalische betrifft. Für Interviews mit Experten ist es typisch, daß der Interviewer allzu Fachsprachliches aus den Äußerungen des Interviewten in allgemeinverständliches Vokabular „übersetzt" und den Partner dazu motiviert, sich auf diese Ebene „herabzubegeben" (vgl. S. 278). Im fingierten Interview sprechen die beiden Teilnehmer völlig verschiedene Register. Der Interviewer verwendet deutlich linksorientiertes und sehr umgangssprachliches bis saloppes Vokabular: Im Bereich der politischen Begriffe: *Bla-bla-Reformen, Krawallpolizist, Betonwelt, liberales Mäntelchen, Polizeistaat, uniformierte Terroristen* (für *Polizisten*).

Sonst: *Dutzendstreber, einen Bock haben, Job, Horror, abspeisen, kaputt, schludrig, mir bleibt die Spucke weg, Sie sind für mich der letzte, wieder mal typisch, das tönt gewaltig, reintrampen, ums Verrecken* usw. usw. Darüber hinaus werden auch Elemente der gesprochenen Sprache unmittelbar verwendet: *leb', red'*, die Interjektion *huch*.

Demgegenüber verwendet Furgler das Fremdwort-Register der offiziellen Politikersprache: *föderalistisch, Engagement, Sanktionen,*

waren, als ich mich in das Gästebuch der bayerischen Staatsregierung eintrug." Ihr Schmunzeln nach diesem überraschenden Geständnis verrät: sie weiß, daß es ihr keiner anmerkt. Ihr charmantes und natürliches Auftreten überdeckte jede Unsicherheit. Es fiel mir auf, daß die hübsche Monarchin sehr gesprächig war. Sei es auf der Fahrt vom Flughafen in die Stadt, im Rathaussaal oder am Abend anläßlich des Staatsbanketts zu Ehren des Herrscherpaares – Königin Nur unterhielt sich immer sehr angeregt mit ihren Gastgebern. Während König Hussein oft ruhig danebenstand und seine junge Frau mit verliebten Blicken beobachtete. Und wenn sie sich dann mit einem fröhlichen Lächeln ihrem Gemahl zuwandte, verriet ihr Gesichtsausdruck, wie glücklich sie ist. Auch als ich mit ihr sprach, schweifte ihr Blick suchend zur Seite. Sie sprach gerade über ihr Make-up und gestand: Sie schminkt sich nur sehr wenig; sie liebe die Natürlichkeit und der König auch. (...)
(Frau mit Herz, Das Familienblatt, 30.11.78)

Hier zeigt sich ein für BILD und Regenbogenpresse typisches Phänomen: Der gesprochene Text tritt völlig in den Hintergrund gegenüber dem Kontext des Interviews. Nicht was gesagt wird, ist interessant, sondern wie es gesagt wird und unter welchen Umständen. Königin Nur ist zwar *sehr gesprächig,* aber viel interessanter ist, wie sie sich mit ihren Gastgebern unterhält, wie der König *seine junge Frau mit verliebten Blicken* beobachtet, daß sie sogar während des (offenbar eigentlichen) Interviews *(als ich mit ihr sprach)* primär ihrem Mann zugewandt ist *(schweifte ihr Blick suchend zur Seite).* Und was sie dann noch über ihr Make-up sagt, ist – recht kunstvoll – gar nicht mehr in Anführungszeichen wiedergegeben, sondern gleitet von berichteter Rede (mit Pronomen der 3. Person) in die indirekte Rede (*sie liebe...*).

Auf den kommunikativen Vorgang bezogen, wird deutlich, daß hier – wie in Trivialtexten allgemein – die paraverbalen und nonverbalen Phänomene wichtiger werden als die verbalen: *Schmunzeln, fröhliches Lächeln, Königin Nur sprach so offen und selbstsicher, Pulsschlag..., klopft mir das Herz bis zum Hals* (vgl. Burger 1976).

Charakteristisch für diese Art Presse ist auch, daß die Person des Interviewers eine sonst nicht übliche Rolle spielt. Der Interviewer, der – wie natürlich auch sonst in den Medien, nur hier besonders ausgeprägt – die Stelle des Publikums vertritt, erscheint als Mensch

„wie du und ich". Gerade das Unprofessionelle oder zumindest die Unsicherheit, die auch dem Gewieftesten in einer außergewöhnlichen Situation nicht erspart bleibt, macht den Interviewer hier interessant.

Sinnlos wird es, von einem Interview zu sprechen, wenn das, was der Betroffene erzählt, nur noch durch redaktionelle Anmerkungen unterbrochen ist. „Was mir der Schah über Soraya und Farah verriet" (BILD 8.2.83 – Artikel aus einer ständigen Rubrik), erzählt Marisa Mell durchlaufend. Als Zwischentitel erscheinen noch kurze redaktionelle Texte (*Ein Mann, wie ihn die Frauen sich erträumen / Für die Freuden des Lebens war keine Zeit mehr* usw.), der Interviewer zieht sich ganz zurück in die Funktion des bloßen Registrators *(Aufgezeichnet von Guido Banti)*. Daß die eigentliche redaktionelle „Leistung" in der Formulierung des angeblich so von Marisa Mell Erzählten liegt, wird natürlich dem Leser nicht erkennbar und ist auch nicht mehr weiter überprüfbar.

Misch- und Grenzformen des Interviews sind aber auch für den seriösen Journalismus beliebte Formen der Darstellung geworden. Tageszeitungen bedienen sich der Mischform häufig bei „Porträts" von Persönlichkeiten, bei denen nicht nur wichtig ist, was sie im Interview gesagt haben, sondern auch, wie sie es gesagt haben und was man sonst noch Berichtenswertes über sie weiß. Ein Beispiel:

Unser Donnerstagsgast: Rudolf Stemmler

Gemeinsam wurde man stark
Rottenburgs Bürgermeister lobt „Leistungen im gesamtstädtischen Bereich"
Vor drei Jahren saß er schon einmal auf dem Platz des Redaktionsgastes der SÜDWEST PRESSE. Aber damals war Rudolf Stemmler noch Geschäftsführer des Zweckverbandes Abfallverwertung. Jetzt stand er als Rottenburger Bürgermeister Rede und Antwort. Daß es auch dabei teilweise um die Abfallprobleme ging, trug Stemmler mit Fassung. Es mache ihm nichts aus, meinte er, nach wie vor mit dem Müll im Kreis identifiziert zu werden.

Auf diese Einführung, die Anlaß, Ort, Umstände des Interviews schildert, folgen Angaben zur Tätigkeit des Interviewten, wobei nicht erkennbar ist, ob es sich hier um redaktionelle Feststellungen oder um einen nicht als Rede gekennzeichneten, leicht umformulierten Interview-Ausschnitt handelt:

Zu seinem Aufgabenbereich im Rottenburger Rathaus gehört der Müll aber nicht unmittelbar. Der einzige Beigeordnete der Großen Kreisstadt ist zuständig für Finanzen, Liegenschaften, die Stadtwerke und den Sozialbereich einschließlich des Krankenhauses.

Daß vermutlich das zweite der Fall ist, wird aus der Fortsetzung deutlich, die einen Redebericht *(macht ihm Spaß)* und ein direktes Teilzitat enthält (in Anführungszeichen, die hier wohl ebenso zitierende wie modalisierende [vgl. S. 52] Funktion haben, wegen des durch die umgangssprachliche Phrase *überschaubarer Laden* erzeugten „Stilbruchs"):

Die neue Aufgabe – er ist seit dem 1. März vergangenen Jahres im Amt – macht ihm Spaß. Die Verwaltung betrachtet er trotz der insgesamt fast 450 für sie tätigen Leute als „überschaubaren Laden".

Im weiteren wird das Interview in geschickt arrangierter Abfolge von indirekter Rede, Redebericht und direktem Zitat ganzer Sätze oder von Teilsätzen präsentiert:

Das Ziel, gemeinsam stark zu sein, habe sich in Rottenburg verwirklichen lassen. Dazu verweist Rudolf Stemmler auf „gewaltige Leistungen im gesamtstädtischen Bereich" und nennt Abwasser, Flächennutzungsplanung, Wasserversorgung, Gewerbegebiete und (mit einer Einschränkung für den gymnasialen Bereich) die Schulausstattung. Bei der Hallenbedienung seien noch Fragezeichen angebracht, aber ansonsten sei die Grundversorgung abgeschlossen und auch gut gelungen. „Aber das Filigranere ist das Reizbarere", erkennt Bürgermeister Stemmler, auf die gegenwärtig in Rottenburg hochgehenden kommunalpolitischen Wogen angesprochen (in der Stadt regte sich Widerstand gegen ein Tiefgaragen-Projekt am derzeit nicht fürs Parken sondern als Park genutzten oberen Stadtgraben).

„Die Fußgängerzone wird grundsätzlich sehr positiv diskutiert", stellt Stemmler fest. Es sei auch klar, daß sie der Geschäftswelt dienen werde. Aber als Flächenstadt könne Rottenburg dem Individualverkehr keine grundsätzliche Absage erteilen. Deshalb brauche man innerstädtische Parkmöglichkeiten, „wenn man die Leute nicht auf die Straße nach Herrenberg, Stuttgart oder Tübingen schicken will" (...).
(5.2.83)

Die direkten Zitate haben dabei all die typischen Funktionen, die wir oben besprochen haben (Hervorhebung besonders griffig formulierter Originalpassagen, Wiedergabe von Äußerungen des Interviewten, mit denen sich der Redakteur nicht unbedingt identifizieren will etc.).

Daß die Mischform in der Presse eine ähnliche Funktion erfüllt wie die Talkshow im Fernsehen oder vergleichbare „Gespräche" im Radio, läßt sich sehr klar in Frauenzeitschriften beobachten. In der Serie „Männer heute" (Brigitte 1981) z.B. wird die Interview-Situation präzise gezeichnet, zugleich aber versteht man, daß das Interview in eine Situation und eine Geschichte eingebettet ist, die über den Dialog hinaus von Interesse sind. Außer dem kommunikativen Geschehen mit seinen verbalen und paraverbalen Anteilen beschreibt die Redakteurin/Interviewerin auch die Wohnung, die Kleidung der Gesprächspartner, das Milieu, in dem sie leben, wie es bei Talkshows, die in der Wohnung des Interviewten stattfinden, durch die Kamera eingefangen wird. Im Gegensatz zur Talkshow sind diese Texte häufig auf ein Hauptproblem zentriert, insofern die Geschichte des Einzelfalls als Exemplifikation eines allgemeinen (Beziehungs-)Problems verstanden wird. Wir wollen anhand eines Beispiels („So ein Mann muß 'ne Menge aushalten!" Brigitte 9/1981, 22.4.81) die gängigen Techniken demonstrieren. In der Einführung wird die – zunächst nur angedeutete – Interview-Situation *(wenn er... erzählt)* sogleich mit der Vorgeschichte und der Biographie des Interviewten in Verbindung gebracht:

Es gibt Männer, die sind so erwachsen, daß man sich beim besten Willen nicht mehr vorstellen kann, wie sie mal als Kinder waren. Bei Harald Düsterbeck ist das anders. Vierzig ist er – aber wenn er von seiner Jugend in Hamburg erzählt, dann sehe ich ihn zwischen Trümmerhaufen spielen und auf der Schulbank sitzen im gestopften Pullover. Wie er die Bücher verschlingt, die ihm seine große Schwester gibt. (...)

Diesen Typ Mädchen, den mochte er: das apfelklauende Mädchen, das so schnell weglaufen konnte wie die anderen, das nicht feige war, nicht dauernd heulte, das Mädchen mit den Schorfstellen am Knie. Er glaube, sagt er, dem Typ sei er treu geblieben – bis heute. Wir treffen uns bei ihm zu Hause, am frühen Abend. „Schnell noch die Kinder ins Bett bringen", sagt er, „dann koche ich Tee, und dann habe ich Zeit."

Die Schilderung der äußeren Umstände des Interviews ist nicht Selbstzweck, sondern dient der Veranschaulichung des generellen Problems:

Nur: Die beiden Mädchen denken nicht daran, müde zu werden. Der Säugling robbt fröhlich kreischend über den Teppichboden, und Anna, die Vierjährige, ist neugierig auf Besuch, Katinka, seine Frau, schnappt sich die beiden, sagt: „Ich werde sie schon müde spielen." Wenn sie Besuch hätte heute abend, dann würde Harald das machen. Den Partner von Verpflichtungen entlasten, wenn er etwas vorhat – das finden beide selbstverständlich.

Neben der Primärsituation kommt für einen Moment auch die Schreibsituation der Redakteurin-Interviewerin in den Blick:

Als Beispiel für den Typ Mädchen, für den er als Junge schwärmte, hatte Harald gesagt: „Wie Becky. Wie die Becky aus ‚Tom Sawyer', dem Roman von Mark Twain." Jetzt, beim Schreiben, stelle ich fest, daß ihm seine Erinnerung einen Streich gespielt hat (...).

Es ist dies eine besonders konsequente Weiterführung des Prinzips, daß der Interviewer nicht bloße Funktion des Mediums, sondern Partner der Interviewten ist.

Im Gegensatz zum Trivialroman wird das paraverbale und nonverbale Verhalten i.a. eher schlicht präsentiert (*Er rümpft die Nase, Harald grinst, Harald seufzt...*), Entgleisungen sind selten. Die redeanzeigenden Verben sind konsequent schlicht gehalten (hauptsächlich *sagte,* daneben *meinte* u.ä.).

Am augenfälligsten aber ist der souveräne Umgang mit den Mitteln der Redewiedergabe.

Nur ein Teil des Gesprächs ist als Rede formuliert. Große Partien erscheinen nur in der Transformation zum – erzählenden, berichtenden, beschreibenden – redaktionellen Text. Wenn Rede wiedergegeben wird, dann ist es vorzugsweise diejenige der Interviewten. Dort wo auch die Fragen der Interviewerin notiert sind, erscheinen sie ohne Anführungszeichen:

– *Wie lange seid ihr verheiratet?*
– *Bist du eigentlich ein emanzipierter Mann?*

Dort, wo in der Frage keine Personalpronomina der 2. Person auftreten, hat das Weglassen der Anführungszeichen einen interessanten Effekt:

Ist geteilte Verantwortung leichter?
„Ja", sagt er, „und fairer."

Die Fragen sind nicht mehr bloß Fragen dieser Interviewerin und aus dieser Interviewsituation heraus formuliert, sondern allgemeine und allgemein-interessierende Probleme, mit denen sich auch die Leserin beschäftigt und auf die der Befragte eine Antwort weiß.

Die Rede der Interviewten ist natürlich nach den oben beschriebenen Prinzipien verschriftlicht. Reste gesprochener Sprache, insbesondere Gesprächswörter, werden gezielt übernommen:

„*Tja*", sagt er, „Partner sein, das heißt für mich (...)"

„Ob es das gibt? Ob ich das bin? *Oje,* das weiß ich nicht..."

Auch bei den Fragen taucht ein solches Gesprächswort einmal auf – womit der durch das Weglassen der Anführungszeichen erreichte Effekt plötzlich wieder zurückgenommen wird:

Harald versucht, ein wirklicher Partner zu sein. Aber was ist das – ein wirklicher Partner? Das ist doch mehr als die gerechte Teilung der Hausarbeit, mehr als die gemeinsame Verantwortung für die Kinder – *oder?*

„Ja, viel mehr."

Auch spontansprachliche elliptische Formulierungen werden übernommen, mit besonders drastischem Effekt, wenn sie als Antwort auf eine nicht persönlich formulierte Frage stehen:

Und was ist der Unterschied zwischen Zusammenleben und Verheiratetsein? Ist die Zuneigung nicht dieselbe, die Verantwortung für die Kinder, die Liebe und auch der Streit? Und kaputtgehen kann doch so eine Beziehung auch – ob mit oder ohne Trauschein. *Doch,* sagt Harald, *alles richtig,* trotzdem sehe er da Unterschiede. „Katinka ist meine Frau", sagt er (...).

Das Beispiel demonstriert bereits die Handhabung von direkter und indirekter Rede:

Der Anfang ist wegen seiner elliptischen Formulierung und der Partikel *doch* als gesprochensprachlich direkte Rede erkennbar, obwohl die Anführungszeichen weggelassen sind. Die direkte Rede ohne Anführungszeichen gleitet nahtlos über in indirekte Rede *(trotzdem sehe er...)* und wird in graphisch voll realisierter direkter Rede weitergeführt. Das Spielen mit all den graphischen und grammatischen Möglichkeiten, die das Deutsche im Bereich der Redewiedergabe bietet, wird von vielen Journalisten in diesem

Bereich der Presse genutzt. Diese Techniken sind nicht mehr der Literatur vorbehalten. Was ein Max Frisch in „Mein Name sei Gantenbein" in dieser Hinsicht leistet, das gehört heute zum gängigen journalistischen Handwerkszeug.

Fazit der Beobachtungen zum Presseinterview ist: Der konservativste Flügel der Presse verschließt sich dem Presseinterview ganz. Die konventionellen Blätter jeder Couleur nutzen das Interview, entweder in seiner reinen Form als Frage-Antwort-Ablauf oder in Mischformen, wobei der Gesprächstext in journalistische Argumentationen, Berichte etc. eingebettet ist. Die Boulevard- und die Regenbogenpresse, aber auch manche Zeitschriften gehen viel weiter: Sie sind mit ihren Vertextungsverfahren in der Nähe von Praktiken, die wir auch aus bestimmten Magazinen der elektronischen Medien kennen (vgl. S. 78 ff.). Sie verwischen bewußt die Grenzen der traditionellen Genres. Es wird unmöglich, zwischen Reportage, Bericht, Interview noch zu trennen. Ob man diese Textformen sympathisch findet oder nicht, sie bringen jedenfalls Bewegung in die gängigen, gänzlich an Prinzipien der Schriftlichkeit orientierten Textsorten der Presse.

4. Radio- und Fernsehinterview

4.1 Abgrenzungsprobleme

Da insbesondere Radiointerviews, aber gelegentlich auch Fernsehinterviews in stark bearbeiteten Textformen vorkommen, ergibt sich zunächst das gleiche definitorische Problem, das beim Presseinterview auftritt: bis zu welchem Grade kann ein Radio- oder Fernsehinterview bearbeitet werden, daß es noch als Interview erkennbar bleibt?

Dabei ergibt sich bei Radio und Fernsehen spezifisch das Problem der Abgrenzung gegen das „Statement".

Das Statement ist im Sprachgebrauch des Journalismus eine „gezielt von einem Journalisten zur Ausstrahlung im Original-Ton eingeholte kurze Stellungnahme" (Buchholz, in: v. La Roche/Buchholz [Hrsg.], 36f.). Darüber hinaus wird als Statement in einem weiteren Sinne auch eine aus einem gesprochenen (monologischen oder dialogischen) Text herausgeschnittene einzelne Passage verstanden, die in einen redaktionellen Kontext eingebettet ist. Die textlinguistischen Probleme, die bei der Bearbeitung von Statements des zweiten Typs auftreten können, werden unten S. 84ff. behandelt.

Mehr von theoretischem Interesse ist die Frage, wie sich Interview und Diskussion voneinander abgrenzen lassen. Hoffmann (1982) schlägt dafür das Kriterium „Gerichtetheit der Sprecherbeiträge" vor:

„Richtet sich ein Beitrag des Journalisten an einen Politiker, dessen Antwort wieder an den (oder die) Journalisten, nicht aber – mit Ausnahme in metakommunikativer Funktion zur Organisation des Sprecherwechsels – an gleichzeitig anwesende andere Politiker, so handelt es sich um ein Interview. Wird aber die dialogische Auseinandersetzung zwischen den Politikern oder, was seltener der Fall sein dürfte, zwischen den Journalisten weitergeführt und gehen beide Parteien auf Beiträge der jeweils eigenen Seite ein, handelt es sich um eine Diskussion.“ (74)

Diese Abgrenzung ist formal einleuchtend, scheint mir aber in der Praxis nicht leicht durchführbar und auch theoretisch problematisch: Ob ein Teilnehmer einer Kommunikationssituation sich ausschließlich an einen bestimmten anderen richtet, ist beim Radio gar nicht, beim Fernsehen (auf das sich die Definition Hoffmanns bezieht) allenfalls am nonverbalen Verhalten der Teilnehmer erkennbar. Das nonverbale Verhalten aber ist, aufgrund der Praktiken der Kameraführung, gerade bei Dialogformen mit mehr als zwei Teilnehmern dem Zuschauer nicht voll zugänglich (vgl. S. 292). Darüber hinaus ist es in massenmedialer Kommunikation grundsätzlich problematisch, einen einzigen Kommunikationskreis isolieren zu wollen (vgl. S. 44). Wenn bei einem Dialog zwischen zwei Leuten im Studio gleichzeitig noch andere anwesend sind (in welcher Funktion auch immer), richten sich kommunikative Aktivitäten der Sprechenden immer auch auf die an der „Dyade“ (zum Begriff Dyade vgl. Burger/Imhasly 1978, 67ff.) nicht Beteiligten, die man als eine Art „internes“ Publikum bezeichnen könnte (im Gegensatz zum „externen“ Publikum am Bildschirm, auf das jeder Sprechende implizit natürlich auch permanent ausgerichtet ist).

Eine strikte Ausgrenzung von Interview und Diskussion halte ich auch gar nicht für nötig (es sei denn zur Abgrenzung eines jeweils exklusiven Samples von Interviews bzw. Diskussionen zu Forschungszwecken). Wichtiger scheint mir beispielsweise zu sehen, daß in Diskussionen (und anderen Gesprächsformen mit größerer Teilnehmerzahl) phasenweise interviewartige Passagen auftreten können. Zu untersuchen wäre dann, welche Mechanismen eine solche Dyade einleiten und wodurch sie wieder beendet wird, ferner: welche Funktionen Dyaden allenfalls innerhalb des Gesprächsganzen haben (vgl. dazu jetzt Linke 1985).

Ein weiteres Abgrenzungsproblem, das hier nicht näher diskutiert werden kann, ergibt sich bezüglich der „Talk-Show“ (dazu Linke 1985) und ähnlichen Formen: Einerseits kann hier die Funktion des Interviewers auf die Aufgabe reduziert sein, den prominenten Partner zum Reden zu stimulieren, wobei das Recht der Dialogsteuerung nur noch formal wahrgenommen wird, andererseits kann sich aus dem Frage-Antwort-Schema eine weniger rigide Dialogform – etwas wie ein „Gespräch“ – entwickeln.

4.2 Radio-Interview

Beim Radio sind gegenwärtig drei hauptsächliche Verfahren in der Handhabung von Interviews zu registrieren:

(1) live-Interviews: sie entsprechen meist der Definition von „Interview“, sind im Regelfall kurz und kommen vorwiegend entweder in tagesaktuellen politischen Magazinen vor oder als Bestandteil der live-Moderation in Begleitprogrammen, wo sie vom Moderator meist telefonisch (z.B. mit einem Korrespondenten oder einem Hörer) geführt werden (vgl. S. 37ff.).

(2) nicht (oder wenig) bearbeitete non-live-Interviews: ebenfalls Interviews im strengen Sinne des Begriffs; sie können eine ganze Sendung ausmachen (z.B. Interviews mit Wissenschaftlern, vgl. S. 276ff.).

(3) Stark bearbeitete Interviews (natürlich non-live): dies ist heute der Normalfall in Wortmagazinen (vgl. S. 78ff.), die mit den radiospezifischen Mitteln (O-Ton etc.) „komponiert“ sind und die man als „gestaltete“ Magazine bezeichnet.

Vor allem die Typen (1) und (3) kommen aktuellen Tendenzen des Hörfunks entgegen und gewinnen ständig an Terrain. Domäne des ersten Typs ist vor allem der grassierende „Telefonjournalismus“. Mit dem Instrument des Telefons sichert sich das Radio einerseits das Image des schnellsten Mediums, andererseits ermöglicht das Telefon den unmittelbaren Kontakt zum Hörer (vgl. S. 37).

Das live-Interview werden wir hier nicht weiter behandeln, da es strukturell den oben (S. 58) behandelten Interview-Regeln folgt. (Linguistische Untersuchungen über die Unterschiede zwischen Radio- und Fernseh-live-Interviews liegen noch nicht vor, wären aber sicher von einigem Interesse.)

Für das Verhältnis von Schriftlichkeit und Mündlichkeit in der gegenwärtigen Hörfunkpraxis ist der Typ (3) besonders aufschlußreich. Hier wird eine allgemeinere Tendenz der Medienentwicklung erkennbar: Nicht nur die Presse bewegt sich mit ihrem hohen Anteil mündlicher Elemente auf die audiovisuellen Medien hin, auch in diesen findet vom anderen Pol, dem der Mündlichkeit, her, eine Bewegung auf Vertextungsformen hin statt, die man eher in Texten des graphischen Mediums erwarten würde.

Das stark bearbeitete Interview ist von den drei genannten Typen strukturell das komplizierteste. In extremer Form verläuft es nach folgendem Modell:

Legende:

	Sprecher	Realisierungstyp	„Ton“
———	Redakteur	abgelesen	Studio-Ton
– – –	Interviewter	nicht-abgelesen spontan	O-Ton*

* = Original-Ton

Eingebettet ist dieses Modell meist in einen Moderator-Text. Ein Beispiel aus dem „Magazin für die Frau“ (Ö-Regional, 7.1.83):

Die Einführung liest die Moderatorin im Studio:

Mit unserem ersten Beitrag zeichnen wir das Bild einer – Frau,̂ einer Frau – noch nicht 30, die es nach Ansicht – vieler Männer und Frauen geschafft hat. Es geschafft zu haben, heißt in diesem Fall wohl, nach oben gekommen zu sein, Erfolg zu haben. Das wiederum scheint für Männer wie für Frauen eine – erstrebenswerte Situation zu sein – Karriere zu machen. Daß Männer Karriere machen,̂ ist normal, daß sie sich in oberen Etagen bestenfalls mit Männern drängen, genauso. Darum fällt es nach wie vor immer noch auf, wenn eine Fraú eine – Führungsposition besetzt. – Freilich muß sie es dabei nicht immer mit – herrschsüchtigen patriarchalischen Neidern zu tun haben, mitunter – sind es nur mangelnde – Rücksichten – ohne – böse – Absicht. Näheres im folgenden Beitrag von H. S. (...)

Mit dem ersten Satz der Einführung ist bereits die Textsorte indiziert: (...) *das Bild einer Frau, einer Frau von noch nicht 30, die (...)*. Wie in den Beispielen aus Brigitte, BILD usw. geht es also um ein Porträt einer Persönlichkeit, mit lebensgeschichtlichen Rückblicken. Im Anschluß an den Beitrag und eine Musik-Einlage fährt die Moderatorin fort: *Nach diesem Gespräch mit der Steirerin M. H.* (...) Nur: ein „Gespräch" im üblichen Sinne des Wortes war es eben nicht. Die Fragen des Interviewers sind sämtlich weggeschnitten. An ihre Stelle tritt ein redaktioneller Text, gelesen vom Redakteur im Studio. Auf diese Weise hört man alternierend O-Ton und Studio-Ton.

Es beginnt mit einem O-Ton-Satz, der sich anhört wie ein Resümee, die Moral von der Geschicht, wie ein nicht auf Kontext angewiesenes Statement:

Ja anundfürsich bin i immer optimistisch gwesen, weil i zumindestens auch – aus Schlechtem – was lernen kann zumindestens i muß es vesuchen̂ aus dem Schlechten was zu lernen.

Und ebenso gewichtig führt der Redakteur (Studio-Ton) auch seine Gesprächspartnerin ein:

Das sagt M. H. aus dem oststeirischen Fürstenfeld. Sie kommt aus einer Gegend̂ in der die triste wirtschaftliche Lage viele das Fürchten gelehrt – und Pessimismus sich breit gemacht hat.

Mit ständigem Alternieren von *sie* (redaktioneller Text) und *ich* (O-Ton) wird der lebensgeschichtliche Hintergrund aufgerollt, alternierend erzählen Redakteur und Interviewte die Geschichte:

Interviewte	(O-Ton):	Zerst hab *i* mir immer gedacht̂ das Reisebüro ist das Optimalste, was d machen kannst im Beruf (...)
Redakteur	(Studio-Ton):	Dann kam der Umstieg: *Sie* sollte als Mädchen für alles in der im Aufbau befindlichen Kuranstalt L. tätig sein (...)
Interviewte	(O-Ton):	So hat sich das Angebot hier heroben in der Therme eben ergeben, was *ich* dann zerst zwar sehr skeptisch aufgenommen hab (...)

Um vom Thema „Beruf“ auf das Thema „Privatleben“ hinüberzulenken, zitiert der Redakteur seine Partnerin wie in einem durchgehend geschriebenen Text:

Interviewte	(O-Ton):	(...) *Ich* habe in der Beziehung [i.e. im Umgang mit den Arbeitskollegen] überhaupt keine Probleme
Redakteur	(Studio-Ton):	Beruf und Hobby gehen bei *mir* zusammen, sagt M. H. Wenngleich *sie* sich an manchen Tagen – recht gerne – in ihre Privatheit zurückziehen möchte, um sich und ihre Beziehungen pflegen zu können (...)

In den stark bearbeiteten Formen des Presseinterviews spielt, wie oben gezeigt, die Beschreibung der Interviewsituation und/oder die Charakterisierung des Milieus der Interviewten eine wichtige Rolle. Was dort verbal ausformuliert werden muß, kann beim Radio auf weniger explizite, aber um so bequemere Weise durch Umgebungsgeräusche im O-Ton erreicht werden. In unserem Beispiel Hintergrundstimmen, die den Publikumsverkehr im Büro der Interviewten signalisieren, häufiges Telefonklingeln, mit dem die betriebsame Atmosphäre angezeigt wird usw.

Häufiger als diese extrem bearbeiteten Formen sind redaktionelle Bearbeitungen, die noch zusammenhängende Reste des Original-Interviews beibehalten, wie im folgenden (nur leicht gekürzten) Beispiel, das für die durchschnittliche Praxis repräsentativ sein dürfte (Ö 3 dabei, 31.1.83):

Text	*Kommentar*
[Unmittelbar im Anschluß an die Ansage:]	
(1) Zenker: Ich weiß *das* von den Büchern her,̂ also die – werden besser verkauft,̂ seit's den Kottan im Fernsehen gibt.̂ Das ist klar. (...) Das gibt's halt, net.̂ Ich *hoffe* auch,̂ daß ein – paar Leute ins Theater gehn – beim – Stück „Februar 1934“,̂ die sonst nich gehn würden.	Weil die initiierende Äußerung des Interviewers getilgt ist, ist *das* ohne anaphorische Referenz, kann aber kataphorisch verstanden und damit verständlich werden.

(2) Redakteur:
Eine *Hoffnung,* die Kottan-Autor Helmut Zenker für sein eben enstehendes Theaterstück „Februar 1934“ nicht unberechtigt ausspricht. Denn, trotz sehr widersprüchlicher Kritiken, über seine Fernsehschöpfung „Major Kottan“, ist für alle an dieser Serie Beteiligten offensichtlich, daß sie damit mehr in den Blickpunkt der Öffentlichkeit gerückt sind, als durch andere ihrer Arbeiten.

Für redaktionellen Text typische Wiederaufnahme des letzten Satzes durch Nominalisierung mit kommentierend-weiterführendem Relativsatz.

(3) Zenker:
Das is einfach die Folge, wenn me sich mit einer Fernsehserie einläßt, dann ist das unumgänglich. Andererseits glaube ich, daß der Autorenname auch hinter der – erfundenen Figur – immer mehr verschwindet, also so sehr ist der Zusammenhang gar nicht gegeben. Was für mich des – irgendwo Ärgerliche is, daß me darüber hinaus vergißt, daß i eben ja auch viele andere Sachen gemacht hab, vom Theater – bis zu – einigen Romanen, Kinderbüchern unsoweiter. Des is also – komplett verschwunden. Und es wird Zeit, dass me also nachweist, dass me – eben – auch anderes – probiert und auch kann.

Das bezieht der Hörer anaphorisch auf den Schluß der Äußerung des Redakteurs.

(4) Interviewer:
Nun äh, wäre also dann *folgerichtig* Ihr Schritt, Helmut Zenker, mit dem Kottan *aufzuhören?*

Fortsetzung (ohne Schnitt) des Original-Interviews, mit weiterführender Frage [*folgerichtig*...]

(5) Zenker:
Ja, wir wérdn ja auch *aufhörn,* nur – solang für mich noch eine Möglichkeit besteht, die Serie weiterzuentwickeln, das heißt, auch wieder – weiterzuverändern, was nicht unbedingt die Besetzung sein muß, nämlich draus ganz was anderes zu machen, solang möcht ich es betreibn, weiterzumachen. Äh, wenn's von außen her entschieden wird, es findet nicht mehr statt – auch gut. Wenn uns nix mehr einfällt zur Veränderung – damit mein

Genaue Replik, mit lexikalischer Rekurrenz

ich also – alle, die damit beteiligt sind, dann hören wir sowieso auf.

(6) Redakteur:
Heute um 11 Uhr vormittags bat die Direktion des Wiener Volkstheaters zur Pressekonferenz, bei welcher das neueste Stück Helmut Zenkers, das in der Spielzeit dreiundachtzig vierundachtzig uraufgeführt werden soll, vorgestellt wurde. Im Vordergrund von „Februar“ (...) steht die Geschichte der Arbeiterfamilie B., die in den zwanziger Jahren eine zweieinhalb-Zimmer-Wohnung in einem der damals neuen Wohnblöcke der Gemeinde bewohnt. Das Stück spielt in der Brigittenau, beginnt im Jahr 1927, und endet 1934 mit den Arbeiteraufständen.

Neuer thematischer Schritt

(7) Zenker:
Ich hab mich deswegen *dafür* interessiert, weil ich aus einer – Arbeiterfamilie – komme, von Mutter und vom Vater her, mein Großvater war 1934 genau 34 Jahre alt – und war also in die Ereignisse – ziemlich involviert, und ich habe das [sic] seit meiner frühesten Kindheit darüber Berichte von ihm gehört. *Ich* hab das auch später immer noch, als *ich* schon andere – Bücher geschrieben habe, immer wieder weiter fortgesetzt – äh Tonbandinterviews mit ihm gemacht, und einfach *Material gesammelt.*

Dafür wird als anaphorische Anknüpfung an den letzten Satz des Redakteurs verstanden

(8) Redakteur:
Primär freilich für ein Buch, das *Helmut Zenker* aber auch weiterhin zu schreiben gedenkt. Ob *er* nicht fürchtet, als Nachkomme von parteiisch Beteiligten, eine sehr einseitige Sicht der damaligen Verhältnisse zu schaffen?

Der letzte Satz Zenkers wird durch den redaktionellen Text syntaktisch bruchlos (als „Nachtrag“) fortgesetzt; der textlinguistische „Bruch“ entsteht erst durch das Umschalten von *ich* auf den Namen *Zenker*. Die weiterführende Frage, die der Interviewer vermutlich gestellt hat, wird in eine indirekte Frage mit dem Personalpronomen *er* umformuliert.

(9) Zenker:
Ich bin vorgeprägt, das ist klar, es wird auch ein parteiliches Stück, weil ich es eben aus dem Blickwinkel – der Arbeiter – schreibe, es soll aber trotzdem kein ungerechtes Stück werden, in dem Sinn, daß me jetzt sagt, die Gegenseite, das san jetz nur die – gesichtslosen – Watschenmänner der Zeit, äh das das mach ich sicher nicht, aber i will einfach die – Strömungen, alles – möglichst klar aber trotzdem parteilich zeigen. Für mich gibt's das Projekt seit mehreren Jahren, es wird einmal Zeit, daß ich versuche, über eine Zeit zu schreiben, die ich nicht selbst erlebt habe, für mich ist das einfach ein weiterer notwendiger Schritt, er ist für mich auch deswegen notwendig, um genau darüber Bescheid zu wissen, wo ich herkomme, wie is die Vergangenheit meiner Familie, also ich möchte – darüber einfach arbeiten und – auch was herzeigen dann.

Zenker „antwortet" selbstverständlich mit *ich*.

(10) Interviewer:
Wieviele Stunden Arbeit ist *das*? Sind Sie ein Mensch, der also in Rekordzeit – Bücher schreiben kann? Oder sind Sie ein Mensch, der systematisch arbeiten muß, damit er überhaupt sein Plansoll erreicht?

Das referiert global auf den letzten Satz Zenkers.

(11) Zenker:
Das kommt auf die jeweilige Arbeit an, also ein Stück übers Vierunddreißiger Jahr ist zwangsläufig mehr Arbeit als – ein Stück, wo ich fast alles frei erfinden kann, wie zum Beispiel Fernsehfilme, die ich bisher gemacht habe. Hier is es anders – ich schaue, daß ich – am Vormittag drei Stunden schreibe, am Nachmittag noch amal zwei, das is eigentlich

Die Mehrfachfrage des Interviewers provoziert eine schrittweise Beantwortung (von den objektiven Bedingungen der Arbeit zur subjektiven Disposition) nicht so besonders viel, und – ich selber glaub auch, daß ich ein fauler Mensch bin. Nur wenn ich was schreib, dann – schreib ich sehr intensiv dran, und dann kommt me auch einigermaßen vorwärts.

(12) Interviewer:
Und können Sie nebenbei auch was anderes schreiben? Schreiben Sie jetzt auch – gleichzeitig andere Dinge, weil Sie sagen, also fünf Stunden des Tages – sind jetzt diesem Stück gewidmet?

Weiterführende Frage

(13) Zenker:
Na, höchstens Briefe, also sonst schreib ich nix.

Direkte Replik

[Musik]

Die Abfolge der Äußerungen in diesem Text sieht schematisch so aus:

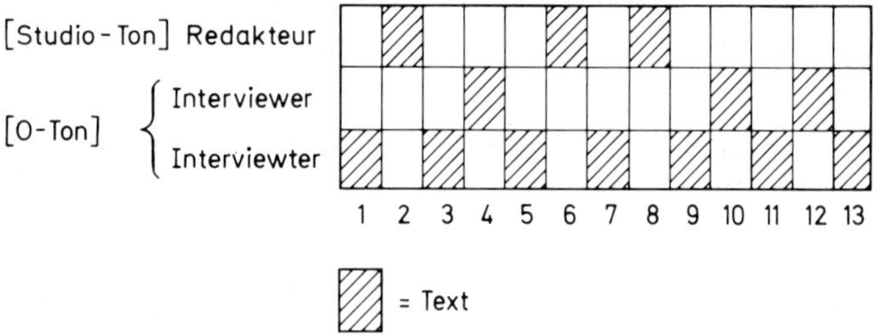

Bei allen Varianten bearbeiteter Radio-Interviews ist das Umschalten vom O-Ton auf redaktionellen Text jeweils kaum problematisch, da es sonstigen kommunikativen Erfahrungen und Gewohnheiten entspricht und textlinguistisch leicht praktikabel ist: der abgelesene Text im neutralen Studio-Ton kommentiert, erläutert, rezensiert das Originalgespräch. Dafür stehen bewährte textlinguistische Mittel zur Verfügung. Der umgekehrte Schaltvorgang jedoch bietet grundsätzliche und im einzelnen viele praktisch-textlinguistische Probleme: Grundsätzlich ist es eine kommunikative Paradoxie, wenn ein O-Ton-Text, der ursprünglich an einen bestimmten Vorgängertext gebunden war, nun als Nachfolgetext eines schriftlich konzipierten, abgelesenen und später entstandenen Vorgängertextes präsentiert wird. Doch sind wir heute schon so sehr an gemischte schiftlich/mündliche Textformen gewöhnt, daß solche Verfahren nur noch bei analytischer Betrachtung als Merkwürdigkeiten bewußt werden.

Von größerer praktischer Bedeutung sind die textlinguistischen Probleme. Der Hörer erwartet zumindest einen erkennbaren Bezug der O-Ton-Teile auf den redaktionellen Text, im Optimalfall eine präzise textlinguistische Verkettung, die den Verkettungsregeln von Dialogen entspräche. Das gelingt in vielen Fällen nicht befriedigend. Selten allerdings sind die Vertextungen so dilettantisch gehandhabt wie im folgenden Beitrag eines österreichischen Kulturmagazins (Kulturquerschnitte, 18.1.78), der hier als drastisches Beispiel für eine grundsätzliche Schwierigkeit stehen mag:

Es beginnt mit einer Einführung durch die Moderatorin der Sendung:

Von München nun nach Innsbruck, wo morgen die Uraufführung des Stückes „Die bengalische Rolle" von Herbert Rosendorfer im Theater am Landhausplatz stattfindet. Herbert Rosendorfer, 1934 in Bozen geboren und jetzt als Richter in München lebend, ist durch den Roman „Der Ruinenbaumeister" bekannt geworden, durch einen Roman, der aus lauter phantastisch-skurrilen Geschichten besteht. Zu der morgigen Premiere haben T.B. und W.G. folgenden Beitrag gestaltet:

Dann folgt die Einführung des für den Beitrag verantwortlichen Redakteurs und die Überleitung zum Interview.

Herbert Rosendorfer ist spätestens seit den Jugendkulturwochen der 60er Jahre hierzulande für Interessenten ein Begriff. Ein Begriff, der allerdings erst in den letzten Jahren immer mehr an Bedeutung gewonnen hat. Nicht zuletzt dadurch, daß Rosendorfer regelmäßig in auflagenstarken deutschen Zeitschriften satirische Geschichten veröffentlicht, Drehbücher fürs Fernsehen, etwa für Tatort, schreibt und Romane veröffentlicht. Daß Rosendorfer auch Theaterstücke schreibt, war bis jetzt weniger bekannt.

Allerdings hat Rosendorfer schon vor einigen Jahren begonnen, fürs Theater zu schreiben. Sein erstes Stück, „Scheiblgrieß", wurde 1971 in Freiburg uraufgeführt. Im vergangenen Jahr brachte das Münchener Volkstheater fünf Einakter heraus. Laufzeit immerhin von Juli bis Dezember. *Wie würde nun der Autor, Herbert Rosendorfer, sein neues Stück selber einordnen?*

Die erste O-Ton-Äußerung von Rosendorfer zeigt, daß der Redakteur versucht hat, seine Frage und die „Antwort" aufeinander abzustimmen (*würde/tät*), freilich nur mit geringem Erfolg. Die Antwort paßt nicht auf die Ergänzungsfrage *(wie... würde... einordnen),* sondern eher auf eine Entscheidungsfrage der Art *Würden Sie Ihr Stück... einordnen wollen?:*

Rosendorfer: *Ich tät schon ganz gern einordnen,* und zwar hab ich versucht, Momente des absurden Theaters mit Momenten des Volksstückes und Momenten der Boulevardkomödie zu vereinigen.

Es folgt ein redaktioneller Text und ein (nichtssagender) Probenausschnitt. Danach wieder der Redakteur mit einer Menge literarischer Anspielungen:

Herbert Rosendorfers literarische Herkunft wurde von Hans Weigel einmal so ausgedrückt: Herzmanovsky zeugte mit Meyrink einen Sohn, dieser paarte sich mit einem Bildband Paul Floras und ließ das Ergebnis nach München verschicken. Dortselbst geriet es in schlechte Gesellschaft und trieb sich mit dem Produkt eines Fehltrittes, den Edgar Allan Poe mit Mark Twain begangen hatte, herum, was nicht ohne Folgen blieb. Aus dieser Beschreibung heraus läßt sich auf die überbordende Phantasie des Schriftstellers schließen. Wie verträgt sich nun *das* mit der Form des *Dramas,* wo verknappt werden muß?

Dazu Herbert Rosendorfer:

Dazu Herbert Rosendorfer würde eher zu einem Statement passen als zur Einführung eines weiteren Interview-Teiles. Das anaphorische Element *das* am Anfang der Rosendorfer-Äußerung hat keinen klaren Bezug. Grammatisch müßte sich das *das* Rosendorfers auf das *das* der Frage beziehen, doch meint Rosendorfer wohl eher das *Drama.* Der kurze Sprecher-Einschub *(Das Schreiben...)* ist zu wenig präzise (es müßte eher heißen *jetzt keine Schwierigkeiten mehr*), als daß er den Widerspruch in den beiden Äußerungen Rosendorfers (Mißerfolg beim Schreiben von Theaterstücken in den Anfängen/jetzt *gute Hand* für den Dialog) aufzulösen vermöchte:

Rosendorfer: *Das* ist etwas ganz anderes und ich hab mal ein Theaterstück geschrieben, das also in meinem Erzählton sozusagen geschrieben ist. Das ist überhaupt nicht angekommen und gespielt worden. Man muß sich also ganz umstellen und soweit umstellen, daß ich – ich sag immer, man muß ganz von vorn anfangen – das ist eben ganz etwas andres.

Redakteur: *Das Schreiben* von dramatischen Werken bereitet Herbert Rosendorfer allerdings *jetzt weniger Schwierigkeiten.*

Rosendorfer: Ich hab offenbar, das Kompliment hat man mir öfters im Zusammenhang mit meinen ja im Moment schon sehr vielen Arbeiten für das Fernsehen gemacht, ich hab eine ganz *gute Hand* für den Dialog und schreib auch gern Dialoge,̂ und dieses Stück hat sich ja buchstäblich von selber geschrieben,̂ das hab ich in 14 Tagen glaub ich – ohne mein Zutun sozusagen – ist es, nachdem der Einfall da war. Es ist auch ein Stück,̂ das einen Einfall,̂ einen ganz bestimmten Einfall hat,̂ und der Einfall dann braucht ja eigentlich nur den weiterrollen zu lassen. Es war also sehr leicht zu schreiben und beruht also auf den Dialogen, beruht auf Wort, Witz und – hoffe ich Wortwitz – und ein bißchen auf Situationskomik.

3 Äußerungen Rosendorfers sind eingearbeitet, und in keinem Fall ist eine zufriedenstellende Anpassung des redaktionellen Kontextes gelungen!

4.3 Funktionen von Radio- und Fernsehinterviews

In allen Medien ist gegenwärtig zu beobachten, daß das Interview als Darstellungsform nahezu beliebiger Inhalte verwendet wird. Hoffmann (1982) hat ein großes Sample von politischen Fernsehinterviews des Jahres 1978 in den wichtigsten Informationssendungen von ARD und ZDF untersucht, u. a. mit diskursanalytischen Methoden. Ich zitiere einige der Thesen, die er auf der Basis der empirischen Ergebnisse formuliert:

- Mit nur wenigen Ausnahmen ist das politische Fernsehinterview der überregionalen Sendungen von ARD und ZDF als Präsentationsform der ‚großen Politik' anzusehen.

- Der Zugang zum Fernsehinterview ist überwiegend Spitzenpolitikern vorbehalten.

(...)

- Der Zweck des politischen Fernsehinterviews ist primär auf Meinungsdarstellung gerichtet. Information und Kritik sind untergeordnete Intentionen der journalistischen Sprechhandlungen.
- Die argumentative Behandlung politischer Probleme bleibt dementsprechend eindimensional und wenig alternativreich. Lediglich längere Interviews enthalten differenzierte Argumentation; kritische Interviews bieten Ansätze dialogischen Argumentierens.

(...)

- Die Funktion des Journalisten reduziert sich in der Mehrzahl der Interviews auf die Tätigkeit als Moderator des Politikers.

(...)

- Die typischen Merkmale dieses Sprechtätigkeitstyps lassen den Schluß zu, daß eine seiner wesentlichsten Funktionen für den Politiker in der institutionell garantierten Chance positiver Selbstdarstellung liegt.

(Hoffmann 1982, 150)

Der „Grundkonsens zwischen Politiker und Journalist“ (147) verhindert weitgehend, daß die Möglichkeiten des Interviews genutzt würden. „Kritische, engagierte Interviews“ sind überall in der Minderheit; am schwächsten vertreten sind sie in den Nachrichtensendungen, während sie in den politischen Magazinen eine größere Rolle spielen. („Der Anteil derjenigen Interviews, die dem Frageziel ‚Problematisierung‘ zuzurechnen sind, liegt in den politischen Magazinen bei 35,1 Prozent, in den Nachrichtensendungen dagegen bei 8,7 Prozent.“ 145)

Als Fazit seiner Untersuchung formuliert Hoffmann: „Das durchweg negative Bild, das in den Hypothesen entworfen wurde, konnte im wesentlichen bestätigt werden.“ (151) Dieses pessimistische Urteil setzt die Annahme voraus, das Interview habe a priori bestimmte, primär kritische Funktionen, und nur wenn es diese ausübe, sei es wirklich das, was es sein solle. Wollte man einen solchen normativen Maßstab an den Gesamtbereich der Medieninterviews anlegen, dann stünden – grob geschätzt – neun Zehntel aller Interviews als „schlechte“ Interviews da. Die extensive Verwendung von Interviews, insbesondere beim Radio, resultiert aus der beschriebenen Tendenz der Medien zu dialogischen Darstellungsformen.

Der strukturelle Rahmen des Interviews eignet sich offenbar für vielfältigste, z. B. auch didaktische (vgl. S. 278) Zwecke. Es scheint mir wenig plausibel, das politische Interview mit anderen Maßstäben messen zu wollen als alle anderen. Es sei denn, man habe eine explizit politische Vorentscheidung getroffen über die Rolle des politischen Medieninterviews im Rahmen der demokratischen Meinungsbildungsprozesse.

Bevor man „dem" Interview normativ bestimmte Funktionen zuschreibt, müßte eine breit angelegte Untersuchung deskriptiv feststellen, zu welchen Zwecken heutzutage Interviews in allen Medien verwendet werden. Und erst ein Vergleich mit alternativen Darstellungsformen würde ein Urteil darüber erlauben, für welche Zwekke das Interview sich besser oder schlechter eignet. Auch ohne größere empirische Erhebungen kann man freilich beobachten, daß Interviews durchgeführt werden, bei denen man beim besten Willen nicht mehr ausmachen kann, warum gerade diese und keine andere Darstellungsform gewählt wurde. Derart funktionsentleerte Interviews finden sich besonders häufig in fachlichen Kontexten, also dort, wo ein Experte zuhanden eines Laienpublikums sein Fachwissen bekanntgibt (die Besonderheiten dieser „didaktischen" Ausprägung des Interviews sind S. 278 ff. beschrieben). Hier kann es passieren, daß die Rolle des Interviewers zu der des bloßen Stichwortlieferanten verkommt.

4.4 Ein Sonderfall des Interviews: die Umfrage

Ein Sonderfall des Interviews liegt dort vor, wo zum gleichen Thema eine ganze Reihe von Leuten an einem Ort befragt werden, wobei die Befragten von der Frage überrascht werden und keinerlei Möglichkeit der Vorbereitung haben. Am besten bekannt ist dieser Typ in der Form des Straßeninterviews. Verlangt wird Stellungnahme oder Wissen. „Einmal als Gags in Unterhaltungssendungen, zum anderen als Aufhänger und als Auflockerung in sonst vielleicht spröden Wortsendungen wie Fach-Diskussionen und -Magazinen. Sie bringen willkommene Stichworte, Anlaß zur Gegenrede oder Bestätigung. Der Mann und die Frau auf der Straße artikulieren sich oft treffender und origineller als der Fachmann oder Funktionär." (Helwig, in: von LaRoche/Buchholz, 52) Der Zweck dieser Interviews ist also von vornherein nicht eigentliche Information, gründliche Recherche, sondern Kolorit, „treffende" und „originelle" Formulierungen. Natürlich haben diese „Umfragen" keinen demoskopischen Wert. „Sie sind im demoskopischen Sinn nur dann repräsentativ, wenn der Rahmen sehr eng umrissen ist. Wenn die einzigen fünf Arbeiter einer Baustelle ihre Ansicht zum Bierkonsum auf eben jener Baustelle geben, so hat man eine sichere Aussage für diesen einen Fall." (ebda) Ein solcher Befragungsrahmen ist sicher der Grenz- und Ausnahmefall. Deshalb fühlen sich Reporter – wohl durch schlechte Erfahrungen mit Einsprüchen gewitzigt – häufig verpflichtet, ausdrücklich auf den beschränkten Aussagewert ihrer Umfrage aufmerksam zu machen. (Vgl. die Einleitung des Moderators 2 im unten analysierten Beispiel.)

Vom linguistischen Standpunkt aus ist an dieser Art Interview interessant, daß das gesendete Produkt im allgemeinen nicht den üblichen textlinguistischen Regeln folgt. Aus den Antworten der Befragten wird eine für den Hörer interessante Abfolge von Aussagen zusammengeschnitten, wobei häufig nicht die ganze Äußerung eines Sprechers, sondern nur der „prägnanteste" Teil wiedergegeben wird.

Der Reporter selbst tritt – wenn überhaupt – nur gelegentlich auf. Da also die eigentlich gestellte Frage meist getilgt ist (wobei die Frage vom Reporter nicht immer in genau der gleichen Weise gestellt wird), ergeben sich innerhalb des gesendeten Textes, textlinguistisch gesehen, leere Referenzen und Inkohärenzen, die andernorts in dieser Häufung nicht toleriert würden.

Ich gebe zunächst ein Fernseh-Beispiel, an dem sich die typischen Züge der Textsorte ablesen lassen:

Als Thema des Beitrags wird zunächst formuliert: der Regierungssprecher der BRD habe vorgeschlagen, die Minister sollten künftig ihre Ferien innerhalb von Deutschland verbringen, damit weniger DM ins Ausland fließen. Dann sieht man im Studio zwei Moderatoren, die im Vordergrund an Tischen sitzen, im Hintergrund das Studiopublikum:

Moderator 1:
Der heimische Fremdenverkehr ist sicher dankbar für diese Idee, aber weniger entzückt werden wohl die – auf Fremdenverkehr ebenfalls angewiesenen benachbarten Länder sein.

Moderator 2:
Was Volkes Stimme dazu meint, haben wir wieder einmal ganz unrepräsentativ auf der – Marktstätte und auf dem Münsterplatz in Konstanz ermittelt. (...)

Zur Einleitung der Umfrage wird vom Sprecher im off (Studio-Ton) die leitende Frage (im folgenden als „Initialfrage" bezeichnet) formuliert:

Werden Sie 1983 auch Urlaub im Lande machen?

Im Bild sieht man dabei Konstanz (Totale). Dann wechselt das Bild zur Straßenszene in Konstanz, und alles weitere ist O-Ton. Zum Verständnis des Ablaufs sei vorweggenommen: Da die Fragen des Reporters teilweise getilgt sind, muß man sie aus den Antworten rekonstruieren. Wie die Antworten zeigen, stellt der Reporter de facto nicht jeweils die Initialfrage, sondern er stellt Fragen – mit offenbar wechselndem Wortlaut – zu zwei Themen:

Thema A: Reisen der Minister
Thema B: Urlaubspläne des Interviewten (= Thema der Initialfrage)

Text	*Kommentar*
Interviewte 1: Ich find es schon recht, *Reporter:* Ja *Interviewte 1:* dass die Minister damit anfangen – freilich.	[Bild: Straßenszene Konstanz. Interviewer seitlich von hinten; Interviewte von vorn.] Interviewte antwortet offensichtlich auf eine Frage zum Thema A.
Reporter: Und wie halten Sie's? *Interviewte:* Ja, ich bleib wahrscheinlich auch im Land. Hier kann man so schön Urlaub machen.	Frage zum Thema B. Interviewte gibt Replik.

Interviewter 2: Also i woiß no gar nix. Bei mir kommt's drauf an, ob i jetz Bafög krieg oder ned.	[Bild: Interviewter 2; vom Interviewer nur Mikrofon] Antwort auf Initialfrage (Thema B)
Interviewte 3: Wir verbringen unsren Urlaub in Baden-Württemberg. Wir sind äh – uns gefällt das Land. Wir sind viel im Schwarzwald, machen schöne Wanderungen, wir gehn auch oftmals ins ähm – wie heißt des Land, da bei Stuttgart, wissen Sie? ins Remstal – |wunderbar,| *Reporter:* |ja| *Interviewte 3:* und – dann simmer am Bodensee wieder, verbringe da unseren Urlaub – so – wie sich's so gibt.	[Bild: Interviewte 3; Interviewer seitlich von hinten.] Antwort auf Initialfrage (Thema B)
Interviewte 4: Bei uns is so: Wir kenne nur im Winter Urlaub machen, ned? (LACHT) Wenn's recht kalt is, und wir nicht hier zum Markt gehen können, ne? *Reporter:* Wo gehen Sie dann hin? *Interviewte 4:* Da müssen wer schon n bissel in Süden gehn, wo's warm is.	[Bild: Interviewte 4 (Marktfrau); vom Interviewer nur Mikrofon]
Interviewte 5: Oh, des ka jeder halte, wie er will. Uf jedefall gang ich nach Italien oder – néi ich mach e äh – Crociéra, äh Kreuzfahrt – Mittelmeer. *Reporter:* Sie gehn also ins Ausland? *Interviewte 5:* Ja *Reporter:* Warum? *Interviewte 5:* Ah, i will was andres sehe	[Bild: Interviewte 5; Interviewer nur Mikrofon] Antwort zu Thema A oder B. Jedenfalls keine direkte Antwort auf Initialfrage.
Interviewter 6: Mir trage zu viel s Geld ins Ausland. Und unser Land kenne mer selber eigentlich viel weniger. Und für de Minischter wär des au ned schlecht.	[Bild: Interviewter 6; Interviewer seitlich von hinten] Antwort zu Thema A oder B. Jedenfalls kein direkter Bezug zur Initialfrage.

Interviewte 7: *Das* find ich sehr gut. Das Geld muß im Land bleibe. Brauche ned alles naustrage.	[Bild: Interviewte 7; vom Interviewer nur Mikrofon] Leere Referenz von *das*. Antwort betrifft wahrscheinlich Thema A.
Reporter: Und wo machen Sie Urlaub?	Explizite (Neu-)formulierung von Thema B.
Interviewte 7: Hier – am Bodensee – immer – meischtens, fasch immer.	Replik.
Interviewte 8: Weit weg – nach Griechenland.	[Bild: Interviewte 8; vom Interviewer nur Mikrofon] Antwort zu Thema B; aber Wortlaut der Frage muß anders gewesen sein als Initialfrage.
Reporter: Warum? *Interviewte 8:* Weil s da warm is.	
Interviewte 9: Spare muß me.̂ Irgendwo muß me aafange,̂ und bei uns is es schön,̂ am Bodensee,̂ was solle mir fortfahre? D Schwobe,̂ alles kommt sowieso zu uns dohäär.	[Bild: Interviewte 9, Interviewer; beide total] Antwort zu Thema A oder B. Als Antwort auf Initialfrage denkbar.
Interviewter 10: Ich halt's also – für eigentlich eine blöde Farce – auf deutsch gesagt. *Und ob ich dem nacheifere* – das hängt davon ab. Wahrscheinlich nicht, da ich zum Beispiel im näheren Ausland – billiger unterkommen kann als in Baden-Württemberg. Weil's mir einfach zu téuer is, in Baden-Württemberg Urlaub zu machen.	[Bild: Interviewter 10; vom Interviewer nur Mikrofon] Antwort zu Thema A und B, nacheinander (*[e]s* bezieht sich auf Thema A, *ich (...) nacheifere* auf Thema B)
Moderator 2: Ja,̂ ob sich die reiselustigen Bürger vom Blättern in den bunten Katalogen des Jahrganges dreiundachtzig abhalten lassen werden, das halt ich doch für sehr fraglich.	[Bild: wie am Anfang, Studio]
Moderator 1: *Bleib im Lande und nähre dich redlich,̂* diesem Grundsatz huldigt die Landesregierung	Verknüpfung des Themas der Umfrage mit dem Thema des nächsten Bei-

schon seit Jahren – in bezug auf den Bezug ihrer Dienstwagen.

Moderator 2:
Die kauft sie nämlich ausnahmslos in Untertürkheim. (...)

trages durch Sprichwort

(Marktplatz, S 3, 14.12.82)

Man sieht: das textlinguistische Arrangement ist äußerst ungenau, oder besser gesagt: es wird auf Kohärenz überhaupt verzichtet. Gelegentlich ist die Formulierung des Reporters im On (zu den Begriffen *On/Off* vgl. S. 290) zu hören, dann wieder fehlt sie. Manchmal sieht man ihn im Bild, manchmal nur sein Mikrofon (und das auch nur, wenn man als Analysierender genau hinschaut; dem Fernsehzuschauer wird die Anwesenheit des Mikrofons im Bild wohl nur sporadisch bewußt). Manche Antworten beziehen sich gar nicht (oder nur sekundär) auf die im Off formulierte Initialfrage, die ja eigentlich die Rezeption der Antworten steuern sollte. Die Schnitte sind bewußt hart, die Interviewten werden in sehr verschiedenen Kameraeinstellungen gezeigt, die Antworten erfolgen Schlag auf Schlag.

Während beim Fernsehen der Reporter nicht immer ganz zu „tilgen" ist – primär auf der Bildseite, in der Folge davon aber auch auf der Textseite –, hat das Radio – sofern die Umfrage-Antworten non-live, also zeitlich verzögert gesendet werden – die Möglichkeit, die Stimmen der Hörer gänzlich zu isolieren und nach Belieben zu montieren. Das folgende Beispiel ist ein klassischer Beleg für eine radio-spezifisch gestaltete Hörerumfrage: Der Moderator hat kurz nach 6 Uhr das Thema bekanntgegeben und die Hörer aufgefordert, telefonisch Stellung zu nehmen. Nach 7 Uhr werden dann die Antworten präsentiert:
(SWF 1, 1.9.83)

Sechzehn Minuten nach sieben. Der Todessprung eines asylsuchenden Türken gestern in Berlin hat der Diskussion um das Asylrecht eine neue Wertung gegeben. Die Asylanten sind auch ein Thema in Baden-Württemberg. Asylanten – Gastrecht für Verfolgte oder Freibrief in den Wohlstand? – das war unser Thema heute um kurz nach sechs, und hier sind Ihre Meinungen dazu:

[Klingel] Hier ist XY aus W. Wir Deutschen wir wolln ein christliches Volk sein, und da finde ich es unerhört und – eine Schande, daß ein solcher Mensch wie dieser Türke äh einen solchen Weg gehen mußte.

[Klingel] Hier ist XY aus L. Muß endlich mal was geschehen, denn die Bundesrepublik wird so langsam Abfalleimer für – die ganze Welt.

[Klingel] XY aus A. Ich habe eine Meinung, daß die Asylanten also – raussollen. Wir haben doch keinen Wohlstandsstaat, sie sollen zurückgehen.

[Klingel] Ja hier ist XY aus B. Wenn ich da aufm Gericht wär und würde ausm Fenster springen, da würde also – kei Hahn drum krähn.

[Klingel] XY, G. [Ort] Gastrecht für Asylbewerber müßte selbstverständlich bestehen bleiben, denn es wird immer äh Verfolgte geben. Aber auch dieses wird meiner Ansicht nach in Deutschland zu großzügig gehandhabt.

[Klingel] XY aus F. Asylanten raus! Denn das sind Leute, die wahrscheinlich in ihrem Lande alle was aufm Kerbholz haben, und Verbrecher ham wer selber genug.

[Klingel] Ja mein Name ist XY, G. [Ort].
Meiner Ansicht nach, um zurückzugreifen, obwohl ich nicht zur Generation gehöre, wären sicherlich viele Deutsche seinerzeit in der Nazizeit froh gewesen, wenn sie von anderen Ländern Asyl bekommen hätten. Dann isses meiner Ansicht nach en mehr menschliches Problem, man müßte dabei die Länder, die Regime berücksichtigen, von denen die Leute, die Asylsuchenden, kommen. Wenns eben sich um autoritäre Regime handelt, dann sollte man aúch – in erster Linie – im Zweifelsfall berücksichtigen, ob diese Leute dort äh Strafen zu erwarten haben aus begangenen oder vorgeschobenen Taten, die unverhältnismäßig hoch sind oder wobei die Leute sogar um ihr Leben bangen müssen. [Musik]

Da keinerlei Äußerungen des Redakteurs mitgegeben sind, wirkt die Abfolge wie ritualisiert: Klingelzeichen, Vorstellung des Hörers (immer mit Namen und Wohnort), kurze Meinungsäußerung. Und offensichtlich hat der Redakteur, der die Stellungnahmen montiert hat, eine Ahnung von den psychologischen Effekten der Reihenfolge: In einer Kette von Informationen hat nicht jede Position die gleiche Chance, vom Rezipienten verarbeitet und behalten zu werden. Die psychologischen Untersuchungen dazu sind nicht eindeutig (vgl. den Literaturbericht bei Strassner 1982, 340ff.). Immerhin scheinen aber Anfang und Schluß einer Reihe besonders markante, bei der Informationsverarbeitung besonders gut beachtete Positionen zu sein. In unserem Beispiel hatte der Redakteur wohl die Absicht, die Stellungnahmen „pro Asylrecht" in den Vordergrund zu rücken, obwohl sie zahlenmäßig in der Minderheit sind (2 von 7). Die klar positiven Stellungnahmen stehen am Anfang und am Schluß, an drittletzter Stelle ist eine „ja, aber"-Stellungnahme eingeordnet, die auf den konkreten Fall bezogen wohl eher als implizit-negative Stellungnahme zu werten ist. Die letzte Äußerung ist nicht nur positiv, sondern auch länger (d.h. wohl, sie ist weniger geschnitten worden) und argumentativ differenzierter. Ich nehme an, der Redakteur hofft, daß diese Äußerung am nachhaltigsten in Erinnerung bleibe.

Das ist das eine Extrem möglicher Hörerumfragen: total redigierte und sorgfältige „manipulierte" Abfolge einzelner Höreraussagen, mit totaler Abstinenz des Redakteurs/Moderators. Das andere Extrem liegt vor, wenn etwa im Rahmen der flotten Begleitprogramme von SWF 3 der Moderator live eine Telefon-Umfrage durchführt. Da kommt dann – im Rahmen der gesetzten Zeitgrenzen – ein Hörer nach dem anderen zu Wort, er darf ausreden, auch wenn er sich verhaspelt, jeder machts so wie er kann und so gut wie er kann.

Im Gegensatz etwa zum gestalteten, redaktionell bearbeiteten Radio-Interview erwartet der Hörer (oder Zuschauer) bei der Umfrage gerade keine „Gestaltung", er ist gefaßt auf eine rasche Folge einzelner, aus dem Zusammenhang gerissener Äußerungen. Primär erwünschter Effekt ist der Eindruck von Authentizität, auch auf Kosten von Verständlichkeit. Entsprechend ist die Umfrage für Radio und Fernsehen ein effektvolles und leicht handhabbares Instrument, während sie in der Presse kaum eine Rolle spielt. Die Wirkung der „Schlag-auf-Schlag"-Abfolge kann sie im graphischen Medium nicht erzielen, weil hier die Bedingungen der zeitlichen Sukzession bei der Rezeption nicht zwingend gegeben sind.

5. Typen von Nachrichten

Die Nachrichten – insbesondere in Radio und Fernsehen – sind der einzige Bereich der Mediensprache, der von den Wissenschaften breit und interdisziplinär untersucht worden ist. Die Linguisten, die sich mit den Medien befaßten, begannen mit einer Analyse der Nachrichtensprache (z.B. Böhm et al. 1972, Straßner [Hrsg.] 1975). Von dort gelangte man zu psycholinguistischen und soziolinguistischen Fragestellungen (sind die Nachrichten verständlich? für wen sind sie verständlich, für wen nicht? gibt es schichtspezifische Barrieren für das Verstehen der herkömmlichen Nachrichten? etc.). Von den wissenschaftlichen Untersuchungen her ergaben sich Schlußfolgerungen für die Praxis, und von Seiten der Journalisten wurde auch einiges davon aufgegriffen und in die Praxis umgesetzt (vgl. Ohler 1982). Eine Zeitlang herrschte eine lebhafte Diskussion zwischen Praktikern der Medien und Wissenschaftlern (darunter auch Linguisten) über neue Formen der Nachrichten, und dies in allen deutschsprachigen Regionen (mit Ausnahme vielleicht der DDR, wo mir keine entsprechenden Bemühungen bekannt geworden sind). Gegenwärtig haben sich die Wogen geglättet. Die Journalisten haben vieles ausprobiert, manche Experimente scheiterten (so z.B. die Neugestaltung der Schweizer Tagesschau) – u.a. weil der Bruch mit dem Gewohnten zu kraß war oder einfach weil die neue Form noch zu viele Schwächen hatte –; was sich aber abzeichnet, ist eine Vielfalt von Nachrichtenformen nebeneinander und eine funktionale Ausdifferenzierung der einzelnen Typen.

Angesichts der breiten existierenden Literatur können wir uns auf eine knappe Übersicht des heute Vorhandenen und möglicher Tendenzen der weiteren Entwicklung beschränken.

5.1 Nachrichten in der Presse

Da dieser Bereich in Lüger (1983) ausführlich dargestellt ist, beschränke ich mich hier auf einen Aspekt, der für die Differenzierung der Zeitungstypen besonders aufschlußreich ist: das Verhältnis zu den Quellen.

In den traditionellen Tageszeitungen werden die Basisinformationen weitgehend unverändert aus den Agenturtexten übernommen, so daß in verschiedenen Zeitungen die wörtlich gleichen Versatzstücke anzutreffen sind. Im Anschluß daran – oder daneben – werden dann die redaktionellen Hintergrundsinformationen, Kommentare, Stellungnahmen geboten. Ich habe während des Monats September 1983 die außen- und innenpolitischen Teile der NZZ und des gleichfalls in Zürich erscheinenden „Tages-Anzeigers" verglichen und festgestellt, daß es kaum einen Tag gibt, an dem nicht mindestens je ein längerer Artikel der beiden Blätter ganz oder partiell übereinstimmen. Im Extremfall übernehmen beide Zeitungen den Text derselben Agentur, im gleichen Umfang und mit nur minimalen redaktionellen Änderungen (kleinere Kürzungen vor allem).

Häufiger ist zu beobachten, daß die eine Zeitung nur den Anfang einer Agenturmeldung abdruckt, während die andere aufgrund der gleichen Quelle ausführlicher berichtet. Das wird ermöglicht durch das „Pyramidenprinzip", das für den Aufbau von Agenturmeldungen je länger je stärker verpflichtend wird. (Nach diesem Prinzip werden Meldungen so formuliert, daß man sie vom Ende her nahezu beliebig kürzen kann, ohne daß der verbleibende Text unverständlich oder unsinnig würde.)

Kompliziertere Verhältnisse ergeben sich, wenn Meldungen verschiedener Agenturen für die Zeitungsartikel amalgamiert werden. Sofern sich beide Zeitungen mindestens teilweise auf die gleichen Quellen stützen, findet man in längeren Artikeln immer wieder kleinere identische Passagen.

Aus Platzgründen verzichte ich darauf, Beispiele zu geben, zumal man diese Befunde am Vergleich von Zeitungen ähnlichen Typs leicht selbst überprüfen kann.

Nachdem in den 60er und 70er Jahren der Begriff der journalistischen „Objektivität" im politischen, journalistischen und wissenschaftlichen Bereich immer wieder diskutiert wurde, ist es heute klar, daß Nachrichten allenfalls mehr oder weniger objektiv sein können, im Sinne von ‚überprüfbar', ‚sorgfältig recherchiert' etc. Die seriösen Tageszeitungen geben immerhin die Quellen ihrer Berichterstattung an – wenngleich ein Artikel durch den Verweis auf die Agentur für den durchschnittlichen Benutzer nicht unmittelbarer überprüfbar wird. Für die Zeitung aber bedeutet die Quellenangabe eine Entlastung von Verantwortlichkeit, und im Konfliktfall kann der Benutzer auf die Quelle zurückgreifen.

Der Boulevardpresse liegt nichts mehr an solcher Legitimation. Die Grundsätze journalistischer Ethik spielen in der Praxis dieser Blätter kaum mehr eine Rolle. Keine Quelle bleibt unbearbeitet, alle Vorlagen werden „eingeschmolzen" in den Gesamtstil des Blattes (vgl. S. 67). Damit erübrigen sich Quellenangaben. Statt dessen tritt der Reporter/Redakteur (mit vollem Namen) in den Vordergrund, nach dem Prinzip „BILD war dabei". Er liefert Texte und Bilder, die sich wechselseitig „beglaubigen". Nachrichten sind nicht mehr primär an einer – politischen, gesellschaftlichen, historischen – Wirklichkeit meßbar, haben sich dieser gegenüber nicht zu verantworten. Was und wie Wirklichkeit ist, mißt sich an der Perspektive des Blattes. Dieses Realitätssurrogat zerfällt kaleidoskopartig in Elemente, die nicht nach Prinzipien wie „Relevanz", „Sinn", sondern einzig nach dem Prinzip „Attraktivität" angeordnet sind. Einmal heißt die „fetteste" Schlagzeile auf der ersten Seite *Udo Jürgens: „Uneheliche Tochter" Millionenklage* (22.11.83) oder *Die Tote vom Spielplatz – eine Pfarrerstochter* (26.11.83), ein andermal *Raketen: Brandt verschlief Abstimmung* (24.11.83). Udo Jürgens, Brandt, Raketen, die Tote auf dem Spielplatz – das ist alles von gleichem Gewicht und austauschbar.

„Hard news" und „soft news", die bei seriösen Zeitungen in getrennten Rubriken erscheinen, sind hier ganz bewußt durcheinandergewürfelt. Geradezu demonstrativ wird das praktiziert in den „Nachrichten": An mehreren Stellen von BILD erscheint ein Kästchen mit dem Titel „Nachrichten". Unter „Nachrichten" wird hier – in offensichtlicher Anlehnung an die Kurznachrichten des Radios

– Kurzinformation verstanden. Sprachlich sind die Nachrichten auf ein „verständliches Minimum" mit hoher Redundanz reduziert: nicht mehr als ein oder zwei Sätze, keine verständniserschwerenden Ellipsen (Ellipsen nur dort, wo die Rekonstruktion des Weggelassenen automatisch erfolgt oder wo das Weggelassene – wie ein redeeinleitendes Verb – durch ein graphisches Mittel, den Doppelpunkt, ersetzt werden kann), aber jede einzelne Meldung mit ihrer eigenen Schlagzeile. Das liest sich dann so:

Farbfernseher billiger?

Frankfurt – Noch in dieser Woche können Farbfernseher bis zu 200 Mark billiger werden, glaubt der Geschäftsführer der Select-Einkaufsgesellschaft (802 Geschäfte).

Raketen auf Beirut

Beirut – Drusen schießen, unterstützt von syrischen Soldaten, pausenlos Raketen auf die libanesische Hauptstadt Beirut – viele Häuser zerstört.

Lollo spricht Elke

Rom – Gina Lollobrigida wird Elke Sommer für einen Werbespot der US-Telefongesellschaft Bell synchronisieren. Grund: Lollo spricht ohne Akzent.
(24.11.83)

Farbfernseher, Raketen, Gina Lollobrigida... haben den gleichen Nachrichten-Wert.

Daß diese partikularistische Wirklichkeit, die vorgründig nach dem Prinzip „Attraktivität" geordnet ist, hintergründig eine sehr präzise ideologische Interpretation erfährt, ist bekannt und braucht hier nicht im Detail nachgewiesen zu werden. Die Interpretation steckt implizit in der Auswahl insbesondere der politischen Themen und der sprachlichen Bewertung politischer Vorgänge (man beachte in der zitierten Schlagzeile die Schadenfreude darüber, daß Brandt die Abstimmung *verschlief...*). Explizit wird sie in der ständigen Rubrik „BILD-Kommentar". Hier wird die Welt-Deutung der Redaktion auf kurze, plakative und appellative Formeln gebracht:

BILD-Kommentar

Das Leben geht weiter

Der Staat und die Regierung haben Flagge gezeigt, die Entscheidung ist praktisch gefallen: Die sowjetische Überrüstung wird mit Gegen-Waffen beantwortet.

Es gibt keinen Grund zur Angst. Wir haben nur einige Angstmacher. Brillant formulierte gestern CDU-Fraktionschef Dregger: „Mein Haus ist 20 km von der Grenze entfernt. Aber ich fühle mich dort völlig sicher, solange die Amerikaner auf unserer Seite stehen." Dies ist die Haltung der Regierung: souverän, gelassen, bündnistreu.

Das Leben wird weitergehen – auch die Verhandlungen zwischen Ost und West. Denn die Sowjets haben eine klare Sprache noch immer verstanden. (22.11.83)

Gut und Böse, Stärke und Schwäche, Recht und Unrecht sind klar verteilt. Die Regierung *zeigt Flagge* (der Fraktionschef formuliert *brillant*), sie ist u.a. *bündnistreu,* sie reagiert durch *Gegen-Waffen* auf *Überrüstung* usw. Darum muß niemand Angst haben. Wer's nicht glaubt, ist ein *Angstmacher.* Und wer die Politik nicht begreift, der läßt sich durch Lebensweisheit trösten: am Anfang und am Schluß steht der Gemeinplatz *Das Leben geht weiter.*

Im Gegensatz zum herkömmlichen Zeitungskommentar findet hier keine argumentative Auseinandersetzung mit Faktenmaterial mehr statt. Mit stark konnotativ besetztem Sprachinstrument wird an vorausgesetzte Einstellungen des Publikums appelliert. Die potentiell kritische Funktion des Kommentars ist durch die bestätigende ersetzt. Fazit: BILD-Nachrichten und BILD-Kommentare haben mit den traditionellen journalistischen Formen nicht viel mehr als den Namen gemeinsam.

Und was den Rest des Blattes angeht: die schriftlichen Quellen werden auf die gleiche Weise behandelt, wie wir es bei den mündlichen beobachtet haben. Was „Original", was Bearbeitung ist, ist nicht mehr sichtbar. Daß der BILD-Reporter recherchiert hat, genügt als Garant für Echtheit und Wahrheit. Noch zugespitzter gesagt: BILD präsentiert eine Art „Gesamtkunstwerk", in dem gesprochene und geschriebene Texte und Bilder argumentativ wie appellativ integriert sind, in dem Mündlichkeit, Schriftlichkeit, Bildlichkeit austauschbar werden.

Dabei bedient sich die Boulevardpresse ganz selbstverständlich der kommerziell verfügbaren Informationskanäle (Agenturen etc.), wovon der Leser aber kaum etwas merkt.

Der einzige Bereich der Presse, der sich ganz bewußt und programmatisch von der kommerziellen Nachrichtenzulieferung freimachen will, ist die sog. „alternative Presse". Realisierbar ist eine solche alternative Berichterstattung aber nur im regionalen Bereich, da den entsprechenden Blättern die finanziellen Ressourcen für eigene Korrespondenten im überregionalen oder gar internationalen Bereich fehlen.

5.2 *Radionachrichten*

Eine augenfällige Tatsache verdient vorweg genannt zu werden: Trotz aller Diskussion um die „richtige" Gestaltung von Nachrichten haben sich die traditionellen Nachrichtenformen im Prinzip behaupten können. Radionachrichten in festem Rhythmus (stündlich oder halbstündlich, Kurznachrichten, zu bestimmten Zeiten ausführlichere Bulletins) sehen grosso modo heute nicht viel anders aus als vor 10 Jahren.

Einige (störende) linguistische Eigenschaften der früheren Nachrichten sind teilweise verschwunden, doch die hauptsächlichen Prinzipien – auch die linguistischen – der Kurzinformation haben sich gehalten und – beim Radio – eher gefestigt. In Frankreich und in der Schweiz z.B. kann man beobachten, wie die Entwicklung dort aussieht, wo private Sender zugelassen sind: Die Abhängigkeit von kommerziellen Nachrichtenquellen, von Nachrichtenagenturen ist bei Privatsendern größer als bei Monopolsendern, und damit auch die Übernahme und Zementierung bestimmter linguistischer Muster. Das klingt paradox, da man doch annehmen würde, daß Privatsender prinzipiell mehr Freiheit, mehr Spielraum der Vermittlung jeglicher Art von Information hätten. Das ist zwar richtig; ebenso richtig ist aber, daß es sich die privaten Sender in der Mehrzahl nicht leisten können, diesen potentiellen Spielraum auszunützen.

Radio-Nachrichten haben eine Reihe von kommunikativen und linguistischen Merkmalen, die sie zu einer klar abgrenzbaren Textsorte – vielleicht zu einer der am klarsten abgrenzbaren Textsorten überhaupt – machen, die in dieser Form weitgehend konventionalisiert ist und im ganzen deutschsprachigen Raum (hinsichtlich der formal-strukturellen Aspekte auch in der DDR) so angeboten wird.

Weitgehend die gleichen Merkmale – soweit es die verbalen Merkmale betrifft – weisen auch die Sprechermeldungen der „klassischen" Fernsehnachrichten (ARD, SRG, ORF) auf. Wir beschreiben zunächst den standardisierten Normaltypus und anschließend einige modifizierte Formen.

5.2.1 Standard-Form

Wir gehen bei der Beschreibung von den kommunikativen Randbedingungen schrittweise zu den linguistischen Merkmalen im engeren Sinne über. Als Textbeispiel nehme ich eine zufällig herausgegriffene durchschnittliche Kurznachrichtensendung von SWF 1 (1.9.83) (wo nötig ergänzt durch weitere Belege), um zu demonstrieren, wie klar das Modell in jeder beliebigen Sendung realisiert ist.

1. Die Nachrichten werden von e i n e m S p r e c h e r verlesen. (Versuche, alternierende Sprecher einzusetzen, haben sich offenbar nicht bewährt.) Meist handelt es sich um einen professionellen Sprecher, der nicht identisch ist mit dem Redakteur. (Versuche, die Nachrichten von den Redakteuren lesen zu lassen, sind entweder nicht befriedigend ausgefallen oder die hausinternen Widerstände gegen diese Lösung waren jeweils zu stark.) Der Sprecher tritt nicht als „Ich" in Erscheinung, sondern als reiner Vermittler des Textes.

Allenfalls wird der verantwortliche Redakteur und bei manchen Sendern (z.B. ORF) auch der Sprecher namentlich genannt.

2. Der Hörer ist gleichfalls nicht im Text anwesend (allenfalls in einer – nicht überall stattfindenden – Begrüßung). Als Adressaten sind alle Hörer angesprochen. Damit sind Nachrichten wohl die einzige Sendung, bei der von vornherein keinerlei Einschränkungen in bezug auf die Zielgruppe gemacht werden sollen und können. Daher erklärt sich u.a., warum Diskussionen über die Verständlichkeit der Mediensprache lange Zeit auf Nachrichten zentriert waren. Eine Sendung, die potentiell für alle verständlich sein soll, stellt eben an die Formulierung besonders hohe Anforderungen.

3. Der Text wird in einem schallarmen, neutralen Raum verlesen.

4. Geräusche oder Musik sind während der Präsentation ausgeschlossen. Auch als dramaturgische Mittel – z.B. zur Gliederung eines Bulletins – werden sie nicht eingesetzt.

5. Die Situation, in der sich der Sprecher befindet (oder auch die Redaktion), kommt nicht zur Sprache (im Gegensatz zu moderierten Sendungen, wo der Sprecher sagen kann *ich sitze hier in meiner Kabine, und draußen blühen die Blumen*).

Ein- (und Ausleitung) sind dementsprechend stereotypisiert:

> [Musik]
> Sechs Uhr dreißig
> [Musiksignet]
> Südwestfunknachrichten
> [Musiksignet]

Mittel der lokalen Deixis werden im Normalfall nicht verwendet *(hier/dort)*, wohl aber – da Nachrichten ja eine Form der Wiedergabe von vergangenen Ereignissen (oder auch der Formulierung gerade stattfindender oder noch zu erwartender Ereignisse) sind – Mittel der temporalen Deixis:

Bundespräsident Carstens reist *heute vormittag* zu einem viertägigen Staatsbesuch nach Jugoslawien.

Das ist unproblematisch, da das Jetzt des Sprechers ja auch das Jetzt des Hörers ist. (Anders wäre es, wenn die Nachrichten nicht live gesendet würden.)

6. Die paraverbale Realisierung des Textes erfolgt gänzlich

„schriftlich", d.h. man hört (und soll es hören), daß der Text nicht etwa spontan formuliert ist, sondern total abgelesen wird. Unterstrichen wird dies durch Stereotypien der Intonation, die bei den einzelnen Sprechern zu beobachten sind, und durch die durchwegs „syntaktische" Pausengestaltung (Pausen an den syntaktischen Schnittstellen, also vorwiegend bei Satzzeichen, auch zur Abhebung zitierter Passagen, kaum je aber zu rhetorischen Zwecken; in Burger/Imhasly 1978, 56ff. ist ein Beispieltext daraufhin genauer analysiert.)

7. In inhaltlicher Hinsicht ist der Bereich dessen, was als „Nachricht" für eine Nachrichtensendung gelten kann, eingegrenzt durch zwar nicht rigide, aber doch eingespielte und überregional (im westlichen Mediensystem bis zu einem gewissen Grade sogar international) gültige Selektionsusancen.

Der Begriff der Nachricht im engeren Sinne, wie er auch von Rundfunkgesetzen und Staatsverträgen vorgegeben wird, orientiert sich stark am britischen, von der British Broadcasting Corporation (BBC) geprägten Nachrichtenverständnis. In einer Studie der BBC vom Mai 1976 findet sich denn auch die folgende Definition: „Nachrichten sind neue sowie wahrheitsgemäß und sorgfältig wiedergegebene Informationen, die

a) aktuelle Ereignisse aller Art überall in der Welt zum Gegenstand haben, die

b) gegenübergestellt werden anderen wahrheitsgemäß und sorgfältig erarbeiteten Hintergrundinformationen, die zuvor jedoch wie Nachrichten behandelt werden müssen, die

c) auf faire Weise von ausgebildeten Journalisten ausgewählt werden, dies jedoch ohne künstliches Ausbalancieren und ohne persönliche politische Motivation oder redaktionelle Einfärbung, die

d) in eine Nachrichtensendung aufgenommen werden, weil sie interessant, von allgemeiner Bedeutung oder aber in den Augen der erwähnten Journalisten für die Zuhörer von persönlichem Belang sind, und die

e) ohne Furcht objektiv gestaltet werden mit Blick auf die geltenden Gesetze und auf die Programmgrundsätze der BBC bezüglich guten Geschmacks und journalistischer Grundsätze." (Arnold [Nachrichtenchef Hessischer Rundfunk] 1982, 29)

Dieser Definitionsversuch der BBC kann nahezu unverändert auf die Verhältnisse in der Bundesrepublik übertragen werden. Aufgrund welcher Kriterien und welcher kommunikativen Prozesse ein Ereignis überhaupt zur Nachricht wird, hat Fishman (1982) in einer kalifornischen Kleinstadt auf sehr eindrückliche Weise untersucht.

8. Der Aufbau eines Nachrichtenbulletins ist stereotyp dieser: (1) Schlagzeilen (fakultativ; üblich vor allem bei den längeren Ausgaben); (2) die einzelnen Meldungen; (3) Wetterbericht (der in Kurzfassung auch schon am Anfang stehen kann).

Der Aufbau des Hauptteils (2) gestaltet sich nach einfachen Prinzipien: Die Meldungen sind geordnet nach inhaltlichen Grobkategorien (Ausland/Inland oder umgekehrt) und/oder nach dem Grad der vom Redakteur geschätzten Wichtigkeit bzw. Attraktivität der Information. Die Meldungen im einzelnen sind untereinander im allgemeinen nicht textlinguistisch verknüpft (allenfalls durch temporal-deiktische Elemente wie *gleichfalls heute morgen*). Man kann sogar sagen, daß potentielle Verknüpfungsmöglichkeiten bewußt nicht genutzt werden, um nicht den Anschein von Zusammenhängen herzustellen, wo Zusammenhänge nicht als gesichert behauptet werden können.

In zwei aufeinanderfolgenden Meldungen, die – mit unterschiedlicher „Besetzung" – das gleiche Thema betreffen, werden jegliche textlinguistische Konnektoren vermieden:

Der amerikanische Chefunterhändler bei den Genfer Abrüstungsverhandlungen (...) will in Bonn Bundeskanzler Kohl über die Ausgangslage – unmittelbar vor der Schlußphase dieser Verhandlungen unterrichten. Ein Regierungssprecher hatte angekündigt, Kohl werde dabei das dringende deutsche Interesse an einer Einigung zum Ausdruck bringen. –

Im Rahmen seines DDR-Besuchs wird Altbundeskanzler Schmidt in Ost-Berlin vom Vorsitzenden des DDR-Staatsrates und SED-Chef Honecker empfangen. Im Mittelpunkt der Unterredung wird die bevorstehende Wiederaufnahme der Genfer Abrüstungsverhandlungen stehen.

9. Die einzelne Meldung ist strukturiert nach wenigen festen Mustern. Diese basieren auf dem Prinzip des „Nachrichtenkontinuums", d.h. der Tatsache, daß Nachrichten nur zu Nachrichten werden, indem sie sich als neue Entwicklung, neue Phase, unerwartetes Ereignis o.ä. innerhalb eines ständigen Stroms von Informa-

tionen abheben; eines Stroms, an dem der Rezipient teilhat oder teilhaben kann durch die Nutzung aller Medien, im engsten Fall durch Anhören der vorhergehenden Nachrichten. Der Bezug auf ein Nachrichtenkontinuum zeigt sich sprachlich in den vielen Präsuppositionen.

Der sowjetische Außenminister Gromyko wird heute in Paris erwartet. Der 24stündige Arbeitsbesuch wird überschattet durch den Abschuß des südkoreanischen Passagierflugzeuges durch sowjetische Abfangjäger. Nach Ansicht politischer Beobachter steht Gromyko eine sehr schwierige Mission bevor.

(*durch den Abschuß des südkoreanischen Passagierflugzeuges* präsupponiert, daß der *Abschuß* als Vorwissen für die Meldung vorausgesetzt wird.)

Das Hauptaufbauprinzip ist das sog. „Lead"-Prinzip. Es besteht darin, daß das neue Ereignis am Anfang formuliert wird und daß die für das Verständnis des Ereignisses notwendigen Hintergrundinformationen („Hintergrund" hier im sehr eingeschränkten Sinn der unmittelbaren temporalen und/oder kausalen Vorstufen des Ereignisses) anschließend aufgerollt werden. (Formal ist dies als „Pyramidenprinzip" charakterisierbar, s.o. S. 98).

In Chile versammelten sich gestern mehrere hundert Menschen am Grab des ehemaligen marxistischen Präsidenten Allende. Die Versammlung fand anläßlich des 13. Jahrestags der Wahl Allendes statt. Es handelt sich um die erste Demonstration zu Ehren des Politikers in Chile, seit dieser bei dem Militärputsch von 1973 ums Leben kam.
Die Regierung hatte vor einigen Tagen den Belagerungszustand aufgehoben.

Der erste Satz formuliert das „Ereignis". Der zweite Satz liefert bereits Hintergrund, ohne den aber (in diesem Fall) das Ereignis noch keinen Nachrichtenwert hätte. Der dritte und vierte Satz geben weiteren Hintergrund (in Satz 4 auch chronologisch, wie das für den Schluß von Meldungen typische Plusquamperfekt signalisiert). Satz 4 und 3 hätten (in dieser Reihenfolge) bei Bedarf auch weggeschnitten werden können.

Wenn es in der Kürze der zur Verfügung stehenden Zeit nicht möglich ist, überhaupt Hintergrund zu vermitteln, kann sich der

Redakteur mit einem Verweis auf entsprechende Sendungen mit ausführlicheren Informationen zum Thema behelfen.

10. Die Syntax der Nachrichten ist ausgiebig untersucht und ebenso ausgiebig kritisiert worden (vgl. Strassner [Hrsg.] 1975). Die Hauptmerkmale sind:

(a) Tendenz zur „Eindimensionalität" des Satzbaus, d.h. Hypotaxe wird soweit wie möglich vermieden.

(b) Tendenz zu nominalen Gruppen mit einem Verbalabstraktum als Kern und angegliederten Genitivattributen oder präpositional-Attributen:

Abschuß des südkoreanischen Passagierflugzeuges durch sowjetische Abfangjäger

(c) Tendenz zur indirekten Redewiedergabe.
Direkte Rede ist immer die „markierte" Zitierform und hat immer eine erkennbare Funktion (vergleichbar den Anführungszeichen im graphischen Medium). Der Normalfall:

Ein Regierungssprecher hatte angekündigt, Kohl werde... zum Ausdruck bringen.

Unser Beispieltext enthält keine direkte Rede. (Genaueres zum Zitieren unter 14.)

Die Kritik an der Nachrichtensyntax hat sprachästhetische und psycholinguistische Aspekte. Einerseits wird die Schwerfälligkeit des „Nominalstils" gerügt, andererseits wird betont, daß diese Art von Syntax negative Folgen für die Verständlichkeit hat (vgl. dazu S. 259).

Das sprachästhetische Argument braucht hier nicht näher erörtert zu werden, da es nicht nur die Mediensprache, sondern allgemeinere Tendenzen der Gegenwartssprache betrifft (vgl. Braun 1979).

Vom Standpunkt der Verständlichkeitsforschung läßt sich die Kritik auf eine Grundformel bringen: Die Nachrichtensyntax ist oberflächenstrukturell einfach, in der Tiefenstruktur aber äußerst kompliziert. Bei der Rezeption muß diese Komplexität wieder re-konstruiert werden, und das ist angesichts der Kürze der Meldungen und der weitgehend fehlenden Redundanz nicht immer möglich. Hinter der Eindimensionalität des Satzbaus können sich verdeckte Subordinationen verbergen. Bestimmte Nebensätze können beispielsweise in Partizipien transformiert werden, so daß an der Oberfläche die Dimensionalität des Satzes nicht betroffen wird:

In Moskau hat die zweite Runde der sowjetisch-japanischen Fischereiverhandlungen begonnen. Dabei soll ein Zwischenabkommen ausgehandelt werden, das es den japanischen Fischern gestattet, innerhalb der von der Sowjetunion auf 200 Seemeilen erweiterten Fischereischutzzone weiterhin dem Fischfang nachzugehen.
(Radio DRS, 15.3.77)

Das Partizip kann als Transformation aus dem Relativsatz *der Fischereischutzzone, die... erweitert wurde* analysiert werden.

Gravierender, weil häufiger und im Einzelfall schwerer zu beurteilen, sind die Nominalgruppen. Auch hier kann man – aus der Perspektive einer generativ-transformationellen Grammatik – Transformationen subordinierter Teilsätze in oberflächenstrukturelle Nominalphrasen ansetzen:

z.B. *X schießt Y ab → der Abschuß des Y durch X*

Dann wäre der entsprechende Nachrichtensatz so zu rekonstruieren: *Der (...) Arbeitsbesuch wird dadurch überschattet, daß sowjetische Abfangjäger das südkoreanische Passagierflugzeug abgeschossen hatten.* Ich bezweifle, ob hier die ausführlichere Formulierung leichter verständlich ist als diejenige mit der Nominalisierung. Denn erstens ist der deutschsprachige Rezipient heutzutage an derartige nominalisierte Konstruktionen gewöhnt, zweitens stellen der vermittelte Inhalt und das verwendete Vokabular keine besonderen Rezeptionsprobleme (*Abschuß* ist eine geläufige Nominalisierung), und drittens – was mir am wichtigsten zu sein scheint – ist die nominalisierte Formulierung textlinguistisch präziser als die syntaktisch rekonstruierte Fassung: das Ereignis, um das es geht und das primär benannt werden soll, ist eben der *Abschuß* des Flugzeuges; daß als Agens *sowjetische Abfangjäger* fungieren, ist ein argumentativ zentrales, aus der Perspektive der Nachrichtenformulierung aber sekundäres Element. Der entsprechende Nebensatz bringt diese perspektivische Abstufung nicht zum Ausdruck.

Was in diesem Beispiel nur bei differenzierter Analyse sichtbar wird, ist andernorts deutlicher und beruht auf einer prinzipiellen syntaktisch-semantischen Eigenschaft der Nominalisierung:

Durch die Nominalisierung wird der bezeichnete Vorgang als „Größe" gefaßt („hypostasiert" in der Terminologie von Leisi 1975), wobei die Agenten und Betroffenen der Handlung in den Hintergrund treten (können). Sowohl semantisch als auch syntaktisch stehen die Nominalisierungen zwischen verbalen Konstruktionen und Substantiven. Je nachdem, wie stark sie bereits lexikalisiert sind, und auch je nach Kontext tendieren sie zur einen oder anderen Seite. (Vgl. dazu die differenzierte Darstellung von Schäublin 1972.) Je mehr sie den Charakter von Substantiven haben, um so mehr zeigen sie die syntaktischen Eigenschaften der Wortart: Sie können in den Plural gesetzt werden *(Lösung/Lösungen)*. Sie können ohne Attribute verwendet werden, während in der entsprechenden Satz-Formulierung bestimmte Valenzen obligatorisch wären:

die Polizei verfolgt den Täter
* verfolgt den Täter
* die Polizei verfolgt
* verfolgt

aber: die Verfolgung des Täters durch die Polizei
die Verfolgung des Täters
die Verfolgung durch die Polizei
die Verfolgung

Wie die Flexibilität der Nominalisierung hinsichtlich der attributiven Ergänzungen ausgenützt werden kann, zeigt die folgende Meldung:

Der amerikanische Senat hat den Entschluß von Präsident Carter abgelehnt, die Wirtschaftssanktionen gegen Simbabwe-Rhodesien beizubehalten. Die Entscheidung fiel mit 52 zu 41 Stimmen. Vor der Entscheidung hatte Außenminister Vance für die Aufrechterhaltung des Boykotts geworben. Nach seiner Meinung könnte eine verfrühte Aufhebung der Sanktionen dem Ansehen der USA in Afrika schaden. Vance kündigte an, Präsident Carter werde für den Fall der Annahme das Veto einlegen. In einer ersten

Stellungnahme erklärten Regierungsbeamte, der Antrag zur Aufhebung der Sanktionen gegen Simbabwe-Rhodesien sei nicht mit Zweidrittelmehrheit angenommen worden. Um ein Veto des Präsidenten außer Kraft zu setzen, bedarf es laut der amerikanischen Verfassung dieser Mehrheit. (Morgenjournal, Radio DRS, 13.6.79)

Am Anfang steht eine syntaktisch explizite Formulierung der Nachricht: *Der... Senat hat den Entschluß von...abgelehnt.* Auch der *Entschluß* wird seinerseits syntaktisch explizit erläutert *(Entschluß von Präsident Carter, die Wirtschaftssanktionen... beizubehalten)*.

Die Nominalisierung *Entschluß* auch noch aufzulösen *(Carter hat sich entschlossen...)*, würde eine unsinnige Aufschwellung und syntaktische Komplizierung bedeuten, da die Nominalisierung völlig lexikalisiert (z.B. in den Plural transformierbar) und geläufig ist.

In der Folge werden Teile der Ausgangsformulierung je nach Bedarf durch synonyme (oder antonyme) Nominalisierungen ersetzt, mit oder ohne attributive Ergänzungen *(Entscheidung, Aufrechterhaltung des Boykotts, Aufhebung der Sanktionen, Annahme, Antrag zur Aufhebung der Sanktionen gegen Simbabwe-Rhodesien)*.

Daß die Meldung schwer verständlich ist – und das ist sie mit Sicherheit, bereits beim Lesen –, liegt nicht an den Nominalisierungen, sondern an dem ständigen Hin und Her von Pro- und Contra-Formulierungen (*Entschluß – ablehnen – beibehalten – aufrechterhalten – aufheben, Veto außer Kraft setzen* etc.).

In den Nachrichten ist häufig von Verhandlungen die Rede, von den einzelnen Punkten der Tagesordnung, von den Themen, die behandelt werden. In solchen Fällen liegt immer die Formulierung mit einer Nominalisierung nahe, da damit das Thema griffig benannt, „etikettiert" werden kann:

Die langfristige Sicherung der Energieversorgung ist wichtigstes Beratungsthema beim zweitägigen Gipfeltreffen der Staats- und Regierungschefs der neun EG-Länder, das heute in Straßburg beginnt. (Morgenjournal, Radio DRS, 21.6.79)

Man hätte z.B. auch formulieren können: *Wie läßt sich die Ener-*

gieversorgung langfristig sichern? Das ist wichtigstes Beratungsthema...

So wäre es – in diesem Fall – vielleicht ästhetisch befriedigender und möglicherweise auch leichter verständlich. In anderen Fällen wäre eine Verbesserung nicht so einfach, wenn überhaupt möglich und wünschbar.

Nominalisierungen bieten sich auch immer dort an, wo ein Ereignis ohne seine Vorgeschichte gar nicht formuliert werden kann, wo also die Vorgeschichte so knapp wie möglich benannt werden muß. Z.B.: Die USA haben im Sicherheitsrat gegen Israel gestimmt. In der jetzigen Nachricht geht es um die Folgen dieser Haltung:

Die Zustimmung der Vereinigten Staaten zur Resolution des UNO-Sicherheitsrates gegen jüdische Siedlungen in besetzten Gebieten wird ein parlamentarisches Nachspiel haben. Der amerikanische Senat setzte für nächste Woche eine Anhörung (...) an. Die Zustimmung der USA zur Verurteilung Israels hat in Israel und in den Vereinigten Staaten eine Welle der Empörung ausgelöst. (...)
(Morgenjournal, Radio DRS, 14.3.80)

Wenn man aus den Ergebnissen der Verständlichkeitsforschung den Schluß zieht, verbale Formulierungen seien den entsprechenden nominalen vorzuziehen (z.B. Arnold 1982, 47), so ist dies nicht mehr und nicht weniger als eine statistische Aussage. Im Einzelfall ist zu prüfen, wie stark die Nominalisierung bereits lexikalisiert ist, ob sie eine erkennbare und sinnvolle Funktion in der Textkonstruktion hat, ob eine verbal formulierte Alternative tatsächlich Vorteile bietet etc. Detaillierte Untersuchungen wie die von Schäublin (1972) stehen für den Bereich der Mediensprache noch aus.

Die syntaktischen Eigenschaften der Radionachrichten sind nicht erst das Produkt der redaktionellen Arbeit, sondern weitgehend bereits Vorgabe der Sprache der Nachrichtenagenturen. Alle einschlägigen Untersuchungen (zuletzt Strassner 1982, 179ff., bezüglich der Fernsehnachrichten, die sich in dieser Hinsicht kaum von den Radionachrichten unterscheiden) zeigen, daß die syntaktischen Veränderungen der Nachrichtentexte gegenüber den Agenturtexten relativ geringfügig sind. Verstärkt wird noch die Tendenz zur

Eindimensionalität, vereinfacht werden manche überlastete Nominalgruppen usw., aber im Prinzip ist das stilistische Muster dasselbe.

In der Einleitung wurde auf die durch die neuen Technologien und neuen Medienstrukturen bedingte wachsende Bedeutung der Nachrichtenagenturen für das gesamte Nachrichtenwesen verwiesen. Wenn man diese Tendenz in Rechnung stellt, ist künftig kaum mit einer Änderung des Nachrichtenstils zu rechnen. Der Sprachstil der Agenturen ist – gerade im Hinblick auf die genannten Hauptmerkmale – heute kein einzelsprachliches Phänomen mehr, sondern mindestens im Rahmen der indoeuropäischen Sprachen und im Einflußbereich des Englischen ein internationales Modell. Dazu gibt es meines Wissens noch keine vergleichenden Untersuchungen an größerem Material. Immerhin sind z.B. die Beobachtungen, die Dardano (1976, 300ff.) fürs Italienische macht, weitgehend identisch (bei Berücksichtigung der sprachstrukturell bedingten Unterschiede) mit den Befunden im deutschsprachigen Raum.

11. Das Vokabular entspricht in allen thematischen Bereichen dem „offiziellen" Vokabular, d.h. dem Vokabular der Kommuniqués, der Statistiken, der Behördenvertreter. Daran hat sich – soweit ich sehe – in den letzten Jahren nichts Wesentliches geändert. Man wird auch zugeben müssen, daß es äußerst schwierig ist, dieses Vokabular zu „erleichtern", beispielsweise zu einem eingeführten politischen oder ökonomischen Begriff ein eher alltagssprachliches Synonym (das existiert meist nicht) oder eine angemessene Paraphrase (die würde zu lang und ihrerseits u.U. wieder zu kompliziert) zu liefern. (Näheres dazu S. 261ff.)

Man muß bei dieser Frage eine Unterscheidung machen zwischen zwei Arten von „Fachvokabular": Auf der einen Seite der Bereich von Wörtern, die im politischen und wirtschaftlichen Rahmen auf allen öffentlichen Ebenen und in allen Medien gängig sind (vgl. S. 263), und auf der anderen Seite diejenigen Fachwortschätze, die nur bestimmten Berufsgruppen geläufig und zugänglich sind. Für die Wörter der ersten Gruppe gibt es in den seltensten Fällen eine handliche Alternative, so daß sie für die Nachrichten – die ja schwerpunktmäßig den entsprechenden thematischen Bereichen zugeordnet sind – unvermeidlich sind. Wörter der zweiten Gruppe sollten in Nachrichten nicht unerklärt vorkommen. Nicht immer aber ist es klar, welcher der beiden Gruppen ein bestimmter Vokabularbereich zuzuordnen ist, und entsprechend gibt es eine Zone der Unsicherheit auch in der Nachrichtenpraxis. Im folgenden Text ist von Grenzausgleich im Agrarhandel die Rede. Man kann sich vielleicht auch ohne Fachkenntnisse denken, was damit (und mit den weiteren agrarökonomischen Termini) ungefähr gemeint ist, und außerdem handelt es sich um einen Terminus, der auf übernationaler Ebene eine Rolle spielt und somit zum Bereich der „großen" Politik und Ökonomie gehört. Die Tragweite der Meldung können aber wohl nur diejenigen ermessen, die unmittelbar mit Landwirtschaft zu tun haben (wer sonst würde wohl einen Preisrückgang *befürchten?*):

Brüssel/München: Die Landwirtschaftsminister aus den Ländern der Europäischen Gemeinschaft sind am Mittag zu einer Sondersitzung zusammengetreten. Sie wollen den deutsch-französischen Streit über den *Abbau des Grenzausgleichs im Agrarhandel* beilegen, der gegenwärtig die geplante Einführung des europäischen Währungs-Systems blockiert. Beobachter äußerten sich allerdings skeptisch über die Erfolgs-Aussichten der heutigen Sondersitzung.

Inzwischen erklärte Bayerns Landwirtschaftsminister Eisenmann, durch einen ersatzlosen *Abbau des Grenzausgleichs* in der Europäischen Gemeinschaft würden sich die *Marktordnungs-Preise* für die Landwirtschaft im Freistaat um 10,8 Prozent vermindern. Für den Fall, daß die künftige *europäische Rechnungs-Einheit* auch auf den Agrar-Bereich angewendet und die *Marktordnungs-Preise* zum Ausgleich nicht erhöht werden sollten, *befürchtet* Eisenmann einen weiteren *Preisrückgang* bis zu 15 Prozent.
(Radionachrichten BR, 12.2.79)

Trotz solcher Schwierigkeiten versuchen manche Redakteure, Fachbegriffe ad-hoc zu erläutern oder mindestens ihr sachliches Umfeld kurz zu umreißen:

Eine Erhöhung der Leitzinsen erwarten Fachleute von der heutigen Sitzung des Zentralbankrats der Deutschen Bundesbank. Man nimmt an, daß der Lombardsatz heraufgesetzt wird. Zum Lombardsatz können sich die Kreditinstitute gegen Verpfändung von Wertpapieren kurzfristig Gelder bei der Bundesbank leihen.
(Radionachrichten SWF 1, 8.9.83)

Was *Leitzinsen* sind, wird nicht erläutert, wohl weil es zu umfangreiche Erläuterungen erfordern würde. Hingegen wird vom *Lombardsatz* gesagt, in welchem Zusammenhang er eine Rolle spielt. Für diejenigen, die wissen, was *Wertpapiere* sind, ist das immerhin eine brauchbare Erläuterung.

12. Eine Eigenheit, die die syntaktische wie die lexikalische und vor allem die textlinguistische Ebene der Nachrichten betrifft, ist das weitgehende Fehlen von Redundanz. Eine Information wird meistens nur einmal gegeben, und das kann zutreffen für Textteile beliebiger Größe, bis hinab zum einzelnen Lexem. Das sieht man im kleinen z.B. bei der anaphorischen Verknüpfung der nominalen Elemente. Im älteren Nachrichtenstil beim Radio wie beim Fernsehen galt hier die – aus der Stilistik der geschriebenen Sprache übernommene – Regel, man dürfe nicht zweimal nacheinander das gleiche Wort verwenden. Wenn also die Pronominalisierung aus irgendeinem textlinguistischen Grund nicht in Frage kommt, so bleibt nur die Ersetzung des Substituendum durch ein synonymes Substituens.

Ein relativ harmloses Tagesschau-Beispiel:

Ein 16jähriger portugiesischer Schüler hat eine Boeing 727 der portugiesischen Fluggesellschaft Tap auf einem Inlandflug von Lissabon nach Faro gekapert und zum Flug nach Madrid gezwungen. Dort ließ *der Jüngling* einen Teil der Passagiere frei, verlangte aber ein hohes Lösegeld und den Weiterflug in die Schweiz. Später gab *der* mit einer Pistole bewaffnete *junge Luftpirat* jedoch auf und ließ sich nach Lissabon zurückfliegen, wo er festgenommen wurde. Er soll aus familiären Gründen gehandelt haben.
(Tagesschau DRS, 7.6.80)

Die heutige Praxis scheint mir am ehesten durch Beispiele wie das folgende repräsentiert zu sein:

US-Präsident Reagan hat im Zusammenhang mit dem Abschuß des südkoreanischen Flugzeugs weitere Sanktionen gegen die Sowjetunion angeordnet. Die sowjetische Fluggesellschaft Aeroflot muß ihre Büros in den USA schließen, ihre sowjetischen Angestellten müssen das Land bis zum 15. September verlassen. Reagan verhängte außerdem weitere Maßnahmen gegen die sowjetische Fluggesellschaft: Aeroflot darf keine Tickets mehr in den USA verkaufen, US-Fluggesellschaften dürfen in den USA keine Tickets mehr für Aeroflot-Flüge verkaufen und keine Anschlußflüge für die Gesellschaft mehr ausführen. Außerdem müssen sie alle mit Aeroflot vereinbarten

Dienstleistungen aufheben und dürfen von Aeroflot keinerlei Tickets für Flüge in die USA und aus den USA annehmen.
(Radionachrichten, SWF 1, 9.9.83)

Hier finden sich zwar synonymische Substitutionen: *Sanktionen... anordnen: Maßnahmen... verhängen.* Doch überwiegen lexikalische Rekurrenzen (*sowjetische Fluggesellschaft, verkaufen, keine Tickets mehr* etc.), und die Parallelismen der Konstruktion werden offensichtlich ganz bewußt eingesetzt, um das „Muster“ der Sanktionen zu verdeutlichen.

Mir scheint, daß die lexikalische Varianz einer der wenigen Bereiche ist, in denen die Verständlichkeitsforschung der Linguisten und Psychologen unmittelbare Folgen für die Praxis gehabt haben. Daß man Variation im lexikalischen Bereich, unnötiges Spiel mit Synonymen vermeiden soll, ist eine leicht zu befolgende Regel (im Gegensatz etwa zum Vermeiden von Nominalisierungen). In dem von La Roche und Buchholz herausgegebenen Radio-Handbuch (1980) ist sie unter dem Titel „Vorsicht bei Varianz“ (156ff.) handlich formuliert.

Außerhalb des Nachrichtenbereichs wird das Stilprinzip beim Radio durchaus noch angewendet, überall dort, wo ein Text nach schriftlichen Prinzipien gestaltet ist, also in Magazinbeiträgen z.B., gelegentlich sogar in der Moderation von Begleitprogrammen, wie im folgenden „Kurztext“ einer Moderatorin (vgl. S. 194):

[Musik] A propos Kaffee: Wenn man das Wort so auf der Zunge zergehn läßt und wartet, was sich so alles an Assoziationen einstellt – – hm – was kommt Ihnen dabei in den Sinn? Kaffee – – kaffeebraun – – Copacabana – – Rio – – Carneval, und schöne Mädchen. Ja und damit sind wir schon mitten in der Geschichte, die sich vor ein paar Jahren auf der Copacabana, dem berühmten Badestrand von Rio de Janeiro, zugetragen hat. Dort warn nämlich vier Polizeipatrouillen nötig, um *eine 22jährige Sonnenanbeterin* von ihrem wellenumspülten Sandplätzchen zu entfernen. Die aufwendige Aktion war notwendig geworden, der strengen Gesetzesmoral zu entsprechen. *Das weibliche Wesen* hatte sich nämlich starken Schutz zugelegt, um ungestört ein – verbotenes Oben-ohne-Sonnenbad nehmen zu können. Die erste Patrouille konnte lediglich den männlichen Begleiter *der Schönen* in die Flucht schlagen, Um den wütend bellenden deutschen Schäferhundes (sic) Herr zu werden, bedurfte es einer weiteren Gruppe von Polizisten. Die Riesenschlange der *Dame* wurde vom dritten Kommando überwältigt. Und

erst die vierte Funkstreifenbesatzung konnte *die barbusige Schöne* ohne weiteren Widerstand abführen, was sicher die angenehmste Etappe war in diesem Kampf für die Moral. [Musik „Warum strömen die Blassen zu den städtischen Kassen, weil die Frische, die hat ma nur in einem Bad“ mit Refrain „oben ohne“]
(Allerlei bis 4, Ö Regional, 17.1.83)

Der Text ist sorgfältig ausformuliert, die Synonymik dient der ironischen Formulierung. Der Verständlichkeit tut sie wohl kaum Abbruch.

In der Presse ist das Verfahren der synonymischen Substitution ganz gängig. Das zugrundeliegende Stilprinzip bleibt im schriftlichen Bereich offensichtlich unangefochten. Dies gilt, was man nicht von vornherein erwarten würde, auch für die Boulevardpresse. Der Grund dafür ist vermutlich die stilistische Nähe zur Trivialliteratur, die sich in mancher Hinsicht ja auffallend sklavisch an den Normen einer traditionellen Stilistik orientiert (vgl. Burger 1976). Bei BILD wird lexikalische Varianz bereits auf kleinstem Raum praktiziert, z.B.:

Bulle scheucht Bauern in Schloßteich

Nur mit einem Sprung in den Schloßteich konnte sich ein Landwirt (45) aus Jersbek (bei Hamburg) vor seinem wütenden Bullen retten. Das mächtige Tier wollte einen Schüler angreifen, der Bauer versuchte ihn abzulenken.
(BILD 22.11.83)

Aus ganz anderen Gründen bedient sich auch ein Magazin wie der „Spiegel“ des gleichen Stilmittels (in extremem Ausmaß): das krampfhafte Bemühen der Spiegel-Redakteure um eine „kreative“, originelle Sprache führt dazu, daß sie wenn möglich das gleiche Wort nicht zweimal verwenden; und wenn der „Synonymenschatz“ der deutschen Sprache offenbar nicht ausreicht, um dieses Prinzip durchzuhalten, erfinden sie am Laufmeter Neologismen (vor allem „Augenblickskomposita“). In einem Artikel über Probleme der nichtärztlichen Psychotherapeuten (15.2.82 „Dr. Freud, alle Kassen“) las man für diese Berufsgruppe folgende Synonyme, wobei eingebürgerte Lexeme und Komposita gegenüber Augenblicksbildungen deutlich zurücktreten:

nicht-ärztliche Psychotherapeuten
Psychologen
Psycho-Experten
Psycho-Heiler
Psycho-Behandler
Seelenfachleute
Seelenkundler
Seelenspezialisten
Seelen-Wohltäter
Seelen-Experten
Heilhilfspersonen
diplomgeschmückte Vollakademiker
Psycho-Zunft

13. Nicht nur der Kanon dessen, was als „Nachricht" gelten kann, ist habituell abgegrenzt, sondern auch die Perspektive, aus der die Nachricht vermittelt wird. Der Redakteur (und natürlich ohnehin der Sprecher) kann sich nicht selber für die Wahrheit der Nachricht und die Richtigkeit der Formulierung verbürgen, er beruft sich, wo immer das möglich und nötig ist, auf die Quellen, aus denen er (bzw. bereits die Nachrichtenagentur) sein Material bezogen hat. Es erübrigt sich, die bekannten stereotypen Formulierungen aufzulisten (wie *nach Augenzeugenberichten, nach bisher unbestätigten Meldungen aus..., wie aus gut unterrichteten Kreisen verlautet* usw.), mit denen diese Rückbindung – und zugleich Rückversicherung – geleistet wird. Wichtiger ist zu sehen, daß hinter solchen Formulierungen redaktionelle Absprachen stehen, die dem Stereotyp seinen genauen Stellenwert in der Skala der möglichen Formulierungen zuweisen.

Je nachdem beispielsweise, für wie glaubwürdig die Redaktion die Meldung einer (oder mehrerer) Agentur(en) hält, wählt sie eine bestimmte Formel.

Dem Hörer sind diese Sprachregelungen nicht durchsichtig, er kann der einzelnen Formulierung nicht oder nur vage entnehmen, für wie sicher, glaubwürdig, wahrscheinlich die Redaktion eine Nachricht hält.

Da der Redakteur sich voll und ganz auf seine Quellen abstützen muß, muß er auch deren Sehweise des Ereignisses übernehmen.

Nun handelt es sich in den meisten Fällen – mit Ausnahme der Augenzeugenberichte und der vor Ort erstellten Korrespondentenberichte – um „offizielle“ Quellen: Verlautbarungen offizieller Stellen, Vertreter der Behörden, der Interessenverbände etc. Damit ist die Perspektive eingegrenzt auf die „offizielle“ Sehweise des Ereignisses. Die Perspektive „von unten“ – aus der Sicht der Betroffenen – ist für den Nachrichtenredakteur im Normalfall keine Alternative, die in Frage käme.

14. Aus (13) ergibt sich, daß in Nachrichten häufig geschriebene und gesprochene Texte zitiert werden müssen. Das geschieht im Normalfall in indirekter Rede, und das heißt: im Konjunktiv. Bei einer Art von Berichterstattung, für die „Parteilichkeit“ nicht nur nicht verpönt, sondern ideologisch erwünscht ist, wie in der DDR, findet man eine andere Praxis. Für die „Aktuelle Kamera“ des DDR-Fernsehens zeigt Scharf (1981), daß „häufig auch dann, wenn die Aussage eines anderen nur referiert wird, statt des angemessenen Konjunktivs der Indikativ steht. (...) Auf diese Weise kommen leicht Bewertungen zustande.“ (171 f.). Ich nehme an (ohne es überprüft zu haben), daß für das DDR-Radio ähnliche Regeln gelten.

Aber auch die indirekte Rede hat ihre Probleme des Zitierens. Sie hat die grammatisch-kommunikative Eigenheit, daß der Leser/Hörer dem Text nicht entnehmen kann, ob er vollständig, wörtlich, oder gekürzt und mit teilweise anderen Worten als der Basistext formuliert ist. Für den Redakteur ist gerade dies ein entscheidender Vorteil: Die Kürze der Zeit macht es unmöglich, ausführlichere Texte im vollen Wortlaut zu zitieren; und einzelne Passagen wörtlich herauszugreifen, ist immer riskanter – weil manipulationsanfälliger –, als zusammenfassend und kürzend zu verfahren.

Probleme der Formulierung entstehen zunächst im Bereich der Redeeinleitung bzw. -ausleitung. Redeanzeigende Verben haben vielfach semantisch-pragmatische Komponenten, die sie für die Formulierung einer neutralen Nachricht ungeeignet oder nur unter genau umschriebenen Bedingungen geeignet machen. So kann durch das redeeinleitende Verb das soziale oder situative Verhältnis zwischen dem Sprecher und dem/den Angesprochenen indiziert werden:

X ersuchte Y
X schlug Y vor
X verlangte von Y
X bat Y

} drücken unterschiedliche Ausprägungen des „Machtgefälles“ zwischen X und Y aus

Für die journalistische Praxis wichtiger sind aber diejenigen Komponenten der redeanzeigenden Verben, die eine bestimmte Stellungnahme des Zitierenden zum Zitat bzw. zur zitierten Person implizieren. Wer ein Zitat einleitet mit *X behauptet,* bringt seinen Zweifel an der Glaubwürdigkeit des Gesagten unmißverständlich zum Ausdruck. Derart deutliche (unvorsichtige) Stellungnahmen lassen sich Nachrichtenredakteure wohl nicht zuschulden kommen. Angebracht ist ein Verb wie *behaupten* allenfalls dann, wenn es um widersprüchliche Äußerungen verschiedener Personen geht *(X behauptet..., Y behauptet demgegenüber...).*

Ein weiteres Problem ergibt sich daraus, daß „Teilzitate“ (in einen Satz eingebettete, syntaktisch unselbständige Zitatpassagen) in gesprochener Sprache weniger leicht kenntlich zu machen sind als in geschriebener. Syntaktisch vollständige Äußerungen können hingegen unproblematisch durch die üblichen Indizien direkter Rede signalisiert werden (redeeinleitendes, allenfalls auch redeausleitendes Verb, Indikativ in der zitierten Rede), wie hier (in einer Fernseh-Sprechermeldung):

Vor dem Parlament in Brüssel zeigte sich Ministerpräsident Tindemanns bewegt ob der zahlreichen Hilfsangebote für die Flüchtlinge aus Kolwezi. Tindemanns sagte: „Es gibt also in dieser grausamen Welt noch Platz für das Gefühl, daß wir eine Schicksalsgemeinschaft sind. Allen jenen, die ihre Hilfe angeboten haben, danke ich“, schloß Tindemanns.
(Tagesschau DRS, 22.5.78)

Das Teilzitat hingegen muß innerhalb einer syntaktischen Einheit als selbständige Passage hervorgehoben werden. Das bietet Schwierigkeiten, weil das bequeme graphische Mittel der Anführungszeichen kein direktes phonetisches Pendant hat. Wohl kann man z.B. durch eine Pause vor dem Zitat (die allerdings nicht mit einer syntaktischen Schnittstelle zusammenfallen, also nicht zugleich eine „syntaktische Pause“ [vgl. S. 322] sein darf) und durch intonatorische Absetzung des Zitats von der Umgebung den Wechsel der Sprechebene andeuten – und diese Mittel sind auch weitgehend konventionalisiert und werden in diesem Sinne verstanden –, doch sind die paraverbalen Mittel weitaus störungsanfälliger und labiler als das entsprechende graphische Zeichen. Vor allem ist das Ende der zitierten Passage nicht mit gleicher Deutlichkeit abzusetzen wie der Anfang. Im günstigsten Fall kann eine Kombination verbaler und paraverbaler Mittel das Teilzitat eindeutig machen:

In der Sowjetunion ist der Arzt Michael Stern aus der Haft entlassen worden. Stern war 1974 – wegen passiver Bestechung und Betrugs, wie es hieß, zu 8 Jahren Arbeitslager verurteilt worden. Die Strafe ist nun vom Obersten Gericht der Ukraine herabgesetzt worden. Zwar sei das Urteil seinerzeit zurecht ergangen, schrieb die Sowjetische Agentur TASS. Doch sei das Strafmaß jetzt aus Erwägungen der sozialistischen Menschlichkeit herabgesetzt worden. Zudem habe man dem Alter und dem Gesundheitszustand Sterns Rechnung getragen, erklärte TASS. Für die Haftentlassung Sterns hatten sich Ärzte in zahlreichen Ländern eingesetzt.
(Radionachrichten DRS, 22.3.77)

Durch die nicht-syntaktische Pause vor *wegen,* das deutliche Überspielen der syntaktischen Schnittstelle vor *wie* und die ebenso deutliche Pause nach *hieß,* in Kombination mit der verbalen Formel *das heißt,* die das Zitat nachträglich markiert, wird das Teilzitat klar isoliert und als solches herausgehoben. Auch bei den weiteren – nunmehr indirekten – Zitaten ist, wie der zweimalige Verweis auf die Quelle suggeriert, anzunehmen, daß es sich um ein weitgehend wörtliches Zitat handelt. Natürlich ist es kein Zufall, wenn in einer westlichen Nachrichtensendung die sowjetische Nachrichtenagentur derart pedantisch zitiert wird.

Doch nicht immer werden die Möglichkeiten des Zitierens im akustischen Medium so geschickt genutzt.

Die Agenturtexte – als graphisch konzipierte Texte – verwenden selbstverständlich Anführungszeichen, ohne Rücksicht darauf, ob diese in einem nur wenig veränderten Nachrichtentext auch phonisch realisierbar sind oder nicht. Auch die Redakteure sind sich nicht immer der Fallen bewußt, die sie durch Setzung von Anführungszeichen dem Sprecher aufstellen. Die Einbettung von Teilzitaten in übergeordnete syntaktische Konstruktionen bietet grammatische Probleme vor allem im Bereich der Modi und der Personalpronomina. Ein paar Beispiele, die ich in Kursen mit Journalisten gefunden habe (daher fehlen teilweise die Daten), und von denen das dritte – obwohl aus einer anderen Textsorte stammend – zur Exemplifikation der Problematik mitgegeben wird. (Die Anführungszeichen entstammen den Originaltexten.)

Text	*Kommentar*
(1) Ende September hat die Siegwart Glas AG in Hergiswil der 175köpfigen Belegschaft mitgeteilt, daß die Produktion auf den 1. Dezember 1975 eingestellt werde. Die Hälfte der Arbeiter und Angestellten sollte die Kündigung auf Ende November erhalten, weitere Entlassungen „*werden* sich nicht vermeiden lassen“, erklärte der Firmeninhaber. (Radionachrichten)	*werden* ist hinsichtlich des Modus ambivalent (Indikativ/Konjunktiv I), da hier der Anfang des Zitats (auch beim Einsatz der paraverbalen Signale) nicht klar erkennbar ist.
(2) Die Schweizerische Energiestiftung und die Aktionskomitees gegen Atomkraftwerke haben den Bundesrat *aufgefordert,* die Konsequenzen aus dem *„Atommüll-Debakel“* zu ziehen. Sie *verlangen* einen sofortigen Bau- und Bewilligungsstopp für Atomkraftwerke. In einem Kommuniqué der Energiestiftung *heißt* es, die *Behauptung,* der Atommüll könne problemlos ins Ausland abgeschoben werden, hätte sich als unrichtig erwiesen. Die Energiestiftung protestiert auch dagegen, „daß einzig das Eidgenössische Institut für Re-	Es ist paraverbal kaum möglich, das eine Wort *„Atommüll-Debakel“* hinreichend als wörtlich zitiert zu kennzeichnen, und andere Hinweise fehlen. Nachdem einmal die redeanzeigenden Verben *auffordern/verlangen/heißt es* und die Nominalisierungen des Verbs *behaupten* gebraucht wurden, ohne daß direkte Zitate folgten, ist auch das zweite Zitat *(daß einzig…)* durch bloße paraverbale Signale nicht kenntlich zu machen, insbesondere weil eine Pause vor *daß* eine sowieso zu erwartende syntaktische Pause wäre. Der Indikativ *ist* ist kein

aktorforschung als angeblich neutrales Institut mit der Abklärung des Atommüllproblems beauftragt worden *ist.*“ Das Institut *sei* nicht neutral, „sondern von der interessierten Atomindustrie dominiert“, schreibt die Energiestiftung. (Tagesschau DRS, 16.2.78)

klares Indiz für direkte Rede, da hier der Fall vorliegen kann, daß der Schreiber durch die Wahl des Indikativs die Faktizität des Gesagten betonen will. Erst rückblickend, wenn man den Konjunktiv *sei* hört, wird man – für ein volles Verstehen allerdings zu spät – darauf kommen, daß vorher direkte Rede zu hören war. Dem letzten Zitat schließlich *(sondern…)* fehlt wiederum eine erkennbare Indizierung, da die Pause vor *sondern* eine syntaktische Pause ist und das Verb *sein* nicht wiederholt wird, also kein Indikativ als Opposition zum vorhergehenden Konjunktiv erscheint.

(3) Über das Streichquartett in d-moll, op. 74, schrieb Reger, *er betone* „nachdrücklichst, daß *mein* Streichquartett op. 74 keinerlei Programm in sich *birgt;* das Werk *will* nur Musik sein. Es *steht* jedermann frei, sich dabei etwas zu denken oder nicht.“ Wenn man das vom Drolc-Quartett hervorragend gespielte Opus 74 von Max Reger hört, das Fritz Stein, der Freund und Biograph des Komponisten *das „gedankenvollste* und eigenmächtigste unter den Regerschen Streichquartetten“ *genannt* hat, be-

Der Wechsel von indirektem zu direktem Zitat bedingt eine Transformation der Pronomina (3. Ps. → 1. Ps.: *er* → *mein*) und des Modus (Konjunktiv → Indikativ: *betone* → *birgt*/*will*/*steht*). Diese Wechsel wirken beim Hören befremdlich, da die Schnittstelle indirekte/direkte Rede (zwischen *betone* und *ausdrücklichst*) auch durch einen routinierten Sprecher nicht klar realisierbar ist.
Daß bei *nicht*/*Wenn* wieder in den redaktionellen Text umgeschaltet wird, ist nur inhaltlich rekonstruierbar.

wundert man Regers Satzkunst und seine ungeheure kompositorische Phantasie.
(Musiksendung)

Das zweite Teilzitat *(gedankenvollste...)* läßt sich hingegen paraverbal hinreichend signalisieren; es entspricht den Zitierkonventionen, nach dem Artikel *(das)* durch Pause und Intonationswechsel ein Teilzitat herauszuheben; das Ende ist durch das Verb *(genannt hat)* ebenfalls klar indiziert.

Die eindeutigste Lösung solcher Probleme bestünde in metasprachlichen Formulierungen, wie im folgenden Beispiel, wo der Skopus des Zitates eindeutig (auch akustisch eindeutig) signalisiert ist:

Der Bundesrat hält einen regelrechten Finanznotstand für unausweichbar, falls Volk und Stände die Einführung der Mehrwertsteuer ablehnen sollten. *Das Wort „Finanznotstand"* verwendete Bundesrat Gnägi, als er vor dem Nationalrat zu den Richtlinien der Regierungspolitik bis 1979 und zu ihrer Diskussion in der vergangenen Woche Stellung nahm.

Derart explizite Zitierungen sind in Nachrichten der Ausnahmefall. Eher schon hört man sie in Korrespondentenberichten oder Kommentaren, z.B.:

[Korrespondentenbericht aus Bonn zur Affäre um den NATO-General Kiessling]

(...) Er verwies auf Aussagen von Bundesverteidigungsminister Manfred Wörner, der gestern in einem Fernsehinterview erklärt hatte, ihm lägen Erkenntnisse vor, die – *Zitat* – zusammen mit anderen nachweisbaren Umständen den dringenden Verdacht begründen, daß sich der Betroffene in einem Milieu bewegt hat, das bei einem so exponierten Geheimnisträger ein hohes – Sicherheitsrisiko bedeutet – *Zitat Ende.*
(Tribüne der Zeit, SWF 1, 13.1.84)

Gerade noch toleriert werden, wenn es die Objektivität der Berichterstattung unumgänglich macht, sog. „Zitierparenthesen" dieser Art:

Die Marxistische Volksfront für die Befreiung Palästinas PFLP hat sich gegen das Mandat gewandt, das der Palästinensische Nationalrat PLO-Führer Arafat erteilt hat. Das Mandat soll es Arafat ermöglichen, an Nahost-Friedensverhandlungen teilzunehmen, falls er hierzu eingeladen wird. Nach den Worten eines Volksfrontsprechers bedeutet eine Teilnahme an Nahost-Verhandlungen eine Anerkennung Israels, was von den radikalen Palästinensergruppen abgelehnt werde. Die PFLP habe gegen die Mandatserteilung an Arafat gestimmt, weil sie den Interessen des palästinensischen Volkes nicht förderlich sei. Der Nationalrat, das Parlament der Palästinenser, hatte zum Abschluß seiner Beratungen am Wochenende in Kairo auch ein politisches Aktionsprogramm gutgeheißen. Darin wurde unter anderem das Recht der Palästinenser unterstrichen, den bewaffneten Kampf gegen Israel auszuweiten, um – *wie es hieß* – Palästina zu befreien. (Radionachrichten DRS, 22.3.77)

Dieses Mittel liefert zwar ein eindeutiges Signal für den Beginn des Zitates, nicht aber für sein Ende, z.B.:

Die Kleine Kammer hat soeben die Diskussion über die Richtlinien der Regierungspolitik und den Finanzplan des Bundesrates für die nächsten vier Jahre abgeschlossen. Die Zustimmung zum Regierungsprogramm überwog. Kritisiert wurde jedoch die – *wie es hieß* – „allzu optimistische Einschätzung der Steuereinnahmen" und die Tatsache, daß der Bundesrat mit Einnahmen der Mehrwertsteuer rechnet, bevor Parlament und Volk ihr zugestimmt haben. Der Bundespräsident wird übermorgen Donnerstag die aufgeworfenen Fragen beantworten.

Daß das Zitat bis *Steuereinnahmen* reicht, nicht mehr und nicht weniger umfaßt, wird nur durch die Anführungszeichen erkennbar, bleibt phonisch aber unrealisierbar.

Strassner (1982, 180f.) weist darauf hin, daß bei den Meldungen zum gleichen Thema und auf der Basis der gleichen Originaläußerungen die in Anführungszeichen stehenden Teilzitate bereits bei den Agenturen variieren, hinsichtlich Umfang und auch hinsichtlich lexikalischer Besetzung.

In Meldungen über Äußerungen des südafrikanischen Premierministers zu bevorstehenden Wahlen in Namibia zitieren die Agenturen jeweils zentrale Passagen oder Begriffe des Premiers. Bei einer Agentur heißt es *interne Führer*, bei einer anderen *interner Prozeß zur Wahl von Führungskräften*, bei einer dritten *ein interner Vorgang (...), um Führer zu wählen* (...). (Strassner, 180)

Auch diese Unsicherheiten bereits in den Quellen dürften ein Grund dafür sein, daß direkte Zitate in Nachrichtensendungen sparsam verwendet werden.

5.2.2 Varianten

1. „Infos“

Neben den eigentlichen „Nachrichten“, die auch als solche angekündigt werden, kennen die meisten Radiosender heute Varianten des Norm-Typs, die vor allem in Begleitprogramme (Musik-Programme) eingebettet sind und vom Moderator präsentiert werden (vgl. S. 191). Diese spot-artigen Meldungen heißen dann z.B. „Infos“, sind aber von der Sprachgestalt her nichts anderes als agenturabhängige Nachrichtenmeldungen. Ein Beispel aus dem SWF-3-Popshop, an dem man sieht, wie der Text in den stilistischen Rahmen der Sendung eingepaßt ist:

Der Moderator spricht sehr schnell, liest die Infos mit den gleichen paraverbalen Mitteln, wie er seine Musikstücke ankündigt, er vermeidet die „schriftlich“ wirkende Vorleseweise der professionellen Nachrichtensprecher, setzt die Pausen gerade n i c h t an den syntaktischen Schnittstellen und verwendet eine sehr individuelle Intonation (längere Strecken hastig und fast monoton auf ungefähr gleicher Tonhöhe, dann markante Tonhöhenkurven). Der Text beginnt bereits, während die Musik noch ausgeblendet wird, und die Musik wird bereits wieder eingeblendet, wenn der Text zu Ende geht:

SWF 3 Popshop mit Infos [Musik] Ermittlungsverfahren, die wegen Nötigung gegen Bitburger Blockdemonstranten [sic! Versprecher] gegen zweihundertdreiundachzich Demonstranten hat die Polizei diese Ermittlungen eingeleitet. Sie alle hatten am vergangenen Freitag und Samstag – an der Blockade des Luftwaffenstützpunktes Bitburg teilgenommen. Sprecher der Friedensbewegung – haben heute gegen die ungleiche Behandlung der Demonstranten von Bitburg und Mutlangen protestiert. Wörtlich hieß es heute in Bonn – es darf kein Zweiklassenrecht für prominente – und unbekannte Friedensaktivisten geben. [Musik] (...)
(Pop-Shop, SWF 3, 6.9.83)

Thematisch werden die Infos so ausgewählt, daß sie den Interessen des vorwiegend jugendlichen Adressatenkreises der Sendung angepaßt sind.

2. Privatsender

Wie analoge Entwicklungen auch auf die eigentlichen Nachrichten übergreifen können, läßt sich an den neuen (schweizerischen) Lokalradios beobachten. Bei „Radio 24" z.B. sind die Nachrichten ganz nach dem herkömmlichen Muster und in herkömmlicher Abhängigkeit von den Agenturmeldungen formuliert. Doch präsentiert werden sie ganz anders. Für die schweizerische Sprachsituation charakteristisch ist, daß die Moderation in Radio 24 gänzlich in Mundart erfolgt, während die Nachrichtentexte selber hochdeutsch sind (vgl. S. 238). Nun bemüht sich aber der Moderator um einen nahtlosen Übergang, eine unauffällige Einbettung dieses sprachlichen „Fremdkörpers" in den Kontext:

Text	Sprechweise	Musik
Mittwoch nünte März, es isch Mittag am zwölfi.		Hintergrundsmusik Musik lauter
Zum Mittagsinfo 24 begrüesst Si de XY	locker	Hintergrundsmusik Musik lauter
S Wätter in Züri herrlich schöön bi vierzää Graad – Eusi Schlagziile – D Tüürig i de Schwiiz het sich im Februaar stabilisiert – und de Bundesraat will de Handel mit Videobrutalos beschtraafe	locker	Hintergrundsmusik
S Wätter bis am Friitig: I de ganze Schwiiz meischtens sunnig	locker	Musik lauter (Signetmusik) Hintergrundsmusik Musik lauter (Signetmusik)
Bern: Die Teuerung in der Schweiz stabilisiert sich. Der Landesindex der Konsumentenpreise ist im Februar nur leicht angestiegen. Der Zu-	typische Nachrichtensprechweise	keine Musik mehr

wachs beträgt 0,1 Prozent. Wie das Bundesamt für Industrie, Gewerbe und Arbeit BIGA heute morgen in Bern bekanntgab, lag die Jahresteuerung Ende Februar bei 4,8 Prozent. Die stärkste Erhöhung wurde in der Gruppe Bildung und Erholung registriert. Auch Nahrungsmittel, Getränke und Tabakwaren wurden teurer. Rückläufig waren dagegen die Gruppen Heizung, Beleuchtung und Verkehr. (...)		
S Wätter – Prognoose bis morge zaabig ganze Schwiiz schöön im Mittelland einige äh Nebelfelder Namittagstemperatuure um füfzää Graad am früene Morge um null Graad und d Uussichte für de Friitig und de Samschtig –	zunehmend lokkerer	allmählich einsetzende Musik
		Musik
wiiterhin sunnig –		
		Musik
und mild –		
		Musik
Hm – das wär s		
		Musik

(Radio 24, 9.3.1983)

[Übersetzung der schweizerdeutschen Passagen:

Mittwoch, neunter März, es ist Mittag zwölf Uhr. Zum Mittags-Info begrüßt Sie XY. Das Wetter in Zürich – herrlich schön bei vierzehn Grad. Unsere Schlagzeilen: Die Teuerung in der Schweiz hat sich im Februar stabilisiert – und: Der Bundesrat will nun den Handel mit Videobrutalos bestrafen.

Das Wetter bis Freitag: In der ganzen Schweiz meist sonnig.

Das Wetter: Vorhersage bis morgen abend: ganze Schweiz schön, im Mittelland einige Nebelfelder, Nachmittagstemperaturen um 15 Grad, am frühen Morgen um 0 Grad. Und die Aussichten für Freitag und Samstag: weiterhin sonnig und mild.]

Eine ganze Reihe von Techniken wird hier aufgeboten, um den Nachrichtentext in den Kontext zu integrieren:

1. Der Moderator ist zugleich der Nachrichtensprecher.
2. Die Nachrichten werden angesagt, während die vorhergehende Musik im Hintergrund weiterläuft und phasisch wieder in den Vordergrund rückt.
3. Die Ansage der Nachrichten erfolgt in Mundart. Desgleichen die Schlagzeilen und die kurze vorangestellte Wettervorhersage.
4. Die eigentlichen Meldungen sind hochdeutsch formuliert. Die Aussprache des Moderators/Sprechers ist aber stärker schweizerisch „gefärbt“ als bei den Sprechern von Radio DRS.
5. Wie bei sonstigen Radionachrichten bildet die Wettervorhersage den letzten Bestandteil der Nachrichten. So auch hier. Aber das Wetter wird in Mundart formuliert, zudem in einer lockeren Sprechweise (ein *äh* ist gestattet), die bruchlos in den Sprechstil der folgenden Musikmoderation überleitet.
6. Während des Wetterberichtes setzt im Hintergrund wieder Musik ein, die gegen Ende lauter wird und die wie vor den Nachrichten den Text wieder in Phasen gliedert (*wiiterhin sunnig* – Musik – *und mild* – Musik – *Hm das wär s*).

Die Formulierung der Nachrichten selbst unterscheidet sich in nichts von den gängigen Radionachrichten.

Der Grund ist offensichtlich: Auch hier hält man sich aus Bequemlichkeitsgründen an die Vorgabe der Agenturmeldungen. Es entspricht dem kommerziellen Zuschnitt eines solchen Senders, daß auch das Info-Angebot möglichst praktisch verpackt eingekauft und weitervermittelt wird (vgl. S. 102).

3. Regionalmagazine

Das Schweizer Radio sendet im Vorabendprogramm regionale Programme, die von Regionalredaktionen produziert und thematisch ganz auf die jeweilige Region (Zürich/Schaffhausen/St. Gallen etc.) ausgerichtet sind. Die Verstärkung der regionalen Information gehört ja allgemein zu den deutlichsten Entwicklungstendenzen des Radios – als eine der wichtigsten und einfachsten Möglichkeiten, eine funktionale Abgrenzung gegen das Fernsehen zu erreichen. Auch die österreichischen und BRD-Sender haben die regionalen Dienste ausgebaut. Nun haben sich innerhalb der Regionalprogramme natürlich auch die Nachrichten als Textform gehalten. Hier wäre eine stärkere Loslösung vom herkömmlichen Nachrichtenstil möglich als anderswo, da regionale Meldungen nur zu einem kleinen Teil von Agenturen übernommen werden (müssen). Es bestünde also die Chance, neue Wege der Nachrichtengestaltung zu gehen. Wenn man sich aber beispielsweise die Nachrichten im Rahmen der Schweizer „Regionaljournale" anschaut, dann begegnet man allen den von den Standardnachrichten her bekannten Mustern – und dies, obwohl diese Nachrichten (entsprechend den neueren soziolinguistischen Entwicklungen in der deutschen Schweiz, vgl. S. 222) in Mundart formuliert sind. Die Mundarttexte hören sich weitgehend wie Interlinearversionen traditioneller hochdeutscher Meldungen an.

Das Fernsehen zeigt in dieser Hinsicht, soweit ich sehe, kein wesentlich anderes Bild. Ich habe die regionale ARD-Informationssendung des SWF und SDR („Abendschau") 1979 während zweier Wochen untersucht (zu den publizistischen Aspekten der „Abendschau" vgl. Kübler 1975). Hier verliest der Moderator – sichtbar hält er die Blätter in der Hand – nach der Begrüßung und Einleitung einen Nachrichtenblock, bevor er die Filmbeiträge präsentiert. Diese Meldungen hören sich an wie gewohnt:

(1) Der finnische Staatspräsident Urho Kekkonen hat heute seinen fünftägigen Besuch in der Bundesrepublik beendet. Am Vormittag flog Kekkonen mit einer Sondermaschine vom Landesflughafen nach Helsinki zurück. Gestern abend hatte die Landesregierung im neuen Schloß einen festlichen Empfang für den Staatsgast gegeben. Kekkonen, der in Heidelberg Jura studiert hat, hob hervor, wie gut die Beziehungen zwischen Finnland und

Baden-Württemberg sind. Sein Land habe hier eine große Zahl guter Freunde.

(2) Der Stromverbrauch in Baden-Württemberg hat sich in den letzten 10 Jahren verdoppelt. 1978 war der Bedarf an elektrischer Energie nach Angaben des Wirtschaftsministeriums um 7 Prozent höher als 1977. Insgesamt wurden im letzten Jahr im Land 37 Milliarden Kilowattstunden Strom verbraucht. In diesem Zusammenhang erklärte Wirtschaftsminister Rudolf Eberle, daß langfristig auf den Bau neuer Kernkraftwerke nicht verzichtet werden könne, denn schon jetzt müsse ein Drittel des Stroms aus dem Ausland und anderen Bundesländern bezogen werden.
(11.5.79)

(3) SPD und FDP verurteilten heute das Vorgehen des Verfassungsschutzes an drei Universitäten des Landes. Der Justizexperte der FDP-Fraktion, W. P., bezeichnete das Überprüfen von Studentenlisten als einen Verstoß gegen den Datenschutz. Der parlamentarische Geschäftsführer der SPD-Landtagsfraktion, K. W., sprach von einem organisierten Vertrauensbruch gegenüber der akademischen Jugend. Jetzt würden erstmals neue Formen des – so wörtlich – Schnüffelstaats Baden-Württemberg ersichtlich. SPD und FDP forderten einhellig, die Vorfälle im Landtag eingehend zu prüfen. Inzwischen hat sich Innenminister G. P. hinter den Chef des Landesamtes für Verfassungsschutz, D. W., gestellt. Er habe nichts von der Aktion der Beamten seiner Außenstellen gewußt.
(10.5.79)

(1) ist eine offiziell-politische Meldung (Typ „Besuchsdiplomatie"), formuliert in der Art von Kommuniquéstil, wie er für konfliktfreie Anlässe üblich ist.

(2) ist zwar eine „Verbraucher-Meldung". Doch sowohl der statistische Befund als auch die energiepolitischen Konsequenzen werden „amtlich" formuliert *(nach Angaben des Wirtschaftsministeriums; erklärte Wirtschaftsminister...)*.

In (3) wird das landespolitische Ereignis gänzlich perspektivisch dargestellt als Serie von Experten- und Politikerzitaten.

Gelegentlich hört man in diesen Abendschau-Nachrichten einen etwas saloppperen Ton *(Wer sich im letzten Jahr scheiden ließ, mußte im Durchschnitt zwischen vier- und fünftausend Mark auf den Tisch blättern,* 11.5.79), doch alles in allem unterscheiden sich die Texte stilistisch kaum von denen der überregionalen Nachrichten und denen der Schweizer Radio-Regionaljournale.

5.3 *Nachrichtenmagazine*

5.3.1 Radio

Früher waren beim Radio – in Anlehnung an die Praxis der Presse – Nachrichten und Hintergrundberichte bzw. Kommentare klar getrennt und verschiedenen Sendungen zugewiesen (z.B. die Abendnachrichten der SRG und das anschließende „Echo der Zeit" als vertiefende Sendung). Heute geht die Tendenz beim Radio in Richtung integrierter Magazin-Sendungen („Journal" oder ähnlich genannt). Dort sind die Standard-Nachrichten entweder noch als Blöcke vorhanden, aber in die moderierte Gesamtsendung integriert (wie in SWF 1 „Tribüne der Zeit"; zur Definition und Typologie von Magazin und Moderation s. S. 164ff.), oder einzelne wichtige Meldungen werden sofort ergänzt durch Berichte etc., wobei der Moderator die Verknüpfung von Nachricht und Bericht zu leisten hat (so im „Morgenjournal" Radio DRS). Solche Sendungen findet man vor allem zu den Zeiten, da man herkömmlich ausführlichere Nachrichten erwartet, also mittags und abends (vor den Nachrichtensendungen des Fernsehens), bei einigen Sendern auch am frühen Morgen.

Die Elemente eines Nachrichtenmagazins sind allerorten dieselben, für die Anordnung aber hat jede Redaktion ihre eigenen Regeln entwickelt. Als Elemente kommen vor:

Moderation
Standard-Nachrichten und/oder Kurznachrichten
Bericht (meist = Korrespondentenbericht)
Reportage
Kommentar
Interview } meist nicht als selbständige Elemente, sondern als
Statement } Teile vor allem von Korrespondentenberichten.

Aus der Perspektive der Produktion sind diese „Darstellungsformen" relativ klar abgrenzbar (obwohl in den einschlägigen Handbüchern für die Praxis – z.B. von La Roche/Buchholz 1980 oder Kaupp 1980 – darauf hingewiesen wird, daß es mancherlei Übergangs- und Grenzfälle gibt). Der M o d e r a t o r (manchmal auch alternierend 2 Moderatoren) ist im Studio und strukturiert das gesamte zu sendende Material. (Ob er dabei eine aktive Rolle spielt oder primär die ausformulierten Texte der Redaktion präsentiert, hängt vom Typ des Magazins ab.)

Der Nachrichtenblock wird vom Moderator oder einem Nachrichtensprecher gelesen.

Der Korrespondent (des Radios oder einer Zeitung) befindet sich an einem anderen Ort und berichtet von dort. Dabei ist der Ort, an dem sich der Korrespondent befindet, nicht unbedingt identisch mit dem Ort, an dem das berichtete Ereignis stattgefunden hat (XY in Moskau berichtet über Vorgänge in Sibirien).

Der Reporter ist am Ort des Ereignisses und berichtet – wenn möglich während des Ereignisses (deutlichstes Beispiel außerhalb der Nachrichten: Sportreportage; im Nachrichtenmagazin z.B. politische Konferenz) – von dort.

Interviews werden mit Drittpersonen durchgeführt. Statements werden ebenfalls von Drittpersonen verlangt (oder aus Interviews herausgeschnitten). Der Kommentar ist als Textform klar definiert (s.u.).

Für den Rezipienten ergeben sich Differenzierungen zunächst einmal auf der akustischen Ebene:

Moderation	– Studio-Ton
Korrespondent	– meist Telefon
Interview, Statement	– O-Ton (mit Hintergrundgeräuschen und spezifischem Raumklang)

Dann auch durch die verbalen Hinweise, durch die der Moderator die einzelnen Elemente ankündigt:

z.B. in „Blickpunkt am Abend" (SWF 2):

	[Signet]
Sprecher: (Ansager)	Blickpunkt am Abend, mit Nachrichten, Korrespondentenberichten und Kommentaren
	[Signet]
Nachrichtensprecherin:	Zunächst die Nachrichten. [Am Ende der Nachrichten:] Soweit die Nachrichtenübersicht, zusammengestellt von AB und CD. Am Mikrofon nun XY:
Moderatorin: (13.1.84)	Unsere Themen: (...)

Dadurch, daß die Nachrichten nicht vom Moderator, sondern von einem separaten Sprecher gesprochen werden und zudem am Anfang der Sendung stehen, sind sie bereits als eigener Block gekennzeichnet. Hinzu kommen die verbalen Hinweise *Zunächst die Nachrichten* (...) *Soweit die Nachrichtenübersicht.*

Der Moderator wird eingeführt durch die Wendung *Am Mikrofon nun XY.* Andernorts stellt sich der Moderator auch selbst vor: *Heute begleiten Sie K. W. und E. v. K. durch die Sendung, und anbieten können wir Ihnen...* (Morgenjournal, Radio DRS, 8.6.79). Der Wechsel in Subjektposition von den Namen (mit Verb in 3. Ps.) zum Pronomen der 1. Ps. (mit Verb in 1. Ps.) zeigt an, daß der Sprecher selber einer der beiden Moderatoren ist und sich selbst und seine Kollegin vorstellt.

Für die Ankündigung der übrigen Elemente der Sendung steht eine Vielzahl variierender Formeln zur Verfügung, die dem Rezipienten nur partiell eine Differenzierung der Teile erlauben. Wenn ein Text als „Kommentar" oder „Bericht" angekündigt wird, kann man sich – auf der Basis umgangssprachlicher Lexik oder auch der Erfahrungen mit dem Medium – allenfalls etwas mehr oder weniger Präzises vorstellen. Auch wenn es heißt *aus Bonn XY,* ist der Hinweis auf einen Korrespondentenbericht verständlich. Welche Textsorte aber ist gemeint, wenn es z.B. heißt:

XY schildert im folgenden die Hintergründe dieses Bauernkrieges
(Abendjournal, Ö 1, 13.1.84)

XY erläutert diese eher undurchsichtige Geschichte
(Abendjournal, Ö 1, 13.1.84)

XY faßt im folgenden die 48 Stunden dieser (...) Regierungsklausur zusammen (...) (ebda)

M. D. hat die Story für uns recherchiert
(Tribüne der Zeit, SWF 1, 20.1.84)

XY zieht nun ein Resümee dieser Versehrten-Winterolympiade (Abendjournal, Ö 1, 20.1.84)

XY erläutert im folgenden Beitrag die Einzelheiten dieser neuesten Entwicklungen im Sofortbildsektor
(Abendjournal, Ö 1, 17.1.84)

[oder schlicht:] XY informiert (ebda)

Zu den Folgen des Konferenzbeschlusses XY (Tribüne der Zeit, SWF 1, 20.1.84)

Diese Liste kann fast beliebig vermehrt werden. Die Buntheit der Formulierungen ist nicht nur Ausdruck des Stilwillens der Redakteure, sondern zugleich deutliches Symptom einer Unsicherheit in der Textsorten-Zuordnung. Ich habe je eine Woche „Tribüne der Zeit" (SWF 1), „Abendjournal" (Ö 1), 2 (künstliche) Wochen „Morgenjournal" (Radio DRS) untersucht und viele weitere ähnliche Sendungen abgehört. Dabei hat sich folgendes Bild ergeben (das aber durch eine größere textlinguistische Studie überprüft werden müßte):

Vom textlinguistischen Standpunkt aus sind als Elemente innerhalb des Magazins klar faßbar und beschreibbar nur der Nachrichtenblock (der die oben beschriebenen Textsortenmerkmale aufweist) und der Kommentar. Darüber hinaus sind natürlich Interviews und Statements (schon akustisch, und meist auch verbal durch ihre mehr oder weniger spontane Formulierung) als solche erkennbar. Da sie aber meist nur als Bestandteile übergeordneter Einheiten (der Moderation, des Korrespondentenberichtes oder des Kommentars) auftreten, seien sie hier außer acht gelassen.

Kommentare, die als solche explizit angekündigt werden, sind durchwegs das, was sie laut den Handbüchern als medienspezifische Textsorte sein sollen (ob sie von einem Korrespondenten telefonisch übermittelt oder im Studio verlesen werden, spielt dabei keine differenzierende Rolle): Sie setzen Information über die facts bereits voraus. Sie sind subjektiv, ausdrücklich aus der Perspektive des Kommentators formuliert. Bei den öffentlich-rechtlichen Anstalten mit ihrer Verpflichtung auf Ausgewogenheit folgt daraus, daß „in für den Hörer überschaubaren Zeiträumen Kommentatoren mit den unterschiedlichsten Auffassungen zu Wort kommen" müssen (Stern in: von La Roche/Buchholz 1980, 66). Ihre Funktion wird so beschrieben: „Durch vertiefende Unterrichtung und durch Auslegung, d.h. hauptsächlich durch Einordnung verschiedener Nachrichten in Zusammenhänge, durch Aufhellung von Hintergründen sowie durch die Abschätzung möglicher Folgen eines Ereignisses soll es dem Hörer erleichtert werden, eigene Meinung zu bilden." (ebd.) Textlinguistisch gesprochen, handelt es sich um primär argumentative Texte, sekundär angereichert mit narrativen Elementen, soweit es die Darlegung faktischer Hintergründe der Ereignisse betrifft. (Vgl. auch Lüger 1983, 82ff.) In strukturalistischer Terminologie müssen sie als „markierte" Textformen innerhalb des Magazins gelten: sie sind weit seltener als alle anderen Formen und stehen häufig an exponierten Stellen der Sendung. Besonders deutlich ist das bei Kommentaren, die einmal wöchentlich (am Ende der Woche) das Wochengeschehen oder ein Schwerpunktthema der Woche kommentierend überblicken, wie der „Kommentar der Woche" in SWF 2 (Blickpunkt), 19.00 Uhr. In der Sendung vom 14.1.84 geht es um die internen Parteiprobleme der Grünen und ihre problematischen Beziehungen zur SPD. Der Kommentar ist in Relation zur sonstigen Dauer der Magazinbeiträge ungewöhnlich lang (7;17 min).

Bezeichnend ist, daß der vorangehende Moderator-Text nicht nur die Fakten bereitstellt, sondern bereits eine kommentierende Analyse der Situation liefert.

Harmonie bei den Schwarzen – Disharmonie bei den Grünen. Nach dem Abklingen der Nachrüstungsdebatte, in der – die Grünen noch recht geschlossen auftraten, brechen nun die Gegensätze – unter den unterschiedlichen Gruppen der kleinsten Oppositionspartei im Bundestag auf. Ex-General Bastian hat mit seinem Ultimatum an die eigenen Mitstreiter die Grünen einer Zerreißprobe ausgesetzt, die zur Spaltung oder besser zum Zerfäll – der jungen Opposition führen könnte, da sie ja eher eine heterogene Bewegung als eine – homogene Partei ist. Die Differenzen zeigen sich nicht nur in Bonn, sondern – an diesem Wochenende vor allem – im Hessischen Usingen, wo Fundamentalisten und Realisten einen Grundsatzstreit über die Beteiligung an Börners geschäftsführender SPD-Regierung mit aller Härte – ausfechten. Mit diesen Spannungen bei den Grünen setzt sich auch – H. D. in unserem Kommentar der Woche auseinander.
(Blickpunkt, SWF 2, 14.1.84)

Da ist die Rede nicht mehr von den konkreten Themen der innerparteilichen Diskussion, sondern bereits – auf einer abstrakteren Ebene – von *Zerreißprobe, Differenzen, Grundsatzstreit* zwischen *Fundamentalisten* und *Realisten* (diese Termini ohne Erläuterung!). Und offensichtlich wird diese Analyse mit dem dazugehörigen Vokabular gewählt im Hinblick auf den Kommentar, dessen Text dem Moderator vorgelegen haben muß (ob der Kommentartext live oder als Konserve vermittelt wird, ist für den Hörer nicht entscheidbar und auch nicht von Interesse).

Der Kommentar beginnt mit einer für den heutigen Journalismus charakteristischen Mischung aus bildhafter Phraseologie und abstrahierender Problemdarstellung:

Bei den Grünen geht es in dieser Woche drunter und drüber. In Bonn streiten sie sich über Form und Inhalt ihrer parlamentarischen Arbeit, und in Wiesbaden sind sie sich wegen einer möglichen, wenn auch nur indirekten Teilnahme an der politischen Macht in die Haare geraten. Hier wie dort handelt es sich um die Auseinandersetzung – zwischen einer Gruppe von Reálpolitikern – und den sogenannten Fundamentalisten der grünen Bewegung.

Es geht drunter und drüber, sich in die Haare geraten kontrastieren stilistisch mit den abstrakten Formulierungen *Form und Inhalt, Teilnahme an der politischen Macht, Realpolitiker – Fundamentalisten.* Die Termini *Realpolitiker/Fundamentalisten* (letzterer mit „sogenannt" als Terminus eingeführt) werden im folgenden erläutert. (Weil der Moderator wußte, daß diese Erläuterung kommen würde, erlaubte er selbst sich die kommentarlose Verwendung der Begriffe.) Dann kulminiert die Darstellung der Differenzen in der Partei in einem stark subjektiven und wertenden Resümee:

Schon allein vor díeser Kulisse grüner Selbstdarstellung – verzerrt sich Willy Brandts Vorstellung – einer Mehrheit links von der Mitte – zur wirlichkeitsfernen Karikatur.

Und etwas später wird noch einmal die eigene Position des Kommentators sehr deutlich:

Der Konflikt des grünen Bundestagsabgeordneten Gerd Bastian mit seiner Fraktion – müßte auch den von einer neuen linken Mehrheit träumenden Sozialdemokraten zu denken geben.

Es folgt ein längeres Referat der Äußerungen Bastians, deren Tenor sich der Kommentator weitgehend anpaßt. An die eigentliche politische Analyse schließt sich eine stark rhetorische und appellative Passage an, die fast besser in eine politische Rede als einen Kommentar passen würde – so sehr ist sie als Postulat in der Form gängiger politrhetorischer Versatzstücke formuliert:

Von über zwei Millionen Bürgern am 6. März 1983 mit 28 Abgeordneten in den Bundestag gewählt, müssen die Grünen endlich einmal verbindlich klarstellen, wie sie es mit unserem Staat und seiner freiheitlich-demokratischen Grundordnung halten wollen.

Und dann folgt die „Schicksalsfrage" an die Partei:

Geht es ihnen nur um Totalopposition um der Opposition willen? Streben sie ein anderes System an? Halten sie die Anwendung von Gewalt zum Durchsetzen eigener Vorstellungen prinzipiell für denkbar, wie es die Radikalen in ihren Reihen fordern? Schließt sich die Partei der Auffassung grüner Extremisten an, wonach kleine Reformen – nichts am falschen Ganzen verbessern könnten? Oder aber gibt es eine Mehrheit für eine sachliche, kompetent vertretene Politik in allen Bereichen, die auch die demokratische Bereitschaft zum Kompromiß einschließen muß?

Auf welche Seite der Kommentator sich schlägt, ist mehr als klar. Die Teile der Frage sind mit entgegengesetzten Konnotationen aufgeladen: der erste Teil ist mit Reizwörtern durchsetzt, die CDU-Anhängern die Haare zu Berge stehen lassen *(Totalopposition, anderes System, Anwendung von Gewalt...)*, der zweite enthält das bewußt dämpfende unterkühlte Vokabular desjenigen, dem alles Extreme fremd ist *(sachlich, konsequent, Bereitschaft zum Kompromiß)*. Jede der Positionen erhält das ihr zustehende Etikett: *Radikale* und *Extremisten* auf der einen Seite, *demokratisch* auf der anderen. Der Text endet mit warnend-prognostischen Sätzen – der Schatten Kassandras legt sich über die Szene:

Wer sich in der Demokratie zur Wahl stellt und auch gewählt wird, übernimmt damit die Pflicht, sich sachkundig und seriös – nach den demokratischen Spielregeln um das Wohl der Bürger und des Gemeinwesens zu kümmern. Sollten die Warnrufe der Abgeordneten Bastian und Kelly einfach verhällen, so dürften sich die Grünen eines Tages – auf dem Rückweg in die außerparlamentarische Opposition wiederfinden.

Der Text ist deutlich nach den Regeln schriftlicher Produktion konzipiert, er nimmt wenig Rücksicht auf die Hörsituation. Signale, die den langen Text fürs Hören strukturieren könnten, fehlen. Die Syntax ist komplex – wie es zu einem gewissen Grade der komplexe Gegenstand verlangt. Aber darüber hinaus finden sich gehäuft Erscheinungen, die die Verständlichkeitsforschung als für Hörtexte ungeeignet bewertet hat: große Nominalgruppen mit Verbalabstrakta oder längere Partizipialkonstruktionen wie hier:

Bei dem Treffen sollte über den in fünf öffentlichen und zahlreichen nicht-öffentlichen Verhandlungsrunden erarbeiteten Kompromiß zwischen Sozialdemokraten und Grünen befunden werden, der als Grundlage für die Tolerierung der SPD-Minderheitsregierung Börner durch die Grünen gilt.

Dieser Kommentar hat also alle Merkmale des klassischen Kommentars, genauer gesagt: des Zeitungskommentars. Man darf vermuten, daß die Form des längeren Kommentars, der nur aus abgelesenem Text besteht (ohne Anreicherung mit O-Ton usw.), für das Radio keine geeignete Form ist. Es dürfte sehr schwer fallen, einen so langen argumentativen Text derart zu strukturieren, daß er den Bedingungen und Anforderungen des Hörverstehens entspräche. Kurz-Kommentare werden denn auch in Nachrichtenmagazinen bevorzugt. Auch in der Kurzform bewahren sie die wesentlichen Merkmale des Kommentars, vermeiden aber i. a. die extremen Merkmale schriftlicher Textkonstitution. Der folgende Text dürfte durchschnittlicher Praxis entsprechen:

Moderator:
Der CDU-Wirtschaftsrat will eine Einschränkung des Kündigungsschutzes. Dazu ein Kommentar von H. E.

H. E.:
In zehn Punkten – só fröhlich kapitalistisch wie eh und je – formuliert der CDU-Wirtschaftsrat, was er sich unter einer Auflockerung des Arbeitsrechtes vorstellt. Eine Auflockerung, die notwendig sei, damit die Unternehmer – leichter neue Arbeitskräfte einstellen könnten. Abbau – vor allem – der Kündigungsvorschriften, Privilegien mancher Behinderten müßten éingeschränkt werden, die Lohnfortzahlung im Krankheitsfall – müsse mindestens gekürzt werden. Die Sozialpläne würden oft zu einem Konkurs jéner Betriebe führen, die sie zahlen müßten, einfach deshalb, weil zehn- bis zwölftausend Mark für einen Massenentlassenen – zuviel seien. Daß diese Ansichten von den Wirtschaftskreisen ínnerhalb der Union geteilt werden, ist bekannt. Bekannt ist jedoch auch, daß nach Meinung der Méhrheit innerhalb der Union nun erst mal Schluß der Debatte um den Abbau der angeblich überflüssigen Sozialleistungen sein müsse, die – so die These der Rechten – es verhinderten, daß der Aufschwung so richtig in Gáng käme. Doch schon innerhalb der CDU wäre dieses Programm kéineswegs – mehrheitsfähig, wie – die seinerzeitige Auseinandersetzung um die Thesen des Abgeordneten Götz George – ébenfalls den Wirtschaftsräten nahestehend – beweist. Daß die Gewerkschaften, ob DAG oder DGB-Gewerk-

schaften, diese neuen (SIC) These als Kampfansage auffassen werden, ist klar. Über 2 Millionen Arbeitslose – unterstreichen – diese Ansicht. (Tribüne der Zeit, SWF 1, 19.1.84)

Schon im ersten Satz wird klar, wo der Kommentator steht. Ironisch-distanzierend *(so fröhlich kapitalistisch wie eh und je)* referiert er die Auffassung des Wirtschaftsrates. Redundanz auf lexikalischer Ebene *(Auflockerung – Auflockerung)* und in syntaktischen Parallelismen *(müßten... werden/müsse... werden)* erleichtert das Verstehen. Der rhetorische Chiasmus *(ist bekannt – bekannt ist jedoch auch)* dient der Konfrontation der Positionen. Die Sätze sind bewußt kurz, enthalten keine komplizierte Hypotaxe. Die paraverbale Realisierung ist abwechslungsreich, Wortakzente werden – bis an die Grenze des Sinnvollen – eingesetzt, die Intonation weist starke Schwankungen auf, die Pausen sind primär syntaktischer und rhetorischer Art (daß syntaktische Schnittstellen meist nicht „überspielt" werden, fördert das Verständnis der Argumentation). Was zum mühelosen Verstehen des Textes allenfalls fehlt, ist eine genauere Vorinformation (durch den Moderator), was der CDU-Wirtschaftsrat eigentlich ist und welche Rolle er innerhalb der Partei spielt.

Kommentare im strengen Sinn spielen – gegenüber den anderen Textelementen in Nachrichtenmagazinen – quantitativ keine große Rolle. Immerhin werden sie dadurch als Textsorte „markiert", daß sie mit dem Textsortennamen eingeführt werden. Das ist bei den anderen Textelementen eher selten der Fall. Berichte und Reportagen laufen unter verschiedensten Titeln (vgl. die Liste S. 134).

Das hat seinen Grund wohl darin, daß reine Realisierungen der beiden Textsorten in der heutigen Praxis nicht der Normalfall sind und nur unter speziellen Bedingungen überhaupt angestrebt werden. Wir wollen zunächst Beispiele für solche reinen Realisierungen vorführen, um dann die – viel häufigeren – Mischformen beschreiben zu können:

Unter „Bericht" wird in den journalistischen Handbüchern eine längere und ausführlichere Art von Nachricht verstanden, die aber im Gegensatz zur Nachricht (s.o. S. 107) häufiger einem chronologischen Aufbauprinzip folgt (vgl. auch Lüger 1983, 74f.). Der folgende Text ist ein typisches Exemplar der Textsorte:

Schweres Grubenunglück im Süden Japans. Mehr als 90 Bergleute waren stundenlang von der Außenwelt abgeschnitten, nachdem in dem Bergwerk Feuer ausgebrochen war. Doch die Rettungsmannschaften kamen zu spät. H. F. berichtet [Telefon, Stimme schlecht verständlich]:

Das Grubenunglück forderte – in einer der größten und modernsten Zechen Japans – 83 Tote. In den Krankenhäusern liegen außerdem 14 Bergleute mit schweren Kohlenoxydvergiftungen. Ausgelöst wurde das Grubenunglück durch ein heiß gelaufenes Förderband. Nach Informationen der japanischen Zeitung N. N. hat das zum Handelshaus N. N. gehörende Bergwerksunternehmen die Förderbänder – schneller laufen lassen, um einen Produktionsausfall vom Vorjahr wettzumachen. Weil gleich zwei Sicherheitsvorkehrungen ausfielen, die am Förderband angebrachte automatische Löschanlage únd das Rauchdetektorsystem, konnten sich die Flammen ungehindert ausbreiten. – Die Unternehmensleitung entschloß sich, zunächst nur 23 Fachleute zum Löschen in die Grube zu schicken. – Nach Auffassung der Betriebsgewerkschaft eine krasse Fehlentscheidung, weil dadurch eine wirksame Brandbekämpfung – von vornherein unmöglich gewesen sei.
(Tribüne der Zeit, SWF 1, 19.1.84)

Dies ist tatsächlich eine „textreiche Nachricht", die an die vom Moderator gegebene Vorinformation anknüpft *(Das Grubenunglück...)*. Hier ist auch der für Nachrichten charakteristische nicht-chronologische Aufbau des Textes gegeben. Er gibt Detailinformationen zum Ablauf des Geschehens, er nennt Gründe für das Eintreten des Ereignisses, er nennt auch die faktischen Folgen und schließlich: er referiert eine Stellungnahme (die der Gewerkschaft) zum Geschehen. Die „Anreicherung" der Nachricht besteht typischerweise nicht einfach darin, daß ausführlicher „erzählt" würde, sondern auch und besonders in der Formulierung kausaler Zusammenhänge. Damit wird der Bericht noch keineswegs zum Kommentar: es fehlt die subjektive Stellungnahme des Berichtenden, es fehlt das argumentative Abwägen verschiedener Standpunkte usw. Statt dessen werden Gründe unter Berufung auf Quellen *(Nach Informationen der... Zeitung...)* formuliert und Ansichten anderer zitiert.

Wie Bericht und Kommentar sich im Idealfall (als „reine"

Exemplare der Textsorten) zueinander verhalten, sieht man, wenn in der gleichen Sendung zum gleichen Thema beides geboten wird. So geschehen in „Tribüne der Zeit" (SWF 1, 18.1.84).

Die Moderatorin präsentiert das neue Thema, wobei sie an das Nachrichtenkontinuum anknüpft *(also)*, gibt keine neue Information, sondern weckt – mit dem pathetischen Phrasem *die Stunde der Wahrheit* – nur die Spannung auf das, was im Korrespondentenbericht dann zu erwarten ist:

Heute sollte also für Verteidigungsminister Wörner die Stunde der Wahrheit im Fall Kiessling schlagen. Die Stunde der vollständigen Beweise und rückhaltlosen Aufklärung̑, die auch Bundeskanzler Kohl – angekündigt hatte. Aus Bonn H. L.:

Der Korrespondent kann über die entscheidende Sitzung nichts Direktes sagen, weil sie hinter verschlossenen Türen stattfand. Darum berichtet er über die kontroversen Stellungnahmen nach der Sitzung. Zitiert wird abwechselnd durch O-Ton und durch indirekte Rede bzw. Redebericht.

Je nach politischem Standort gaben sich die Abgeordneten mit dem Bericht Manfred Wörners zufrieden oder sie kritisierten diese Informationen als unzureichend. Der Vorsitzende des Verteidigungsausschusses A. B., CSU, stellte sich nach der Sitzung auf die Seite des Verteidigungsministers: [O-Ton] Der Bundesminister – hat – eh – ausdrücklich noch einmal gesagt – daß das Vertrauen in die Amtsführung des Generals – und die Sicherheitsrisiken̑, die damit verbunden waren anhand der Erkenntnisse, die durch den – eh MAD vorgelegt worden sind – eh – ausschlaggebend waren, eh diese eh vorzeitige Ruhestandsversetzung eh vorzunehmen.

Auch der Obmann der CDU-CSU-Fraktion im Ausschuß, W. W., ergriff Partei für Wörner, denn der Verteidigungsminister habe gar nicht anders handeln können̑, wenn er seiner Pflicht gerecht werden wollte.

Für die Sozialdemokraten bewertete ihr Obmann E. H. die Erklärung Wörners so: [O-Ton] Die Darstellungen erscheinen uns lückenhaft, widersprüchlich und auch unvollständig. Die Information – ich beziehe mich dabei nicht auf die Inhalte, die úns – hier gegeben wurden̑, erscheinen úns nicht ausreichend.

Ähnlich argumentierte auch der grüne Abgeordnete G. B., der dem Minister vorwarf, jeden Beweis für die Stichhaltigkeit der Behauptung schuldig geblieben zu sein, er habe im Interesse der Sicherheit nicht anders handeln können.

Den Abschluß bildet eine Schlußfolgerung zum Resultat der nicht zugänglichen Sitzung:

Daß die Affäre Kiessling sich auch für den Verteidigungsausschuß noch verworren darstellt, läßt sich nicht zuletzt auch daran ablesen, daß für morgen eine weitere Sitzung angesetzt wurde.

Wie es die journalistischen Handbücher empfehlen, bedient sich der Bericht des O-Tons und enthält sich eigener Wertungen. Das Minimum an Argumentation am Schluß bleibt streng auf das Faktische bezogen.

Die Moderatorin leitet dann zum Kommentar über, indem sie das ganze Geschehen mit einem Augenblicks-Kompositum *(Politdebakel)*, das an die „Spiegel"-Kreationen erinnert, und der despektierlichen Metapher *endloses Ratespiel* qualifiziert.

Zu dem – Bonner Politdebakel des endlosen Ratespiels über die wahren Gründe für Kiesslings Entlassung – auch der Kommentar von W. W.:

Was im Bericht auf der Ebene von Stellungnahmen der Politiker dargestellt wurde, wird im Kommentar nun auf der Ebene der politischen Deutung verhandelt, mit einem reichen Aufgebot an Metaphorik *(Gestrüpp, Spiegelbild)*, Phraseologie *(Licht in das Dunkel bringen)* und Synonymik *(Unterstellungen, Verdachtsmomente...)*:

Das Gestrüpp von Unterstellungen, Verdachtsmomenten, Gerüchten, Vermutungen und Vorwürfen – konnte heute im Verteidigungsausschuß wieder – nicht – ausgedünnt werden. Das Parlament ist eben ein Spiegelbild der politischen Kräfteverhältnisse und deshalb wohl auch ungeeignet, Licht in das Dunkel von Affären zu bringen, wenn eine solche Aufhellung des Hintergrunds – automatisch politische Konsequenzen nach sich ziehen müßte.

Mit einer Abwandlung des fatalistischen Phrasems *es kam, wie es kommen sollte* demonstriert der Kommentator, daß derjenige, der die Hintergründe durchschaut, das Resultat hätte vorhersehen können:

So kam es, wie es nicht anders zu erwarten war, die Abgeordneten der

Regierungsfraktionen – nahmen es dem befreundeten Verteidigungsminister ab, als er mit Paragraph 50 des Soldatengesetzes die Versetzung General Kiesslings in den einstweiligen Ruhestand begründete.

Und dann wird, aus bewußt subjektiv-wertender Optik, Tadel nach allen Seiten verteilt, wiederum mit der passenden Phraseologie *(spielt sich zum Saubermann auf, den Verteidiger/den Ankläger spielen, politisches Kapital schlagen aus…):*

Aber warum sah man es ihm nach, seinen Schritt öffentlich mit Erkénntnissen zu begründen, daß sich Kiessling in homosexuellen – Miliéus bewegt habe? – Ein fǘrsorglicher Dienstherr hätte diese Anspielung auf vermutete,̂ aber von dem Betroffenen bestrittene – bestimmte Veranlagungen – unterlassen. Am Ende wird nur eíner Schaden davontragen,̂ General a.D. Kiessling. – Die Opposition spielt sich zum Saubermann auf und kritisiert die Verhaltensweise von Verteidigungsminister Wörner und leitender Persönlichkeiten seines Hauses. Aber so gánz ungelegen kommt ihr der Fall nicht.̂ Bietet sich doch hier eine Möglichkeit, durch Einführung eines Untersúchungsausschusses die Regierung mit dem Fall Kiessling lange Zeit in arge Verlegenheit zu bringen. – Nicht,̂ daß irgend jemand glaubt,̂ daß dabei etwas herauskommt, in so einer Veranstaltung,̂ in der die Regierungsabgeordneten den Verteidiger und die Oppositionsabgeordneten den Ankläger spielen, aber politisches Kapitál läßt sich immer daraus schlagen. Egal auf wessen Kosten.

Am nächsten Tag kommt das Thema – als „Dauerbrenner" – natürlich in der gleichen Sendung wieder zur Sprache. Wieder erzeugt die Moderatorin Spannung:

Die Öffentlichkeit wartet noch immer auf Klarheit in der Affäre Kiessling/Wörner. Eben auf díe eindeutigen Beweise, die im nachhinein die vorzeitige Entlassung des Generals und damit auch die Entscheidung von Verteidigungsminister Manfred Wörner rechtfertigen sollen. Heute nachmittag sollten die Kölner Kripobeamten, die für den MAD ermittelt hatten, dem Verteidigungsausschuß Rede und Antwort stehen. Aus Bonn H. L.

Aber leider ist nichts Neues zu berichten und auch nichts Neues zu kommentieren. Gleichwohl muß der Korrespondent wieder bemüht werden, damit er eben dies sage. Und da er nicht nur sagen kann „es gibt nichts Neues", destilliert er aus einem Minimum an Informationen *Indizien* und zieht *Schlußfolgerungen.* Mangels Fakten, die „berichtet" werden könnten, geht er zum „Kommentieren" über:

Durch die Türen des Sitzungssaales, in dem sich die parlamentarische Kontrollkommission traf, ist heute nichts gedrungen, was der Affäre Kiessling – einen neuen Schub gegeben hätte. Daß sich die Kommission, die die Aktivitäten der Geheimdienste parlamentarisch zu kontrollieren hat, so bemerkenswert lange mit den bisher präsentierten Ermittlungsergebnissen beschäftigte, läßt unter anderem folgende *Schlußfolgerungen* zu: *Erstens:* der Fall Kiessling ist dóch komplizierter als bisher angenommen, *oder – zweitens:* Koalitions- und Oppositionsparteien versuchen, parteipolitische Interessen zu überwinden, um dem schmählichen Schauspiel ein Ende zu bereiten. Haben auch die geladenen Kriminalbeamten aus Köln den Beweis erbringen können, daß der öffentlich in seiner Ehre herabgesetzte General tatsächlich Homosexuellen-Lokale aufgesucht hat? Gerüchteweise war zu hören, daß *neue Informationen nicht angeboten werden konnten.* Manche *Indizien* deuten darauf hin, daß die Sozialdemokraten verlangen werden, daß der Verteidigungsausschuß als Untersuchungsausschuß die Affäre Kiessling aufzuklären versucht. Jedoch soll – die Gesamtfraktion darüber entscheiden. Falls heute – kein Sitzungstermin mehr zur Verfügung steht, werden sich die SPD-Abgeordneten – morgen in aller Frühe noch vor der aktuellen Stunde des Bundestages, die die Affäre Kiessling zum Inhalt hat und die bereits schon um 8 Uhr beginnt, zusammenfinden müssen.
(Tribüne der Zeit, SWF 1, 19.1.84)

Eine reine Realisierung der Textsorte „Reportage" ist in Nachrichtenmagazinen gleichfalls nicht häufig anzutreffen. Die deutlichste Ausprägung der Textsorte ist die sog. „Original-Reportage". „Es ist die am Ort des Geschehens auf Band aufgenommene oder von dort live ausgestrahlte Schilderung." (Netzer, in: von La Roche/Buchholz, 57) Mit „Schilderung" ist wohl gemeint, daß der Reporter mit möglichst starkem emotionalem Engagement dem Hörer den Eindruck des „Dabei-Seins" vermitteln soll. (Die Sportreportage bietet die besten Belege dafür.)

Das folgende Beispiel realisiert einige der zentralen Merkmale der Reportage:

Moderatorin:
Jetzt gehen schon die Hunde aus Protest auf die Straße. In Reih und Glied mit ihren Herrchen demonstrierten die Vierbeiner heute in der Hamburger Innenstadt – auf ihre Weise.

[O-Ton: Hundekläffen]

Reporter:
Man kann es hören: Hamburg ist in diesen Tagen buchstäblich auf den Hund gekommen. Grund der Aufregung: die Verdoppelung der Hundesteuer. Bürger, die ansonsten Demonstranten eher ein wenig mißtrauisch beäugen, die gehen heute hier auf die Straße. Es sind ganz bestimmt Tausende von Hunden, die hier zusammengekommen sind. (...)
(Tribüne der Zeit, SWF 1, 20.1.84)

Der Reporter ist als Augenzeuge am Ort des Geschehens (die deiktischen Elemente machen dies unmißverständlich klar: *gehen heute hier;* der O-Ton mit kläffenden Hunden und Hintergrundgeräuschen evoziert eine Straßenszene). Die Demonstration ist nicht aufregend, aber kurios. Und so ist auch die Formulierung gehalten: vermittelt werden soll der Eindruck des Kuriosen, den die Szene auf den Augenzeugen macht. Dazu dient das Spiel mit der phraseologischen und der wörtlichen Bedeutung des Phrasems *auf den Hund kommen.*

In der gegenwärtigen Radiopraxis dominieren – wie gesagt – die gemischten Formen. Wenn man Stockinger (in: von La Roche/Buchholz, 34) dazu liest, gewinnt man den Eindruck, bei den Mischformen handle es sich um die Ausnahmen, die entsprechend metasprachlich „markiert" werden müßten: „Ein Bericht, der Kommentierung enthält, ist eine Mischform zwischen Kommentar und Bericht: ein ‚kommentierender Bericht'. Er sollte auch so angesagt werden." Faktisch sind gemischte Formen, mit wechselnden Anteilen der typischen Merkmale der beteiligten Textsorten, die Regel, die reinen Formen die Ausnahme, die zu markieren wären (wie es beim Kommentar ja auch geschieht). Ein typischer gemischter Text sieht etwa so aus:

Moderator:
Wenn sich heute die beiden mächtigsten Männer der Welt zum ersten Mal treffen, die eigentlichen Gespräche beginnen ja erst morgen, dann stehen sich, wie dies die Berliner Morgenpost analysierte, zwei Invalide gegenüber. Ein US-Präsident, der ínnenpolitisch schwer angeschlagen ist, und ein sowjetischer Staats- und Parteichef, der gesundheitlich nicht, nicht méhr auf dem Damm ist.

R. P. hat Jimmy Carters Ankunft in Wien mitverfolgt:
R. P.:
Ernst und nüchtern hábe Präsident Carter gewirkt, als er in Wáshington

zum Gipfeltreffen nach Wien aufbrach, erzählten amerikanische Kollegen. Ernst und nüchtern wirkte Präsident Carter, als er gestern abend in Wien eíntraf. In Wáshington warnte er, kein Vertrag könne die Menschheit in die vornukleare Zeit – zurückversetzen. In Wíen sagte der Präsident bei seiner Ankunft, er mache sich keine Illusionen, Salt II werde die Welt nícht von aller Gefahr befreien und auch nicht alle Meinungsverschiedenheiten zwischen den USA und der Sowjetunion beenden. Doch der Vertrag werde die Bereiche der Zusammenarbeit erweitern und die Gefahren – einer nuklearen Massenvernichtung verringern. Carter sprach zwar von einem – historischen Schritt – ohne große Worte geht es bei einem Gipfeltreffen wohl nicht – aber er verhieß nicht Abrüstung, sondern erwähnte bloß vorsichtig, durch SALT II werde das Nuklearwettrüsten verlangsamt. Das sind wichtige rhetorische Nuancen. Doch die Gegner des Vertrages – wird selbst dieses Bemühen um Ausgewogenheit und Augenmaß nicht überzeugen. Für die einen ist SALT II, wie schon SALT I, bloßes Stückwerk, zu wenig umfassend, um weitere nukleare Aufrüstung, vor allem im Bereich der – vom Vertragswerk nicht erfaßten Mittel- und Kurzstreckenraketen zu verhindern. Für die anderen, die der Sowjetunion nur mit Mißtrauen begegnen können, geht SALT II zu weit. Es verschaffe, meinen sie, Moskau und den sowjetischen Generälen Rüstungsvorteile – und werfe die USA zurück auf Platz Numero 2, was letztlich den Weltfrieden bedrohe. Wie dem auch sei, Carter wird am Montag mit Breschnew den Vertrag feierlich unterzeichnen. Dann wird er sehen müssen, daß er mit der inneren Opposition im US-Senat fertig wird, um nicht an der Klippe der Ratifikation zu scheitern. Diese Sorgen – mögen den Ernst erklären, der Carter gestern ins Gesicht geschrieben stand.
(Morgenjournal, Radio DRS, 15.6.79)

Bereits der Moderator-Text liefert nicht bloß die facts, sondern deutet die Situation und ihre Tragweite *(die beiden mächtigsten Männer der Welt)*, mit gewagter Metaphorik (*zwei Invalide* etc., dazu unten S. 184).

Der Korrespondentenbericht dann vereinigt Elemente der Reportage, des Berichts und des Kommentars in sich. Bereits durch die Moderation wird er als Augenzeugenbericht angekündigt *(in Wien mitverfolgt)*. Im Text selbst sagt der Korrespondent in seiner Rolle als Reporter, wie Carter *gewirkt habe,* er spricht vom *Ernst,* der ihm *ins Gesicht geschrieben stand.* Dann „berichtet" er, was Carter in Wien über die Ausgangssituation der Gespräche gesagt hat und welches die hauptsächlichen Positionen Pro und Contra den Vertrag sind. Schon in der Darstellung der Meinungen der

Gegner und der Befürworter geht der Bericht in Kommentar über (diese Meinungen sind ja nicht in der konkreten Situation von bestimmten Leuten geäußert worden, sondern es sind abstrahierende Zusammenfassungen dessen, was der Korrespondent über die verschiedenenorts abgegebenen Stellungnahmen der verschiedensten Leute weiß). Vollends kommentierenden Charakter haben die metasprachlichen Anmerkungen zum Wortlaut der Carterschen Verlautbarung *(ohne große Worte..., wichtige rhetorische Nuancen)*. Der Text ist durchaus medienspezifisch und im Hinblick auf das Hörverstehen arrangiert: Das Prinzip des Kontrasts (*Washington – Wien* etc.) und das der Redundanz (*ernst und nüchtern* zweimal) erleichtern das Verstehen.

Mit der stilistischen Synonymie wird vorsichtig umgegangen: Am Anfang zweimal gleichlautend *Präsident Carter,* dann: *er, der Präsident,* im folgenden nur noch *Carter* oder das Pronomen. Als weiteres verständniserleichterndes Bauprinzip ist erkennbar: Am Anfang ist von den konkreten Personen und Ereignissen die Rede, dann folgen die abstrakten Überlegungen, und der Schluß lenkt wieder auf die konkret-anschauliche Ebene zurück.

Meiner Meinung nach ist dies nicht nur ein Beleg für eine „gemischte" Textsorte, sondern auch ein positives Beispiel für die textstrukturellen Möglichkeiten, die die Sprache der Massenmedien heutzutage zwischen Schriftlichkeit und Mündlichkeit hat. Der Text ist durch-„komponiert" – was nur in schriftlicher Produktion denkbar ist –, aber gestaltet auf die Rezeptionsbedingungen des Hörens hin. Die Vorteile des Schreibens sind genutzt – sorgfältige Formulierung eines heiklen und vielschichtigen Sachverhalts –, die Gefahren schriftlich konzipierter Texte für die Transposition ins mündliche Medium hingegen vermieden.

Der Mittel sind viele, um gelungene geschrieben-gesprochene Texte zu produzieren. In vieler Hinsicht sind es einfach die Mittel der – antiken, und in jüngster Zeit wieder belebten – Rhetorik. Rhetorik war ja, soweit es unsere Zusammenhänge betrifft, auch und nicht zuletzt ein Arsenal von Techniken, um mündliche Texte so vorzubereiten, daß sie spontan und zugleich argumentativ durchdacht wirkten.

Das am stärksten „gemischte" Bauelement der Magazine ist zweifellos die Moderation. Hier hat es überhaupt keinen Sinn, von einer Textsorte zu sprechen. Wichtig ist nicht so sehr die Moderation als Textelement, sondern der Moderator als „Figur" mit veschiedenartigen kommunikativen Rollen und Funktionen (vgl. S. 167ff.).

Je nachdem wird bald die eine, bald die andere Funktion dominant. Im Kontext von Nachrichtenmagazinen stellt der Moderator – strukturell gesehen – zunächst die Verbindung zwischen den anderen Elementen her. Er tut dies aber, indem er sich der sprachlichen Verfahren der anderen Elemente, insbesondere der berichtenden und kommentierenden, bedient.

Zum Beispiel liefert er – nach Art des Berichts – den „Hintergrund" (die faktische Vorgeschichte) dessen, was in der Nachricht formuliert wurde, und leitet damit zu einem Interview über:

Nachrichtensprecher:
Im aargauischen Städtchen Rheinfelden hat das Bundesamt für Umweltschutz chlorierte organische Verbindungen in Nahrung und Umwelt untersucht. Danach sind die Giftkonzentrationen im Boden, im Gras, im Schwebestaub sowie in Milch und Fettgeweben zwar hoch, aber für den Menschen noch nicht gefährlich. Sie sind im allgemeinen mit den Konzentrationen in anderen belasteten Orten der Schweiz vergleichbar. Das Bundesamt für Umweltschutz weist darauf hin, daß die Giftstoffe nicht nur in chemischen Fabriken entstehen, sondern ebenso auch bei der Kehrichtverbrennung.

Moderator:
Die Untersuchung geht auf einen Vorstoß im Aargauer Großen Rat, dem Kantonsparlament, zurück. Die EVP-Großrätin XY hatte Gräser und Blätter aus Rheinfelden untersuchen lassen. Dabei waren beunruhigende *Konzentrationen von Halogenkohlenwasserstoffen* zum Vorschein gekommen, die auf *Emissionen* der Firma Dynamit Nobel auf der deutschen Rheinseite zurückgeführt wurde. *Ich* fragte Großrätin Frau XY, wie sie sich zum Ergebnis der von ihr angeregten Untersuchung stelle.

XY [Telephon]:
(...) [Interviewte spricht Mundart; der Moderator innerhalb des Interviews ebenfalls.]
(Morgenjournal, Radio DRS, 18.10.83)

Lexikalisch sind Nachricht und Moderation nahe beieinander: Die Nachricht ist offenbar eine (gekürzte) Wiedergabe des vom Bundesamt formulierten Ergebnisses, und auch der Moderator bedient sich teilweise des fachlichen Vokabulars *(Konzentrationen von..., Emissionen der...)*. Die Vermittlung von Nachricht und Interview wird zunächst auf inhaltlicher Ebene geleistet (die Großrätin, die die in der Nachricht besprochene Untersuchung angeregt hat, wird um ihre Meinung befragt), dann aber auch auf pragmatischer Ebene, indem der Moderator sich als *Ich* ins Spiel bringt und damit die dialogische Sprechsituation einleitet.

Andernorts bietet der Moderator eine Art Kurzkommentar zur vorangehenden Nachricht, der dann zum berichtenden und kommentierenden Korrespondenten überleitet:

Nachrichtensprecher:
In Rangun, der Hauptstadt Burmas, sind gestern bei einem Bombenanschlag neunzehn Menschen getötet und gegen fünfzig verletzt worden. Der Anschlag richtete sich gegen eine südkoreanische Regierungsdelegation (...).
Unter den Getöteten befinden sich vier südkoreanische Minister. Südkorea beschuldigte sofort Nordkorea, den Anschlag inszeniert zu haben.

Moderator:
Der Abschuß der südkoreanischen Linienmaschine durch die Sowjets und das Attentat von Rangun – zwei Ereignisse dieser Tragweite innerhalb etwas mehr als eines Monats – das ist zuviel für ein kleines Land wie Südkorea. Hören Sie dazu XY in Tokio.
(Morgenjournal, Radio DRS, 10.10.83)

Der Moderator setzt das in der Nachricht formulierte Ereignis in Beziehung zu einem vergleichbaren Ereignis und wertet die „Tragweite" beider Ereignisse – ein Kommentar en miniature.

Besonders elegant wirkt die moderierende Vermittlung der Textelemente, wenn sie sich nicht nur inhaltlich, sondern auch sprachlich-stilistisch vollzieht. Ein dafür häufig genutztes Mittel ist das Spiel mit dem potentiellen Doppelsinn phraseologischer Wortverbindungen, wie in diesem Text:

Nachrichtensprecher:
Die europäische Trägerrakete Ariane ist erfolgreich gestartet worden. Die Rakete hob heute früh vom Raumfahrtzentrum Kourou in Französisch-

Guayana ab. Der Start hatte sich um rund eine Stunde verzögert, da in der dritten Raketenstufe starker Druck aufgetreten war. An Bord der Rakete befindet sich der Nachrichtensatellit Intelsat.

Moderator:
Nun fliegt sie also, die europäische Trägerrakete, die in der Vergangenheit Techniker und Raumfahrtspezialisten immer wieder in – Verlegenheit brachte. Damit *befindet sich* die europäische Raumfahrt zweifellos *im Aufwind,* und dies zu einem Zeitpunkt, in welchem die – russische Raumfahrt Rückschläge erleidet und sich der Start des amerikanischen Space Shuttle – wegen technischen Schwierigkeiten – um ein halbes Jahr verzögert. Dazu der kommentierende Bericht unseres Mitarbeiters XY:

XY: [Telefon]
Mit dem erfolgreichen Start von heute nacht hat die europäische Ariane – nicht nur ihre Kinderkrankheiten, die sich in zwei Fehlstarts manifestierten, überwunden, sondern sich mit der Lancierung des hochkarätigen Intelsat-Satelliten endgültig als ernstzunehmende Konkurrenz – im Weltraum-Transportgeschäft etabliert. (...)
(Morgenjournal, Radio DRS, 19.10.83)

Es beginnt bereits „redensartlich" *(Nun fliegt sie also),* mit markierter Wortstellung (kataphorisches *sie,* nachgetragenes Subjekt *die... Trägerrakete*). Über den Phraseologismus *sich im Aufwind befinden* wird dann die wörtlich-konkrete Ebene der Nachricht und des ersten Teils der Moderation *(Rakete fliegt)* mit der kommentierend-abstrakten Interpretation (‚Raumfahrt erringt bessere Position' o. ä.) verknüpft, und dieser Kurzkommentar leitet wiederum über zum „kommentierenden Bericht".

Bei den Magazinen, die die Nachricht als Blöcke vermitteln, hat der Moderator nicht primär vermittelnde, verknüpfende Funktion, sondern dient selbst auch der Präsentation von Nachrichten. So übernimmt er – neben den berichtenden und kommentierenden Funktionen – auch noch die Funktion des Nachrichtensprechers. Das Bild vom Moderator als textlinguistischem Chamäleon ist damit perfekt. Im allgemeinen bezieht er sich nicht auf Nachrichten, die auch im Nachrichtenblock vorkommen, sondern formuliert selbst – ausführlicher als es in den Standardnachrichten geschieht – eine Nachricht, die dann durch Hintergrundberichte etc. ergänzt wird. Die vom Moderator präsentierten Nachrichten erhalten damit das Gewicht von „Schwerpunktinformationen", denen das Hauptinteresse des Journals gilt. (Beim Morgenjournal SRG entstehen die Schwerpunkte einfach dadurch, daß die wichtigsten Nachrichten ad hoc durch zusätzliche Elemente ergänzt werden, s. o. S. 132.) In einer Schwerpunktnachricht bedient sich der Moderator der üblichen Nachrichtensprache, freilich meist „aufgeweicht" durch eine stärker umgangssprachliche Phraseologie, durch kleine kommentierende Elemente etc., wie im folgenden Beispiel:

Die vierjährige Talfahrt der polnischen Wirtschaft konnte im Vorjahr gestoppt werden. Erstmals wird wieder ein *Wirtschaftswachstum* verzeichnet. Allerdings wird das *Produktionsniveau* des Jahres 1979 erst 1985 überschritten werden. Das sind, kurz zusammengefaßt, die wichtigsten Aussagen über die polnische Wirtschaft am Beginn des Jahres 1984. Als gravierendstes Problem der polnischen Wirtschaft wird die hohe Inflation bezeichnet. Als die zweitgrößte Schwierigkeit – der starke *Importrückgang*, der auf die westliche *Kreditsperre* zurückgeführt wird. Bereits im Vorjahr konnte ein *Handelsbilanzaktivum* mit dem Westen erzielt werden, diese Tendenz wird sich auch heuer fortsetzen. In Warschau bemüht man sich jetzt verstärkt um ausländische *Investitionen* – und ist auch an die *Modifizierung der Wirtschaftsreform* herangetreten. Jetzt will man mehr *Elastizität*, aber auch *Zentralismus* einführen. L. H. informiert aus der polnischen Hauptstadt.
(Abendjournal, Ö 1, 17.1.84)

Vom Vokabular her bewegt sich der Text ganz in den Geleisen der Nachrichtensprache (*Wirtschaftswachstum, Produktionsniveau, Importrückgang, Kreditsperre, Handelsbilanzaktivum* etc.). Der Aufbau allerdings folgt nicht dem Pyramidenprinzip (allenfalls in den ersten drei Sätzen, die auch als Nachricht in einem Nachrichtenblock stehen könnten). Vielmehr werden die Punkte und Stichworte aufgezählt, die im folgenden Korrespondentenbericht dann behandelt werden. Ein über die bloße Nachrichtenvermittlung hinausgehendes strukturierend-kommentierendes Element bringt der vierte Satz *(Das sind, kurz zusammengefaßt, die wichtigsten Aussagen...)*.

Der Korrespondentenbericht leistet dann das, was andernorts (s. u.) bereits in der Moderation geleistet wird: die offizielle Terminologie in alltagssprachliches Vokabular zu übersetzen und damit auch die Perspektive der Darstellung umzukehren:

[Telefon]
Aus der Sicht des Konsumenten wird das neue Jahr in Polen keine größeren Änderungen bringen. Die Lebensmittelzuteilungen werden nicht kleiner, aber vor allem bei Fleisch – sicherlich auch nicht größer. Das Warenangebot soll leicht wachsen, aber da spielt schon wieder die Frage des Preises und der Qualität eine Rolle. (...)

5.3.2 Fernsehen

Das Fernsehen kennt noch Nachrichtenmagazine ohne Moderator. Die „klassische" ARD-Tagesschau hat sich ohne bedeutende strukturelle Veränderungen als erstaunlich zählebig erwiesen. Die Schweizer Tagesschau, die – abgesehen von einer kurzen experimentellen Zwischenphase – zunächst dem ARD-Vorbild folgte, ist inzwischen neu strukturiert worden, und d. h. vor allem: man ist zu einem moderierten Magazin-Typ übergegangen.

Standard-Nachrichten, die von einem Sprecher im On verlesen werden, ohne Filmberichte etc., sind beim Fernsehen vor allem in Kurzausgaben der größeren Magazine zu Randzeiten oder eingebettet in Regionalmagazine zu finden. Sie spielen aber nicht die gleiche Rolle wie die (stündlichen) Nachrichtensendungen des Radios.

Nachrichtenmagazine im Fernsehen – ob moderiert oder nicht – bauen sich aus folgenden Elementen auf:

Sprechermeldung (oder „Wortnachricht")
Nachrichtenfilm
Bericht (meist als Korrespondentenbericht)
Reporterbericht
live-Reportage
Kommentar
Interview
Statement
Typografie, Fotografie, Grafik, Trickfilm

(Vgl. die übersichtliche Darstellung von Buchwald, in: Schult/Buchholz, 179 ff.)

Bei der Differenzierung dieser Elemente sind die Perspektive der Produktion und der Rezeption klar auseinanderzuhalten – dies noch stärker als beim Radio, da die Produktionsbedingungen und -verfahren des Fernsehens für den durchschnittlichen Rezipienten noch undurchschaubarer sind als die des Radios. Beispielsweise besteht der wichtigste Unterschied zwischen Nachrichtenfilm und Bericht – von Seiten der Produktion her – darin, daß Nachrichtenfilme weitgehend über Eurovision und Intervision (den Text-Nachrichtenagenturen vergleichbare Bild-Agenturen) in die Redaktionen kommen und dort weiterbearbeitet werden, während beim Bericht ein Autor „seinen Film bis zur Endfertigung" produziert; „er überspielt der Zentralredaktion einen Film, den er selbst gedreht, geschnitten, getextet und gesprochen hat" (Buchwald, a.a.O., 197). Infolgedessen wird der Text beim Nachrichtenfilm in der Redaktion – meist aufgrund von Agenturmeldungen – nachträglich erstellt, während beim Bericht Bild und Text (im Idealfall) von vornherein aufeinander abgestimmt, mindestens aber vom gleichen Autor konzipiert sind. Für den Rezipienten ist aber wahrnehmbar nur, daß der Nachrichtenfilm in der Regel kürzer ist als der Bericht und daß der Name des Autors im zweiten Fall genannt wird, im ersten nicht.

Von der Produktion her unterscheiden sich Bericht und Reporterbericht nicht sehr: Im ersten Fall ist der Reporter nicht sichtbar, im zweiten Fall spricht er in die Kamera. Für den Rezipienten aber ist die Unterscheidung u. U. von entscheidender Wichtigkeit: ein Text, der im *Off* von einem Sprecher verlesen wird, wirkt mit Sicherheit anders als ein Text, den der Reporter sicht- und hörbar in die Kamera spricht, den er „vor Ort" als Augenzeuge formuliert. Der Reporterbericht gerät denn auch leicht in die Gefahr zu starker Personalisierung eines an sich nicht dafür geeigneten Themas: „Wenn dann eine Fernseh-Nachrichtensendung mehrere Reporterberichte enthält, gerät sie an den Rand der Personality-Show." (Buchwald, a. a. O., 198)

Es wäre eine empirische Studie wert zu untersuchen, welches tatsächlich die Merkmale sind, nach denen für den Rezipienten die Elemente eines Nachrichtenmagazins erkennbar und differenzierbar werden. Vom Standpunkt der Rezeption sind es sicher vier Typen von kommunikativen Ereignissen, die in der klassischen Tagesschau primär unterscheidbar sind:

(1) Sprechermeldungen (Sprecher im *On*, Studio, Monolog, abgelesen)
(2) Filme mit *off*-Text,
(3) stehende Bilder (Fotos, Grafiken) mit *off*-Text,
(4) Interviews bzw. Statements (Sprecher im *On*, „spontan", d.h. mindestens nicht völlig abgelesen, häufig O-Ton).

Strassner (1982) hat bei seiner Syntax-Analyse festgestellt, daß es drei Paare von Textelementen sind, die jeweils sehr ähnliche Werte aufweisen:

Sprechermeldung/Nachrichtenfilm (bei Strassner „Filmbericht")
Korrespondentenbericht/Kommentar
Interview/Statement (Strassner 1982, 184ff.)

(Der Kommentar weicht allerdings hinsichtlich seiner äußerst dichten Nominalstruktur stark vom Korrespondentenbericht ab.)

Interessant ist hier vor allem die Tatsache, daß die beiden filmischen Elemente syntaktisch divergieren und verschiedenen Gruppen zuzuordnen sind (der Nachrichtenfilm der nicht-filmischen Sprechermeldung und der Korrespondentenbericht dem ebenfalls nicht-filmischen Kommentar). Strassner erklärt dies so:

„Die Tatsache, daß der Filmbericht der Sprechermeldung im grammatischen Sprachstil relativ ähnlich ist, läßt sich dadurch erklären, daß beide Textsorten von den jeweiligen Teil-Redaktionen (Wort/Bild) verantwortet werden. (...) Die im Vergleich zur Sprechermeldung etwas niedrigere Komplexität des Filmberichts rührt daher, daß die Filme in der Redaktion nachträglich betextet werden. Dabei wird darauf geachtet – da der Rezipient gleichzeitig Bilder und Worte verstehen muß –, daß die Texte nicht zu kompliziert formuliert werden. Hier kommen die Macher den Zuschauern also einmal eindeutig entgegen!" (Strassner 1982, 190)

Das ist plausibel. Unter methodischen Gesichtspunkten darf man wohl vermuten, daß die linguistisch-syntaktische Analyse eher die Vorgänge der Text-Produktion beleuchtet als die der Rezeption. Da man aus der Psycholinguistik heute weiß, daß für die Bildung von „Sinn" bei der Textrezeption die Semantik eine ungleich wichtigere Rolle spielt als die Syntax, käme man mit einer lexikalischen und textsemantischen Analyse vermutlich schon näher an die Rezeption der Magazinelemente heran. Solche Untersuchungen stehen meines Wissens noch aus. Nach meinen – unsystematischen – Beobachtungen dürfte sich aber hinsichtlich des Lexikons und der Textsemantik ein deutlicherer Unterschied zwischen Sprechermeldung und Nachrichtenfilm ergeben, als es von Seiten der Syntax der Fall ist. Vermutlich wird in dieser Hinsicht der Nachrichtenfilm eine Zwischenstellung zwischen Sprechermeldung und Korrespondentenbericht einnehmen. Der Filmbericht ist nicht nur hinsichtlich syntaktischer Verständlichkeit deutlich am Bild orientiert und im Hinblick auf die zweikanalige Rezeption verfaßt, sondern er kann mit textlinguistischen und lexikalischen Mitteln unmittelbare Bezüge zum Bild herstellen. Zunächst natürlich durch deiktische Verweise (vgl. S. 298). Dann aber auch durch semantische Verfahren: Während die Sprechermeldung vorwiegend mit wörtlichen Bedeutungen der Wörter operiert, ist der Filmbericht gekennzeichnet durch ein stärker figuratives Vokabular und eine reichere bildhafte Phraseologie. Das ermöglicht dem Filmbericht einen unmittelbaren Bezug zur Film-Ebene. (Dieser Unterschied zwischen Sprechermeldung und Filmbericht ist dargestellt in Burger et al. 1982, 145 ff.).

Bei den moderierten Magazinen werden die Verhältnisse viel komplizierter. Analog den Radiomagazinen – und vielleicht noch stärker als dort – verwischen sich die Grenzen der Textsorten. Und wie dort übernimmt der Moderator die verschiedensten Funktionen, die in den nicht-moderierten Magazinen separaten Textsorten zugewiesen sind. Es seien hier am Beispiel des „Heute-Journals" nur diejenigen Funktionen genannt, die für Nachrichtenmagazine spezifisch sind (für weiteres vgl. S. 164 ff.):

Das Magazin gliedert sich in Schwerpunktthemen (die durch die verschiedenen Darstellungsformen vermittelt werden) und den Nachrichtenblock, der seinerseits durch kurze Filmsequenzen und sonstiges Bildmaterial angereichert ist. Entscheidend ist nun für die Rolle des Moderators, daß er überall präsent ist: er formuliert nicht nur den Nachrichten-Anteil der Schwerpunktthemen, er liest auch den (in die Sendung eingeschobenen) Nachrichtenblock. Und innerhalb des Nachrichtenblocks liest er auch die *off*-Texte zu Filmberichten, Grafiken, Dias etc.

Ein Bericht aus dem Bundestag wird dann durch den Moderator z.B. so mit dem Nachrichtenblock verknüpft:

Abgeordneter [O-Ton]:
Deshalb ist dieser Haushalt ein Haushalt der Verschwendung.

Moderator [on]:
Der Nachrichtenüberblick führt direkt vom Bundestag in die wirtschaftliche und soziale Wirklichkeit.

Moderator [off; Film]
Mehrere Frauen von Mitarbeitern der Howaldswerke, Deutsche Werft, und der Maschinenfabrik MAN haben einen dreitägigen Hungerstreik begonnen. Sie protestieren damit gegen die angekündigte Entlassung von knapp 1400 Belegschaftsmitgliedern. (...) (7.9.83)

Da der Nachrichtenblock explizit an- und abgesagt wird, und da er sprachlich völlig dem Modell der Standardnachrichten folgt, bleibt er innerhalb der Gesamtaktivität des Moderators immerhin noch als einheitliches Element erkennbar.

Die berichtenden und kommentierenden Funktionen des Moderators hingegen sind nicht mehr so klar unterscheidbar. Besonders zu Beginn des Journals wird diese Polyfunktionalität ganz bewußt genutzt, nicht selten zur Überraschung des Zuschauers, der über die Vielseitigkeit des Protagonisten nur staunen kann. Man bedient sich hier des Tricks, das Journal mit einem Film zu beginnen, zu dem der Moderator bereits den Text spricht (vgl. S. 309). (Das gleiche Verfahren findet man sehr ausgiebig im Téléjournal der franz. Schweiz.)

Text	*Bild*
[*Moderator* off:] Heute in Genf – ein Amerikaner,	 Konferenzsaal: Nitze und Kwizinski schütteln sich die Hände (Halbtotale)

Text	*Bild*

ein Russe und	Porträt v. Andropow an der Wand (Nahaufnahme)
ein Händedruck. Und an der Wand der sowjetische Staatschef Jurij Andropow. – In der Mission der UdSSR begann heute vormittag die entscheidende Runde der amerikanisch-sowjetischen	Kamera zoomt weg vom Porträt nach unten auf die in den Saal eintretenden Konferenzteilnehmer (Totale)

Verhandlungen über die Mittelstreckenwaffen in Europa. – Der Unterhändler aus Washington, Paul Nitze,	Kamera beginnt Nitze aus den Teilnehmern herauszuzoomen (Totale)
verhandelte in dieser ersten Konferenz	Kamera schwenkt weg von Nitze zu Kwizinski
zwei Stunden lang mit dem Mann aus Moskau – Juli Kwizinski.	Nahaufnahme von Kwizinski

Text	*Bild*

[*Moderator* on:] Guten Abend und willkommen – beim HEUTE-JOURNAL. – Trotz alledem – es geht weiter zwischen Washington und Moskau. Weiter, weil es weitergehen múß. – Der Abschuß der koreanischen Passagiermaschine hat die Beziehungen verhärtet. Aber auf jeden Kontakt, auf jede Möglichkeit der Einflußnahme und des politischen Drucks jetzt zu verzichten, wäre kurzsichtig. Dazu hängt von Genf zu viel ab, die Sicherheit Europas, die Frage, wieviele Raketen der Osten behalten will, und wieviele der Westen dann ab Dezember neu stationieren müßte. – Daß darüber der Luftzwischenfall in Ostasien nicht in Vergessenheit gerät, dafür wird gesorgt.	Moderator
[*anderer Sprecher*, off:] Der Weltsicherheitsrat in New York heute abend: Debatte über den Abschuß des koreanischen Jumbo Jets. (...) (HEUTE-JOURNAL, ZDF, 5.9.83)	Blick in den Konferenzsaal (Totale)

Es beginnt wie ein „Bericht" aus Genf, sicherlich bewußt parallel formuliert zum Anfang des thematisch kontrastierenden Berichts aus New York *(Heute in Genf – Der Weltsicherheitsrat in New*

daß er seine Truppen zurückzieht und damit vor den Wahlen quasi – einen Mißerfolg seiner Friedensmission – eingesteht. – Wenn er aber nicht zurückzieht, kann es ernst werden, auch zu Haúse. Der amerikanische Kongreß hat 1973 unter dem Eindruck des Vietnam-Krieges – den Präsidenten untersagt, Truppen in Gebiete zu schicken, wo zu erwarten steht, daß sie – in Feindseligkeiten verwickelt werden. Reagan hat bisher bestritten, daß das im Libanon – der Fall sei. – *Ich fürchte*,̂ er wird diese Position – nicht mehr lange – halten können.

Moderator (on): Hans Scheicher zur Entwicklung in Libanon. – (Heute-Journal, ZDF, 9.9.83)

Die Nachricht zum Libanon gehört noch zum Nachrichtenblock, der explizit abgesagt wird. Dann formuliert der Moderator einen Kurzkommentar zur Situation in Libanon *(eine schwierige Situation, politisch zählen...)* und sagt den Kommentar zum gleichen Thema an. Der Kommentar selbst wird durch den Text im Bild wiederum explizit als solcher gekennzeichnet. Der Kommentator leitet seine Ausführungen ein und aus mit einer ausdrücklich subjektiven Stellungnahme *(Also ich finde die Entwicklung beunruhigend – Ich fürchte...)*. Der Text ist durchwegs argumentativ strukturiert, wie schon die Konjunktionen *(aber, denn)* zeigen. Obwohl durchgehend abgelesen, ist er sehr dicht von „mündlichen“ Elementen überlagert (Parallelismen wie gleich zu Anfang *hat... eingegriffen, hat... beschossen;* anaphorische Wiederaufnahme des Substantivs nach Parenthese: *Syrien, und hinter Syrien steht die Sowjetunion, Syrien kann...*; quasi-dialogische Frage-Antwortstrukturen: *Was nun? Von Präsident Reagan ist nicht zu erwarten...;* rhetorische Fragen: *Wie soll man also feststellen...;* Gesprächspartikel bei Textanfang: *Also ich...*, stakkatoartige Artikulation mit prononciert-rhetorischer Verwendung der Pausen, z.B. zur Abhebung der argumentativen Konjunktionen: *Aber – helfen wird das kaum. Denn – und das ist..).*
Ein typisches Produkt des schriftlich-mündlichen Fernsehjournalismus.

Fernsehnachrichtenmagazine vom Typ des „Heute-Journals“ („Journalsendungen“) zeichnen sich gegenüber der herkömmlichen Tagesschau vor allem durch die Moderation und deren vielfältige Funktionen aus. Noch einen Schritt weiter weg von der

Tagesschau gehen die sog. „Studiosendungen“, die gegenwärtig bei verschiedenen Sendern zur Diskussion stehen, von einigen Sendern schon versuchsweise eingeführt und z. T. wieder aufgegeben wurden. Realisiert wird das Konzept des Studio-Nachrichtenmagazins u. a. beim Fernsehen der französischen Schweiz (Téléjournal); das Muster stammt aus den Vereinigten Staaten. Beim Studiomagazin konvergieren die beiden allgemeineren Trends, die wir vielerorten schon beobachtet haben und noch beobachten werden: der Trend zum Dialogischen und der zur live-Moderation.

Muckenhaupt (1981 b), der sehr für diese Form der Nachrichtenvermittlung plädiert, sieht ihre Vorteile unter anderem darin, daß der „Kanon journalistischer Handlungsformen (...) erheblich erweitert“ werde. „Beispiele dafür sind das Studiointerview, das Studiogespräch, das Erklärstück im Studio, das Schaltgespräch, der dialogisch konzipierte Studiobericht, das Streitgespräch, das Kreuzverhör, die öffentliche Einvernahme, die Presseschau, die Karikaturenschau. Außerdem bieten die Studiosendungen mehr Raum für Reporterberichte und Reportagen.“ (225) Es werde „das dialogische Prinzip des alltäglichen Informierens (...) aufgegriffen“ (226), und man berücksichtige „Themen aus allen Lebensbereichen“ (226). (Von den Versuchen, jeweils auch die Quellen der Berichterstattung aufzudecken, wird u. S. 178 die Rede sein.) Nach meinen bisherigen Beobachtungen zu diesem Magazintyp steht und fällt die Attraktivität der Sendung mit der Qualität des Moderators und der Gesprächspartner. Die bloße Vielfalt der Perspektiven und der Darstellungsformen allein bedeutet noch keinen Vorteil gegenüber Tagesschau und Journalsendungen. Es ist ebenso trivial wie notwendig festzuhalten, daß alles darauf ankommt, w i e die neuen Formen genutzt werden. Das dialogische Prinzip verführt leicht zur Geschwätzigkeit, und wenn das live-Prinzip dominiert, kann es passieren, daß die sorgfältige journalistische Recherche und Gestaltung von Beiträgen in den Hintergrund gedrängt wird. Man wird abwarten müssen, wie sich die Studiosendungen langfristig ausnehmen werden, ob sich die potentiellen Vorteile in der Praxis – sowohl von Seiten der Kommunikatoren wie der Rezipienten – als effektive Vorteile herausstellen werden.

6. Magazin und Moderation

Der Begriff „Magazin“ war ursprünglich ziemlich präzise definiert, ist aber heute derartig unscharf geworden, daß er – ohne Differenzierungen – wissenschaftlich nicht brauchbar ist. Ursprünglich hatten Magazine diese hauptsächlichen Definitionsmerkmale:

1. Sie werden live präsentiert.
2. Sie sind eine Mischung von Wort- und Musiksendung (mit „leichter“ Musik).
3. Die Wortbeiträge sind thematisch und formal sehr unterschiedlich.
4. Den Zusammenhalt der heterogenen Bauelemente gewährleistet die Person eines „Moderators“.
5. Die Gesamtsendung kann sehr lang sein (mehrere Stunden).

In den Anfängen war das Magazin eine Domäne des Hörfunks. Mit dem neuen Sendungstyp wollte man das in traditionellen, noch stark an der Presse orientierten Sendungsformen erstarrte Radioprogramm auflockern und vor allem gegenüber der Boulevardpresse (und gegenüber dem Fernsehen) wieder konkurrenzfähig machen. „1949 gründete PAT WEAVER von NBC die erste Radiomagazinsendung der USA, die ‚Monitor‘ hieß und am Wochenende jeweils zwölf Stunden Unterhaltung, Nachrichten und Hilfsdienste – wie Küchentips – ausstrahlte. Die Maxime lautete: „‚Monitor‘ is going places and doing things“ – alles wurde live gesendet.“ (Koszyk/Pruys 1976, 206)

Seit den 60er Jahren erobert sich das Magazin auch die bundesdeutschen Radioanstalten.

Die Wortbeiträge betrafen zunächst tagesaktuelle Themen vor allem politischen Charakters. „Sehr bald allerdings übernahmen auch die Fachressorts die erfolgreiche neue Sendeform. Erhalten blieb dabei das Prinzip der Mischung von unterhaltender Musik und kurzen Wortbeiträgen, die von einem Moderator präsentiert werden. Die Themen-Palette allerdings verengte sich auf die jeweilige Ressort-Zuständigkeit: ob Kinderfunk- oder Kultur-Redakteure – sie alle erfaßte die ‚Magazinitis'." (Thoma in: von La Roche/Buchholz 1980, 74f.)

In der Folge dieser Entwicklung werden einige der ursprünglichen Definitionsmerkmale des Magazins abgeschwächt oder ganz aufgegeben. Z.B. gibt es heute „Magazine" außerhalb des tagesaktuellen und politischen Bereichs, die die Dauer einer herkömmlichen Sendung haben und die ohne Musik auskommen. Auch komplex strukturierte Nachrichtensendungen werden als „Magazin" bezeichnet. Und selbst der live-Charakter ist nicht mehr strikt verpflichtend, außer bei der Moderation. Das einzige noch strikt verbindliche Definitionskriterium scheint mir die Anwesenheit eines Moderators zu sein. (Entsprechend ist der einschlägige Artikel in von La Roche/Buchholz mit „Magazin und Moderation" betitelt.)

Die Adaption der Magazin-Form im Fernsehbereich hat die Ausgangsdefinition vollends aufgeweicht. „Die Magazinsendungen des Fernsehens (‚Panorama', ‚Monitor', ‚Report', ‚ZDF-Magazin') sind – im Gegensatz zu den Hörfunkmagazinen genau vorgeplant und werden dementsprechend „präzise" durchgeführt. Spontaneität und Unmittelbarkeit der Übermittlung (...) gehen beim Fernsehen leicht verloren. (...) Die Unterhaltung spielt eine geringere Rolle [als beim Hörfunk-Magazin]." (Koszyk/Pruys, 207)

Die terminologische Verwirrung wird total, seit es beim Hörfunk das Konzept der „Begleitprogramme" gibt. Begleitprogramme sind eine Art Integration von ursprünglichem Magazinkonzept und herkömmlichen Sendungen. M. a. W.: in ein stundenlanges „Großmagazin" können kürzere politische, kulturelle etc. „Klein-Magazine" als Bestandteile eingebaut sein.

Daß die Begleitprogramme zu einer grundsätzlich neuen Konzeption von „Programm" führen, sieht man bei manchen Sendern schon in der Programmankündigung. Bei Radio DRS 3 beispielsweise liest man (mit minimalen Abweichungen an den einzelnen Wochentagen) im Programmheft nur noch:

z. B. dienstags:
5.00 Morge-Rock
6.00 Vitamin 3
9.00 Szene
12.00 Hot Dog
14.00 Graffiti
17.00 Transit
20.00 Sounds
22.00 Country-Special
0.00 Couleur 3

Das sind sehr phantasievolle Titel, aber ob sich jemand vorstellen kann, was hier zwischen 6 Uhr und 20 Uhr effektiv passiert, darf man bezweifeln. Radio DRS 3 setzt – wie vergleichbare deutsche und österreichische Sender – ganz auf live-Moderation, Musik, Service... „Gestaltete" Programme überläßt man den beiden anderen DRS-Sendern, wenn möglich dem für Minoritäten zuständigen DRS 2!

Das Konzept der Begleitprogramme ist ganz von der Funktion (nicht der Thematik oder der Struktur) her definiert, und diese Funktion ist unlöslich mit dem Moderator und seinen verschiedenen Rollen verknüpft.

Sehr plastisch wurde dies einmal in einem Werbeprospekt des Südwestfunks formuliert, in dem das neue Begleitprogramm „Gute Laune aus Südwest" vorgestellt wurde:

Große Programmfelder mußten geschaffen und dafür ein bereits vorhandenes, gewiß nicht schlechtes Programm entrümpelt werden.

Das ist geschafft.

Jetzt wird realisiert. Die für das Konzept GUTE LAUNE AUS SÜDWEST Verantwortlichen wollen in erster Linie gut unterhalten, dabei so oft wie möglich ihre sterilen Studios verlassen und zu ihren Hörern kommen, zu deren Festen, Feiern und Veranstaltungen, gelegentlich aber auch ganz privat. Aber es gibt auch kaum einen Programmtag, an dem die Hörer nicht zum Mitmachen und zum Mitgestalten eingeladen werden.

Das neue Programm des SÜDWESTFUNKS, die GUTE LAUNE AUS SÜDWEST, wird von den beliebten, den Hörern bereits gut bekannten Moderatoren des SÜDWESTFUNKS präsentiert. Dabei werden sie verstärkt und unterstützt von einer stattlichen Reihe Prominenter aus der

Show-Branche. Die Moderatoren wollen nicht nur präsentieren, sie möchten Begleiter sein und Partner an Wochen- und Feiertagen.

Die Wochentage werden von zwei großen flott und hörernah gestalteten Programmfeldern geprägt. Die generelle Devise GUTE LAUNE AUS SÜDWEST haben die Redakteure des Vormittags praktischerweise gleich für ihre Sendezeit als Titel übernommen. GUTE LAUNE AUS SÜDWEST von Montag bis einschließlich Samstag immer von 8.00–12.00. Vier Stunden mit viel Musik, mit Gags, Geschichten, Preisrätseln, Humor, Service und Wunschkonzert.

Von Montag bis einschließlich Freitag zwischen 14.30–18.00: RADIOTREFF AM NACHMITTAG mit wichtigen Tips, interessanten Informationen, mit Fortsetzungsroman und Horoskop.

Die „Begleitprogramme" heißen also nicht nur deshalb so, weil sie den Hörer „begleiten" wollen, sondern präziser: weil eine Person – die des Moderators – den Hörer „begleitet", weil hier etwas wie zwischenmenschlicher Kontakt geschaffen werden soll trotz der technischen Restriktionen der Einwegkommunikation. Der Moderator als „Partner", der sogar „ganz privat" zu den Hörern kommt – das ist die Zauberformel der gegenwärtigen Groß-Magazine.

Nun ist es für eine linguistische Beschreibung von Sendungen natürlich nicht belanglos, ob Unterhaltung oder Information dominiert, ob live oder non-live präsentiert wird, ob es sich um eine Wort-Sendung mit vorgeplantem strukturellem Gerüst oder eine gemischte Musik-Wortsendung mit mehr oder weniger zufällig verteilten Wortbeiträgen handelt etc.

Es ist folglich hoffnungslos, den Eintopf „Magazin" einer linguistischen Analyse zu unterziehen im Sinne einer Textsortenbeschreibung. Beschreibbar sind die Wort-Magazine (wie Nachrichtenmagazine, Kulturmagazine), während die Begleitprogramme als ganze zu heterogen sind, als daß sie eine einigermaßen brauchbare Textsortencharakteristik ergäben. Wir gehen daher das Problem des Magazins von der Rolle des Moderators her an. Die unterschiedlichen Ausprägungen dieser Rolle erlauben zugleich eine sinnvolle Untergliederung der Magazintypen.

Die Figur des Moderators wird aus journalistischer Perspektive heute etwa so definiert:

„Die Moderatoren haben den Auftrag, Verbindungen zwischen den Beiträgen herzustellen, den Zuschauern Erläuterungen, zusätzliche Informationen und Einordnungshilfen zu geben, sowie das Zuschauerinteresse zu wecken.“ (Buchwald, in: Schult/Buchholz 1982, 224)

und

„Der Moderator stellt den personalen Bezug zwischen Programm und Publikum dar.“ (222)

Die Moderator-Rolle hat somit zunächst einen strukturellen Aspekt:

Die Textur von Magazinen aller Typen erfordert – als Minimum – einen Moderationstext, der die Vielfalt der heterogenen und in sich weitgehend abgeschlossenen Textelemente zu einer für den Rezipienten überschaubaren Einheit macht. Eine Moderation, die sich ganz auf diese Funktion beschränkt, ist heutzutage nur noch selten anzutreffen (z.B. in Kulturmagazinen, s.u.).

Charakteristischer für das Bild, das wir heute von Moderatoren haben, ist eine zweite Funktion, die man als „interpretativ“ bezeichnen kann: der Moderator versetzt sich in die Lage des Rezipienten und vermittelt ihm Informationen, die in den Beiträgen selbst nicht oder nicht explizit genug gegeben werden, die aber zur mühelosen Rezeption bzw. zum vollen Verständnis der ganzen Sendung nötig oder mindestens wünschbar sind. Ferner vermittelt er dem Rezipienten erste Deutungen des Geschehens, sozusagen auf einer ersten kommentierenden Ebene, die auf die Ebene der eigentlichen kommentierenden Beiträge hinüberleitet.

Den dritten Aspekt der Moderator-Rolle, der den Moderator als Person, als Bezugsperson des Rezipienten, betrifft, könnte man die „pragmatische“ Funktion nennen. Das Magazin wird nicht nur durch die „textlinguistischen“ Leistungen eines (beliebigen) Moderators zusammengehalten, sondern auch – und in vielen Magazinen primär – durch die individuelle Persönlichkeit gerade dieses Moderators, der sich auf seine ganz spezifische Weise an sein Publikum wendet. „Jeder der sieben Moderatoren des 'Mittagsmagazins‘ [WDR] (...) hat eine bestimmte „Hörergemeinde“, wie aus

Briefen und Antworten hervorgeht. Die Bildung dieser Hörergruppen wird nicht durch feste Sendetage der Moderatoren begünstigt." (Koszyk/Pruys 1976, 206f.).

(Man vergleiche auch den S. 166 zitierten Werbetext des Südwestfunks.)

Der Moderator wird damit zur verbindenden Instanz zwischen Sender, Sendung, Elementen der Sendung, Sendungsumfeld und Publikum. Je nach Magazin, und auch je nach der Person des Moderators sind die einzelnen Funktionen unterschiedlich gewichtet.

Häufig werden auch die Leiter der großen Unterhaltungsshows („Wetten daß...", „Einer wird gewinnen") als „Moderatoren" bezeichnet. Sicherlich haben die Elstners, Kulenkampffs etc. in der Rolle des Showmasters einiges mit dem bisher charakterisierten Begriff von Moderation zu tun. Doch ist die gesamte Sendung in viel höherem Maße auf diese Figuren zentriert, als es – auch bei extensiver Auslegung – bei den Moderatoren in Radio und Fernsehen sonst je der Fall sein kann. Zudem sind die Elemente der Unterhaltungsshows von vornherein stärker integriert als bei Magazinen, da sie hör- und sichtbar an einem Ort – auf einer Bühne z.B. – stattfinden und sich vor einem ebenfalls hör- und sichtbaren Publikum präsentieren. Ich klammere daher diese Rollen aus den Überlegungen zur Moderation aus.

Ein Vergleich der verschiedenartigsten Radio- und Fernsehmagazine ergibt hinsichtlich der sprachlichen Gestaltung der Moderation zwei klar unterschiedene Gruppen:

Moderation in
I Wortmagazinen
II gemischten Musik-Wort-Magazinen

(Zu den Wortmagazinen zählen wir wegen der strukturellen Verwandtschaft auch die Sportmagazine, obwohl in den Reportagen (insbesondere beim Fußball) die Sprache hinter der gezeigten Aktion zurücktreten kann.)

Den ersten Typ gibt es in Radio und Fernsehen, den zweiten – der sich mit der Moderation im Begleitprogramm deckt – im deutschsprachigen Raum bisher nur im Radio. Aufgrund der komplizierten Struktur der Begleitprogramme kann also „Moderation innerhalb der Moderation" vorkommen, dann nämlich, wenn ein Wortmagazin, das vom Moderator A präsentiert wird, in ein Begleitprogramm eingebettet ist, das vom Moderator B präsentiert wird.

Innerhalb der beiden Gruppen lassen sich – weniger ausgeprägt, aber doch deutlich genug – wiederum verschiedene Spielarten der sprachlichen Gestaltung voneinander abheben (s. u.).

Wir gliedern die sprachlichen Verfahren in beiden Gruppen nach den genannten drei Hauptfunktionen der Moderation.

6.1 Moderation in Wortmagazinen

Hier unterscheiden wir zunächst nicht systematisch nach Radio/Fernsehen und auch nicht nach Sendungstyp. In einem zweiten Schritt sollen dann noch die augenfälligsten Differenzen zwischen einzelnen Sendungen bzw. Sendungstypen zur Sprache kommen. Vorweg sei aber schon festgestellt, daß Differenzen zwischen den Moderationsstilen nicht durchgehend mit den thematischen (Ressort-)Grenzen zusammenfallen. Politmagazine, Kulturmagazine, Sportmagazine sind zwar vom Thema und von der Art der Beiträge her klar unterscheidbar, viel weniger klar aber von der Moderation her. Es ist eher das individuelle Konzept der Sendung oder auch die Person des Moderators, die für die Differenzen verantwortlich sind.

6.1.1 Funktionen des Moderators

1. Strukturelle Funktionen

1.1 Vorstrukturierung

Die Palette der stilistischen Möglichkeiten, dem Hörer einen Überblick zu geben über das, was ihn erwartet, ist reichhaltig. Ein paar Beispiele mögen dies demonstrieren:

(a) Stichwortartige Aufzählung der Themen, als eigentliches „Inhaltsverzeichnis" gestaltet:

Sport am Wochenende:

Und so sieht denn unser Inhaltsverzeichnis aus: Eishockey, zwei Spiele ausführlich, Arosa–Freiburg und Langnau–Kloten. Und von Lugano–Davos die Entscheidung. (...)
(Sport vom Wochenende, Radio DRS, 6.2.83)

(b) Elliptische Schlagzeilen, die mehr dazu dienen, die Aufmerksamkeit zu wecken, als schon präzise Vorinformationen zu liefern:

Verehrte Zuschauer, hier die Schlagzeilen des Heute-Journals: Wie Gromyko in Madrid zur Rede gestellt wurde – Der Haushalt im Kreuzfeuer der Bundestagsdebatte – Wahlkampf in Hessen – Das Duell der Liberalen – und: Carstens in Sarajevo.
(Heute-Journal, ZDF, 7.9.83)

Die einleitende Schlagzeile *Wie Gromyko...* knüpft an narrative Vorbilder an.

(c) Schlagzeilen in vollständigen Sätzen:

(...) Soviel zur Wetterschlagzeile. An sonstigen Neuigkeiten können wir Ihnen für den Moment anbieten:

Auch der amerikanische Staatssekretär Vance fordert nun den nicaraguanischen Diktator Somoza zum Rücktritt auf – In Holland wurde ein Atomspionagefall bekannt – und: in der Bundesrepublik beginnen heute die Strategieverhandlungen zwischen CDU und CSU zur Frage einer gemeinsamen oder getrennten Kanzlerkandidatur.
(Morgenjournal, Radio DRS, 22.6.79)

Die eigentlichen Schlagzeilen werden salopp als *Neuigkeiten* angekündigt, während die vorangehende kurze Wettervorhersage spielerisch als *Wetterschlagzeile* apostrophiert wird.

(d) Kombination von Schlagzeile mit primär aufmerksamkeitsweckender Funktion und eigentlicher Vorinformation in vollständiger Syntax:

Zum Morgenjournal begrüßt Sie XY, zunächst mit einer Übersicht über Themen von heute Mittwoch morgen: Erfolgreich gestartet – die europäische Trägerrakete Ariane ist mit einem Fernmeldesatelliten an Bord seit fünf Stunden unterwegs. Neu gewählt – der Stiftungsrat des Schweizerischen Filmzentrums hat nach dem gestrigen Kollektivrücktritt neue Mitglieder für den Filmrat bestimmt. Doppelt zugestellt – nach Zürich ist nun auch in Bern eine Wahlpanne entdeckt worden.
(Morgenjournal, Radio DRS, 22.6.79)

(e) Ausführliche, explizite Formulierung nach Art der Einleitung von Schulaufsätzen u.ä.:

Wir beschäftigen uns zunächst mit Aerobic, und zwar aus ärztlicher Sicht. Außerdem setzen wir uns mit dem Haushalt auseinander, und zwar mit der Frage Vorsorge für den Krisenfall. Weiter schauen wir wieder einmal in Gertis Suppentopf – heute brodelt eine köstliche Sauerampfersuppe drinnen. Außerdem hören Sie ein Gespräch mit der Steirischen Gastronomin G. B., und ganz zum Schluß stellen wir Ihnen das Buch vor „Manchmal kann ich Dich nicht ausstehen".
(Magazin für die Frau, Ö Regional, 15.4.83)

Die Explizitheit des Textes zeigt sich in den gliedernden Adverbien *(zunächst, weiter, außerdem)*, den Personalpronomina des Senders und Empfängers, der Verb-Synonymik *(wir beschäftigen uns mit/ wir setzen uns auseinander mit/wir schauen in/hören Sie)*.

Bei Fernsehsendungen kann die Vorstrukturierung auch graphisch geleistet werden, z.B. – wie beim Heute-Journal – durch einen vorangestellten schriftlichen Themenkatalog.

In den elektronischen Medien probiert man alle denkbaren Formen der Vorstrukturierung aus. Die Printmedien liefern dafür die formalen Vorbilder. Doch hat die Schlagzeile in einem akustischen (bzw. audiovisuellen) Medium semiotisch und kommunikativ gesehen einen ganz anderen Status als im graphischen Medium.

Die bloße Aufreißer-Funktion hat im akustischen Bereich weniger Sinn als im graphischen: Der unmittelbare Zusammenhang zwischen Schlagzeile und zugehörigem Text ist im graphischen Medium gewährleistet, im akustischen kann jedoch eine zeitliche Lücke dazwischen liegen, die den Aufmerksamkeitseffekt u.U. wieder zunichtemacht. In den Printmedien hat sich ein vielfältig variierbares Zusammenspiel von Schlagzeile–Untertitel und Textabschnitten in verschiedenen Schrifttypen und Größen herausgebildet (bestimmte Muster von „Phänotypen" nach Kniffka 1980). Der an das jeweilige Muster „seiner" Zeitung gewöhnte Leser kann sich auf diese Weise rasch orientieren und seine Lektüre beliebig mehr oder weniger vertiefen. In den akustischen Medien muß der Rezipient warten, bis die Meldung, die ihn allenfalls interessiert, wirklich kommt. Im akustischen Medium ist der primäre Sinn der Schlagzeile sicher die Vorstrukturierung und Vorinformation. Das Beispiel (d) zeigt den Versuch, etwas den Printmedien immerhin Analoges auch im akustischen Medium zu verwirklichen: Aufmerksamkeit zu wecken und gleichzeitig bereits zu informieren.

1.2 Verknüpfung der Teile der Sendung

Bei Nachrichtenmagazinen ist diese Funktion oft nur dadurch realisiert, daß nach einem Filmbeitrag (TV) oder einem Korrespondentenbericht per Telefon (Radio) wieder der Moderator auftritt/spricht und durch sein bloßes Erscheinen bzw. seine Stimme den Wechsel der Thematik anzeigt, allenfalls durch stereotype Formulierungen unterstützt wie *Wir kommen zu Inlandmeldungen* (Morgenjournal, Radio DRS, 16.6.79) oder *Und wir geben gleich weiter zu U.L., der für Sie die Sportmeldungen redigiert hat* (Morgenjournal, 14.6.79), oder einfach *Themenwechsel* (Tribüne der Zeit, SWF 1, mehrfach). Auch die eingeschobene Zeitansage kann als Gliederungssignal und Signal für „neuer Beitrag“ gelten:

Die Zeit: bald 7 Uhr und 6 Minuten. Im Nationalrat haben die Bundesräte (...) die Notwendigkeit unterstrichen (...).
(Morgenjournal, Radio DRS, 19.6.79)

Meist aber sind die Signale kumuliert:

Soweit die politischen Meldungen. Es ist jetzt 6 Minuten nach 7. Kurz sind heute auch die Neuigkeiten vom Sport. Es berichtet A. B.: (...)
(Morgenjournal, Radio DRS, 20.6.79)

Zwischendurch ein Blick auf die Uhr: es ist genau 7 Uhr und ja und 6 Minuten. Wir kommen zum Inland (...)
(Morgenjournal, Radio DRS, 10.3.80)

Auch saloppe Verknüpfungen kommen vor, etwa so:

Ein Blick auf die Uhr: es ist 7 Uhr und 10 Minuten. Von der garstigen Politik nun zu den lichteren Gefilden des Sports.
(Morgenjournal, Radio DRS, 11.3.80)

In andern Arten von Magazinen leistet der Moderator bei verbindenden Passagen gelegentlich mehr als die bloße Indizierung des neuen Beitrags. Im „Auslandsjournal“ (ZDF, 3.10.81) verknüpft der Moderator einen Bericht über Haushaltkürzungen in den USA und einen über die Wallstreet folgendermaßen:

Inzwischen ist es klar, daß weiter – und zwar ziemlich kräftig – gekürzt werden muß, wenn Reagan sein Ziel erreichen will, bis 1984 einen Haushalt ohne Defizit vorzulegen. Aber wo? Im sozialen Bereich wird es schwierig, sogar in seiner eigenen Partei mehren sich die Stimmen, die davor warnen, den Bogen zu überspannen. Und im Verteidigungshaushalt soll doch nicht gekürzt werden, im Gegenteil, Amerika rüstet auf. Ist es da ein Wunder, wenn selbst in Kreisen, die einem republikanischen Präsidenten von Natur aus wohlgesonnen sind, Skepsis wächst? (...) An der Börse, an der Wallstreet zum Beispiel (...)

Hier liegt die inhaltliche Verknüpfung nahe, da die Beiträge in geographischem und sachlichem Zusammenhang stehen.

Eine ähnlich bequeme inhaltliche Verknüpfung ermöglichen zwei Meldungen über Geiselnahmen (im Inhaltsverzeichnis bereits miteinander verknüpft: „Die UNO-Untersuchungskommission reist aus Iran ab, ohne mit den in der besetzten US-Botschaft gefangengehaltenen Geiseln sprechen zu können. Die Verwirrung ist komplett. – Keine Fortschritte nach 12 Tagen auch in der Geiselaffäre von Bogota."):

[Nach der an die vorhergehenden Meldungen nicht explizit angeschlossenen Meldung über Bogota:]
Das Ganze erinnert an Teheran, auch hier im Moment eine auswegslose Situation, die auch für die nächsten Tage kaum Hoffnungen aufkommen läßt. Aus Bogota unser Lateinamerikakorrespondent XY: (...)
(Morgenjournal, Radio DRS, 11.3.80)

Man beachte den augenfälligen Unterschied zwischen moderierten Nachrichtenmagazinen und dem Standardtyp von Nachrichten (vgl. S. 106): dieser vermeidet jegliche Verknüpfung der Meldungen – auch dort, wo sie sich geradezu anbieten würde –, jene suchen Verknüpfungsmöglichkeiten, wo immer sie zu finden sind. Im Notfall greift man auch zu äußerlichen Verfahren, beispielsweise zu einer bloß lexikalischen Verknüpfung durch ein Stichwort, das nicht unbedingt das Hauptthema des Beitrags treffen muß:

(...) unter dem Motto, verkürzte Lebensarbeitszeit ist auch Geld. Um Geld (...) geht es auch bei unserm nächsten Thema. (Plusminus, ARD, 3.10.81)

Die Verknüpfung kann auch über Phraseme (vgl. S. 150f.) oder auch über Einzellexeme verlaufen, womöglich noch wortspielerisch über die Polysemie des Wortes. (Im Gegensatz zu den Begleitprogrammen wird diese Technik in Nachrichtenmagazinen sparsam verwendet, s.u. S. 200f.) Ein Text wie der folgende, wo bereits das einleitende Inhaltsverzeichnis eine inhaltliche Verknüpfung leistet, und zwar auf einer durchgehend metaphorisch-phraseologischen Ebene, ist ein Extremfall:

Das Stichwort „*Druck*" könnte man recht eigentlich als Überschrift über unsere heutige Ausgabe setzen. Bundesrat Gnägi hat unter dem *Druck* der nationalrätlichen Militärkommission den noch verbleibenden Kredit von 120 Millionen Franken für die Herstellung der 4. Panzer 68-Serie gesperrt. Nach nur 2monatiger Amtszeit ist der Ugandische Präsident Ulule unter dem *Druck* seiner innenpolitischen Gegner zurückgetreten. Vietnam will dem weltweiten *Druck* zur Einführung einer Flüchtlingskonferenz nicht nachgeben.
Und auch im Fußball haben die Servettiens die Young Boys unter *Druck* gesetzt und das noch nie Dagewesene geschafft: nach Ligacup und Meistertitel stehen sie nun seit gestern Abend auch als Cupsieger fest.
Und auch der Wetterbericht spricht von einem Hoch-*Druck*-Gebiet...

Durch die heutige Sendung begleiten Sie übrigens G. S. und E. v. K.
(Morgenjournal, Radio DRS, 21.6.79)

1.3 Zusammenfassung

Das Pendant zur Vorstrukturierung ist die Zusammenfassung am Ende der Sendung. Eine Zusammenfassung kann zwei Funktionen haben: (1) demjenigen, der die Sendung gehört hat, noch einmal die wichtigsten Punkte in Erinnerung zu rufen; (2) dem „Zufallshörer", der die Sendung irgendwann, vielleicht erst am Ende, eingeschaltet hat, wenigstens eine knappe Übersichtsinformation zu liefern. Das „Morgenjournal" (Radio DRS) z.B. praktiziert diesen Service. Dabei ist es offenbar journalistische Ehrensache, daß die Rekapitulation nicht einfach eine Wiederholung des vorstrukturierenden Textes ist, sondern mindestens stilistisch neuformuliert wird. Meistens ist die Schlußzusammenfassung ausführlicher – nicht in der Form von Schlagzeilen, sondern eher als Kurznachrichten. Und während die Vorstrukturierung primär Aufmerksamkeit wecken und allenfalls stichwortartig vorinformieren will, enthält die Zusammenfassung stärker interpretative Elemente. Man vergleiche:

Anfang:
Präsident Reagan ernennt den bisherigen Nahost-Sonderbotschafter Robert McFarlane zu seinem neuen nationalen Sicherheitsberater.

Schluß:
Der neue amerikanische Sicherheitsberater heißt Robert McFarlane. Politische Beobachter sehen in dieser Ernennung eine mögliche Mäßigung der amerikanischen Außenpolitik.
(Morgenjournal, Radio DRS, 18.10.83)

In der Einleitung knüpft der Text an die durch das Nachrichtenkontinuum gegebene Vorinformation an *(den bisherigen...)*, am Ende wird nur noch das Neue formuliert. Darüber hinaus enthält die ausleitende Formulierung aber noch die Kurzfassung der Deutung des Vorgangs, die ausführlicher in einem Korrespondentenbericht dargelegt worden war. Dem Hörer, der die Nachrichten gehört hat, sollen als Erinnerungsstichworte sowohl das neue Faktum als auch dessen potentielle Deutung mitgegeben werden, und der Hörer, der zu spät eingeschaltet hat, bekommt wenigstens Stichworte vermittelt, die ihn anregen können, sich später und eventuell in einem anderen Medium genauer zu informieren.

1.4 Verknüpfung der Sendung mit anderen Sendungen

Da auch eine Magazinsendung nur in einem gewissen Rahmen Hintergründe, Kommentare etc. vermitteln kann, werden besonders aktuelle oder wichtige Themen in anderen Sendungen als Hauptthema noch einmal aufgegriffen. In diesen Fällen ist es selbstverständlich Aufgabe des Moderators, dem Hörer die Verknüpfung der zusammenhängenden Sendungen zu erleichtern.

Die „bloß" strukturellen Verfahren haben natürlich auch einen pragmatischen Aspekt: sie dienen ja dazu, dem Empfänger den Aufbau und Zusammenhang der Sendung verständlich zu machen und ihm das Behalten des besonders Wichtigen zu erleichtern. Insofern könnte man hier auch von „didaktischen" Verfahren sprechen. (Daß auch der Empfänger diese Intention als solche versteht, zeigt sich z.B. an Hörerreaktionen auf die Neustrukturierung des „Morgenjournals“: Als man die Schluß-Zusammenfassung einführte, wehrten sich Hörer gegen diese „Überdidaktisierung“, weil sie sich „für dumm verkauft“ fühlten. Die Redaktion hat sich von solchen Äußerungen allerdings nicht beeindrucken lassen.)

2. Interpretative Funktionen

Die interpretative Rolle des Moderators zeigt sich schon in der schlichten Information, ob der Empfänger lang oder kurz, aufmerksam oder weniger aufmerksam zuhören soll (*Durch die heutige, eher kurze Sendung führen Sie...*, Morgenjournal, Radio DRS, 20.6.79; *Eine reich befrachtete Sendung erwartet Sie heute*, Morgenjournal, 19.6.79).

Stärker interpretativ verhält sich der Moderator, wenn er die Beiträge untereinander gewichtet:

Ein Hauptthema bringt das heutige Journal. Und was könnte es anderes sein als der Wirbel um den Panzer 68? Die Enthüllungen über die Mängel des Panzer 68 werden nämlich zum brisanten Politikum.
(Morgenjournal, Radio DRS, 13.6.79)

Oder wenn er – in schönem Understatement – über die Attraktivität der ganzen Sendung philosophiert:

Schönen guten Abend, meine Damen und Herren. Ich weiß nicht, warum Sie an einem solch schönen Tag vor dem Fernseher sitzen. Ich wage auch kaum zu hoffen, daß es an der Attraktivität dieser Sendung liegt, aber was für Gründe Sie immer haben mögen, seien Sie herzlich willkommen hier bei der Abendschau. Nach der Art des Hauses beginnen wir mit den Nachrichten. Es gibt schließlich nicht nur Berichtenswertes in der Wélt, es gibt auch Neues aus dem Lánde.
(Abendschau, SWF, 14.5.79)

Zu einem „progressiven“ Journalismus, der seine Karten offen auf den Tisch legt, gehört auch ein mindestens gelegentlicher Verweis auf die Quellenlage:

Nach der Fülle an Überraschungen, Enthüllungen und Skandalen der letzten Tage scheint heute im Informationsbereich eine gewisse Ruhe Einkehr zu halten. Die spärlichen Neuigkeiten beschränken sich in etwa auf

die weiterhin anhaltenden Kämpfe in Nicaragua sowie vermehrten Widerstand im amerikanischen Senat gegen Carters MX-Raketen-Programm. Im sportlichen Bereich dagegen war gestern abend einiges los (...)
(Morgenjournal, Radio DRS, 14.6.79)

Schon vor der Erfindung des Moderators war es Gepflogenheit der Nachrichtenredakteure, bei unklarer oder widersprüchlicher Quellenlage mit entsprechenden Formeln (*Wie aus unbestätigter Quelle verlautet*... o.ä., vgl. S. 118) die Glaubwürdigkeit der Meldung zu relativieren – eine Maßnahme der Vorsicht ebenso wie der journalistischen Ethik. Vom Moderator aber wird mehr gefordert. Mukkenhaupt z.B. postuliert im Namen der Verständlichkeit und der Informativität der Nachrichtenmagazine eine „reflexive, quellen- und problemorientierte Berichterstattung“, und in diesem Zusammenhang schlägt er folgende Maßnahmen vor:

„1. die Darstellung der eigenen redaktionellen Gesichtspunkte bezüglich der Relevanz, der Aktualität und der Informativität von Nachrichtenbeiträgen,

2. die Darstellung der Nachrichtenlage und der Quellenlage dort, wo sie für das Verständnis notwendig ist (...), einschließlich der Darstellung kontroverser Sichtweisen,

3. die Darstellung der Gesichtspunkte, unter denen ein Nachrichtenthema redaktionell bearbeitet worden ist.“

(Muckenhaupt 1981, 235f.)

Als ein Beispiel solcher „quellenorientierter Berichterstattung“, das zwar „noch nicht ausgereift“ (238) sei, aber doch in die richtige Richtung weise, zitiert er den Text der Tagesschau DRS vom 10.1.80. (Damals befand sich die Tagesschau in einer experimentellen Phase, in der man einen neuen Strukturtyp – mit Moderation – ausprobierte. Das Experiment wurde aber bald wieder abgebrochen. Für 1984 plant man nun neuerlich die Einführung eines Moderators, allerdings bei etwas anderer Gesamtkonzeption.)

1. Moderation (Peter Achten)

Meine Damen und Herren. Guten Abend.
Die Nachrichten wie jeden Tag in großer Fülle und aus verschiedenster Quelle haben heute wenig Hervorragendes gebracht und dennoch – folgende Themen haben wir als Schwerpunkte ausgewählt:

Afghanistan: Eine Sondersitzung der UNO-Generalversammlung beginnt etwa in anderthalb Stunden.
Iran: Folterbericht des Internationalen Komitees vom Roten Kreuz IKRK. Dazu ein Korrespondentenbericht.
Und Bern: Alle Jahre wieder, Neujahrsempfang für Diplomaten.

Zu unserem 1. Beitrag – Afghanistan

Entscheidendes ist heute, bis zur Stunde wenigstens, weder auf militärischer noch auf diplomatischer Ebene passiert. Doch, das Thema ist höchst brisant, interessiert also. Guido Wüest hat heute das Thema ‚Afghanistan' von der Redaktion aus bearbeitet. Hier sein Bericht:

2. Studiobericht (Guido Wüest)

Heute abend, um 21 Uhr mitteleuropäischer Zeit, tritt die UNO-Vollversammlung zu einer Sondersitzung über die sowjetische Intervention in Afghanistan zusammen. Das wurde an dieser Sitzung des Sicherheitsrates von gestern abend beschlossen. Gegen die Stimmen der Sowjetunion und der DDR. Der Vollversammlung liegt der gleiche Antrag vor, der im Sicherheitsrat durch das Veto der Sowjets blockiert worden ist. Es wird der Abzug aller Truppen aus Afghanistan gefordert. Die Vollversammlung kennt kein Veto, hat aber auch keine Möglichkeit, Beschlüsse durchzusetzen. Das ist beinahe die einzige Meldung zu Afghanistan, die heute zugleich neu, wichtig und sicher ist. Natürlich erhalten wir Journalisten auch heute wieder sehr viele Nachrichten aus aller Welt zu Afghanistan, Ergänzungen, Details, Spekulationen, Meinungen. Mit Sicherheit ein klares Bild zu geben, ist uns von hier aus nicht möglich.

Zur Lage in Afghanistan: Von einem BBC-Korrespondenten stammen diese Bilder. Mit Lautsprechern wird die Bevölkerung in Kabul aufgefordert, sich keine Sorgen zu machen. Die Russen seien nur da, um die Sicherheit der Einwohner zu gewährleisten. Nachrichten der Agentur Reuter: Um Kabul werde der Verteidigungsring der Sowjets ausgebaut. Die Agence France Press meldet Details über die Besatzungstruppen: Von den 80 bis 85 Tausend russischen Soldaten in Afghanistan sollen 40 % Katschiken sein, 25 % Usbeken und gleichviel Turkmenen. Zusammen also 90 % direkte Nachbarn der Afghanen. Der Widerstand der Rebellen habe zugenommen, melden andere Quellen. Im weiteren erreichen uns viele Nachrichten aus aller Welt. US-Präsident Carter hat nun alle Ausfuhrgenehmigungen für die Lieferung technischer Erzeugnisse und Verfahren an die Sowjets gestoppt. In den USA selber fällt der Preis für Getreide bedenklich, nach der Kürzung der Lieferung an die Sowjetunion. Moskau wirft den USA und China Unterstützung der afghanischen Rebellen vor. China und die USA wollen ihre Kontakte im militärischen Bereich ausbauen und vertiefen, wird

gemeldet. Das sind Beispiele von vielen Teilen, die uns heute erreicht haben, mit denen wir arbeiten müssen. Eine Übersicht ist auch für uns erst später möglich.
(nach Muckenhaupt 1981b, 236f.)

In dieser extremen Ausprägung produziert die „quellenorientierte Berichterstattung" meines Erachtens mehr Desinformation als Information. Es geht wohl nicht an, wenn die Redakteure – in zweifellos gutgemeinter Reflexion ihrer eigenen Rolle – nicht mehr den Mut aufbringen, ihre Quellen selber zu verarbeiten und dem Zuschauer ein übersichtliches Bild der Lage zu vermitteln (dazu gehört natürlich gegebenenfalls die Information, daß die Lage unübersichtlich ist). Wie Nachrichten zustandekommen, das kann sinnvollerweise nur punktuell – dort wo es sich von der Nachrichtenlage her zwingend anbietet – durch die Moderation transparent gemacht werden. Im übrigen aber meine ich, daß man einem Nachrichtenmagazin nicht auch noch die Aufgabe zuweisen kann, seine eigenen Produktionsbedingungen ständig offenzulegen. Das wäre Aufgabe der Medienpädagogik, und – innerhalb der Medien selbst – Aufgabe medienkritischer Sendungen.

Im Zentrum der interpretativen Funktionen des Moderators steht der Versuch, sich in die Perspektive des Rezipienten zu versetzen, seine Interessen zu antizipieren, seinen Wissensstand zu simulieren und seine Fragen zu stellen. Eine schwer lösbare Aufgabe, da das unmittelbare Feedback fehlt. Gleichwohl wird vieles getan, was mindestens in diese Richtung weist. Folgende Aspekte dieser Moderator-Rolle lassen sich etwa unterscheiden:

(a) Zu erinnern ist hier zunächst an die Leistungen, die der Moderator vor allem bei Nachrichtenmagazinen in Anknüpfung an bekannte Textsorten erbringt: Hintergrund liefern und vorläufige (Kurz-)Kommentare formulieren (s.o.S. 149f.). Das ist ein „Service", der dem Rezipienten erlaubt, die Nachrichten und Beiträge einzuordnen, in ihrer Relevanz einzuschätzen und in allgemeinere Zusammenhänge einzuordnen. Über diesen allgemeinen Service hinaus lassen sich Verfahren beobachten, mit denen der Moderator sich explizit in die Perspektive des Rezipienten versetzt:

(b) Der Moderator „holt" die Rezipienten im eigenen, persönlichen Umfeld „ab“, er knüpft an (potentielle) Erfahrungen von jedermann an:

Spanien. Wir berichten heute im Auslandsjournal aus Andalusien, von dort also, wo es so ganz typisch spanisch zugeht: in der Musik, im Tanz, auch im Stierkampf. Kein Tourist kann die schönen alten Bauten Sevillas übersehen und die Grandezza, mit der man hier zu Pferde sitzt. Das ist aber nicht unser Thema. G. M. ist aufs Land gefahren, um den Gründen für die kritische Lage der Landarbeiter nachzugehen.
(Auslandsjournal, ZDF, 25.9.81)

Obwohl also die präsupponierten Erfahrungen des Rezipienten mit Andalusien oder Spanien allgemein nichts mit dem Thema zu tun haben, werden sie eingebracht.

(c) Der Moderator knüpft an Erzählerfahrungen (Krimi, Spionageroman) an, die auf das nicht von vornherein spannende Politthema „suspense“ übertragen:

Am Nachmittag des 2. Juni flüchtet Klaus-Dieter Rauschenbach über den Eisernen Vorhang. Rauschenbach ist Oberstleutnant, Kommandeur des Grenztruppenregiments Florian Geier, der ranghöchste Offizier, der je aus der DDR in die Bundesrepublik gekommen ist. Doch zwei Tage später – kurz vor Mitternacht – kehrt Rauschenbach in einem Ostberliner Wagen in die DDR zurück. Warum? Wilfried Böhm hat eine Rekonstruktion des Falles Rauschenbach versucht (...)
(Report, ARD, 22.9.81)

Flucht über die Grenze, mysteriöse Rückkehr, vor Mitternacht, ranghoher Offizier als Agent? – lauter Versatzstücke des Spionagethrillers, mit denen das Politthema verkauft wird.

(d) Integraler Bestandteil des Sendungskonzepts ist das Anknüpfen an Rezipienteninteressen bei den Verbrauchermagazinen; hier werden Wirtschaft, Ökonomie, Technik nicht aus der Sicht der Produzenten, sondern prononciert aus der Perspektive des Verbrauchers behandelt, z.B.:

(Thema Heizkessel): und ein Bekannter von mir hat gesagt, als ich ihm erzählte, daß wir heute abend uns mit neuen Heizkesseln beschäftigen: Mein Heizkessel, der ist 10 Jahre alt, der tut's immer noch, der läuft immer noch gut. Nun – der läuft sicher noch gut, aber ob er wirtschaftlich läuft, das ist die Frage. (Markt, S 3, 12.11.82) (vgl. S. 279f.)

Das Interesse wird von einem „Bekannten" formuliert, einem Bekannten des Journalisten in der Rolle des Menschen „wie du und ich", des durchschnittlichen Rezipienten. Zur Formulierung der Sendungsthematik schlüpft der Redakteur dann übergangslos in die Rolle des Informationsprofis, der mehr weiß, bzw. der weiß, wo er sich die Informationen beschaffen kann *(das ist die Frage)*.

Wenn der Moderator zu wählen hat, ob er sich auf die Seite der wenigen „Großen" oder der vielen „Kleinen" schlagen soll, so wird er im Normalfall das Letztere wählen. Diese „kritische" Attitüde findet man in Magazinen aller Art:

Wir müssen uns leider einem weit weniger kurzweiligen Thema zuwenden: Unternehmer – verschenkt seinen Betrieb. Mit solchen Schlagzeilen kann man sich ins Gespräch bringen, wie jener Unternehmer aus Schopfheim bei Lörrach. So ein Angebot ist entweder eine sozialpolitische Sensation – oder es hat einen Haken. Die rund hundert Arbeiter, die von dieser scheinbaren Großzügigkeit überfallen werden, tun jedenfalls gut daran, diesem geschenkten Gaul sehr genau ins Maul zu schauen. Machen Sie sich doch am besten selbst ein Bild, ob Sie sich von diesem südbadischen Ehrenmann – sein Fabrikle schenken lassen möchten. Über die Hintergründe informiert Sie (...)
(Abendschau, SWF, 14.5.79)

sich selbst ein Bild zu machen, kann sich der Zuschauer nach dieser Einführung eigentlich ersparen. Mit einer Massierung von evaluativen Signalen nimmt der Moderator Partei für und gegen. Das Thema ist schon *wenig kurzweilig* (warum eigentlich? auch ein ärgerliches Thema kann kurzweilig gestaltet sein). *sich mit Schlagzeilen ins Gespräch bringen,* das tut kein wirklicher Ehrenmann. Die Großzügigkeit ist *scheinbar,* also bleibt von der vorhergehenden Alternative nur der *Haken.* Dann ist es noch ein *geschenkter Gaul* – das *Fabrikle,* und wenn man dem *sehr genau ins Maul schaut,* was sieht man da wohl? Ob dann der *Ehrenmann* am Schluß wirklich noch ein Ehrenmann ist, ist dann keine Frage mehr.

Auch in außenpolitischen Zusammenhängen ist der Perspektivenwechsel ein beliebtes moderatives Verfahren: Ein Beitrag, der sich ausdrücklich mit den sozusagen privaten Folgen der Haushaltskürzungen in den USA befaßt, wird mit einem Blick auf die Gesamtwirtschaft der USA eingeleitet. Dann schwenkt der Blick auf den einzelnen, und der Perspektivenwechsel ist vollzogen:

Was bedeuten diese Kürzungen nun für die Menschen, die davon betroffen werden? Hier das Wichtigste: 29 Millionen Amerikaner werden mehr als bisher für ihre ärztliche Versorgung zahlen müssen. 10 Millionen Studenten wird der Kredit verweigert, mit dem sie ihr Studium finanzieren. (...)
(Auslandsjournal, ZDF, 3.10.81)

(e) Bei Nachrichtenmagazinen – mit ihrem relativ geringen Spielraum für den Moderator – zeigt sich die Umkehr der Perspektive vor allem im stilistischen Kontrast Moderation/Meldung. Die Meldungen sind aus der Optik der großen Politik, der Institutionen etc. verfaßt. Der Moderator aber kann und will es sich leisten, die Sache sozusagen vom anderen Ende her anzusehen.

Einen Korrespondentenbericht über die dreitägige Gipfelkonferenz Carter/Breschnew in Wien leitet der Moderator so ein:

Carter und Breschnew als Marzipanfiguren auf fetten Torten, Amy Carter beim Spiel im Prater, Rosalyn in der Hofreitschule, Jimmy Carter beim Gottesdienst und – Leonid Breschnew – mit aufgequollenem Gesicht und unsicherem Gang. Vorher, dazwischen und nachher – jede Menge Spekulationen – der Hunderte von Journalisten. Und nun also heute mittag die feierliche Unterschrift unter jénen Vertrag, der von beiden Seiten schlicht als – „realistisch" bezeichnet wird. Aus Wien hören Sie unseren Sonderkorrespondenten R. P.
(Morgenjournal, Radio DRS, 18.6.79)

Was die Großen und ihre Familienangehörigen als Privatleute tun, was für Beschwerden auch sie haben, wie sie essen gehen, Gerüchte, Klatsch, das interessiert vielleicht nicht nur Leute, die sonst allenfalls die Regenbogenpresse lesen. Das interessiert die meisten Rezipienten mindestens unmittelbarer, als es die sehr abstrakten politischen Verhandlungen und Verträge tun. *fette Torten, aufgequollenes Gesicht, jede Menge Spekulationen* – das gehört nicht nur in eine andere Welt als die der großen Politik, das ist auch sprachlich ein anderes Genre als die Begrifflichkeit der Nachrichtenmeldungen.

Natürlich läßt man sich in Nachrichtenmagazinen nicht auf das Niveau der Regenbogenpresse herab, sondern übernimmt allenfalls ironisierend die Perspektive desjenigen, der wenigstens für Augenblicke teilhaben möchte am Glanz der Großen dieser Welt:

[Zum Besuch des spanischen Königspaars in der Schweiz:]

Könige sind rar geworden. Und wenn dann gar ein Monarch zu einer offiziellen Staatsvisite bei uns eintrifft, darf man sich auf ein üppiges Programm gefaßt machen. Um so mehr als offizielle Besuche – nur noch selten stattfinden. Da gibt es Empfänge mit sämtlichen Bundesräten, mit allen Botschaftern, ein Militärprogramm – und der obligate Spitalbesuch der Königin. (...)

Kurz vor 4 Uhr (...) können besónders Neugierige auf dem Bundesplatz einen Blick auf die blaublütigen Hoheiten werfen. (...)
(Morgenjournal, Radio DRS, 19.6.79)

Eine andere Nuance des gleichen Verfahrens bietet der folgende Text, wo die beiden Mächtigen unerwartet als *Invalide* charakterisiert werden, im einen Fall im wörtlichen, im anderen im metaphorischen Sinn:

Wenn sich heute die beiden mächtigsten Männer der Welt zum ersten Mal treffen – die eigentlichen Gespräche beginnen ja erst morgen – dann stehen sich, wie dies die Berliner Morgenpost analysierte, zwei *Invalide* gegenüber. Ein US-Präsident, der innenpolitisch schwer angeschlagen ist, und ein sowjetischer Staats- und Parteichef, der gesundheitlich nicht, nicht mehr auf dem Damm ist.
(Morgenjournal, Radio DRS, 15.6.79)

Bezeichnend, daß die Radioredaktion diesen gewagten Perspektivenwechsel nur zu vollziehen wagt, indem sie sich auf einen Presse-Artikel beruft. Die Presse kann sich in solcher Hinsicht natürlich mehr leisten als ein Monopolmedium mit seinen vielen institutionellen Zwängen.

(f) Im Interesse des Rezipienten stellen Moderatoren das „offizielle“ Deutsch der Politiker und Institutionen nicht selten ausdrücklich in Frage:

Vor unserem ersten Beitrag, liebe Zuschauer, möchte ich gleich eines vorwegnehmen: es geht uns nicht darum, die Bevölkerung – in und um O. in Panik zu versetzen. Aber es ist nicht sehr beruhigend, was da jetzt eine kleine Anfrage des Karlsruher Abgeordneten D. S. im Landtag zu Tage gefördert hat. Nämlich – erhebliche Zweifel an der Qualität des Materials,

das für einige Teile des Reaktors O. verwendet wurde. Auch gibt es bei der Instandhaltung dieses Kernkraftwerks, übrigens eines der ältesten im Land, merkwürdige – Verzögerungen. In seiner Antwort gab das Gesundheitsministerium in noblem Bürokratendeutsch immerhin zu, daß – Radioaktivität – kontrolliert an die Umgebung abgegeben worden sei, übte sich im übrigen aber in Beschwichtigungen,̂ und solche vergiften bekanntlich seit Jahr und Tag das Klima der Auseinandersetzungen – um die – Atomenergie. M. F. hat versucht herauszufinden, was nun wirklich faul ist oder – unter Materialermüdung leidet – im Kernkraftwerk O.
(Abendschau, SWF, 10.5.79)

Den Formulierungen in *noblem Bürokratendeutsch* setzt der Moderator den angekündigten Bericht als Recherche entgegen, die zeigt, was hinter den beschwichtigenden Formulierungen steckt und wie es *wirklich* ist.

(g) Der Moderator versucht sich in die Lage dessen zu versetzen, der nicht professionell vorinformiert ist. Er bemüht sich also, das allenfalls fehlende Vorwissen zu ergänzen, das für das Verständnis des Beitrags nötig ist. Die – nicht beantwortbare – Frage ist dabei natürlich, wo der Stand des Vorwissens beim Rezipienten angesetzt werden soll (vgl. S. 264 ff.). Entsprechend verfährt jeder Moderator nach seinem Ermessen, gibt bald mehr bald weniger zusätzliche Informationen. Relativ klar ist es im folgenden Beispiel, daß ein Moderator in der Bundesrepublik einen Beitrag über politische und polit-personelle Verhältnisse in Italien relativ ausführlich mit biographisch-historischer Information einführen muß (In der Schweiz würde das wahrscheinlich weniger ausführlich geschehen.):

Guten Abend, meine Damen und Herren. Das ist ein ungewöhnlicher Präsident,̂ der heute in Rom seinen 85. Geburtstag begeht. Pertini übt sein Amt in einem Staat aus, der von Krisen und Katastrophen gebeutelt wird und von Terroristen. Er aber tritt unbeirrt ein für diesen Staat und die Demokratie – und tut das alles mit einer stillen Bescheidenheit, mit der Erfahrung des Mannes,̂ der in den Gefängnissen Mussolinis gesessen hat und dessen Bruder in einem deutschen Konzentrationslager umkam. Was sonst die italienischen Politiker so oft kennzeichnet, die Anpassungsfähigkeit um jeden Preis, das fehlt Alessandro Pertini gänzlich. Typisch, daß er in drei Jahren seiner Amtszeit nicht weniger als 39 000 Studenten empfing, um sich über ihre Probleme zu informieren, die auch die Probleme Italiens sind. Pertini weiß genau, wie tief die Kluft zwischen den etablierten Parteien und

der Jugend in Europas Demokratien ist. Er nimmt es nicht hin. Beobachtungen von K.-H. S.
(Auslandsjournal, ZDF, 25.9.81)

(h) Die einfachste Möglichkeit – allerdings nicht häufig genutzt –, sozusagen in die Rolle des Rezipienten zu schlüpfen, ist das Anknüpfen an allgemein-menschliche Erfahrungen oder Meinungen, an das, was man in der Rhetorik „topische Argumentation" nennt, also an Gemeinplätze, stereotype bekannte Zitate etc., wie im folgenden Text (mit Anklang an Biblisches):

Die wo zvil händ, zum Bispil Gäld, *sölled das dene gee, wo zwenig händ.* Uf die *eifach Formel* reduziere laat sich viles, im Prinzip eigentlech auch de Sinn vonere staatliche Gmeinschaft, konkreet: Mer kenned i de Schwiiz s Inschtrument vom Finanzusgliich, en Umverteilig vo Gäld uf verschidene Ebene, ond dass de Finanzusgliich vor allem ebe im Verhältnis Bund/Kantöön immer wider zu Diskussioone Aalass git, isch mindeschtens e so alt und bekannt wie de Finanzusgliich sälber. (...)

Übersetzung
Text Diejenigen, die zuviel haben, z.B. Geld, sollen das denen geben, die zuwenig haben. Auf diese einfache Formel reduzieren läßt sich vieles, im Prinzip eigentlich auch der Sinn einer staatlichen Gemeinschaft, konkret: Wir kennen in der Schweiz das Instrument des Finanzausgleichs, eine Umverteilung von Geld auf verschiedenen Ebenen, und daß der Finanzausgleich vor allem eben im Verhältnis Bund/Kantone immer wieder zu Diskussionen Anlaß gibt, ist mindestens so alt und bekannt wie der Finanzausgleich selber. (...)

(Regionaljournal, Radio DRS 1, 24.4.81)

3. Pragmatische Funktionen

In den Wortmagazinen ist die pragmatische Funktion des Moderators auf der Textebene von nur geringer Bedeutung. Daß er explizit von sich spricht, oder von seinen Kollegen, von der ganzen Redaktion, ist nicht die Regel. Es kommt vor unter besonderen Umständen, z.B. wenn eine Redaktion sich zu rechtfertigen, zu entschuldigen oder etwas richtigzustellen hat:

Meine Damen und Herren, zum Schluß noch eine Erklärung in eigener Sache. Report hat im Dezember vergangenen Jahres über staatsanwaltschaftliche Ermittlungen gegen Josef Ertl berichtet. Jetzt haben die Staats-

anwaltschaft in Bonn und die Staatsanwaltschaft in Wiesbaden mitgeteilt, Ertl sei voll rehabilitiert. (...) Report hält es für selbstverständlich, meine Damen und Herren, Sie über dieses Ergebnis der Ermittlungen zu unterrichten.
(Report, ARD, 22.9.81)

Die formelhaft so benannte *Erklärung in eigener Sache* wird nicht wegen Lappalien abgegeben. Der Rezipient erwartet unter diesem Titel Wichtiges, Brisantes, vielleicht Peinliches.

(Auf der paraverbalen und nonverbalen Ebene hingegen tritt der Moderator als Person stärker in den Vordergrund: durch seine Stimme, sein Aussehen, seine Kleidung, seine Mimik und Gestik bietet er sich dem Rezipienten als „Markenzeichen" der Sendung an.)

Die Kontaktnahme mit dem Rezipienten ist bei den Wortmagazinen weitgehend auf die stereotypen Akte der Begrüßung und der Verabschiedung beschränkt. Weil sie nicht anders als stereotyp sein können, werden sie wenigstens sprachlich möglichst raffiniert variiert. Ich verzichte auf Beispiele und verweise nur auf die in deutschen Magazinen verbreitete (und wohl als besonders professionell eingeschätzte) Praxis, den Rezipienten erst zu begrüßen, nachdem man mit ein bißchen Information (z.B. einem Stück Film) schon seine Neugier geweckt hat.

6.1.2 Moderationsstile in verschiedenen Magazintypen

Nachrichtenmagazine heben sich – im beschriebenen Sinn – als ein eigenständiger, strukturell klar beschreibbarer Typ von allen anderen Typen ab. Da wir hier nicht die Möglichkeit haben, in extenso auch auf die anderen Strukturtypen einzugehen, seien aus der Perspektive der Moderation wenigstens einige auffallende Besonderheiten zusammengestellt. Unterschiede zwischen Moderationsstilen ergeben sich (1) durch unterschiedliche Produktionsbedingungen der Magazine, (2) durch die unterschiedlichen Zielgruppen.

Eine vergleichende Untersuchung an 6 Magazintypen (Leitung: H. Gantenbein, Publizistisches Seminar der Universität Zürich, nicht publiziert) ergab, daß die Moderation in Sportmagazinen auffällig stark auf die strukturellen Funktionen reduziert ist. Das hat seinen Grund zunächst in den Produktionsbedingungen. Sportmagazine werden erstens live moderiert und sind zweitens strukturell kompliziert angelegt (Korrespondentenberichte, Interviews im Studio und in Außenstationen, die via Monitor übertragen werden, Reportagen, das alles vor einem Publikum im Studio). Deshalb ist der Moderator häufig vollauf damit beschäftigt, das Geschehen unter Kontrolle zu halten und dem Zuschauer den bloßen Ablauf der Sendung durchsichtig zu machen.

Und wir mußten hier ein bißchen umbauen, und Sie werden sicherlich Verständnis haben, meine Damen und Herren, dafür, daß wir jetzt die Bundesligazusammenfassung und die kommentierenden Worte für den Bundesligatag heute von G. B. vorziehen.

oder:

Jetzt will ich mal bescheiden anfragen, ob wir mit dem Spiel Düsseldorf weitermachen. (Regie: Jawohl, das tun wir.) Ja, also Düsseldorf gegen VFL Bochum unsere nächste Reportage.
(Das aktuelle Sportstudio, ZDF, 26.9.81)

Ein ebenso wichtiges Motiv für diesen Moderationsstil ist das Bild, das sich die Redaktion von ihrem Zielpublikum macht. Sportinteressierte sind nicht als soziale Gruppe mit einem bestimmten Bildungsstand und klaren demographischen Merkmalen zu beschreiben. Sie werden zur Gruppe nur durch ihr Interesse am Sport. Sie gelten deshalb als stark motiviert und gut vorinformiert; man nimmt an, daß sie die Spielregeln kennen und das Fachvokabular verstehen. Damit entfallen für den Moderator einige der interpretativen Funktionen.

Auch in Kulturmagazinen besonders des Radios – die im übrigen gar nichts mit Sportmagazinen gemein haben – findet man eine solche spärliche Art der Moderation. Hier sind nicht die Produktionsbedingungen dafür verantwortlich zu machen, sondern primär die – unterstellten – Interessen der Zielgruppe. Das intendierte Publikum ist eine „Minorität", ein Kreis von Hörern, die stark am Thema interessiert, bestens vorinformiert sind und die allgemein über eine gehobene Bildung verfügen. Einem solchen Publikum muß nichts „vermittelt" werden, man muß sich nicht erst in seine Perspektive versetzen, da die Journalisten ein prästabiliertes Einverständnis mit ihrem Publikum über Kultur, kulturelle Themen und deren Behandlung voraussetzen. Die Beiträge in Kulturmagazinen wollen häufig mehr sein als bloße „Wegwerfprodukte", sie erheben einen – von der Presse her tradierten – feuilletonistischen Anspruch (vgl. S. 271). Für Moderation ist da kein Platz. Es wäre unfein, in sich geschlossene Kunst-Stücke auch noch ausführlich kommentieren, bewerten, verständlichmachen zu wollen. So bleibt denn – vor allem bei Radio-Kulturmagazinen – die Moderation auf die simpelsten strukturellen und pragmatischen Aufgaben beschränkt, also Begrüßung, Inhaltsverzeichnis, knappe Überleitungen und Verabschiedung. Daß die Moderation hier bewußt auf ein Minimum zurückgebunden ist, läßt sich an einer Gegenüberstellung ablesen: Die Schweizer Kultursendungen zu Theater, Literatur und Musik gehören (bzw. gehörten bis 1983) zu einer strukturellen „Schiene" des Abendprogramms in der zweiten Senderkette, die weitgehend auf Minoritäten ausgerichtet war und entsprechend niedrige Einschaltquoten aufwies. Die übrigen Sendungen dieser Schiene betreffen Probleme der Psychologie und der „Gesellschaft". Trotz gleicher Rahmenbedingungen sind nun diese Sendungen aber viel stärker und intensiver moderiert.

Dafür nur ein Beispiel, in dem ein psychologischer Beitrag über Einzeltherapien eingeführt wird. Hier geht es dem Moderator offensichtlich darum, dem Hörer, der es braucht, Hilfe anzubieten, indem er Schwellen zur Psychotherapie abbaut, und den Hörer, der es vielleicht nicht aktuell braucht, anzusprechen als einen Menschen, der ja sicher auch Ängste und irgendwo seelische Schwierigkeiten hat. Hier stehen ganz eindeutig die interpretativen Rollen des Moderators im Vordergrund, und dazu gehört hier auch die Funktion linguistischer Vermittlung von Fachvokabular an Laien.

Der letzte Satz der Einführung formuliert programmatisch, daß der ganze Beitrag aus der Perspektive des Rezipienten, insbesondere des vom Problem betroffenen Rezipienten gestaltet ist:

„phatische“ Funktion, bei der die Herstellung und Aufrechterhaltung des Kontakts zwischen den Kommunikationspartnern dominiert. Medienspezifisch ist dabei, daß die phatische Funktion sich primär als Unterhaltung ausprägt, ferner auch als „Service“, Beratung etc.

Aus der Machart der Begleitprogramme ergibt sich weiter, daß dem Moderator alle die strukturellen Funktionen übertragen werden, die wir bereits bei den Wortmagazinen beobachten konnten, darüber hinaus aber und sozusagen hauptamtlich die Funktion, Musik und Wortbeiträge miteinander zu verknüpfen.

Das Konzept erfordert vom Moderator einen (mehr oder weniger, je nach Sender) informellen Sprachstil. Bei einem dominant „phatischen“ Sprechen liegt die Gefahr der Geschwätzigkeit nahe. In den Anfängen der Magazine hatten die Moderatoren eine eminente Freiheit, mit der sie nicht umzugehen wußten. Heute ist die Freiheit zu einem großen Teil eingeschränkt durch relativ feste Strukturabläufe der Sendungen, in denen zu fixen Zeiten die Informations- und Serviceleistungen eingeplant sind. Eine Möglichkeit, die Begleitprogramme stärker zu gestalten, ist die Kooperation des Moderators mit einem Redakteur.

Bei Radio DRS wurden die Begleitprogramme der ersten Phase Ende 1978 umgestaltet – unter dem Eindruck vieler Hörerproteste und einer spürbaren Abwanderung der Hörer zu anderen Sendern. Die Umstellung wurde von einem bekannten Schweizer Medienre dakteur so kommentiert: „Das neue Konzept für die Moderation von Begleitprogrammen läßt den Sprechern nicht mehr jene unbeschränkten Freiheiten zur Persönlichkeitsentfaltung, wie das vor dem 23. November der Fall war. Unverbindlicher Plauderton, Anbiederungsversuche und hemdsärmelige Jovialität sind verpönt und haben einer Form der Sachlichkeit zu weichen. Damit soll verhindert werden, daß die Programmbegleitung in Geschwätzigkeit ausfranst. Die Zeit der Klatschtanten und Radioonkel, die ihre Hörer wie Nichten und Neffen um sich scharten und via Äther leutselig auf die Schulter klopften, ist vorbei.“ (Luzerner Neueste Nachrichten, 3. Januar 1979, Urs Jaeggi) Was hier für die Moderation im Schweizer Radio gesagt wird, gilt aber nicht durchwegs für andere Sender.

Wir haben sechs Begleitprogramme miteinander verglichen (6–8 Uhr, eine Woche lang): SWF 1, SWF 3, Ö Regional, Ö 3, DRS 1 und Radio 24 (Schweizer Privatsender). Davon wurden vier Programme quantitativ aufgeschlüsselt:

Obwohl die Begleitprogramme überall dem gleichen Grundkonzept folgen, sind sie im einzelnen doch recht unterschiedlich strukturiert und moderiert.

Der Musikanteil ist überall hoch:

DRS 1	69 %
Radio 24	68 %
Ö 3	56 %
SWF 3	51 %

Radio 24, Ö 3 und SWF 3 bringen Werbung, DRS 1 nicht. Anteil der Werbung an der Sendezeit:

Ö 3	15 %
SWF 3	13 %
Radio 24	5 %

Wenn man die Werbung abzieht, bleiben für Wortbeiträge:

SWF 3	36 %
DRS 1	31 %
Ö 3	29 %
Radio 24	27 %

Daß SWF 3 die meisten Wortbeiträge aufweist, hat einen konzeptionellen Grund: Das Begleitprogramm ist hier stärker auf tagesaktuelle politische Information (telefonische live-Interviews und telefonische Berichte vor allem) ausgerichtet als bei andern Sendern (s.u. S. 207).

Im übrigen ergeben sich die deutlichsten Differenzen zwischen dem ersten und dritten Programm des Südwestfunks. Darin dürfte sich eine bei allen Rundfunkanstalten heutzutage praktizierte Differenzierung ausdrücken zwischen einem eher „volkstümlichen" Programm mit breitem Angebot und einem besonders auf jüngere Hörer zugeschnittenen „flotten" Programm mit viel „Service" und viel Aktualität. (Seit Ende 1983 hat auch Radio DRS ein drittes

Programm, und auch hier war von Anfang an eine solche Differenzierung leitend.)

Ich werde die Rollen des Moderators in Begleitprogrammen nicht – wie bei den Wortmagazinen – systematisch entwickeln, sondern die für diesen Sendungstyp auffälligsten Merkmale des Moderationsstils herausstellen: die Verselbständigung des Moderationstextes, die sprachliche Einbettung der Musik, die Integration der Servicetexte, die im Vergleich zu Wortmagazinen unerhörte Subjektivität des Moderators, schließlich die Unterschiede zwischen den untersuchten Sendern hinsichtlich des Verhältnisses von Information und „Gag".

1. Verselbständigung der Moderation: Die Story

Ein erster augenfälliger Unterschied zu den Wortmagazinen besteht darin, daß sich die Moderationstexte gegenüber dem übrigen Programm in gewissem Maße verselbständigen. In Wortmagazinen bleibt der Text des Moderators – bei aller funktionalen Vielfalt – doch immer bezogen auf die Beiträge. Im Begleitprogramm aber haben die Texte zu einem Teil Eigengeltung. Ein wichtiger Bestandteil der Moderation sind Kurztexte, die rein oder primär unterhaltenden Charakter haben und vom Witz über die Anekdote bis zu kuriosen Infos und Klatsch reichen. Ich nenne sie faute de mieux im folgenden „Stories", in Anlehnung an journalistischen Sprachgebrauch, aber mit einer gewissen Ausweitung des Begriffs.

Sie sind entweder gar nicht mit dem Kontext verknüpft (werden also ohne Ein- und Ausleitung in die Musik eingebettet) und folgen unmittelbar auf die Zeitansage, oder sie dienen als ein textlinguistisches Instrument, um Musik an- oder abzusagen (s. u.).

In vielen Fällen wird auch die Erzählsituation oder der Erzählanlaß nicht explizit gemacht:

[Musik]
Inzwischen ist es sechs Uhr dreiundzwanzig geworden, 7 Minuten vor halb sieben Uhr. In Golden Falls in den USA wurde ein origineller Mehrkampf zwischen einem Indianer-Team und einer Mannschaft weißer Amerikaner ausgetragen. Die Weißen siegten interessanterweise im Lassowerfen und

Bogenschießen, die Rothäute hingegen in Stenographie und Maschinenschreiben.
[Musik]
(Ö Regional, 29.8.83)

oder:

10 vor sieben wird es in einer halben Minute. – SWF 3, Litfaßwelle. Die Liechtensteiner haben Sorgen. Nun, das ist doch endlich einmal ein Thema, das uns allen auf den Nägeln brennt. So normalerweise hört man Meldungen wie „Prinz Nikolaus von und zu Liechtenstein und Prinzessin Margarethe von Luxemburg haben sich verlobt“ (...). Aber den Liechtensteinern reicht das nicht mehr. Sie haben vor anderthalb Jahren 'ne Kommission eingesetzt, die rausfinden sollte, wie man das Liechtenstein-Image aufpoliert. Ein Ergebnis des ersten Kommissionsberichtes, der jetzt rausgegeben wurde: Auf Skandalmeldungen müssen wir halt schneller reagieren!

(SWF 3, 10.12.81)

Eine kleine Konzession an die sonst üblichen Spielregeln des Erzählens ist eine Hinwendung zum Hörer von dieser Art:

[Zeitansage] Wissen Sie, was ich manchmal denke: Ein Bär sollte man sein, dann könnte man einmal sagen: Bitte nicht vergessen, pünktlich wecken, dreißig Minuten nach April.
(Ö 3, 14.12.81)
[Zeitansage] Wissen Sie, was ein Berater ist? Das ist ein Mann, der Ihre Uhr nimmt, Ihnen sagt, wie spät es ist, und Ihnen dafür dann eine Rechnung schickt. (...)
(Ö 3, 14.12.81)

In Ö Regional hört man auch treuherzige Ratschläge:

[Musik] Ja, und noch ein guter Tip zum Morgen: Wer es gelernt hat, sich von der Herrschaft des Ärgers zu befreien, wird das Leben viel lebenswerter finden, als es ihm schien, solange er in ständiger Gereiztheit einherging.
(Ö Regional, 29.8.83)

Gängiger ist es, einen Witz als Ratschlag, Tip etc. zu verpacken:

(...) sechs Uhr achtundvierzig, drei Minuten nach dreiviertel sieben – Sie sollten vor Weinachten so ein bißchen Ihre diplomatischen Fähigkeiten schulen. – Was ein Diplomat ist? Na einer, der eine Frau davon überzeugen kann, daß ein Pelzmantel dick macht.
(Ö 3, 10.12.81)

(...) sechs Uhr zweiundfünfzig, in acht Minuten ist es sieben Uhr. – Hat's vielleicht bei Ihnen zum Wochenende gekracht? Machen Sie sich nichts draus. Manche Männer sind wie Waschmaschinen: erst drehn sie durch und dann spülen sie nach.
(Ö 3, 14.12.81)

(...) sechs Uhr zwölf ist es geworden, noch drei Minuten bis viertel sieben. – Falls Sie wieder einmal nicht wissen,ˆ wo Ihnen der Kopf steht, nehmen Sie's leicht: Man kann die Kinder in zwei Gruppen einteilen: die schlampigen, die ihre Handschuhe verlieren, und die sorgfältigen,ˆ die stets einen immer wieder mit nach Hause bringen.
(Ö 3, 10.12.81)

(...) sieben Uhr vierundvierzig, in einer Minute ist es dreiviertel acht. – Ich hätte hier einen sehr guten Tip von Loosewelt (sic). Er meinte: Wenn Du gefragt wirst, ob Du einer Arbeit gewachsen bist, so erwidere: Selbstverständlich. Dann sieh zu, daß Du herausbekommst,ˆ wie man es macht.
(Ö 3, 10.12.81)

Nur bei DRS Radio verwendet der Moderator die – wohl sonst als zu konventionell eingestufte – Technik, zu erzählen, wann und wo ihm (angeblich) etwas passiert ist, oder wann und wo ihm (angeblich) die Geschichte eingefallen ist:

Letschti han i zwei so – hm – Jüngling beobachtet, das heißt, ich han ene eigentlich zuegloset, ha e chli glöselet,ˆ wie s en seer en sältsaame Dialoog gfüert händ mitenand. Da frööget de eint de ander: Wie gaat eigentli dis nöi Velo? – Seit dise: Es gaat nööd,ˆ es faárt. – Na also guet, wie faart s? – Hm,ˆ s gaat.

(Radio DRS 9.12.81)

Neulich habe ich zwei so – hm – Jünglinge beobachtet, das heißt, ich habe ihnen eigentlich zugehört, hab ein bißchen zugehört, wie sie einen sehr seltsamen Dialog geführt haben miteinander. Da fragt der eine den andern: wie geht eigentlich dein neues Fahrrad? – Sagt der: Es geht nicht, es fährt. – Na also gut, wie fährt's? – Hm, es geht.

(Sehr unwahrscheinlich, daß er den Witz nicht irgendwo gelesen und dann in Pseudo-Selbsterlebtes verpackt hat.)

Hüt am Morge,ˆ won i zum Huus uus choo bin, s isch übrigens jetzt dänn grad drizää Minuute ab sächsi, aso, won ich zum Huus uus choo bin,ˆ hät s eso gwindet, und dänn

Heute morgen, wie ich zum Haus herausgekommen bin, es ist übrigens jetzt dann gerade dreizehn Minuten nach sechs, also, wie ich aus dem Haus heraus gekommen bin,

isch mer die Gschicht in Sii choo, vo dämm, wo bhauptet hät: Ich erobere jedi Frau im Sturm. Da hät en Koleeg gfröögет: Was machsch, wänn s windschtill isch?	hat es so gewindet, und da ist mir diese Geschichte in den Sinn gekommen, von dem, der behauptet hat: Ich erobere jede Frau im Sturm. Da hat ein Kollege gefragt: Was machst du, wenn's windstill ist?

(19.12.81)

(Der Witz wird wahrscheinlich nicht witziger dadurch, daß der Erzähler eine [Pseudo-]Motivation für seine Erzählung vorangeschickt.)

Die Präsentation der Stories ist je nach Sender – und teilweise auch je nach Moderator – sehr unterschiedlich. Bei Ö 3 und DRS 1 hat man den Eindruck, daß die Texte abgelesen werden. Demgegenüber präsentiert der Moderator in SWF 3 seine Stories so, als würde er sie im Augenblick formulieren:

6 Uhr 45 gleich, also Viertel vor sieben. – Also Weihnachtsmänner sind ja auch nicht mehr das, w-was sie früher mal waren. Da äh steht in England, in London ein Weihnachtsmann auf der Straße und macht da (MIT VERSTELLTER, DUNKLER STIMME:) liebe Kinder und was weiß ich was alles, so, was so 'n Weihnachtsmann halt macht, nich, (WIEDER MIT NORMALER STIMME:) und man kann sich's kaum vorstellen: plötzlich – scheuert er einem Jugendlichen einen, ja, richtig só (KLATSCHEN), päng, Ohrfeige mitten ins Gesicht. Deswegen stand er jetzt auch vor Gericht, und der Richter sagte: also hör'n Sie mal, Sie sind doch ein Weihnachtsmann, das können Sie doch nicht machen. Dann erzählte der Weihnachtsmann, mit bürgerlichem Namen heißt er G. H., daß er von dem Jugendlichen aber auch arg provoziert wurde. Der hatte 'ne Spraydose dabei, mit so – Rasierschaum, und da hat er ihm also über den Bart und über den Mantel und überall den Schaum, dabei fürchterlich gelacht, der glaubte wohl nicht mehr an den Weihnachtsmann, darauf hat G. H. gesagt: Mensch, hau ab! die Kleinen hier und so, du mit dem Schaum, und der Junge haute nicht ab und da hat's eben geknallt. Der Richter sprach ein mildes Urteil: Freispruch, aber die Auflage, sich sechs Monate lang so gut zu führen, wie es einem Weihnachtsmann ansteht.
(SWF 3, 15.12.81)

Der Moderator verwendet paraverbale Mittel, um den erzählten Dialog zu reproduzieren, und er bedient sich vieler typischer Mittel der gesprochenen Sprache, um den Eindruck von Spontaneität hervorzurufen (gefüllte Pausen, Interjektion *päng*, umgangssprachliche Morphologie, Ellipsen, saloppe Lexeme *(hau ab)*, Gesprächspartikel und Phraseme *(also hörn Sie mal)* etc.).

Wenn die Stories nicht völlig isoliert präsentiert werden, so sind sie (lose) verknüpft mit der Ein- oder Ausleitung eines Strukturelementes des Magazins. Da aber nur in den seltensten Fällen ein thematischer – womöglich gar zwingender Bezug zu dem betreffenden Beitrag besteht, haben die Verknüpfungen meist den Charakter von Kalauern. Der Kurztext ist z.B. bezogen auf An- oder Absage der Musik:

[nach einem Stück mit dem Titel *dream*:]
Sechs Uhr acht, sechs Uhr und acht Minuten.
A propos *dream*, manchmal träumen wir vom Unterschied zwischen Stadt und Land. Auf dem Land geht man völlig zerschlagen zu Bett und wacht am Morgen in strahlender Laune auf. Hm, in der Stadt dagegen geht man in strahlendster Laune ins Bett und erwacht völlig zerschlagen.
(Ö 3, 14.12.81)

Ja,̂ und äh, daß in Amerika zum Beispiel äh zehn Wochen lang keine *Milch* im Jahr 1967 zu bekommen war und elf Wochen lang das Ganze sogar in England, das lag an H. H. im Jahr 1966/67.
„No *milk* today", H. H. Wir haben damit unsere heutigen Hit-Reminiszenzen beschlossen.
(Ö 3, 9.12.81)

[nach einem Lied über *Insel*:]
Also,̂ wenn auch Sie reif für die *Insel* sind, da gibt' ein zeitadäquates Gefährt,̂ um auf diese Insel zu kommen. Nämlich ein Luxushotel, das am achten Jänner auf Jungfernfahrt gehn wird: die Europa, is (sic) ein 200 Meter langes und dreizehn Stockwerke hohes schwimmendes Hotel, mit allem,̂ was man sich vorstellen kann. Also, ein totales Luxusgefährt. Kostet natürlich eine Kleinigkeit. Zum Beispiel für die dreiwöchige Jungfernreise, der billigste Platz ungefähr 50000 Schilling, und wenn Sie eine Luxussuite haben wollen, pro Person 140000 Schilling. Ob Sie sich dann die Insel noch leisten können,̂ ist eine andere Frage. Hähä.
Na ja,̂ dreivietel acht ist es. – Was haben wir als nächstes anzubieten? J. B. und „My girl".
(Ö 3, 11.12.81)

[Absage:]
Cliff Richard: „Rote Lippen soll man *küssen*". Na ja,̂ sagt sie zu ihm: Des

warn no Zeiten damals, als du beim *Küssen* noch die Zigarette aus dem Mund genommen hast.
(Ö 3, 15.12.81)

Diese Technik der Anknüpfung von Stories an Musik-An- oder Absagen paßt gut zu den noch zu besprechenden sonstigen Verfahren der Musikpräsentation (s.u.).

Gelegentlich kann eine Story auch an die Zeitansage angeknüpft werden:

Volle Lager und steigende Zinsen zwingen uns nun ohne Rücksicht auf Verluste zu folgenden Sonderangeboten (...) Ja, es geht halt schlecht in der Wirtschaft, ne, so fängt eine Anzeige an, die ich in der Stuttgarter Zeitung gelesen habe. Aber, das Besondere: es ist die Anzeige eines Sex-Super-Shops. Und darüber steht: Sexpreise-Verfall. Ja, das ist es eben. Na, in unserer Zeit der ewig sich wandelnden Werte verfällt nun alles. Wenn das nicht mehr hält, die Sex-Preise, was denn dann noch, nun geht's aber endgültig den Bach runter mit uns. Das Einzige, was im Preis noch gleich bleibt, ist die Zeit der Litfaßwelle. – 6 Uhr 46.
(SWF 3, 10.12.81)

Wissen Sie, was ein Berater ist? Das ist ein Mann, der Ihre Uhr nimmt, Ihnen sagt, wie spät es ist, und Ihnen dafür dann eine Rechnung schickt. Sehn Sie, das tun wir nicht. Wir sagen's Ihnen auch so. – Es ist sechs Uhr neunzehn, vier Minuten nach viertel sieben.
(Ö 3, 14.12.81)

Oder an die Wettervorhersagen:

Der Fernsehsprecher B. K. wurde fristlos entlassen. Er hatte sich beim Lesen des Wetterberichts dreimal versprochen und dann gesagt „Ist ja egal, der Wetterbericht stimmt sowieso nicht". Als die Wettervorhersage tatsächlich falsch war, nahm die Direktion des Senders die Entlassung wieder zurück. Begründung: K. habe seinen Zuschauern nicht die Unwahrheit gesagt. So und jetzt probiern wir, wie es uns hier im Radio ergeht. Die Wettermänner der Wetterdienststelle Zürich haben folgendes Fernschreiben geschickt, es heißt da: „Das Wetter heute: bewölkt..."
(Ö Regional, 29.8.83)

Schließlich kann natürlich auch die Werbung so anmoderiert werden:

[Musik] Ja, zwischen dem Adagio und dem Andante von Beethovens neunter Symphonie brachte ein Radiosender aus Cleveland in den USA eine

Reklame über Smith Seifenflocken. Vor Isoldes Liebestod folgte eine Reklame über Verdauungspillen. Das wurde plötzlich anders. Als nämlich ein Mozart-Lied verklang, folgte – Schweigen. Nach dem dritten Lied ertönte die Stimme des Ansagers: „Meine Damen und Herren, die zweimal zwei Minuten zwischen den einzelnen Musikstücken wurden gespendet von der Firma P. und Sohn. In dieser Zeit hörten Sie die lautlosen Schreibmaschinen dieses berühmten Unternehmens. Und bei uns gibt es jetzt Werbeeinschaltungen auf Vorarlberger Art: [Musik, Werbung]
(Ö Regional, 29.8.83)

2. Ansage und Absage der Musik

Für diese – angesichts des dominierenden Anteils der Musik an den Magazinen – sehr wichtige Funktion haben die Moderatoren einen Stil entwickelt, der sich in allen deutschen Sendern durchgesetzt hat (und nicht nur dort): Der Text oder Titel des an- oder abzusagenden Musikstücks, im allgemeinen sogar nur ein beliebiges lexikalisches Element, wird „aktualisiert", d.h. zum Beispiel auf die aktuelle Situation des Sprechers der Sendung oder des Hörers bezogen,und dies möglichst witzig oder wenigstens launig (vgl. schon die Beispiele unter 1):

(Ansage:) Zehn Minuten vor halb acht, unerbittlich ist dieser Uhrzeiger, also er drängt uns nach vor (sic).
Na, können wir mit dem Electric Light Orchestra mitsingen: „Don't bring me down". [Musik]

(Und die Absage dazu:) Nur nicht unterkriegen lassen im Leben, „Don't bring me down", Electric Light Orchestra, nach dem Motto: Lieber ein Sechser im Lotto als ein Achter im Fahrrad. A propos Sechser – es ist sechs Minuten vor halb acht, – und hier sind „Chot Hocolate", hähä, Wegstaben verbuchselt (...)
(Ö 3, 15.12.81)

(Absage:) I don't like to sleep alone. Nix da, werds mers jetzt nicht romantisch, nicht nachdenken. Nein nein, die Zeit drängt, s'ist nämlich schon vier Minuten vor halb sieben.
(Ö 3, 15.12.81)

(Absage:) Donnagan mit/Lonny Donnagan mit seiner Geschichte von Franky und Johnny. Sie sollten jetzt am Morgen, drei Minuten vor halb sieben keine Geschichten erzählen und auch keine machen.
(Ö 3, 11.12.81)

(Ansage:) Es ist sieben Uhr zweiundfünfzig, acht Minuten vor acht. Und Sie hören schon im Hintergrund die letzte Platte heute morgen im Ö 3-Wecker. Das sind die Teens mit „Never gone to hell no lie to you". Wir lügen auch nicht, wenn wir jetzt sagen, wir müssen Schluß machen, denn in vier Minuten ist es acht Uhr (...).
(Ö 3, 14.12.81)

(Ansage:) Hörn Sie jetzt die Wecktrommeln für J. A. aus Oberweiß. Und zwar ist es „Rain in May". Es paßt wieder mal: „Rain in May". Umändern: Regen in Dezember oder Schneefall im Dezember hähä. Na, den Wetterbericht ham Sie erst gehört.
(Ö 3, 11.12.81)

Man sieht (beim Vergleich mit 1), daß ein verbaler selbständiger Text, z.B. ein Witz, äquivalent wird mit der „Situation" bzw. irgendeiner Komponente der Situation. Das Verknüpfungsprinzip ist – in der Mehrzahl der Fälle – das der unerwarteten, überraschenden Verkettung von Elementen der beiden Bereiche: je abgelegener die Verkettung, desto besser. Dieser witzelnde, kalauernde Stil ist besonders typisch für Ö 3 und für Radio 24.

Wenn kein Bezug zum Text oder Situation zur Hand ist, wird die Ansage wenigstens stilistisch „aufgemöbelt", daß einem die Ohren klingeln.

Und jetzt haben wir den absoluten Super-Top-Fidelity-High-Fly-Stereo-Round-up-Knaller, um 6 Uhr und 11 Minuten in der Litfaßwelle, diese Scheibe wird 'n Hit, hm, wissen Sie noch nicht, aber ich weiß es, die Gruppe heißt Backfisch oder so ähnlich, oder, oder back mich oder back dich oder Bucks Sizz, ja da is man langsam auf m' Pump. Kennen Sie vielleicht noch vom Grand Prix 1980, da haben sie gesungen „Making your mind up" und ihre neue Single heißt „The land of make believe us", in der englischen Hit-Parade schon auf Platz 24, und wird bestimmt auch bald in der deutschen klettern. Und hier ist die Scherbe, na bitte!
(SWF 3, 15.12.81)

Lauter Jargon-Vokabular der Rock- und Popszene (vgl. Ortner 1982). Dieser lexikalische Aspekt trennt die Begleitprogramme der dritten Sender und der Privatsender deutlich von den ersten Programmen (wie auch die Art der gesendeten Musik in den ersten Programmen durchwegs weniger auf ein „jugendliches" Publikum ausgerichtet ist).

Auch wenn der Moderator die Musik in irgendeiner Weise kommentiert, finden wir dieses Vokabular:

(Absage:) Swingt unheimlich dahin, Peter Seterra „Holy Moly.“ Zehn Minuten nach sechs Uhr ist es jetzt.
(Ö 3, 11.12.81)

(Absage:) Ah, swingt unheimlich dahin. Ramsey Louis-Trio: „The incrowd“.
(Ö 3, 11.12.81)

(Absage:) Monumentalsound auf der Welle von Ö 3.
(11.12.81)

Und die ganze Sendung wird „musikalisch“ angesagt:

6 Uhr und 8 Minuten, wir schwingen uns langsam ein in die Litfaßwelle, juten Morjen (sic).
(SWF 3, 15.12.81)

Das Kalauern artet gelegentlich in kaum mehr erträgliches Blödeln aus – und hier versteht man die Hörer, die sich gegen allzu große Freiheit des Moderators wehren:

(Absage:) Buhuhuhuhu, der singt ja wie ein Uhu, hähä, das war der Wilfried „Uhuhuhuhu“, hähä. Wie spät hammers denn? Damit Sie auch gleich mitjodeln können. Es ist sieben Minuten vor halb sieben. Jetzt wolln wir den Sound vollkommen wechseln. Es gibt ein, na wie soll ich sagen, Country-Erlebnis...
(Ö 3, 11.12.81)

Für die Situation der Rock- und Popszene ist bezeichnend, welche Rolle das Englische bei der Moderationsgestaltung spielt (vgl. S. 274). Der weitaus größte Teil der Lied-Texte und Titel, die in den dritten Programmen präsentiert werden, ist englisch. Wenn auf lexikalische Elemente dieser englischen Texte Bezug genommen wird, so geschieht das meist so, wie wenn es deutsche Wörter wären. Es findet kein expliziter Übersetzungsvorgang statt, sondern das Verständnis des englischen Ausdrucks wird stillschweigend vorausgesetzt (s. Beispiele oben und die folgenden):

Sechs Uhr und sechzehn Minuten ist es und trotzdem schlägt es zwölf, nämlich zwölf Uhr in Favoriten. „High noon in Favoriten“, so heißt die

nächste Platte. Sie hören die von der neuen österreichischen Band „Streß kommt".
(Ö 3, 9.12.81)

Ja, und jetzt kommt der Blitz aus dem Film „Flash Gordon", die Queen und Flash.
(Ö 3, 9.12.81)

Wir präsentieren Tophits der letzten deißig Jahre Popgeschichte. Begonnen haben wir mit „Mamalou" und Les Humphries. Mein Gott, was liegt dazwischen: Scheidung, finanzielle Schwierigkeiten, London, schad drum. Vor fünfzehn Jahren schlüpfte die Tochter eines berühmten Vaters in Schuhe, die sie um die ganze Welt führten. Unterstützt wurde sie bei ihrer erfolgreichen Wanderung durch Lee Hazelwood. Die „boots für walking" gehörten Nancy Sinatra.
(Ö 3, 14.12.81)

(Absage:) Na, dämmert's Ihnen, was wir gespielt haben? Richtig, „Twilight", ein Hit des Electric Light Orchestras.
(Ö 3, 11.12.81)

Ein Fall wie der folgende, wo – zwar ohne Ankündigung – doch so etwas wie Übersetzen stattfindet, ist die Ausnahme:

Acht Minuten noch bis sieben Uhr, das war Falko im Ö 3-Wecker. Und einen schönen guten Morgen wünschen wir jetzt E. J. aus S. Er wünscht sich, nach langer Zeit hört man's wieder mal, die berühmte Geschichte von der Mauer. Pink Floyd, „Another Break in the Wall".
(Ö 3, 9.12.81)

Diese An- und Absagen unterscheiden sich in nichts von Verknüpfungen mit deutschen Liedtiteln:

Es ist elf Minuten vor sieben und wir haben noch einige Platten zu erfüllen, zum Beispiel hier: schau, schau, da geht er um, der Herr Kommissar, rundherum werden die Mienen finster, Falko ist da.
„Dra di net um, schau, schau, der Kommissar geht um".
(Ö 3, 9.12.81)

3. Integrierung von Serviceleistungen

Im allgemeinen werden bei den öffentlichen Sendern die Serviceleistungen nicht von den Moderatoren formuliert, ja nicht einmal durchwegs vom Moderator verlesen (z.B. Wetterbericht). Damit diese Texte nicht als Fremdkörper wirken, werden sie soweit wie möglich in den sonstigen Moderationsstil eingefärbt – was dann besonders leicht möglich ist, wenn der Moderator den Text selbst liest:

(a) Wetter:

In zwei Minuten ist es halb sieben, hier ist der Wetterbericht. (...) und Klagenfurt, heiter, zwölf Grad, windstill. Puh, is do kalt. (...) [Der Rest wird abgelesen]
(Ö 3, 14.12.81)

So, wir kommen jetzt zum Wetter, zwei Minuten nach halb acht, (...) die Hitparade der Wettermeldungen: 4 Grad, es führen Wien, Linz, Salzburg vor 3 Grad Bregenz (...)
(Ö 3, 15.12.81)

(Hier gelingt sogar die Verknüpfung von Wetter und Musik – vorher wurden die „Hitreminiszenzen" präsentiert.)

Besondes schnoddrig gibt sich SWF 3:

Wettermeldungen von heute Morgen 6 Uhr, also: Koblenz, Schneefall, minus 2 Grad, Trier, Sprühregen – ist ja noch unappetitlicher – minus 1 Grad (...), Konstanz, Regen, 3 Grad, und, last but not least, Ulm: Schneefall, minus 2 Grad.
(SWF 3, 14.12.81)

6 Uhr 53. – Jede Med/Menge Wetter heute früh um 6 Uhr, Koblenz bedeckt, 1 Grad, (...) Konstanz, leichter Regen, 3 Grad, Ulm, Hochnebel, null Grad, da mag man kaum ein Schwein vor die Tür schicken (SCHWEINE-GRUNZEN).
(SWF 3, 11.12.81)

(b) Verkehr:

Und jetzt noch unsere Verkehrsübersicht: (...) und ein Fahrverbot für LKW und Anhänger besteht (...) auf der Pack. Für die sonstigen Bergstraßen entlang des Alpenhauptkammes genügen Winterreifen, ebenso im Alpenvorland und im nördlichen Waldviertel. Aber im Winter schneit s halt in den Bergen. Das war unsere Verkehrsübersicht.
(Ö 3, 9.12.81)

Vier Minuten nach halb sieben, sechs Uhr und vierunddreißig Minuten,

eine Meldung zur Verkehrslage, keine gute Nachricht für die Fahrer der schweren Brummer (...) [wird abgelesen].
(Ö 3, 10.12.81)

(c) Auch Serviceleistungen für Hörer auf Reisen unterliegen dem gleichen Prinzip:

Und jetzt möge bitte Fritz N. auf Wien/aus Wien aufpassen, er ist nämlich nach Tirol unterwegs mit dem Auto. Fritz N. aus Wien hat sein ganzes Gehirn in Form einer kleinen Aktentasche vergessen, da liegt Führerschein, alle andern Papiere, auch das gesamte Geld. Anrufen würde sich wahrscheinlich lohnen.
(Ö 3, 9.12.81)

(d) Nachrichten:

Bei den öffentlichen Sendern werden die Nachrichten nicht vom Moderator verlesen, ihm bleibt daher nur die Ansage des Fremdtextes. Aber auch diese bleibt nicht von Launigkeit verschont:

Ja, der Count-down für die Nachrichten lauft (sic) bereits, in 15 Sekunden ist es sieben Uhr. – Wir melden uns dann wieder nach den Nachrichten, die aus dem Morgenjournal kommen, etwa um sieben Uhr und sechs Minuten.
(Ö 3, 9.12.81)

Der Count-down läuft, die zweite Weckerstunde geht langsam aber sicher ihrem Ende entgegen, noch zwei Sekunden bis sieben Uhr, dann gibt's Nachrichten.
(Ö 3, 15.12.81)

Man vergleiche damit die eher biedere Ankündigung in Ö-Regional:

[Musik] In einer dreiviertel Minute schalten wir dann um nach Wien zu den Kurznachrichten. Dort hat man das Wichtigste aus aller Welt bereits zusammengetragen und aufgeschrieben. [Musik]
(Ö-Regional, 11.12.81)

4. Subjektivität des Moderators

Im Gegensatz zum Moderator der Wortmagazine darf der Moderator hier nicht nur seine subjektiven oder rollenspezifischen Meinungen, Wertungen ins Spiel bringen, sondern auch sich selbst als Mensch „wie du und ich". In seiner Rolle als Kontaktperson des

Hörers, als „guter Bekannter", kann er auch sagen, wie es ihm selbst geht, wie er sich in seiner Haut fühlt etc.

Also, eine gute Pause hätten wir gemacht: Kaffee getrunken, neue Kräfte getankt. Mit einem Wort, es kann losgehen. Sechs Minuten nach sechs ist es.
(Ö 3, 15.12.81)

Das ist sicher ein problematischer Aspekt der Moderatorenfigur. In welchem Maße kann er selbst als Individuum – das man ja nicht sieht und auch nicht näher kennt – überhaupt für Hörer interessant sein? Für sagenswert halten die Moderatoren denn auch meist nur das, was eine Gemeinsamkeit mit dem Hörer herstellt: sie sind auch noch müde, haben Mühe, sich in die Arbeit hineinzufinden, so früh am Morgen gelingt eben nicht alles. Aber die Grenze zur Blödelei ist hier meist nicht weit:

Es ist drei Minuten vor dreiviertel sieben. Let me rock you. Das ist ein Sänger namens Keith Richard, der, pardon nicht Keith Richard, nein – Keith Marshall, also ich weiß nicht, was heute los ist, auch ich hab nen Hänger nicht nur die P-Platte [vorher hatte die Platte einen „Hänger"], sondern auch das Hirn ist noch nicht ganz da, zweieinhalb Minuten vor dreiviertel sieben.
(Ö 3, 15.12.81)

Am Mikrophon: Peter Z. – Ja, nu (RÄUSPERN) Schon wieder is 's Mikrophon auf, was machen wir denn nur eigentlich, immer muß ich arbeiten, also – ich könnt sagen, was wir heute haben. Donnerstag, 10. Dezember, 's is richtig, ne Zeit könnt ich sagen. – 7 Uhr neun, neun Minuten nach sieben. Und was Sie grad hören: SWF 3 Litfaßwelle, die zweite Stunde.
(SWF 3, 10.12.81)

S' ist zwei Minuten nach halb sieben. Hat mir grade eine Kollegin die Wettermeldungen von zarter Hand gereicht und hat gesagt, bitte – sie legt Wert darauf, daß ich sie genauso zart lese, sonst knallt sie's mir morgen hin. O.k. also hier sind die Meßwerte von sechs Uhr [MIT GANZ ZARTER STIMME] ah, komm mer schon vor wie der Weihnachtsmann bei Wettermeldungen lesen.
(Ö 3, 15.12.81)

Eine Panne ist eine Panne und wird nicht etwa elegant überspielt, sondern zum Anlaß genommen für weitere Witzeleien:

[Bei einer live-Umfrage, *Moderator:*]
Ah, K. U., oh nein, aber eins wissen wir von ihm: Er fand ihn auch gut. – Schade, Leitung kaputt gegangen. Nächster: H. E. aus Karlsruhe. Wie fanden Sie's? – Herr E. – Huhu, guguck! (SUMMTON) Die tüten alle nur so vor sich hin. Kinder, das kann doch nicht euer Ernst sein! (LACHEN) Wir gucken mal, ob wir sie nochmal rankiegen. – Hallo, hallo, haben wir noch jemand? Kuckuck!
Frauenstimme: Ja, guten Morgen.
Moderator: Ah, guten Morgen, Frau K. (...)
(SWF 3, 14.12.81)

5. Information und Gag

In den Stories werden überwiegend keine ernsthaften Informationen vermittelt, sie sollen – in den Morgensendungen – den noch müden Autofahrer aufmuntern, erheitern etc. Neben den Stories bringen alle untersuchten Sender aber auch ernsthafte Informationsbeiträge. SWF 3 hat dabei ein eigenes Profil durch kurze Telefonbeiträge (von Korrespondenten oder Reportern) und durch vom Moderator live geführte Telefon-Interviews meist zu tagesaktueller Politik. Wie sich informierende und unterhaltende („Gag"-) Elemente zueinander verhalten, ob und wie sie sprachlich-stilistisch miteinander vermittelt werden können, das zeigt exemplarisch der Vergleich von SWF 1 und SWF 3.

Das Konzept der beiden Morgen-Programme (in der untersuchten Zeit) unterscheidet sich grundlegend, ist in gewissem Sinne komplementär angelegt: Bei SWF 3 dominiert im Informationsbereich, wie gesagt, das aktuelle innen- und (besonders) außenpolitische Geschehen. SWF 1, geteilt in regionale Redaktionen, bietet keine außenpolitische Information. Auch eigentliche innenpolitische Information ist eher selten. Der Akzent liegt eindeutig bei regionalen lokalen Ereignissen. Die „große Welt" kommt nur zur Sprache, wenn ein Bezug zum Regionalen besteht (z.B. südafrikanische Ziegen für Baden-Württemberg!). Ich habe die ersten zwei Wochen September 1983 von 6–8 Uhr abgehört, und dabei ergab sich folgendes Bild:

Abgesehen von den Nachrichten (alle halbe Stunde), den Werbeblöcken, der „Besinnung", dem ausführlichen Wetterbericht und

Servicemeldungen (Verkehrslage etc.) enthält das Programm von 6–8 Uhr als feste Elemente ein Hörertelefon (vgl. S. 37) und ein Schaltgespräch „Der direkte Draht“ (ein Hörer kann sich telefonisch mit einem Problem an einen zuständigen Fachmann wenden). Nach Abzug dieser festen Bauteile verbleiben 55 Wortbeiträge. Davon haben 50 irgendeinen Bezug zur Region, die restlichen fünf sind Witze, Gags u. ä. Nur fünf Texte sind Stories, alle übrigen sind Telefoninterviews oder Fremdbeiträge. Wie die Redaktion ihr Konzept selbst sieht, geht etwa aus folgendem Text der Moderatorin hervor:

7 Uhr 24. Es täte mir ja nun leid, wenn ich Ihnen jetzt den Genuß an Ihrem Frühstücksei vermiesen würde. Aber – in „Freundlich geweckt“ geht's eben auch um *aktuelle Information mit kritischem Hintergrund.* – Also zum Thema: Legehennenhaltung. – Tierschützer protestieren in letzter Zeit gegen den Neu- oder Erweiterungsbau von solchen großen Käfigprojekten. Das Regierungspräsidium Tübingen hat aber trotzdem jetzt einen Bauantrag genehmigt. G. R. vom Regierungspräsidium erläutert die Entscheidung.
(SWF 1, 8.9.83)

Vom *kritischen Hintergrund* ist allerdings eher selten etwas zu hören.

In SWF 1 hat der Moderator also eine eher bescheidene Funktion. Er spielt sich nicht in den Vordergrund, sondern beschränkt sich weitgehend auf die strukturellen Moderationsfunktionen. Die Sendung wirkt – vor allem natürlich durch die durchwegs konventionelle Musik – friedlich, nicht hektisch, nicht besonders aufregend. Ins Bild paßt dabei, daß Mundartelemente eine gewisse Rolle spielen. So gibt es regelmäßige kurze Mundartbeiträge (kleine Geschichten meist), z. T. vom Moderator selbst vorgetragen. Und auch bei Interviews verfallen die Moderatoren – in Anpassung an den Gesprächspartner – nicht selten in stark mundartlich gefärbte Sprechweise. Bei SWF 1 (und ähnlich bei DRS 1) ist das Verhältnis von Information und Gag kein Problem, da die thematische Bandbreite und die stilistische Toleranz gering ist. Die Moderation ist in beiden Hinsichten „gemäßigt“. Eine launig formulierte Story ist eben nicht zu launig, vor allem nicht zu salopp formuliert, außerdem meist isoliert von den anderen Textelementen, so daß ein sehr ernstes politisches Thema durchaus auf eine Anekdote folgen kann (immer schafft ja die Musik noch eine gebührende Distanz, wenn solche überhaupt nötig wäre):

Zwölf Minuten nach sieben. Es gibt Dinge, die ändern sich nie, so auch das zwischen Briefträger und Hund. Gemocht haben sich die beiden ja nie, auch wenn sie sich zuweilen ziemlich nahekommen. Die Oberpostdirektion Karlsruhe, die für den Bereich Nordbaden und die Post zuständig ist, hat mitgeteilt, daß in ihrem Bereich im vergangenen Jahr einhundertzehn Briefträger gebissen wurden. Und fünfzehnmal haben die lieben bösen Hundchen gar so feste die Zähne zusammengebissen, daß der arme Postbote mehr als drei Tage krank darniederlag. Aber – was das Interessanteste ist, das sind gar nicht die Wolfs- und Schäferhunde, die da den Briefträger mit dem Freßnapf verwechseln, nein, meist sind es die eher niedlichen Schoßhündchen, die Frauchen oder Herrchen an der Wohnungstür entwischen, um sich dann mit Gekläff auf den Mann von der Post zu stürzen. Über die – Anzahl der Hunde, die vom Postboten gebissen wurden, gibt's allerdings noch keine Statistik. [Musik]
(SWF 1, 1.9.83)
[deutlich abgelesen, sehr variable Stimmführung und Sprechtempo, viele Verzögerungen, rhetorische Pausen, z.T. betulicher Tonfall]

Nach dem nächsten Musikstück meldet sich der Moderator wieder, mit sachlich-ernster Stimme:

Sechzehn Minuten nach sieben. Der Todessprung eines asylsuchenden Türken gestern in Berlin hat der Diskussion um das Asylrecht eine neue Wertung gegeben. Die Asylanten sind auch ein Thema in Baden-Württemberg. Asylanten – Gastrecht für Verfolgte oder Freibrief in den Wohlstand? Das war unser Thema heute um kurz nach sechs, und hier sind Ihre Meinungen dazu: [es folgen Hörertelefone]
(SWF 1, 1.9.83)

Anders ist die Situation bei SWF 3. Hier entsteht das linguistische Problem, wie der kalauernde Stil der Stories und Musikverknüpfungen mit politischen Interviews und Berichten zusammenpaßt.

Am einfachsten läßt sich ein Stilbruch vermeiden, indem der Moderator in der unmittelbaren Umgebung der Informationstexte seine sprachliche Rolle auf ein Minimum zurücknimmt:

Thema Polen in der SWF 3 Litfaßwelle. G. G. in Stockholm. Sie konnten

mit den Leuten sprechen̂ die das Land verließen nach Verhängung des Ausnahmezusandes. [Es folgt ein telefonischer Bericht]
(SWF 3, 14.12.81)

Er kann auch den „gebrochenen“, spontan wirkenden Sprechstil beibehalten, dabei aber saloppe lexikalische Elemente vermeiden, wie hier (wo nur das *klar* lexikalisch an den sonstigen Habitus des Moderators erinnert):

SWF 3 Litfaßwelle. Erstes Thema bei uns heute am Montag, 14. Dezember, *klar*̂ die Situation in Polen. Nun ist es ausgesprochen schwierig, irgendwelche Informationen über die Lage in Polen zu bekommen. F. W. K., Sie hören polnischen Rundfunk ab, nun schon seit Stunden, äh, ist das denn richtig, die Information, so wie sie uns darstellt (sic), war die Nacht relativ ruhig, und vor allen Dingen, werden die Leute heute zur Arbeit gehen oder nicht? [Es folgt ein telefonischer Bericht]
(SWF 3, 14.12.81)

Auch paraverbale Mittel können stilistische Kontinuität ohne Stilbruch vermitteln. Beispielsweise behält der Moderator allgemein sein notorisch schnelles Sprechtempo bei, mit all den üblichen Folgen wie Versprechern, Undeutlichkeiten etc.

Eine temperierte Anpassung an die sonstige Schnoddrigkeit zeigt der folgende Text, wo die Reaktion des unterlegenen Politikers mit einem umgangssprachlich-saloppen Phrasem *(sich schwarz ärgern)* vorweggenommen wird:

6 Uhr 20, zwanzig Minuten nach sechs, SWF 3 – Litfaßwelle. In Dänemark ist gestern mal wieder gewählt worden, haben ja seit ’71 alle zwei Jahrê und äh der sozialdemokratische Ministerpräsident Jörgensen hatte Anfang Dezember (VERBESSERT SICH:) Anfang November ja das Parlament aufgelöst, weil sich für seine Wirtschaftspolitik keine Mehrheit fand. H. v. T., seit gestern Abend wird sich Jörgensen vermutlich *schwarz ärgern*, seine Partei hat nämlich kräftig verloren? [Es folgt ein telefonisches live-Interview]
(SWF 3, 9.12.81)

Neben solchen „gemäßigten“ Texten hört man aber Formulierungen, in denen das rhetorische *aptum* kaum mehr erreicht wird. Da zeigt sich, daß von einem Moderator zuviel an Rollen verlangt wird, daß er sprachlich nicht imstande ist (und es auch nicht sein kann), Unvereinbares unter einen Hut zu bringen. Da im folgenden

Text von *alternativem Nobelpreis* die Rede ist, mag man es noch gerade akzeptieren, wenn auch vom regulären Nobelpreis nur *Brimborium* übrigbleibt:

[Die vorangehende Musik endet mit „Hoi!"]
Hoi! 7 Uhr 39 in einer halben Minute.̂ SWF 3, Litfaßwelle. Heute überreicht der schwedische König Carl Gustaf die *Nobelpreise in Stockholm.* Das macht er jetzt schon – ja, nicht ér, aber das macht mán jetzt schon zum achtzigsten Mal. Aber gestern Abend wurde schon ein *alternativer Nobel-Preis* übergeben. G. G.,̂ was is 'n das nu wieder?
[Es folgt ein telefonisches Interview]
(...) Ja,̂ das geht nun heute um 16.30 Uhr wieder los. Zum 80. Mal,̂ ich sagte es zum Anfang schon, da gibt's ja immer ein ziemliches *Brimborium* und eine große Zeremonie. G. G.,̂ wie geht denn das eigentlich vor sich, und wie wird das vorbereitet?
(SWF 3, 10.12.81)

[Man fragt sich wohl auch, ob der schwedische König sich gerne mit *hoi* eingeführt weiß.]

Geschmacklos – um das Mindeste zu sagen – wird es aber sicher, wenn politische Ereignisse in der Weise „popularisiert" werden, daß man die Vorgänge mit dem Vokabular alltäglicher Streitigkeiten und Emotionen benennt:

7 Uhr 19. – SWF 3 Litfaßwelle. In Brul/ (LACHEN) in Brüssel ist diese Woche ne Menge los, NATO-Konferenz,̂ Außenministerkonferenz der NATO,̂ und heute geht's um die Wirtschaft. Und zwar das Verhältnis USA–Europäische Gemeinschaft. Und da könnte es sein, daß *sich* die beiden Seiten *mal richtig angiften.* (UNVERST) die Amerikaner sind nämlich *richtig sauer.* [Es folgt ein telefonisches Interview] (...)
Ja, aber die haben doch noch einen Tag Zeit,̂ heute,̂ die Amerikaner, um darüber zu debattieren. Glauben Sie denn,̂ daß die Leute 'nen Kompromiß *kriegen?*
(SWF 3, 11.12.81)

Es trifft wohl auch die Sache nicht ganz, wenn die Auseinandersetzungen um die Golan-Höhen mit *jede Menge Streit* apostrophiert werden:

6 Uhr 48 Minuten. Was die Golan-Höhen angeht, ist nur eins unumstritten, daß dieser Gebirgszug strategisch wichtig sind (sic). Ansonsten *jede Menge Streit* um die Golan-Höhen. Das letzte Manöver kam nun gestern überraschend von den Israelis, die Regierung beschloß kurzerhand,̂ die Golan-

Höhen zu besetzen. G. S. in Beirut, nahmen das die Syrer so einfach hin?
[Es folgt ein telefonischer Bericht]
(SWF 3, 15.12.81)

Ein deutlicher Stilbruch innerhalb des Moderatorentextes kann dort entstehen, wo er selber ernsthafte Fremdtexte vorliest und an- bzw. absagt:

6 Uhr 51. – SWF 3 Litfaßwelle. – Pressestimmen zum deutsch-deutschen Gipfel. Zuerst die Rheinzeitung aus Koblenz: (ZITAT) Die Nordwestzeitung in Ulm – *ach Quatsch,* in Oldenburg – schreibt: (ZITAT). Und die Badische Zeitung in Freiburg schreibt: (ZITAT). Und zum Schluß die Neue Osnabrücker Zeitung, sie schreibt: (ZITAT).
(SWF 3, 14.12.81)

7. Standardsprache – Umgangssprache – Mundarten

In den meisten deutschsprachigen Regionen – mit der deutlichen Ausnahme der Schweiz – nimmt die Bedeutung der Mundarten gegenüber der Standardsprache kontinuierlich ab, freilich mit deutlichen Unterschieden zwischen den Sprachlandschaften innerhalb der BRD (Nord- und Mitteldeutschland versus alemannischer und bairischer Raum). Jüngste Tendenzen zum Regionalismus und eine damit verbundene neue Wertschätzung der Mundarten können diesen Prozeß vielleicht verlangsamen. Ob er aber überhaupt aufzuhalten ist, ist fraglich. Die Medien im ganzen deutschsprachigen Raum sind nun nicht einfach ein Spiegel dieser Entwicklung, sondern zeigen eine gewisse Eigengesetzlichkeit in der Verwendung der Sprachformen, wiederum mit deutlichen Unterschieden vor allem zwischen den verschiedenen Regionen und Ländern. Das gilt vor allem für die Rundfunkanstalten, während die Presse sich homogener verhält. In der Presse kommt Mundartliches in allen Regionen nur bei bestimmten Rubriken und als deutlich erkennbarer Sonderfall vor. (Das ist grosso modo auch in der Schweiz so.) Wir sprechen daher im folgenden nur noch von den elektronischen Massenmedien.

Was die geschichtliche Entwicklung des Verhältnisses der Sprachformen in den Medien betrifft, so sind die Fakten bei Strassner (1983) übersichtlich zusammengestellt. Der gegenwärtigen Situation wird Strassner allerdings nicht gerecht, da er die gravierenden sozio- und pragmalinguistischen Unterschiede zwischen der BRD, Österreich und der Schweiz zu wenig in Rechnung stellt. Was sich für das ganze Sprachgebiet generalisieren läßt, ist bald gesagt: Allgemein rückt man vom Ideal des „Bühnendeutsch“ ab, zunehmend wird regionale „Färbung“ der Aussprache bei Sprechern und Moderatoren toleriert.

Diese Liberalisierung zeigt sich auch außerhalb der Medien etwa in der Entwicklung der Ausspracheregelungen, wie sie z.B. von den neueren Auflagen der Duden-Grammatik (1973, 1984) formuliert werden. Medienspezifisch hingegen ist „das Eindringen des Dialekts in die Rundfunksprache über die sog. O-Töne, die immer mehr formaler Bestandteil von Magazinsendungen, Features und Spielen werden“ (Strassner 1983, 1519). Richtiger müßte man für den süddeutschen und österreichischen Raum sagen: das Eindringen der ganzen Skala von Sprachformen zwischen extremem Dialekt und regionaler Standardsprache.

Im Radio und Fernsehen Österreichs und teilweise der BRD (insbesondere im Süden) führt dies zu einer tendenziell diglossieartigen, medienspezifischen Verteilung von Hochdeutsch und Regiolekten (von der regionalen Variante der Standardsprache bis zur Mundart):

redaktioneller abgelesener Text	Hochdeutsch
O-Ton, spontan gesprochener dialogischer Text	Regiolekt

Allgemein läßt sich weiter sagen, daß das Fernsehen sich überall stärker am Hochdeutschen orientiert als das Radio. Das hängt mit den strukturellen Wandlungen des Mediensystems zusammen (vgl. S. 25), die dem Radio immer stärker die Rolle des vertrauten „Begleiters“ zuweisen, während das Fernsehen weniger „intime“ Funktionen hat und überregional-großräumig Unterhaltung verbreitet. „Während der Dialekt sich im Rundfunk eine ansehnliche Zahl von Genres und bis zu 5 % der Sendezeit eroberte, blieb er im Fernsehen weit dahinter zurück.“ (Strassner 1983, 1519)

Die Relation der Mundartanteile von Radio und Fernsehen ist im ganzen Sprachgebiet wohl vergleichbar. Die von Strassner genannte Prozentzahl gilt aber nur für die BRD, in Österreich und insbesondere in der Schweiz liegen die Mundart-Anteile höher (s.u.). Wenn man nicht nur eigentliche Mundart, sondern auch Regiolekte mitrechnet, verschieben sich die Zahlen natürlich überall beträchtlich zu Ungunsten des Hochdeutschen.

Damit sind die generellen Befunde bereits erschöpft. Von linguistischem, insbesondere sozio- und pragmalinguistischem Interesse sind nun besonders die Differenzen zwischen den Sprachverhältnissen in den Medien der BRD, Österreichs und der Schweiz. Datenmaterial (aus eigenen und fremden Untersuchungen) liegt mir vor allem für die Schweiz, weniger dicht auch für Österreich und Norddeutschland vor. (Die DDR ist auch bei Strassner 1983 nicht berücksichtigt; Untersuchungen aus der DDR sind mir nicht bekannt.)

Ich beschränke mich daher auf diese drei Gebiete und beginne mit einer Darstellung der deutsch-schweizerischen Verhältnisse, da sich hier wie in einem linguistischen „Laboratorium" die Faktoren der Sprachformenwahl und des Sprachwandels mit seltener Deutlichkeit isolieren lassen.

7.1 *Deutsche Schweiz*

Ob man die Sprachsituation der deutschen Schweiz heutzutage als „Diglossie" bezeichnen kann, ist umstritten. Umstritten vor allem deshalb, weil die Mundart sich in einem Maße ausbreitet, daß eine klare funktionale (komplementäre) Aufteilung der Sprachformen – wie es bei einer Diglossie-Situation erforderlich wäre – immer problematischer wird. (Zur Diglossie-Definition und -Diskussion vgl. Ferguson 1959, Hudson 1980; zur schweiz. Situation vgl. Ris 1979, 56.) Für die Massenmedien gilt immerhin noch eine klare Aufteilung in – generell hochdeutsche – Printmedien und – gemischtsprachige – elektronische Medien. Zwar weist auch die Presse hier und da mundartliche Elemente auf, sie fallen aber quantitativ nicht ins Gewicht. Das Problem der Verteilung der Sprachformen, das sich also primär bei den elektronischen Medien stellt, läßt sich allgemein so formulieren: Spiegelt die Verteilung in Radio und Fernsehen die Verhältnisse in der alltäglichen Sprachrealität oder entwickeln die Medien eigene Regeln, die dann ihrerseits wieder auf die sonstige Sprachrealität zurückwirken können und potentielle Faktoren des Sprachwandels sind?

Skizzieren wir zunächst die Fakten der Distribution:

Wenn man ein Sample von Sendungen nach den Anteilen von Mundart und Schriftsprache sortieren möchte, stößt man als erstes auf die Schwierigkeit, daß mindestens drei Gruppen von Sendungen (mit fließenden Grenzen) zu unterscheiden sind:

1. hochdeutsch (mit mehr oder weniger starker regionaler Färbung)
2. mundartlich (möglicherweise mit lexikalischen und syntaktischen Überlagerungen durch die Standardsprache)
3. gemischt

Zu (1) zählen z.B. die Tagesschau (Fernsehen) und das Literaturmagazin „Literatur aktuell" (Radio); zu (2) das „Karussell" oder „DRS Aktuell" beim Fernsehen, die Regionalmagazine beim Radio; zu (3) einige Sportsendungen bei Radio und Fernsehen, bei denen Fußballreportagen grundsätzlich hochdeutsch sind, oder das „CH-Magazin" beim Fernsehen, das „Morgenjournal" beim Radio, das vor allem im Rahmen der Inlandberichterstattung Statements und Interviews in Mundart bringt, im redaktionellen Teil aber hochsprachlich gehalten ist.

Bereits die wenigen Beispiele verweisen auf die Problematik vor allem der Gruppe „gemischt". Die Anteile der jeweiligen Sprachform sind in den Sendungen unterschiedlich groß und haben unterschiedliches Gewicht. So ist es beispielsweise von Bedeutung, in welcher Sprachform die moderierenden Texte gehalten sind. Im „CH-Magazin" (einem Inland-Magazin des Fernsehens) ist die Moderation mundartlich, durchgehend standardsprachlich sind nur die off-Texte zu Filmbeiträgen. Das ‚Gesicht' der Sendung ist deswegen zweifellos mundartlich.

Umgekehrt ist die Moderation im „Morgenjournal" (Radio) standardsprachlich und zudem schriftlich fixiert. Die mundartlichen Passagen wirken als Einsprengsel und vermögen den primär standardsprachlichen Charakter der Sendung nicht zu verändern. Das „Rendezvous am Mittag" (Radio) ist primär mundartlich, sowohl von der Moderation wie von den Beiträgen her, enthält aber als teilweise schriftsprachlichen Block die Presseschau.

Daraus ergibt sich auch, daß eine quantitativ exakte Auszählung der mundartlichen und schriftsprachlichen Partien in gemischten Sendungen, z. B. nach Zahl der Wörter oder nach Zeitanteil, wenig aussagt über die Wirkung, die die Sendung ausübt, den Gesamteindruck, den sie vermittelt.

Die folgenden Zahlen sind also nur tendenziell zu verstehen. Sie stammen aus Untersuchungen, die Studenten meines Seminars im Jahre 1979 fürs Radio und im Jahre 1980 fürs Fernsehen an einem Korpus von je einer künstlichen Woche durchgeführt haben. Grosso modo dürften die Zahlenverhältnisse auch für die jetzige Situation noch zutreffen. – Um klare und vergleichbare Zahlen zu erhalten, habe ich die gemischten Sendungen je hälftig auf Mundart und Standardsprache verteilt.

Situation 1979/1980

	TV	*Radio 1. Programm*	*Radio 2. Programm*
Mundart	31 %	65 %	35 %
Hochdt.	69 %	35 %	65 %

Das Fernsehen ist überwiegend schriftsprachlich. Beim Radio ist das zweite Programm gleichfalls überwiegend schriftsprachlich, das erste Programm überwiegend mundartlich.

Fürs Radio verfüge ich über eine vergleichende Darstellung der Verhältnisse 1970 und 1979 (1970 von H. Hubler, Ressortleiter beim Radio DRS, 1979 von einer Seminargruppe bei mir). Die Zahlen sind mit Vorsicht zu genießen, da die Zuordnungskriterien in der Untersuchung von 1970 nicht ganz transparent sind. Dennoch sind die Trends eindeutig:

auch innerhalb ein und derselben Sendung. Ich setze einmal voraus, daß Flexibilität nicht dasselbe bedeutet wie ‚Beliebigkeit', daß man also nicht grundlos von einer in die andere Sprachform hinüber wechselt und wieder zurück. Wenn das so ist, dann muß der Sprachwahl doch ein regelhaftes Muster zugrunde liegen, das eine Entscheidung für oder gegen die jeweilige Sprachform im einzelnen ermöglicht. Ich versuche im folgenden, solche Regeln zu isolieren, und zu beschreiben, in welchen Abhängigkeiten die Regeln zueinander stehen können. Dabei unterscheide ich nicht mehr systematisch zwischen Radio und Fernsehen.

Eine erste Gruppe von Regeln kann man als traditionelle Verteilungen charakterisieren. Es gibt Bereiche von Sendungen oder auch einzelne Sendungen, die seit langem der einen oder der anderen Sprachform zugeordnet werden. So ist die Tagesschau traditionell hochdeutsch, und ebenso die Fußballreportage, während sonstige Sportreportagen beim Radio meist in Mundart gehalten sind. „Radio 24" hat auch mit dieser Tradition gebrochen: es gibt dort Fußballreportagen in Mundart. – Mit „traditionell" ist gemeint, daß sich von Seiten der Produzenten wie der Rezipienten Gewohnheiten und Erwartungen gebildet haben, die man nicht ohne gute Gründe durchbrechen kann und will. Bei der Fußballreportage spielen wohl die Sprechgewohnheiten, die sprachlichen Routinen der Reporter eine besonders wichtige Rolle. Bei der Tagesschau kommt als stabilisierender Faktor hinzu, daß sie sich in Machart und Funktion eng an die entsprechenden Fernsehnachrichten-Sendungen in der Bundesrepublik Deutschland und Österreich anlehnt. Zu den traditionellen Regelungen gehört ferner, daß Ansagen für „ernste", also klassische Musik und Wortsendungen über solche Musik hochdeutsch gehalten sind, während leichtere Musik mundartlich angesagt, moderiert und allenfalls besprochen wird. Bei den Ansagen ist der Grund erkennbar: die entsprechenden Sendungen werden häufig nicht nur für die Deutschschweiz, sondern auch für die andern Landesteile ausgestrahlt. Für diese Interpretation spricht, daß auch „leichte" Musik hochdeutsch angesagt wird, wenn sie in einem überregionalen Programm auftritt (z.B. Musik am Nachmittag um 14 Uhr). Im übrigen aber erfolgen Verteilungen dieser Art heutzutage quasi automatisch und bedürfen keiner Begründung.

Eine zweite Gruppe von Regeln sind pragmatischer Art, d.h. sie sind an den jeweiligen kommunikativen Prozessen orientiert, genauer gesagt den Faktoren, die beim jeweiligen massenmedialen Kommunikationsprozeß von den Journalisten als dominant angesehen werden. Diese Faktoren sind sehr unterschiedlicher Art und nicht aus einem einfachen Kommunikationsmodell abzuleiten. Einige wenige solcher Faktoren sind durchwegs dominant gegenüber anderen potentiellen Faktoren, führen also zu stabilen Regelungen. Andere Faktoren hingegen können zueinander in Konkurrenz treten, und der Journalist hat im jeweiligen Kommunikationsakt zu entscheiden, welchen Faktor er dominant setzen will.

Zu den global dominanten Faktoren gehört z.B. das Alter des Rezipienten. Sendungen für Kinder, soweit die Sendungen in der Schweiz produziert sind, werden in Mundart formuliert. Das ist bei Kindern im Vorschulalter selbstverständlich. Doch auch ältere Kinder und Jugendliche werden in Mundart angesprochen, sicherlich aus der Überlegung heraus, daß die Texte in Mundart besser verständlich und leichter zugänglich sind als in Hochdeutsch. Hochdeutsche Kindersendungen wären in der deutschen Schweiz heutzutage undenkbar. Man muß das Schweizer Fernsehen also nicht dafür loben – wie es Strassner (1983, 1521) tut –, wenn es hier Mundart verwendet.

Ein weiterer Faktor ist mit dem Stichwort „regional" angesprochen. Dabei handelt es sich streng genommen nicht um einen einzelnen pragmatischen Faktor, sondern um ein ganzes Bündel von Faktoren: gemeint sind Sendungen, die sich an ein räumlich begrenztes Publikum richten (z.B. Region Zürich, Schaffhausen etc.); die sich ferner auf Themen beziehen, die für Bewohner insbesondere dieser Region interessant sind; die infolgedessen möglichst aus der Perspektive der Hörer bzw. Zuschauer gestaltet sind; die Traditionen, Gewohnheiten eben dieses Publikums, und damit auch die lokalen sprachlichen Gewohnheiten, berücksichtigen (also Schaffhauser Dialekt für Schaffhauser Regionalmagazin etc.).

Regionalsendungen sind somit selbstverständlich in Mundart formuliert.

Besonderen Symptomwert für die gegenwärtige Sprachsituation haben nun aber die Situationen, in denen miteinander konkurrierende Faktoren auftreten und wo sich das Problem der Hierarchie der Faktoren stellt. Einige Beispiele dafür:

1. Eine früher streng geltende traditionelle Regelung betraf die Nachrichtensendungen bei Radio und Fernsehen. Die Textsorte „Nachrichten“ hat ihre spezifischen syntaktischen und lexikalischen Eigenschaften (s. o. S. 103 ff.), und mit dieser stilistischen Ausprägung war die Sprachform Hochdeutsch verknüpft. Diese Regelung wurde aber zunehmend durchbrochen durch pragmatische Regeln. Besonders deutlich wirksam ist heute der Faktor „regional“: Heute sind bei Radio und Fernsehen die Regionalnachrichten mundartlich und dies, was besonders aufschlußreich ist, unter weitgehender Beibehaltung der genannten textsortentypischen Merkmale in Syntax und Lexikon (vgl. S. 130).

2. Ein pragmatischer Faktor, der früher global wirksam war, ist die Schriftlichkeit. Ein abgelesener, völlig ausformulierter Text war selbstverständlich hochdeutsch. Heute haben wir die Regionaljournale, bei denen im Normalfall Beiträge – nicht nur die Nachrichten – in Mundart formuliert sind, d. h. wörtlich in Mundart aufgeschrieben und so abgelesen werden. Hier ist eine für das Verhältnis von Schriftsprache und Mundarten allgemein interessante Entwicklung zu beobachten: In den Anfängen schrieb man die Texte hochdeutsch auf und übersetzte sie ad hoc in Mundart. Das ergab eine „Papiermundart“, außerdem gelang es nicht jedem Sprecher, die Transformation fehlerlos vorzunehmen. Deshalb ging man dazu über, die Texte von vornherein in Mundart aufzuschreiben, mit dem doppelten Ziel, das Sprechen zu erleichtern und zugleich eine „lebendigere“ Sprache zu erreichen. Das gelang jedoch nur bis zu einem gewissen Grade, wenn überhaupt. Denn mit dem Aufschreiben der Mundart verfallen die Redakteure in die Gewohnheiten und strukturellen Muster, die sie von der geschriebenen Standardsprache her gewöhnt sind. Ein zirkulärer Prozeß also.

Die „Verschriftlichung“ der Mundart ist sogar noch einen Schritt weitergegangen: Bei den Fernsehnachrichten in „DRS aktuell“ sieht man den Sprecher mit dem Blatt, von dem er abliest. Auch dort also, wo die Modalität der sprachlichen Realisierung (das Ablesen) sichtbar ist, also sozusagen nicht „verheimlicht" werden kann, ist Mundart möglich geworden.

Die Wirksamkeit des Faktors Schriftlichkeit bleibt allerdings dort erhalten, wo es sich um einen Text aus zweiter Hand handelt, den der Journalist authentisch wiedergeben will oder muß, also um hochdeutsche Zitate, z.B. einen Brief. Dort aber, wo die Sprachwahl in der Kompetenz des Journalisten selbst liegt, kann der Faktor Schriftlichkeit durch andere, journalistisch gesehen wichtigere Faktoren überlagert werden. So ist der Faktor „regional" offenbar in journalistischer Hinsicht derart dominant, daß er Faktoren, die früher global wirksam waren, zu paralysieren vermag. Ein symptomatisches Beispiel für die Entwicklung ist die „Presseschau". Die „Presseschau" war früher hochdeutsch, da die Textbasis der Sendung ja hochdeutsche geschriebene Texte sind, die teils wörtlich verlesen, teils zusammengefaßt und allenfalls kommentiert werden. Seit die „Presseschau" im Rahmen des „Rendez-vous am Mittag" präsentiert wird, ist sie gemischtsprachig geworden. Hier ist als überlagernder Faktor die sprachliche Umgebung der Gesamtsendung (d.h. Mundart) wirksam. Und dieser Faktor führt dazu, daß nur dort, wo es absolut unvermeidbar ist, die hochdeutschen Passagen beibehalten sind, d.h. in den wörtlich abgelesenen Zitaten. Alles übrige ist Mundart. Das hört sich dann etwa so an:

[Es beginnt mit der Einführung des Themas ‚Zivilschutz']

(1) *1. Sprecher:*	*Übersetzung*
Am guete Wille fääle es ned, schriibt de X i de Thurgauer Ziitig, und er nimmt die Kantöön und Gmeinde, wo mit de Schutzplätz arg im Rückschtand sii, es bitzeli in Schutz. Es sige di finanzschwache Kantöön und innerhalb vo dene die chliine Landgmeinde, wo unter dem schwizerische Zivilschutzdurchschnitt ligge. Es liggi uf dr Hand,	Am guten Willen fehle es nicht, schreibt X in der Thurgauer Zeitung, und er nimmt die Kantone und Gemeinden, die mit den Schutzplätzen arg im Rückstand sind, ein bißchen in Schutz. Es seien die finanzschwachen Kantone und unter diesen die kleinen Landgemeinden, die unter dem schweizerischen Zivilschutzdurchschnitt liegen. Es liege auf der Hand,

(2) *2. Sprecher:*
daß dort keine privaten Schutzplätze entstehen können, wo wenig bis nichts gebaut wird. Abhilfe läßt sich in solchen Fällen nur mit der Erstellung öffentlicher Schutzräume schaffen. Das aber übersteigt zwangsläufig die Möglichkeiten manch einer Gemeinde, solange der Bund sich nur ungefähr zur Hälfte an den Kosten beteiligt.

(3) *1. Sprecher:*
Und drum sig s zwar verschtändlich, we de Bund de Droofinger erhebi. Unangebracht sig s aber wänn er de zueschtändige Behöörde s fäälends Verantwortigsbewußtsii voorwerfe. Als Drooig empfindet au de Y im Lausanner Vingt-quatre-heures de bundesräätliche Heewiis, we me deet, wo s no happeret ned vorwärtsmachi, de weerde me denn müesse Frischte setze. „Berne menace – Bern droht", schriibt de Y i dr Überschrift und laat dere en Uufruuf laa folge, wo leider mit dr Übersetzig vil vo siinere wälschwitzige Ironii verlüürt.

Und darum sei es zwar verständlich, wenn der Bund den Drohfinger erhebe. Unangebracht sei es aber, wenn er den zuständigen Behörden ein fehlendes Verantwortungsbewußtsein vorwerfe. Als Drohung empfindet auch Y im Lausanner Vingt-quatre-heures den bundesrätlichen Hinweis, wenn man dort, wo es noch hapert, nicht vorwärtsmache, dann werde man dann Fristen setzen müssen. „Berne menace – Bern droht", schreibt Y in der Überschrift und läßt dieser einen Aufruf folgen, der leider mit der Übersetzung viel von seiner welsch-witzigen Ironie verliert.

(4) *2. Sprecher:*
Jurassier, Tessiner, Waadtländer aufgepaßt. Ihr seid von allen Schweizern diejenigen, die den Folgen einer Atomexplosion am meisten ausgesetzt sind. Eure Behörden zögern, Euch einen passenden Schutzraum zur Verfügung zu stellen. Der Bundesrat ist darum nicht sehr zufrieden und hält Euch das Beispiel der Zuger und Zürcher vor, die praktisch vollständig geschützt sind.

(5) *1. Sprecher:*	
Fasch het me s Gfüül, schlimmer als die fäälende Schutzrüüm sig für üseri Compatriote de drooend Iigriff us Bärn. Im Winterthurer Landbott macht de Z Voorschlääg, wie de Bund Underschiide zwüsche de einzelne Kantöön chönnt hälffe abbaue.	Fast hat man das Gefühl, schlimmer als die fehlenden Schutzräume sei für unsere Miteidgenossen der drohende Eingriff aus Bern. Im Winterthurer Landboten macht Z Vorschläge, wie der Bund Unterschiede zwischen den einzelnen Kantonen abbauen helfen könnte.
(6) *2. Sprecher:*	
Ein Mittel dazu wäre die neue Bauförderungsaktion des Bundes, für die bis zur endgültigen Kantonalisierung noch annähernd eine Milliarde zur Verfügung stehen wird.	

Auch der Mundarttext ist wörtlich aufgeschrieben. Z.T. paraphrasiert oder faßt er den Zeitungstext zusammen (*nimmt in Schutz* 1), z.T. bewertet oder kommentiert er (*Fasch het me s Gfüül* 5). Stilistisch lehnt er sich gänzlich an die schriftsprachliche Vorlage an, so daß auch ein Wechsel indirektes/direktes Zitat im gleichen Satz (1/2) bruchlos möglich wird. Die beiden Sprachformen sind konsequent auf die beiden Sprecher verteilt, mit einer kleinen Ausnahme in (3): Hier wird die Schlagzeile zunächst französisch zitiert, dann in hochdeutscher Übersetzung gegeben (das ist nur phonetisch an der hochdeutschen Aussprache von *Bern* erkennbar).

3. Ein pragmatischer Faktor, der – soweit ich das beobachten konnte –, früher weitgehend wirksam war, ist bei dialogischen Texten die nicht-schweizerdeutsche Muttersprache eines der Beteiligten. Im Normalfall fand in Dialogen eine Anpassung des Journalisten an die Sprache des Partners statt, derart, daß man mit einem Deutschen oder Österreicher hochdeutsch redete, mit einem Westschweizer oder sonst Fremdsprachigen – sofern nicht die Fremdsprache – am ehesten Hochdeutsch. Das ist wohl auch heute noch so, wenn die Interaktion mit dem Nichtdeutschschweizer isoliert stattfindet, klar getrennt von etwaigen mundartlichen Kommunikationsprozessen in der Textumgebung der Sendung.

Eine mögliche Normalabfolge – wie ich sie verschiedentlich beobachtet habe – wäre also:

Moderation (Studio)		schweizerdeutsch
Interview (O-Ton)	Interviewer (Schweizer)	hochdeutsch
	Interviewter (Deutscher)	hochdeutsch
Moderation (Studio)		schweizerdeutsch

Die Abfolge ist einleuchtend und problemlos, weil die Kommunikationssituationen von Moderation und Interview klar voneinander getrennt sind (beim Radio durch den Ton, beim Fernsehen zusätzlich durchs Bild).

Sogar bei raumzeitlicher Identität der Situation können die kommunikativen Abläufe noch auseinandergehalten werden, z.B. durch die Kameraführung, wie in dem folgenden Ausschnitt aus einem Sportinterview: Der Moderator (im Studio) kündigt das Interview selbstverständlich in Mundart an (1). Das erste Kurzinterview läuft – wegen des Interviewten, der nicht Deutschschweizer ist – hochdt. ab (2–5), wobei aber der Engländer (!) sich der schwdt. Dank-Formel bedient (6). Nach dem Kameraschwenk wechselt der gleiche Reporter auf Schwdt., weil sein neuer Partner Deutschschweizer ist (7/8).

(1) *Moderator* (im Studio, mit Publikum):	*Übersetzung*
Und jetzt schalte mr um noch Arosa, dört git s es Siigerinterview, und zwoor het der X mit m Captain Y und mit m Trainer Z gredt, und zeerscht het er de Trainer na de Leischtigsträäger vo de Bieler Mannschaft gfrööget:	Und jetzt schalten wir um nach Arosa, dort gibt es ein Siegerinterview, und zwar hat X mit dem Captain Y und mit dem Trainer Z gesprochen, und zuerst hat er den Trainer nach den Leistungsträgern der Bieler Mannschaft gefragt:
(2) *Interviewter 1* (englischer Muttersprache, starker Akzent): Jeder in der Mannschaft hat super gespielt, ich muß sagen, (…) die Na-	

tionalspielers die haben ein Superleistung gebracht und auch die Ausländers das is klar	
(3) *Reporter:* Also ein Verdienst der ganzen Mannschaft?	
(4) *Interviewter 1:* Ja	
(5) *Reporter:* Okay, herzlichen Glückwunsch zum Schweizer Meistertitel, zum neuen	
(6) *Interviewter 1:* Merci vilmaal [Interviewter 1 geht aus dem Bild, Kamera schwenkt auf Interviewten 2]	[Schweizerdt. Entsprechung von *Vielen Dank*]
(7) *Reporter:* [Anrede] vor eme Joor isch dr Abschtiig ganz nooch gschtande, es het es Entscheidigsspiil bruucht gege Bäärn in Olte (...) Wii erchlääre Sii sich di enoorme Steigerig, an waas ligt s, ligt s au am Trainer unter anderem?	Vor einem Jahr ist der Abstieg ganz nah gewesen, es hat ein Entscheidungsspiel gebraucht gegen Bern in Olten (...) Wie erklären Sie sich die enorme Steigerung, an was liegt's, liegt's auch am Trainer unter anderem?
(8) *Interviewter 2:* Joo, sicher, de Trainer macht au öppis uus (...)	Ja, sicher, der Trainer macht auch etwas aus (...)

(Sportpanorama, Fernsehen DRS, 19.2.83)

Probleme ergeben sich zunächst dann, wenn der deutschschweizerische Journalist nicht nur das Interview führt, sondern einen ganzen Beitrag mit Einführung, O-Ton, Zwischentexten, abschließender Zusammenfassung liefert. Hier besteht theoretisch die Möglichkeit, in den nicht-dialogischen Partien zwischen Mundart und Schriftsprache zu wählen. Wenn der Journalist Mundart wählt, tut er das, um sich der Textumgebung innerhalb der ganzen Sendung anzupassen. Wählt er Hochdeutsch, paßt er seinen ganzen Beitrag dem Gast an. Beides kommt vor. Was häufiger ist, kann ich nicht beurteilen, weil es sich ohnehin um zufällige, eher seltene

(19) *Westschweizer:*
Ja, ich werde G. V. einfach – äh, äh – etwas fragen und er wird mir mit demselben antworten.

(20) *Moderator:*
Ja.
[Musik ca. 5 Sekunden]

(21) *Westschweizer:*
Das könnte er (...)

(22) *Moderator:*
Und umgekeert gaat s au? — Und umgekehrt geht es auch?

(23) *Westschweizer:*
Umgekehrt!

(24) *Moderator:*
Can we do it? — Geht das?
[Musik ca. 10 Sekunden]

(25) *Moderator:*
Und das geht so weiter?

(26) *Westschweizer:*
Ja.

(27) *Moderator:*
Das kann man sehr lange so tun?

(28) *Westschweizer:*
Ja

(29) *Moderator:*
Ihr habt ein Konzert in der Schweiz?

(30) *Westschweizer:*
Ja, am Sonntagabend.

(31) *Moderator:*
Sonntagabend?

(32) *Westschweizer:*
Ja, in Zürich in der ...?

(33) *Moderator:*
Aula Rämibüel, dörf mer säge? — Aula Rämibühl, darf man sagen?

(34) *Westschweizer:*
Jawohl!

(35) *Moderator:*
Jawohl, und beginnt?

(36) *Westschweizer:*
Um acht Uhr abend. Jawohl.

(37) *Moderator:*
Und es isch nur eís Konzert, werum?

Und es ist nur ein Konzert, warum?

(38) *Westschweizer:*
Weil – äh – die anderen schon vorbei sind.

(39) *Moderator:*
Sie sind schon vorbei?

(40) *Westschweizer:*
Ja.

(41) *Moderator:*
Wir sind schon zu spät?! Das tut uns leid.

(42) *Westschweizer:*
Nein, nein, das ist früh genug für die …

(43) *Moderator:*
Für das eine Konzert. Und ihr spielt jetzt, was?

(44) *Westschweizer:*
Jetzt werden wir eine Improvisation spielen.

(45) *Moderator:*
Ja.

(46) *Westschweizer:*
Wir haben eines kleines Struktur abgemacht.

(47) *Moderator:*
Ja.

(48) *Westschweizer:*
Äh, jeder stellt sich vor und wir kommen immer näher und am Schluß haben wir etwas abgemacht, das wir zusammen spielen. Das gibt ein Schluß.

(49) *Moderator:*
Ah, das gibt einen Schluß!

(50) *Westschweizer:*
Ja, normalerweise spielt man das viel länger, aber heute wird man das ganz kurz spielen.

(51) *Moderator:*
Gut, ich freue mich! – – – Und ich dörf miich, liebi Zueschauer, äh, grad jetz no verabschiide. Also – P. V., G. V. Konzert, Sunntigaabig, Aula Rämibühl in Züri.

Gut, ich freue mich! – – – Und ich darf mich, liebe Zuschauer, äh, jetzt gerade noch verabschieden. Also, P. F., G. V., Konzert, Sonntagabend, Aula Rämibühl in Zürich.

[Musik]
(Karussell, Fernsehen DRS, 25.6.80)

Die einzelnen Code-Wechsel sind durchaus „motiviert“ – im Sinne einer psycholinguistischen Erklärung des Code-Switchings. Doch wirkt der ganze kommunikative Ablauf mit seinem ständigen Hin und Her unkontrolliert und verwirrend.

4. Ein pragmatischer Faktor bzw. ein Bündel von Faktoren hat sich in den letzten Jahren nach meinen Beobachtungen zu einem nahezu global wirksamen Faktor entwickelt: dialogische Interaktion zwischen nur zwei (oder ganz wenigen) Partnern schweizerdeutscher Muttersprache führt regelmäßig zur Wahl der Mundart. Selbst in Sendungen, die sonst strikt hochsprachlich sind, wie etwa dem „Morgenjournal“ im Radio, finden solche mundartlichen Passagen Eingang. In solchen Sendungen kann man auf kleinstem Raum eine Verteilung beobachten, wie man sie auch bei österreichischen und teilweise auch süddeutschen Radiosendern findet: Monologisch-abgelesene Partien hochdeutsch, dialogisch-nichtabgelesene Partien mundartlich (in Öster-

reich oder Süddeutschland mundartnahe oder stark regional-umgangssprachlich). Doch gilt diese Verteilung eben nur kleinräumig und nur für einige wenige Sendungen.

Als Haupttendenzen kann man also registrieren:

1. Daß der Anteil der Mundart beim Radio sehr zugenommen hat, ist weniger auf linguistische Motive der Sprachwahl zurückzuführen, als auf einen allgemeineren Stilwandel des Journalismus, auf ein neues Selbstverständnis der Radiojournalisten.
2. Beim Fernsehen ist der Anteil der Schriftsprache noch relativ hoch und – wie es scheint – recht stabil. Das hat verschiedene Gründe:

   (1) Das Fernsehen ist sozusagen konkurrenzlos und kann deshalb traditionelle Regelungen unbesorgter beibehalten als das Radio.

   (2) Das Fernsehen ist – bis jetzt – stärker überregional ausgerichtet als das Radio; auch die Sendungen, die regionale Probleme aufgreifen, müssen mindestens insofern überregional bleiben, als die behandelten Probleme von überregionalem Interesse sein sollten.

   (3) Das Fernsehen ist enger mit den entsprechenden Institutionen in der BRD und Österreich verbunden als das Radio. Neben den vielen Filmen und Unterhaltungssendungen aus dem sonstigen deutschsprachigen Raum, die einfach importiert werden, gibt es ja auch Koproduktionen (Eurovisionssendungen etc.).
3. Über diese globalen Trends hinaus lassen sich im einzelnen symptomatische Prozesse beobachten: Mundart und Schriftsprache werden freier verfügbar, als sie es früher waren, auch in ein und derselben Sendung. Diese größere Flexibilität ist aber nur in einer Richtung wirksam: sie geht systematisch auf Kosten der schriftsprachlichen Anteile.
4. Je länger je weniger sind global wirksame Faktoren der Sprachformenwahl erkennbar, mit Ausnahme vielleicht der dialogischen Interaktion zwischen Deutschschweizern. Wer die Praxis der Medien aufmerksam beobachtet, hat kaum mehr die Möglichkeit vorherzusagen, welche Sprachform für welche Sendung

mit welcher kommunikativen Situation wohl gewählt wird. Im einzelnen ist zwar jeweils erkennbar, warum für welche Funktion die jeweilige Sprachform gewählt wird. Doch wechseln die Dominanzen der beteiligten Faktoren so rasch und so unvorhersehbar, daß von einer Diglossie-Regelung nicht mehr die Rede sein kann.

Wie bunt das Bild der Sprachformen in einer durchschnittlichen Sportsendung des Fernsehens ist, mag das Ablaufschema einer beliebigen Sendung demonstrieren, in der die Sprachformwahl nach den Regeln der Sportberichterstattung im speziellen und der Magazinsendung im allgemeinen funktioniert und die keine zusätzlichen kommunikativen Probleme aufweist:

I	Moderator		Mundart
II		Reportage (Ski)	Hochdeutsch
III		Reportage (Ski)	Hochdeutsch
IV	Moderator (off und on)		Mundart
V		Reportage (Fahrrad)	Hochdeutsch
VI	Moderator		Mundart
VII		Reportage (Eishockey)	Hochdeutsch
VIII	Moderator		Mundart
IX		Reportage (Eishockey)	Hochdeutsch
X	Moderator		Mundart
XI		Interview	Mundart
XII	Moderator		Mundart

(TV DRS, Sportpanorama 19.2.83)

Die deutschschweizerische Sprachsituation ist gegenwärtig durch Instabilität und Unsicherheit gekennzeichnet. Das spiegelt sich in der breiten öffentlichen Diskussion (Leserbriefe, Zeitungsartikel, Radio- und Fernsehsendungen) um die Frage, ob die Mundart überhandnehme, ob man in den Schulen das Hochdeutsche durch behördliche Erlasse stützen müsse usw. Auch die Verantwortlichen der elektronischen Medien sind sich bewußt, daß die Sprachpraxis der Medien sprachpolitische Brisanz hat. Daher hat die Ausbildungsabteilung der SRG (Leitung bis 1983: Peter Schulz) in Zusammenarbeit mit dem Linguisten Rudolf Schwarzenbach *Richtlinien* für den Gebrauch von Mundart und Schriftsprache bei Radio und Fernsehen ausgearbeitet, die im Dezember 1982 von der Programmdirektion offiziell erlassen worden sind. Hier wird einerseits sehr deutlich formuliert, daß die Mundart im Prinzip alles „kann", was auch das Hochdeutsche „kann", andererseits aber legt man Wert darauf, daß das Hochdeutsche „angemessen" berücksichtigt werden soll. Zum ersten Punkt heißt es im einzelnen: „Verständlich formulieren kann man sowohl in Mundart wie auf Hochdeutsch" und „Jeder Sachbereich läßt sich sowohl in Mundart als auch auf Hochdeutsch behandeln, wobei sich Unterschiede in der Behandlungsweise zeigen können" oder „Persönlichkeit kann sich in gleicher Weise in der einen wie in der andern Sprachform ausdrücken". Linguistisch gesprochen bedeutet das: die Verteilung von Mundart/Standardsprache ist nicht nach Domänen geregelt, und keine der beiden Sprachformen bringt Einschränkungen der Ausdrucks- wie der Verstehensfähigkeit mit sich. Doch wird der letztere Gesichtspunkt relativiert durch die Aussage „Der Deutschschweizer glaubt, in seiner Mundart mehr sich selber zu sein. Er faßt sie als vertrauter auf als das Hochdeutsche und zeigt daher mehr *Bereitschaft, zu verstehen.*"

Der zweite Punkt ist nur als Postulat formuliert, auch bezüglich der konkreten Anforderungen an die Journalisten: „Programm-Mitarbeiter, die regelmäßig am Mikrofon eingesetzt werden, müssen sich sowohl in der Mundart wie auf Hochdeutsch angemessen ausdrükken können."

Entscheidend für die Konzeption der Richtlinien sind aber die Passagen, die sich mit der Wahl der Sprachform im einzelnen befassen. Hier werden keinerlei Regeln aufgestellt, sondern es wird auf die verschiedenen thematischen und pragmatischen Faktoren verwiesen, die die Sprachformenwahl beeinflussen können, im Sinne einer Bewußtseinsbildung für die Komplexität der kommunikativen Prozesse. „Wer für eine Sendung den Entscheid Mundart/

Hochdeutsch trifft, sollte sich vor allem bewußt sein, d a ß er einen Entscheid trifft. Er sollte ihn deshalb auch begründen können." Ausdrücklich wird nicht nur die „code-alternation", sondern auch das „code-switching" als legitime Möglichkeit erwähnt, die „als Gestaltungsmittel dienen kann" („*Code-alternation* [...] refers to change in languages according to domain, or at other major communicative boundaries, and *code-switching* to change in languages within a single speech event." Saville-Troike 1982, 61).

Was das Hochdeutsche betrifft, so ist hier formuliert, was sich in den anderen Rundfunkanstalten des deutschen Sprachbereichs ebenfalls beobachten läßt: man rückt von einer idealen Norm des Hochdeutschen ab und toleriert regionale Eigenheiten der Aussprache, des Lexikons etc. („Das Hochdeutsche des Deutschschweizers ist eine Form der deutschen Standardsprache. Diese läßt im Rahmen ihrer Normen regionale Eigenheiten durchaus zu.")

Der Gesamttenor der Richtlinien ist also dieser: die Medien sollen das Angebot, das die gegenwärtige schweizerische Sprachsituation gibt, ausnützen und das Nebeneinander der beiden funktional gleichwertigen Sprachformen für die journalistische Gestaltungsarbeit fruchtbar machen.

Aufschlußreich ist es, die Richtlinien und die Praxis des öffentlichen Rundfunks zu vergleichen mit der Praxis der neuen privaten Radios. Wenn bei der SRG noch versucht wird, die Balance zwischen den Sprachformen zu halten, gehen die Privatsender konsequent in der Richtung weiter, die durch das dritte (öffentliche) Programm bereits vorgezeichnet ist: Das gesamte Programm der Lokalradios ist konzipiert als „Begleitprogramm", der Moderator ist die zentrale Figur, und er spricht natürlich Mundart. Das Gesamtbild dieser Sender ist mundartlich. Nur eine Pièce de Resistance gibt es, die dem Hochdeutschen reserviert bleibt: die Nachrichten (vgl. S. 127).

Einen Sonderfall der Distribution der Sprachformen stellt der Bereich der Werbung dar. Bisher gab es nur im Fernsehen Werbung, jetzt kommen die Lokalradios hinzu, von denen die meisten durch Werbung finanziert werden. Die Sprachsituation des Werbefernsehens ist insofern ein Sonderfall, als nicht alle Werbespots in der (deutschen) Schweiz produziert werden. Für die Verteilung der Sprachformen fällt dies besonders bei Produkten aus der BRD ins Gewicht.

In einer Lizentiatsarbeit von 1978 (D. Hasse, Der Dialekt in der Fernsehwerbung, Zürich) ergab sich folgendes Bild:

On-Texte sind weit überwiegend mundartlich, bei den off-Texten überwiegt ebenso deutlich die Standardsprache. Das erklärt sich daraus, daß im On vorwiegend Dialog oder direkte persuasive Zuwendungen eines Sprechers (der nicht abliest, sondern „spontan“ spricht) an das Publikum stattfinden – also typische Domänen der Mundart. Demgegenüber kommen in den off-Texten auch informative Angaben des Herstellers zu Geltung, die Texte werden abgelesen und tendieren somit zur Schriftsprachlichkeit. Wenn der on-Text ausnahmsweise hochdeutsch ist, ist der off-Text (ausnahmslos) ebenfalls hochdeutsch. Für die off-Texte ergibt sich im einzelnen folgende Verteilung:

	Off-Texte	
	Mundart	Standardsprache
On-Text: Mundart	16,6 %	26,6 %
On-Text: Standardsprache	–	56,8 %

(nach Hasse, 55)

In den insgesamt 83,4 % Standardsprache im Off drücken sich die genannten Besonderheiten der Produktionsbedingungen aus. Im Vergleich mit strukturell vergleichbaren Fernsehsendungen ist dies ein überproportional hoher Anteil des Hochdeutschen.

Bei den Lokalradios dominieren auch in der Werbung allerorten die Mundarten, wie die ersten Höreindrücke ergeben.

Für die Theorie des Sprachwandels wird es interessant sein, zu beobachten, ob eine derartige Sprachsituation über einen längeren Zeitraum bestehen bleiben kann, oder ob aus dem nicht-diglossischen Nebeneinander sich eine neue, stärker auf funktionale Ausdifferenzierung der Sprachformen ausgerichtete Situation entwikkeln wird. Es wäre auch vorstellbar, daß die bilinguale Situation sich letzten Endes in eine monolinguale verwandelt.

7.2 *Österreich*

In Österreich haben die Mundarten noch eine starke Position, wenn auch unterschiedlich stark nach Stadt/Land und nach Regionen. Entsprechend ist auch in den gesprochenen Medien der Anteil der Mundart beträchtlich – wenn auch nicht entfernt so hoch wie in der Schweiz.

Der hauptsächliche linguistisch-strukturelle Unterschied zwischen der Schweiz und Österreich (wie auch Süddeutschland) hinsichtlich des Verhältnisses Mundart/Schriftsprache läßt sich so charakterisieren: In der Schweiz ist ein gesprochener Text im Normalfall eindeutig einer der beiden Sprachformen zuzuordnen. Zwar mag ein Mundarttext im Lexikon weitgehend durch hochdeutsches Material „überfremdet" sein und auch in syntaktischer Hinsicht einen Transfer von der Schriftsprache auf die Mundart aufweisen, doch bleibt in Phonologie und Morphologie der Mundartcharakter klar erkennbar (dazu Ris 1977, 89). In Österreich – wie in Süddeutschland – hingegen gibt es eine gleitende Skala zwischen Schriftsprache und Mundarten mit einem breiten Bereich von regionalen Umgangssprachen, die phonologisch nicht mehr Mundart sind, aber doch einige phonologische und morphologische Eigenheiten der Mundart aufweisen. Entsprechend stellt sich das Problem für die Medien nicht als Entweder-Oder wie in der Schweiz und ist damit im Prinzip entschärft.

Wiesinger (1983) hält es gleichwohl für gerechtfertigt, für Österreich etwas wie „Sprachschichten" anzusetzen, wobei allerdings die Übergänge gleitend seien. Er verwendet ein vierstufiges Modell zur Differenzierung der „Schichten natürlicher gesprochener Sprache":

Basisdialekt	Verkehrsdialekt	Umgangssprache	Standardsprache

Als Basisdialekt gilt die extrem-mundartliche Variante, die „heute im allgemeinen nur mehr die ältere, alteingesessene, traditionelle Dorfbevölkerung der Groß- und Kleinbauern und der Handwerker im alltäglichen Gespräch untereinander und mit jüngeren Familienangehörigen“ verwendet (185). „Verkehrsdialekte“ sind großräumiger wirksame Varianten, die primär von den Großstädten ausstrahlen. Bei der „Umgangssprache“ sind die „primären, dialektmarkierenden Eigenschaften fallengelassen und nur nicht auffällige, sekundäre Elemente beibehalten“, und insgesamt ist diese Variante schon stark von der Standardsprache geprägt. Üblich ist die Umgangssprache vor allem in den Städten. Die „Standardsprache“ schließlich ist die „regionale Realisierung der Schriftsprache“. Die Grenzen zur Umgangssprache sind „gerade in gehobenen städtischen Kreisen“ (191) fließend. Zu den Medien bemerkt Wiesinger lediglich, daß sie zur Verbreitung der Standardsprache beitragen, „wenngleich die Medienansagen durch rhetorisch geschulte Sprecher in ‚hochsprachlicher‘ Lautung erfolgen und damit mit der Sprechweise der Schauspieler im Theater korrespondieren.“ (191)

Nach meinen Beobachtungen ist die Sprachrealität in den österreichischen Medien sehr komplex.
Hochsprache – im Sinne einer (hier wohl gemeinten) Aussprachenorm, die von Regionalismen frei ist – ist im österreichischen Rundfunk kaum mehr zu beobachten. „Unterhalb“ der Hochsprache aber finden sich die vielfältigsten Ausprägungen von Standardsprache, Umgangssprache und Verkehrsdialekt, wobei die Übergänge fließend sind und sogar in ein und demselben dialogischen Ablauf beobachtbar sind (s. u.). Basisdialekte kommen – soweit ich das beurteilen kann – allenfalls in folkloristischen Sendungen vor.

Für die Zwecke dieser Darstellung vereinfache ich das Schichtenmodell Wiesingers und unterscheide nur Dialekt (Mundart), deutlich und wenig regional gefärbte Standardsprache. Im letzteren Fall spreche ich – wie bei der Diskussion der Schweizer Verhältnisse – einfach von Standardsprache (Hochdeutsch), da heute auch in den österreichischen Medien eine völlig „akzentfreie“ überregionale Aussprache kaum vorkommt.

Empirisch-quantitative Untersuchungen zur Verteilung der Sprach-

Abweichungen von der vorgesehenen Sprachregelung sind aber nicht selten zu beobachten. Daß der Moderator stärker Mundart spricht als die Interviewten, wäre eigentlich kaum zu erwarten, wenn man die sonstigen Verteilungen der Sprachformen in den Medien bedenkt (Mundart „dringt" ja gerade auf dem Weg der O-Töne in sonst hochdeutsche Umgebungen „ein"). Gleichwohl kommt der Fall vor. Er wirkt dann als zwanghafte Anpassung des Journalisten an das Sendungskonzept: den Moderator kann man verpflichten, Mundart zu reden, die Gäste aber nicht! Ein Beispiel (Volkskulturmagazin, Ö-Regional, 15.1.83):

(In Abweichung von unserer sonstigen Transkriptionspraxis transkribieren wir auch die hochdeutsch ausgesprochenen Passagen nach den Regeln für Mundarttranskription, damit das phonetisch/morphologische Schwanken zwischen Mundart und Hochdeutsch erkennbar wird.)

(1) *Moderator* (Studio-Ton):
Vor der letschten Seiten unseres Volkskulturmagazins haast s – tiaf Luft holn. Mir steigen nämlich[ç], sachkundig begleitet vom Fräulein X und dem Herrn Y auf einen Turm in Kitzbü*ch*el. Also – auf geht's! [Glockenspiel]

(2) *Moderator* (O-Ton):
(...) I bin da am Turm der Kitzbücheler Katharinen-Kirche. Wenn i da jetz aussischau bei den viir Fenschtern, di in ålle Himmelsrichtungen weisen, da sigt me unter uns also des Kitzbüchler Stadtl und dises Glockenspiil wird betäätigt vom Turmstübcle aus (...) Heut is da drin eine grooße Metallwalze mit vilen vilen Sicherungen abgesichert, eine elektrische Anlaage und e ganz e klaans Spiiltischl, ein Miniklaviir sozusaagen mit nur elf Taschten drauf. Davoor sitzt das Fräulein X, di Tochter des Kapellmeisters der Stadtmusikkapelle Kitzbüchel. Fräulein X, des Liadl, des Si jetz da gspilt ham, des is extra für des Glockenspil umgesetzt wordn?

(3) *Fräulein X:*
Ja, des is extra für des Glockenspil umgesetzt wordn von meiner Leererin Professor Maria Hofer und is drauf ausgerichtet, daß es gut klingt am Glockenspiil, nicht zu viile Tööne da sind und eeben daß man äh wirklich es sauber spiilen kann.

(4) *Moderator:*
Di Frau Professor Maria Hofer is ja leider verstorbn. Si war keine

Kitzbüchlerin sovil i woass, aber si war so beliibt da, daß si sogar einen Volksnamen bekommen hat. Glockenmaidl håt me si gheissen, glab i?

(5) *Fräulein X:*
Ja, hat me si gheissen̂, und si war so was wi a Denkmal in Kitzbül̂, und si hat di Orgel in Kitzbül gspilt und war ebn so a Komponistin und äh si hat irn Mann gestellt.

(6) *Moderator:*
Hm, ja, aber da steet ja eine gewisse Idee dahinter hinter disem Glockenspil. Was wår der Grundgedanke, wollte man da nur eine Fremdenverkeersattraktioon in Kitzbüchel schaffen oder wår des was anders?

(7) *Herr Y:*
Nein, man wollte ein Heldendenkmal schaffen, für di Gefallenen des Erschten und Zweiten Weltkrieges.

(8) *Moderator:*
Und wie wird des jetzt heute gspilt äh, Fräulein X, wird des also nur für di Helden an Heldengedenktagen gspilt oder gibt s da regelmäßig Spiilzeiten̂, zu denen Si da aafikraxeln miassen?

(9) *Fräulein X:*
Ja, es gibt reegelmäßige Spiilzeiten̂, und zwar bei deenen ich nicht aufikraxeln muß, und des is um elf Uhr voormittags und um fünf Uhr auf d Nacht, aber i kraxel ganz gern rauf, zur Weihnachtszeit, zu Oostern und zu sonstigen Feiertaagen, Marienfesten und dergleichen. Und sonst spiilt man halt des bei Kriegerbegräabnissen, da wird dann der Toote durch di Stadt getraagen und ich spil „Ich hatt einen Kameraaden“.

(10) *Moderator:*
Hm, äh, jetz zur technischen Seite diises Glockenspiils. Wii gesaagt, da sind nur elf Tasten drauf, deementsprechend natürlich au nur elf Glocken in eim Stock ober uns.

(11) *Fräulein X:*
Ja, di elf Glocken sind an Stock hööher̂, und äh der Mechanismus is recht lustig, äh man muß e bißl früer äh es heißt man muß schneller spiilen̂, und es kommt dann langsamer bis sich der Mechanismus in den Glocken in Gang setzt.

(12) *Moderator:*
Also müssen Si müssen mit den Taschten e bisserl voraussein sozusagen?

(13) *Fräulein X:*
Ich muß mit den Tasten bissel voraussein (...)

(14) *Moderator:*
(...) Da ham also meerere Kitzbüchler a mitghulfn, Herr Y. Denn allein hat es di Frau Professor und ir vom Kommittee iir habt s des ja ned allein ålls machen können?

(15) *Herr Y:*
Nein, das stimmt, und wenn wir jetzt ganz kurz di Anlaage beschreiben, vom Spiiltisch aus wird über eine Quecksilberlibelle/

(16) *Moderator:*
O mei, jetzt wird s kompliziirt, ja? (...)

Die Sprache des Interviewers schwankt zwischen mundartnahem und regional-umgangssprachlichem Sprechen. Man merkt, daß er sich zur Mundartnähe zwingen muß. So beginnt er mundartlich (1, 2), nachher „unterlaufen" ihm stärker hochdeutsche Passagen (6, besonders deutlich der erste Satz von 10). Die Interviewte formuliert vor allem in reaktiven Phasen mundartnahe – wenn sie ganze Phrasen des Interviewers wiederholt: 3, 5, das *aufikraxeln* in 9 wirkt wie ein Zitat des Moderators von 8. Im übrigen spricht sie regional-umgangssprachlich. Der Kontrast zwischen Moderator und Interviewter wird ganz klar in dem „Minimalpaar" 12/13: Bei sonst nahezu völlig identischem Kontext artikuliert der Moderator *Taschten* (mundartlich), während die Interviewte *Tasten* (hochdeutsch) sagt. Ähnliche Minimalpaare ergeben sich bei der Aussprache des Ortsnamens (Moderator: *Kitzbüchel* in 1, 2, 4, 6; Interviewte: *Kitzbül* in 5). Der interviewte Herr Y spricht hochdeutsch, mit leichtem regionalen Einschlag (*Erschten* in 7). Wenn man die einzelnen pragmatischen Faktoren durchgeht, die für die Sprachformwahl bestimmend sein können – wie wir sie für die schweizerischen Verhältnisse isolieren konnten –, so stellen sich einige ganz klare Unterschiede zur Schweiz heraus:

Der Adressat spielt als Kriterium keine ausschlaggebende Rolle. Sendungen für Kinder sind hochdeutsch, und z.T. sogar mit fehlender Regionalfärbung. Hier spielen offenbar pädagogische Erwägungen eine Rolle.

Sendungen für Senioren sind gleichfalls nicht mehr und nicht weniger mundartnah als jede andere Sendung.

Anders ist es freilich, wenn eine Sendung von Jugendlichen für Jugendliche gemacht wird, wie die tägliche Sendung „Nach der Schule" in Ö 3. Hier gibt es alle Varianten von sehr „gestochenem" Hochdeutsch bis zu sehr mundartnahem Sprechen (freilich kaum je wirkliche Mundart). Die Sendung wird meist von Gymnasiasten gestaltet, und je nach deren stilistischen und journalistischen Idealen fällt die Sprachform so oder so aus. Da gibt es sehr muntere, witzelnde, mit Jugend-Vokabular um sich werfende Knaben, die morphophonologisch sehr stark zur Mundart tendieren. Daneben Mädchen, die nach Höherem streben und sich in resignativ-lyrischen Betrachtungen über Einsamkeit und Beziehungslosigkeit des heutigen Menschen ergehen – dies natürlich in blütenreinem Hochdeutsch:

Erstes Mädchen: Falls Ihr uns erst jetzt zuhört, wir beschäftigen uns mit menschlichen Begegnungen und möchten aufzeigen, warum es uns so schwerfällt, einander nahezukommen.

Zweites Mädchen: Die Nähe eines Menschen. Du legst Deinen Arm um meine Schultern. Ich lehne mich an Dich. Ich fühle mich geborgen. Ich möchte immer hier mit Dir bleiben. Ich habe die Nähe eines Menschen gefunden, bin in die Nähe eines Menschen gerückt. Du küßt mich. Ich spüre Deine Erregung. Auch meine Nerven vibrieren. Du bist mir körperlich nahe. Aber bist Du es auch geistig? Verstehen wir einander? Vielleicht ist für Dich alles in Ordnung. Für mich jedenfalls nicht. Vielleicht hast Du Dich entschieden. Ich nicht. Aber ich bringe es einfach nicht fertig, dir das zu sagen. Anstatt wirklich Deine Nähe zu suchen, werfe ich mich Dir in die Arme, und ich selbst bleibe trotzdem allein und unnütz. Ich müßte Dir jetzt sagen, Dir zeigen, daß Verliebtsein und Sex nicht alles ist. Das Wichtigste ist die Bereitschaft, den anderen zu verstehen.
(Ö 3, 12.4.83)

Im Gegensatz dazu ein flotter Text:

Guten Abend, die Damen, guten Abend die Herrn, nabend die Maderln, Servus die Buem! (Ö 3, 26.1.83)

Wie die Einleitung, so die Moderation – von mundartnahe bis regional-standardsprachlich, immer gewollt munter. Die „Redakteure" sprechen ihre Namen englisch aus – der gleiche Approach wie beim Schweizer Privatsender „Radio 24"!

Innerhalb dialogischer O-Ton-Passagen sind vor allem soziologische Kriterien für die Sprachformenwahl maßgebend: der Gegensatz Stadt–Land und Unterschiede des Sozialstatus. Hier dürften die realen Sprachverhältnisse in Österreich reflektiert sein.

In einer Jugendsendung zum Thema „Skilehrer und ihre Ausbildung“ (Zick Zack Ö 3, 1.2.83, 19 Uhr) sprechen junge und ältere Skilehrer, darunter der Chef einer Skilehrerschule, außerdem ein Student. Die jungen und älteren Skilehrer sprechen stark regional bis mundartlich, der Chef der Schule jedoch nur wenig gefärbtes Hochdeutsch. Am deutlichsten Mundart spricht der Student, ganz offensichtlich bewußt und prononciert! Während der Sprachunterschied bei den Skilehrern den unterschiedlichen Sozialstatus reflektiert, kann der Student es sich leisten, eine bewußte Option für die Mundart zu treffen.

Bei Sport-Interviews ist als durchgehendes Muster zu beobachten, daß der Interviewer ein gemäßigt regionales Hochdeutsch spricht, die Interviewten hingegen deutlich regional gefärbtes bis mundartnahes Deutsch.

In ein und derselben Sendung kann sich eine differenzierte Abstufung zwischen nicht gefärbtem Hochdeutsch und reiner Mundart realisieren, wobei die Faktoren der Codewahl meist klar eruierbar sind. So z.B. in einer Sendung aus Ö-Regional (Legende und Brauch zum Fest der Heiligen Drei Könige, 6.1.83), die vom Thema her folkloristischen Charakter hat, also von daher insgesamt in Richtung Mundart tendiert. Gleichwohl findet sich hier die ganze Bandbreite von Sprachformen, aufgrund von Faktoren wie: professionelle Vorbildung, Sozialstatus, Herkunft (Land/Stadt). Der professionelle Sprecher, der eine Erzählung vorliest, redet akzentfreies Hochdeutsch. Die Sendung wird an- und abgesagt in (wenig gefärbtem) Hochdeutsch. Die zwei Moderatoren sprechen regionales Hochdeutsch. In O-Ton-Interviews sprechen die Interviewer (Reporter) stark regional gefärbtes Hochdeutsch oder gemäßigte Mundart; die interviewten Bäurinnen sprechen extreme Mundart, ein interviewter Volksschullehrer regionales Hochdeutsch. Die O-Ton-Ausschnitte aus dem Dreikönigsspiel sind extrem mundartlich. Zwei „Minimalpaare“ aus einem Interview mit einer Bäurin zeigen die Differenzen auf kleinstem Raum:

(1) *Interviewer:*
Und hergegeben håm das die Hausleute?
Interviewte:
Des håm die Hausleute hergem.

(2) *Interviewer:*
Und sunst sind sie einfach gekommen?
Interviewte:
Sist sinds einfach kemma.

7.3 Norddeutschland

Nach Sanders (1982, 200ff.) ist die Sprachsituation in Norddeutschland weitgehend auch mit dem Terminus „Diglossie" charakterisierbar, und auch dort ist etwas wie eine „Mundartwelle" zu beobachten. Doch sind die pragmatischen und soziolinguistischen Unterschiede zur Schweizer Situation beträchtlich: Keineswegs sprechen in Norddeutschland alle Leute Mundart und Standardsprache, keineswegs ist Mundart in allen Situationen des gesprochenen Bereichs verwendbar, keineswegs genießt die Mundart ein auch nur annähernd so hohes Prestige wie in der Schweiz usw. Das zeigt sich auch in den Massenmedien. Da ich über keine eigenen Untersuchungen verfüge, stütze ich mich auf die Aussagen in den jüngsten zusammenfassenden Darstellungen. „Man kann sich des Eindrucks nicht erwehren, daß die oft zu hörende Devise: ‚Plattdeutsch ist in' bei den Verantwortlichen von Presse, Funk und Fernsehen nicht auf offene Ohren gestoßen ist; hinsichtlich der Berücksichtigung des Niederdeutschen in den Massenmedien muß jedenfalls ein großes Fragezeichen gesetzt werden." (Sanders 221) Das Niederdeutsche führt in den Medien offenbar nur eine Randexistenz: „In den Regionalprogrammen von Norddeutschem Rundfunk und Radio Bremen (in geringerem Umfang auch der Westdeutsche Rundfunk mit westfälischer Mundart) haben Sendungen wie die plattdeutsche Morgenandacht, „Hör mal'n beten to", der niederdeutsche Hörspielabend usw. ihren festen Platz, und sie finden stets einen interessierten Zuhörerkreis. Seit 1977 werden von Bremen aus auch niederdeutsche Nachrichten ausgestrahlt – nicht etwa regionale, sondern Nachrichten aus aller Welt (...)"

(Sanders 220). Insgesamt also eine kleine Liste von Mundartsendungen. Ein besonders markanter Unterschied zur Schweiz liegt in der Tatsache, daß die Begleitprogramme nicht in Mundart gehalten sind. Sanders sieht die Gründe für die Zurückhaltung der Journalisten beim Mundartgebrauch einerseits in dem „überregionalen Kulturauftrag" der Medien, „dem die regional- bis lokalmundartliche Zersplitterung des Niederdeutschen entgegensteht", anderseits in dem linguistischen Tatbestand, daß sich keine „Ausgleichsmundarten" herausgebildet haben im Sinne des Honoratiorenschwäbischen oder des ‚Hoch'-Bayerischen, „das so gesellschaftsfähig ist wie der Trachtenanzug" (Sanders 221, nach Riedel).

Stellmacher (1981) hat die niederdeutschen Nachrichten von Radio Bremen genauer unter die Lupe genommen. Dabei wird sehr deutlich, daß sie aus journalistischer Perspektive eine nur marginale Bedeutung haben, während sie von Rezipientenseite als sehr positive Entwicklung begrüßt werden. Zweimal in der Woche werden die hochdeutschen Nachrichten „von einem wissenschaftlichen Mitarbeiter (also nicht einem Journalisten! Anm. H. B.) des Instituts für niederdeutsche Sprache in Bremen ins Niederdeutsche umgesetzt und von dem Übersetzer auch ins Mikrofon gesprochen." (Stellmacher 49) Man vergleiche: die Schweizer Mundartnachrichten werden heutzutage nicht mehr aus dem Hochdeutschen übersetzt, sondern direkt in Mundart aufgeschrieben, und zwar von professionellen Journalisten.

Von den norddeutschen Hörern wird lobend hervorgehoben, daß die niederdeutschen Nachrichten höhere Verständlichkeit aufwiesen. Die Frage ist, was diese Aussagen bedeuten: Handelt es sich um linguistische Eigenschaften des niederdeutschen Textes, die ihn leichter verständlich machen als das hochdeutsche Pendant, oder äußert sich in solchen Hörerurteilen eher eine spezifische Einstellung zur Mundart? Formulierungen wie „habe das Gefühl, jetzt mehr einbezogen zu sein in das, was geschieht" (51) legen nahe, daß es sich eher um eine Folge von Spracheinstellungen handelt. Stellmacher untersucht an fünf Sendungen einige der für die (linguistische) Verständlichkeit relevanten syntaktischen und lexikalischen Parameter (Parataxe/Hypotaxe, Art der hypotaktischen Gebilde, Passiv/Aktiv, Modus, Fremd- und Fachwortschatz, verbale

Streckformen) und kommt zum Schluß, „daß ungeachtet mancher grammatischen Erleichterung in Richtung auf gesprochen-sprachliche Strukturen in den niederdeutschen Fassungen der Nachrichtentexte von einer entscheidenden Rolle der sprachlichen Organisation für die Verständniserleichterung nicht gesprochen werden kann. Somit bleibt – fürs erste – die Hypothese aufrechtzuerhalten, daß es die Einstellung zum Niederdeutschen und die Bereitschaft, diesen Meldungen wirklich zuzuhören, sind, die für die positive Aufnahme der niederdeutschen Nachrichten von Radio Bremen verantwortlich gemacht werden können." (64)

8. Verstehen und Verständlichkeit

Die Verständlichkeit von Radio- und Fernsehsendungen war in den 70er Jahren ein brisantes Thema, das in zahlreichen Tagungen, Symposien und Forschungsunternehmungen Praktiker und Wissenschaftler zusammenführte (vgl. z.B. Friedrich [Hrsg.] 1977; über ein großes einschlägiges Forschungsprojekt aus der BRD, das von der DFG gefördert wurde, berichtet Strassner 1983).

Wissenschaftler legten die zum großen Teil deprimierenden Ergebnisse ihrer Untersuchungen vor, die Praktiker verwiesen zu ihrer Entlastung auf Bedingungen und Zwänge der Produktion. Insgesamt führten die Diskussionen immerhin zu einem erhöhten Problembewußtsein bei allen Beteiligten.

In vielen Bereichen der Medien ist klar ersichtlich, daß das Verständlich*machen* komplexer Information den Journalisten heutzutage als wichtige Aufgabe gilt (das geht auch aus den Handbüchern für Radio- und Fernsehjournalismus von La Roche/Buchholz [Hrsg.] 1980, bzw. Schult/Buchholz [Hrsg.] 1982 hervor; neuerdings auch Häusermann/Käppeli 1984).

Wenn man die methodologischen Probleme der Verständlichkeitsforschung begreifen will, sind zunächst die Begriffe „Verständlichkeit“ und „Verstehen“ auseinanderzuhalten: „Verständlichkeit“ meint objektive Eigenschaften der Texte (in Syntax, Vokabular etc.), „Verstehen“ meint die psycholinguistischen Prozesse, die sich bei der Verarbeitung von Texten in Individuen abspielen. Zu bedenken ist aber bei dieser scheinbar klaren Entgegensetzung von „objektiven“ und „subjektiven“ Faktoren, daß auch die objektiven Verständlichkeitsfaktoren aufgrund von Verstehensprozessen ermittelt wurden (vgl. Klare, 1963, 33ff.). Es ist also durchaus denkbar, daß ein Text, der (aufgrund seiner objektiven Eigenschaften) als gut verständlich eingestuft wird, von Vpn nicht gut verstanden wird, weil sie beispielsweise über ein bestimmtes Vorwissen, das für das Verstehen nötig wäre, nicht verfügen o.ä.

Wenn man Textverständlichkeit untersuchen will, ist zunächst zu berücksichtigen, daß Texte unter sehr verschiedenen Kanalbedingungen rezipiert werden. Grundsätzlich sind in den Medien die folgenden Typen zu unterscheiden:

1. Visuelle Wahrnehmung eines geschriebenen Textes
   (a) Presse
   (b) Fernsehen: wenn im Bild geschriebene Texte erscheinen, die nicht gleichzeitig verlesen werden (bei Werbefilmen z.B. Texte auf Verpackungen oder bei einem Filmbericht der eingeblendete Name des Reporters).
2. Akustische Wahrnehmung eines gesprochenen Textes (ohne gleichzeitiges visuelles Angebot): Radio
3. Akustische Wahrnehmung eines gesprochenen Textes, wobei man den Sprecher nicht sieht, bei gleichzeitiger visueller Präsentation von Film/Grafik/Foto etc.: Fernsehen, wenn der Text im *Off* gesprochen wird.
4. Akustische und visuelle Wahrnehmung des gleichen Textes: Fernsehen, wenn ein geschriebener Text im Bild erscheint, der gleichzeitig im *Off* gesprochen wird (wenn z.B. am Ende eines Werbefilms für Joghurt auf dem Bildschirm erscheint *Toni Joghurt – Der im Zirkulationsglas* und dieser Text gleichzeitig im *Off* gesprochen wird).
5. Akustische und visuelle Wahrnehmung der gesamten gesprochenen Kommunikationssituation (bzw. ihrer von den Produzenten als wesentlich erachteten Aspekte): Fernsehen, wenn Sprecher im *On* (Beispiele: sichtbarer Sprecher der Tagesschau, Studiodiskussion, Dialoge in Spielfilmen).

Dazu kommen Mischformen, z.B. der Tagesschausprecher im *On*, mit eingeblendetem Text, der in Stichworten (aber mit dem lexikalischen Material der Meldung) das Thema/den Inhalt der Meldung angibt (Grenzfall von 1b).

Insbesondere die Typen 1a, 2, 3 und 5 wären die für Verständlichkeitsuntersuchungen relevanten Kategorien, die getrennt und vergleichend studiert werden müßten. (Bei den Typen 1b und 4 wird

stad 1978 hat eine Adaptation fürs Deutsche versucht; vgl. auch Lüger 1983, 15 f.).

Tests, bei denen Vpn (schriftlich oder mündlich) wiedergeben müssen, an welche Textpassagen sie sich erinnern, prüfen das Behalten von Information. Natürlich ist jedem Psychologen klar, daß Behalten und Verstehen nicht einfach identifiziert werden können. Doch nimmt man i. a. an, daß das Behalten ein gutes Maß für das (komplexere) Verstehen darstellt. Gegen diese Annahme hat Muckenhaupt (1980) anhand von Fernsehbeispielen – meines Erachtens berechtigte – Einwände erhoben.

Ähnliche Einschränkungen der Reichweite der Verfahren gelten auch für die anderen Typen.

2. Empirischen Verfahren leicht zugänglich sind zunächst natürlich quantifizierbare Eigenschaften des Textes, ferner lassen sich Behaltensleistungen empirisch gut prüfen, auch Schätzurteile bieten wenig Auswertungsprobleme. Anders ist es, wenn man die psycho-sozialen Voraussetzungen und die aktuellen (komplexen) kognitiven Aktivitäten des Rezipienten bei der Textverarbeitung mit einbeziehen will. Für solche Fragestellungen bieten sich zunächst Tiefeninterviews an, die z. B. Strassner (1983) verwendet und die auch Muckenhaupt (1981) propagiert. Strassner (386) nimmt ausdrücklich in Anspruch, mit dieser Methode „nur Behaltenes von tatsächlich Verstandenem" getrennt zu haben. Man bekommt dann Resultate dieses Typs:

[Nach relativierenden Bemerkungen zur Größe der Stichprobe und zum nur-explorativen Charakter der Studie heißt es:]

Als Arbeitshypothese können wir aber die Vermutung äußern, daß bessere Ausbildung einen eher textorientierten Verarbeitungsstil fördert. Ausbildungsgänge, deren Schwerpunkt nicht so sehr auf der Entwicklung produktiven und rezeptiven Sprachverhaltens liegt, scheinen eine eher von Einstellungen beeinflußte Verarbeitungsweise zu begünstigen. Allerdings spielen bei der Ausbildung kognitiver Stile auch noch andere Sozialisationsinstanzen eine Rolle. Aktuelles Rezeptionsverhalten wird darüber hinaus u. a. von den Faktoren ‚Interesse' und ‚Vorwissen' beeinflußt.

Auch die Bedeutung der sog. Medienkompetenz darf bei der Analyse unterschiedlicher Rezeptionsweisen nicht vernachlässigt werden. Angehöri-

ge niedrigerer Bildungsstufen haben oft nicht gelernt, Informationen gezielt zu suchen und sachorientiert zu verarbeiten. Somit fehlt ihnen häufig der Sachzusammenhang, der eine text- oder problemausgerichtete Aufnahme von Fernsehnachrichten bspw. ermöglichen könnte."
(Strassner, 387)

Auch „Untersuchungen mit größerer Teilnehmerzahl" (wie sie Strassner a.a.O. für die Zukunft postuliert) werden nichts daran ändern, daß man mit der Methode des Interviews keine strikten Resultate erhalten wird über den jeweiligen Anteil der Verstehensfaktoren am Verarbeitungsprozeß. Ob es z.B. eine konstante Hierarchie der Faktoren gibt (z.B. ‚Interesse' als dominierender Faktor, ‚Vorwissen' und ‚linguistische Struktur' als periphere Faktoren) oder ob die Dominanzen von Individuum zu Individuum, bzw. Gruppe zu Gruppe wechseln, das ist bis heute nicht bekannt. Welche Faktoren das Verstehen steuern, in welchen Relationen sie zueinander stehen, das läßt sich mit der Methode des Interviews kaum schlüssig beantworten. (Und für eine Anwendung in der Praxis wären gerade solche Fragen entscheidend.) Da sind nur mit strengeren empirischen Verfahren Aufschlüsse zu erwarten. Ein größerer Versuch in dieser Richtung ist die Arbeit von Früh (1980). Doch ist die Untersuchung beschränkt auf Zeitungstexte und auch nur auf Nachrichtentexte herkömmlichen Typs. Das Design ist aber methodisch vorbildlich konzipiert, und die statistische Verarbeitung folgt den Regeln der Kunst. Für die untersuchte Textsorte ergeben sich zunächst Resultate, die auch andernorts bestätigt werden:

Überprüft man, welche konkreten Texteigenschaften einen positiven Leseanreiz bieten, so zeigt sich, daß Personen mit guten Vorkenntnissen, hoher Intelligenz und hohem Ausbildungsstand empfindlicher als andere Leser auf ausgeprägt stilistisch-ästhetische Faktoren wie Wortfrequenz und Satzmonotonie reagieren. Rezipienten mit geringerem Verarbeitungspotential werden dagegen viel stärker durch Texteigenschaften beeinflußt, die das Verstehen unmittelbar erschweren; dies sind etwa Länge und Verschachtelung von Sätzen. Den stärksten Einfluß sowohl auf das Textverständnis wie auch auf die Beurteilung hat – unter allen Subjektsbedingungen – die Vertrautheit des Vokabulars: Werden viele ungeläufige Ausdrücke, insbesondere Fach- und Fremdwörter verwendet, dann wird der Text mit großer Sicherheit schlecht beurteilt und auch schlecht verstanden.
(217f.)

Darüber hinaus gelangt Früh zu Vermutungen, die für weiterführende Untersuchungen anregend sein könnten und die über ein paar plakative Gebrauchsanweisungen hinausgehen: Es ist – nach Früh – anzunehmen, daß die Wirkung der verschiedenen Textfaktoren (syntaktische, lexikalische) nicht bloß additiv und nicht linear ist. Es gibt vielmehr eine obere und eine untere Schwelle des Verstehens bzw. der Verstehensbereitschaft („Komplexitätsschwelle" und „Banalitätsschwelle" nach Früh). Die Komplexitätsschwelle äußert sich u.a. so: „Wenn der Leser den Eindruck hat, der Journalist schreibe aus Unfähigkeit, Ignoranz oder Arroganz einen esoterischen Stil, dann ist er sofort verärgert, seine Rezeptionsmotivation sinkt und das Textverständnis wird schlechter." (218) An der Banalitätsschwelle „ist die Mitteilung so bekannt, einfach und banal, daß die Rezeption aus Langeweile abgebrochen wird." (95)

Aus anderen Untersuchungen (z.B. Strassner 1983) ist bekannt, daß zu geringe Redundanz das Verstehen erschwert. Ein drastisches Merkmal der herkömmlichen Nachrichten in Radio und Fernsehen ist ja das weitgehende Fehlen von Redundanz. Nun ist aber die – für den Praktiker ausschlaggebende – Frage, wie stark die Redundanz erhöht werden müßte, damit ein positiver Verständlichkeitseffekt erzielt wird, und bis zu welchem Punkt sie erhöht werden d a r f, damit der positive Effekt nicht wieder in einen negativen („Banalitätsschwelle") umschlägt.

Vermutungen über derartige Effekte und Komplikationen werden durch alltägliche Beobachtungen gestützt, die man bei den Diskusionen um Strukturveränderungen bei den Fernsehnachrichten machen konnte und kann: Nachrichtensendungen, die über bloße Vermittlung der facts hinausgehen und Hintergründe, Stellungnahmen etc. liefern wollen, werden natürlich länger als die Standard-Nachrichten. Wie lang aber darf eine Nachrichtensendung sein, damit sie noch als überblickbar, interessant angesehen wird? Darüber gehen die Meinungen der Fachleute wie der Rezipienten auseinander. In Leserbriefen und ähnlichen Äußerungen konstatiert man immer wieder, daß Rezipienten sich gegen eine Verlängerung irgendeiner „Tagesschau" wehren, weil sie kurz und bündig informiert werden wollen. Zu viele in die Nachrichtenpräsentation eingeschobene Hintergrundsinformationen senken bei diesen Leuten offenbar die Motivation zur Rezeption.

M. E. ist es noch keineswegs so klar, wie es z.B. Muckenhaupt (1981b) sehen möchte, ob „Studiosendungen" mit viel Gespräch und Hintergrund grundsätzlich rezipientenfreundlicher sind als weniger aufwendige und traditioneller gemachte Nachrichtenmagazine.

3. Da aus Arbeiten, die sich nicht nur mit den objektiven Texteigenschaften befassen, durchwegs hervorgeht, daß ein ganzes Bündel von sprachlichen, psychischen, sozialen Faktoren für das aktuelle Verstehen von Texten verantwortlich ist, ist es schwierig, eine Brücke von der Wissenschaft zur Praxis zu schlagen und den Journalisten praktikable „Gebrauchsanweisungen" für die Gestaltung von Texten in die Hand zu geben. Man sieht dies schon dort, wo es um einfach beschreibbare und leicht durchschaubare linguistische Faktoren geht: Man kann z.B. empirisch nachweisen, daß die Gebräuchlichkeit des Vokabulars die Verständlichkeit beeinflußt. Wörter, die gemäß den Statistiken eines Häufigkeitswörterbuches (z.B. Rosengren 1972, 1977) eine höhere Frequenz aufweisen, sind leichter verständlich. Am verständlichsten ist der „Grundwortschatz". Für die Praxis ergibt das nur den recht vagen Hinweis, daß man keine entlegenen, seltenen Vokabeln verwenden soll. Aber wo liegt die für die Praxis relevante Grenze zwischen „häufig" und „selten"? Man kann dem Journalisten raten, sich mit Häufigkeitswörterbüchern zu befassen. Aber: mit welchem? Häufigkeitswörterbücher sind abhängig vom erfaßten Korpus. In den oberen Rangbereichen der Frequenz ergeben sich befriedigende Übereinstimmungen zwischen verschiedenen Korpora (z.B. zwischen denen gesprochener und geschriebener Sprache, vgl. Ruoff 1981).

In den wirklich problematischen Bereichen aber, z.B. in den Grenzgebieten von Gemein- und Fachsprache, sind die Divergenzen eklatant und vorhersehbar.

Relativ leicht in die Praxis umsetzbar sind die Resultate, die man zur Syntax gewonnen hat. Daß man bestimmte syntaktische Modelle (z.B. Häufungen von Nominalgruppen, vgl. S. 108ff.) meiden soll, ist einsehbar und lernbar. Das Lexikon und die Textkonstitution aber bieten viel weniger Ansatzpunkte für handhabbare „Regeln".

Aus der Psycholinguistik weiß man, daß bezüglich der Verstehensmechanismen die Semantik eine wichtigere Rolle spielt als die Syntax. Es würde also noch recht wenig nützen, wenn Journalisten sich bemühten, im syntaktischen Bereich den Anforderungen des Hörverstehens gerecht zu werden, wenn sie dabei aber die lexikalischen (und textsemantischen) Probleme außer acht ließen. Der Hauptbereich des Lexikons, der für das Verstehen Probleme schafft, ist der Bereich der Fachsprachen. Bei der Vermittlung von Fachsprachlichem sind in journalistischen Texten unterschiedliche und unterschiedlich gute Verfahren zu beobachten. Von den für die Medien wichtigen fachsprachlichen Bereichen und von deren Vermittlung soll im folgenden die Rede sein.

9. Fachsprachen und ihre Vermittlung

Obwohl m.W. dazu keine ausgedehnten empirischen Untersuchungen vorliegen, darf man es doch für unstrittig halten, daß die Medien heute der wichtigste „Verteiler" von Fachvokabular an die Gemeinsprache sind. Wie die neue Übersichtsdarstellung zur „Fachkommunikation" von v.Hahn (1983) zeigt, besteht aber hinsichtlich der Definition, Binnengliederung, der sprachlichen Merkmale etc. von „Fachsprachen" in vielen Punkten noch keine Einigkeit. Schon was ein „Fach" sein soll, ist in der Forschung umstritten (vgl. v. Hahn 1983, 64ff.). v. Hahn schlägt – ausdrücklich tentativ – folgende Umschreibung von „Fachlichkeit" vor: „Fachlich sind solche, besonders instrumentelle, Handlungen, die in zweckrationaler, d.h. nichtsozialer Absicht ausgeführt werden." Daraus ergibt sich weiter: „Fächer sind Arbeitskontexte, in denen Gruppen von fachlichen zweckrationalen Handlungen vollzogen werden. Fachsprachen sind demnach sprachliche Handlungen dieses Typs sowie sprachliche Äußerungen, die konstitutiv oder z.B. kommentierend mit solchen Handlungen in Verbindung stehen" (65). Allerdings umfaßt diese Definition nur technisch-produktionsorientierte Fachbereiche, keinesfalls aber solche, die auf soziale Beziehungen ausgerichtet sind (z.B. Sozialarbeit, Psychotherapie etc.), und auch nicht geisteswissenschaftlich orientierte Fächer. – Nach allgemeinem linguistischem Sprachgebrauch gelten „neben typischen Fachsprachen wie denen der Technik (z.B. Automobilbau, Datenverarbeitung) und Wissenschaften (z.B. Medizin, Linguistik) (...) als Fachsprachen auch die der Verwaltung, der Diplomatie oder die sportlichen Regelsprachen." (v.Hahn 1980, 390) Für unsere Überlegungen ausschlaggebend ist, daß Fachsprachliches nicht nur in der Kommunikation zwischen Fachleuten vorkommt, sondern auch in anders strukturierten Kommunikationssituationen (wie z.B. Verkaufssituationen, Werbung etc.). Zur Erfassung dieser Differenzen hat sich als terminologisches Gerüst die Dreiteilung in Theoriesprache/fachliche Umgangssprache/Verdie Medien hätten, sondern weil ihr „fachlicher" Charakter am wenigsten klar ist.

Beginnen wir mit der Politik:

Ob es sich bei der „Sprache der Politik" um eine Fachsprache handelt, darüber gehen die Meinungen auseinander. Die Alternativbewegung streitet programmatisch den fachlichen Charakter politischer Kommunikation ab, da es sich um eine „Angelegenheit jeden Bürgers" handle (Kuhn 1983, 77, Anm. 60).

Entsprechend fordern alternative Gruppierungen denn auch eine politische Sprache, die sich von herkömmlichen Stereotypien und Ritualen freimacht, die statt dessen stärker an der Alltagssprache Maß nimmt und die politischen Sachverhalte als etwas darstellt, das tatsächlich jeden angeht und darum auch von jedem verstanden werden muß. Wenn dann ein Grüner im Parlament redet, so kann es freilich so konventionell und herkömmlich-rhetorisch tönen wie gewohnt:

Abgeordneter:

Für uns ist dieser Haushaltsentwurf ebenso wie die Haushaltsbegleitgesetze Ausdruck eines völlig verfehlten politischen Grundkonzepts, der den wirklichen gesellschaftlichen Problemen in gar keiner Weise gerecht wird. Dieser Haushalt ist einerseits ein Haushalt der Verschwendung – eine Verschwendung, die sich zum Beispiel zeigt an den mehr als 7 Milliarden Mark, die zur Verwirklichung weiterer Fernstraßenprogramme vorgesehen sind, die sich zeigt an der Fortsetzung solcher ökonomisch sinnloser und ökologisch schädlicher Großprojekte wie dem Rhein-Main-Donau-Kanal, der sich zeigt an der weiteren Finanzierung des schnellen Brüters undsoweiter undsoweiter. Dieser Haushalt finanziert unwirtschaftliche Maßnahmen mit hohen Folgekosten für künftige Generationen. Und das gilt nicht nur für den Straßenbau, für den Bau weiterer Atomkraftwerke, für die beabsichtigte Verkabelung der Bundesrepublik. Es gilt ganz besonders auch für die Rüstungspolitik, es gilt für den Rüstungs-Etat,

[*Zwischenruf:*] | Gucken Sie doch mal | [Weiteres unverständlich]
Abgeordneter: | | der um 3,7 Prozent,

und damit doppelt so stark anwachsen soll wie der Gesamthaushalt. Deshalb ist dieser Haushalt ein Haushalt der Verschwendung.
(Heute-Journal, ZDF, 7.9.83)

Zweifellos gibt es in jedem politischen System Bereiche, die ihre

Fachterminologie ausgebildet haben und darauf nicht verzichten können (z.B. der Bereich „Wahlen“ in einer parlamentarischen Demokratie). Sofern es sich um zentrale Bereiche des politischen Lebens handelt, dürften diese Wörter jedoch keinen exklusiven Charakter haben, in dem Sinne, daß sie nur den Eingeweihten verständlich und gegenüber der Verwendung in alltäglichen Zusammenhängen abgeschirmt wären. Welche Probleme eine solche Forderung mit sich bringt, zeigt schon das Vokabular der gängigsten und aktuellsten politischen Diskussionsthemen: *Nachrüstung*, *Waldsterben*, ja sogar *Frieden* sind Wörter, die unbestreitbar zum allgemeinen politischen Vokabular der Gegenwart gehören.
Man kann am Stammtisch darüber diskutieren, ob man *Nachrüstung* will oder nicht, man wird sich einig darüber sein, daß man das *Waldsterben* nicht will, und ebenso bestehen Bürgerbewegungen verschiedenster politischer Couleur darauf, daß sie alle den *Frieden* wollen. Diskussionen über *Nachrüstung* geraten aber rasch an Grenzen des Fachwissens, weil zum detaillierteren Verständnis des Problems militärische Kenntnisse nötig sind. Natürlich ist es eine legitime Forderung des militärischen Laien, daß „nicht noch mehr Raketen aufgestellt werden sollen“. Wie aber ein bestimmter Verhandlungszug, ein bestimmtes Verhandlungsangebot von Seiten der USA oder der Sowjetunion zu gewichten sei, das ist ohne Fachkenntnisse nicht zu beurteilen. Wenn man verstehen will, wie es zum *Waldsterben* gekommen ist und was dagegen zu tun sei, braucht man ökologisch-botanische Kenntnisse (und selbst mit solchem Wissen sind die Fragen offenbar noch nicht klar beantwortbar). Ohne solche Kenntnisse sind die von verschiedenen Seiten angebotenen Erklärungen nicht überprüfbar. Mutatis mutandis gilt dies auch für *Frieden*. Vielleicht würden sich alle, die man fragt, mit einer Definition wie im Duden GW einverstanden erklären: „*Frieden:* [vertraglich gesicherter] Zustand des inner- oder zwischenstaatlichen Zusammenlebens in Ruhe und Sicherheit (Gegensatz: *Krieg*)“.

Doch wäre auf dieser Basis noch nicht entscheidbar, ob ein Slogan wie *Frieden in Freiheit* sinnvoll, tautologisch oder widersprüchlich ist. Dazu müßten Kenntnisse über politische Systeme, über die Rolle von *Frieden* und *Freiheit* im jeweiligen System, über Differenzen der Sprachgebräuche in verschiedenen Ideologien etc. aktiviert werden.

Entsprechend ist damit zu rechnen, daß in politischen Kontexten – mehr als in übrigen Sachbereichen – große individuelle Differenzen der „Tiefe“ des Verstehens auftreten.

Daß politisches Vokabular hinsichtlich seiner Fachsprachlichkeit schwer zu beurteilen ist, hat also verschiedene Gründe, unter anderem diese:

– Die Grenzen des Bereichs „Politik“ werden unterschiedlich gesetzt (im Extremfall gilt alles als „politisch“, was einen irgendwie öffentlichen Charakter hat).

– Politische Sachverhalte sind meist fundiert in Sachzusammenhängen, die in die Zuständigkeit unterschiedlicher Fachbereiche fallen (Wirtschaft, Militär, Biologie...).

– Politisches Vokabular wird zwar von jedermann im Munde geführt, jedoch mit außergewöhnlichen Unterschieden der individuellen semantischen „Tiefenschärfe“. Jedermann fühlt sich – legitimerweise – berechtigt, in politischen Sachen mitzureden, kaum aber im gleichen Maße verpflichtet, informiert zu sein.

Wenn es schon strittig ist, ob Sprache der Politik eine Fachsprache sei, so ist es noch schwieriger, eine klare Abgrenzung zwischen Sprache der Politik und Sprache des politischen Journalismus zu treffen. In den meisten einschlägigen Arbeiten werden beide Subsysteme in einem Zusammenhang genannt. Sofern Politik ein öffentlicher Prozeß ist, ist sie in ihren Kommunikationsformen entscheidend bestimmt durch die journalistische Präsentation. Es braucht hier nicht zu interessieren, ob „das“ Fernsehen tatsächlich Einfluß z.B. auf Wahlausgänge hat; sicher ist jedenfalls, daß sich Meinungen über politische Prozesse primär über die massenmedialen Kanäle bilden. Eine breitangelegte politikwissenschaftliche Untersuchung (Wittkämper 1981) hat sehr deutlich die Interdependenzen von Politik und Journalismus gezeigt, und dies im Bereich der Presse – in den elektronischen Medien dürfte sich der Zusammenhang noch viel unmittelbarer, weil sichtbar und hörbar nachweisen lassen. Dafür nur einige Beispiele: Politische Nachrichtensendungen, ohne daß ein wichtiger Politiker in Persona aufträte (in Film, Interview, Statement o. ä.), sind kaum denkbar. Die Tendenz zur Mündlichkeit hat zur Folge, daß Äußerungen der Politiker nahtlos an redaktionelle Texte angefügt werden, daß für den Rezipienten – der nicht analytisch, sondern eher (weil mit geteilter Aufmerksamkeit) global wahrnimmt – die Unterschiede zwischen Sprache des Politikers und des Journalisten verschwinden.

Wenn ein Moderator sich kritisch zur Sprache des zitierten Politikers äußert (vgl. S. 184 f.), so deutet dies darauf hin, daß die Journalisten versuchen, diese Mechanismen aufzubrechen und sich einen Standort außerhalb der Schematismen politischer Sprache zu sichern. Solche Kritik richtet sich im Einzelfall gegen den Politiker, aufs Ganze gesehen aber ebensosehr gegen die Sprachgebräuche des eigenen Mediums.

Wir haben gezeigt (S. 149 ff.), wie sich die Moderatortexte in Nachrichtenmagazinen von den Nachrichtenblöcken und den einzelnen Nachrichten in sprachlicher Hinsicht abheben. Die hier angestrebte Differenzierung der Sprachstile läßt sich auch deuten als eine systemimmanente Distanzierung der Redakteure von einem Teil ihrer eigenen sprachlichen Praxis (der herkömmlichen Nachrichtenformulierung).

Entsprechend kann heute die Frage nach den „Medienwirkungen“, auch auf sprachlichem Gebiet, nicht mehr so einfach gestellt werden wie in den Anfängen der Wirkungsforschung. (Dazu Renckstorf 1977) „Die vielbemühte ‚Macht‘ der Massenmedien wird unter dieser Perspektive vor allem auch als zugeschriebene erkennbar: ‚Mächtig‘ sind die publizistischen Medien nicht zuletzt darum, weil ihnen Politiker ein gewaltiges Wirkungsvermögen zutrauen und entsprechend Rücksicht auf sie nehmen.“ (U. Saxer, über Wittkämper 1981, in: NZZ 14.7.83)

Auffallend ist insgesamt – im Vergleich mit der Vermittlung anderer fachsprachlicher Bereiche –, daß die „didaktischen“ Verfahren (vgl. S. 269 ff.), deren sich die Journalisten bedienen, für die politische Sprache nicht eingesetzt werden – entweder weil sie nach Meinung der Texter dafür nicht tauglich sind, oder weil eine entsprechende „Didaktisierung“ hier gar nicht für nötig, vielleicht auch gar nicht für möglich gehalten wird. Man kann von den Medien kaum verlangen, daß sie einen „Bildungsnotstand" beheben sollen, den zu beheben den pädagogischen Instanzen nicht gelungen ist. Sofern ein solcher Notstand tatsächlich besteht. Viele Indizien sprechen dafür. Auch im Bereich der Politik ist anzunehmen, daß immer mehr Menschen immer weniger wissen, und daß die entscheidenden Informationen für immer weniger Leute zugänglich und durchsichtig sind (dies ist die These vom „increasing gap of knowledge", die nicht nur für Entwicklungsländer, sondern immer mehr auch für die Industrieländer vertreten wird). Unter linguistisch-lexikalischen Aspekten gibt es zu diesem Thema erstaunlicherweise noch keine größeren Studien – und gerade hier wäre linguistische Forschungsarbeit auf breiter Basis von unmittelbarer politischer Relevanz.

Am nächsten verwandt mit dem politischen Journalismus ist der Wirtschaftsjournalismus, z.T. sind die Bereiche auch gar nicht klar trennbar. Einerseits gibt es das wissenschaftliche Feld der Wirtschaftswissenschaften, aus dem viel Fachvokabular in die Medien einfließt. Andererseits werden unter der Rubrik *Wirtschaft* aber auch und gerade sehr praktische Vorgänge des Wirtschaftslebens behandelt: Geschäftsentwicklung von Firmen, Entwicklung der Preise, Zinsprobleme, Konsumentenfragen etc. Die aktuellen wirtschaftspolitischen Diskussionen und Entscheidungen schaffen den direkten Bezug zur Politik. Somit sind unter dem Titel *Wirtschaft* verschiedenartige Fachlexika zu erwarten: wissenschaftliche Terminologie, mehr praktisch orientiertes Vokabular der marktwirtschaftlichen Vorgänge, Vokabular betrieblicher Organisation etc. Für den Wirtschaftsjournalisten ergibt sich daraus – in einem Maße, wie für keinen anderen Bearbeiter eines Fachressorts – das Problem, welche Teile der Fachvokabularien er bei seinem Publikum voraussetzen kann. Für Zeitungen wie die NZZ oder die FAZ ist die Sache relativ klar: Sie rechnen, was den Wirtschaftsteil betrifft, mit Lesern, die sich im Vokabular von Banken u.ä. auskennen, für die der Börsenbericht keinen Geheimcode, sondern etwas Alltägliches darstellt. Es ist daher m.E. abwegig, wenn in linguistischen Publikationen immer wieder (z.B. Hebel 1969; Lüger 1983, 39) gerade der Börsenbericht als typisches Beispiel von Wirtschaftsjournalismus vorgeführt und an den Pranger gestellt wird. Die Metaphorik des Börsenberichts ist explizit fachsprachlich, hat in diesem Kontext präzise Bedeutung und wird vom intendierten Publikum problemlos verstanden. Einen Börsenbericht so umzuschreiben, daß ihn auch Leute verstehen, die nichts mit Aktien und dgl. zu tun haben, wäre eine interessante und schwierige Aufgabe, die von pädagogischem Interesse wäre. Es wäre aber abwegig und realitätsfern, so etwas von einer Zeitung mit einem definierten Zielpublikum zu verlangen.

In anderen Zeitungen spielen extrem-esoterische Texte wie der Börsenbericht keine große Rolle mehr, da man auch im Wirtschaftsteil versucht, der Sprache des breiten Publikums näherzukommen.

Beim Radio ist das Verlesen des Börsenberichts problematischer: allenfalls kann man es vertreten als Sendung für eine der „Minoritäten", die im Radioprogramm Berücksichtigung finden.

Der Normalfall eines ausführlichen, kommentierenden Artikels in einer regionalen Zeitung läßt sich an einem Beispiel aus dem Zürcher Tages-Anzeiger (9.10.81) demonstrieren. Der Artikel trägt den Titel *Die Gewinner der Inflation sind nicht selten auch Inflationsverlierer*. Er richtet sich, wie der erste Satz suggeriert, an ein nicht spezifiziertes Publikum, d.h. potentiell an alle: „Die verschiedenen Gruppen unserer Gesellschaft – seien das Konsumenten oder Produzenten, Arbeitnehmer oder Arbeitgeber, Mieter oder Hauseigentümer (...) – sind bemüht, die negativen Teuerungsfolgen abzuwälzen. Die anderen sollen die Suppe auslöffeln, die wir uns alle eingebrockt haben." Im folgenden wird dann sehr detailliert beschrieben und erklärt, wer wann warum von der Teuerung profitiert bzw. nicht profitiert. Begriffe wie *Inflation, Teuerung, Hypothekarzins, Monopol* etc. werden unkommentiert vorausgesetzt. Für andere Begriffe, die offenbar als fachspezifisch eingestuft werden, gibt es neben dem Artikel einen Kasten, der dann so aussieht:

Was ist?

Nominaleinkommen: Nennwert des Einkommens, bezogen auf die laufenden Preise.

Und der Beitrag beginnt bereits mit einer sprachlichen „Exkommunikation“ des nicht-intendierten großen Publikums:

Pro Musica nova – für welche Musik eigentlich?

Wer nicht Latein kann, versteht schon diese Ausgangsfrage nicht richtig. Und was folgt, ist ein rücksichtsloses Jonglieren mit vorausgesetztem Wissen, mit unerklärtem Fachvokabular und weitgehend metaphorischem Jargon:

Abermals ist am aktuellen Bremer Beispiel von ihrem Altern zu sprechen. Adornos hellsichtiges Verdikt gewinnt in einer historisch und musikalisch veränderten Situation erhöhte Beweiskraft. Nach den Gründen ist zu forschen. Vielleicht bietet da auch Radio Bremens außenseiterisches Musikfest einige Handhabe. Es besteht seit 1961, findet in zweijährigem Turnus statt, seine Besonderheit: grenzüberschreitende Prozesse, vor allem zum Visuellen hin zu beobachten, zu fördern, anzuregen, ferner zu registrieren, vorauszuahnen, wie die neue Musik von dogmatisch verfestigten Moden sich freihalten oder der schon bestehenden Ritualisierung entkommen kann, wie sie sozusagen hautnäher ans Publikum, an die Bedürfnisse der Zuhörer und Zuschauer geraten kann.
(...)
(...,) daß Ottos kompositorische Arbeit eine Wendung ins Zuständliche genommen hat. Sie ist Innenschau. Er nennt es die vertikale Erkundung von Klängen, sucht die Trennung von Kunst und Leben aufzuheben, was oftmals auf Selbsttäuschung hinausläuft. Entsprechend tritt das von ihm verantwortete Musikfest auf der Stelle, ergeht sich in Rückblicken, sinkt zuweilen utopiegläubig und eher theoriefeindlich ab ins Banale. Improvisation ist gleichsam festgeschrieben. Das Programmheft wirkt wie eine Addition zufällig eingehenden Materials. Der Zufälligkeitscharakter haftet dem Geschehen auch dort an, wo im Einzelfall Findungen, Stücke von Rang und innerer Kraft, wo neue Begabungen zu registrieren waren. Und noch eines zum Grundsätzlichen: die Jungen, einige von ihnen, sind merkwürdig alt geworden heute. Sie vertrauen ihren Kompositionen Lasten von Schmerz und Trauer über die Beschaffenheit der Welt an, und ihre musikalische Formulierungsgabe ist dem natürlich noch nicht gewachsen. „Wie die Zeit vergeht“ – Karl Heinz Stockhausens grundlegender Aufsatz von 1956 – war im Titel doppelsinnig gemeint. Einmal ging es um die Verdrängung des zunächst punktuellen und dann strikt seriellen Denkens durch eine statistische Wahrnehmung, zum andern um ein Registrieren dessen, wie eben die Zeit vergeht. Akustische Ereignisse in der Zeit definieren sich der damaligen Ästhetik entsprechend nicht nach Intervallbeziehungen, sondern nach wechselseitig aufeinander bezogenen Höhen und Dauern. Um diese Mikro-

oder Makrophasen, so die Stockhausensprache, zu definieren, wurden die Zeitverläufe in Gruppen mit bestimmten Grunddauern geordnet. Man kann auch sagen, das serielle System rastete aus in eine Dominanz der Zeit. Komplizierte Zeitnotationen erforderten andere Orchesteraufstellungen, eben auch in Gruppen. Dabei gewannen der Tonort, wo der Klang entsteht, die Richtung und Bewegung des Klanges, das Wechselspiel in verschiedenen Zeitschichten, das heißt mit unterschiedlichen Tempi, kompositorische Bedeutung. Stockhausens Gruppen für drei Orchester von 1956 sind ein klingendes Dokument des musikalischen Denkens jener Jahre.

Adorno und Stockhausen – im ersten Fall hat der Hörer zu wissen, was wohl dessen *hellsichtiges Verdikt* gewesen sein mag, im zweiten Fall wird immerhin noch der Aufsatztitel geliefert. Die Stockhausen-Passage ist überdies paraverbal mißverständlich (oder unverständlich) realisiert, da beim Hören keineswegs klar wird, daß es sich um das Zitat eines Aufsatztitels handelt (*Wie die Zeit vergeht* ist mit terminaler Intonation gelesen. Dadurch und durch die folgende Pause wird beim Hören der Eindruck zweier selbständiger syntaktischer Sätze erzeugt.) Das Fachvokabular wird ganz selbstverständlich verwendet: *punktuelles/serielles Denken, statistische Wahrnehmung, Intervallbeziehungen* (einzig der Terminus *Zeitschichten* wird durch den traditionellen Terminus *Tempi* erläutert). Die *Mikrophasen* und *Makrophasen* werden zwar als Stockhausensche Terminologie gekennzeichnet, ohne daß aber die – vorangehende! – Erläuterung *(wechselseitig aufeinander bezogenen Höhen und Dauern)* in einen klaren semantischen Bezug zum Definiendum gebracht würde.

Daß eine Sendung über neue Musik sich des einschlägigen Fachwortschatzes bedient, ist nur einsehbar, wenn man sich explizit an eine gut informierte Minderheit richtet. Dann wäre es zuviel verlangt, würde man eine musikhistorische und kompositionstechnische Erläuterung dieses Vokabulars erwarten. Auffällig und ärgerlich aber ist – für (fast) jedes Publikum – der Jargon: *Wendung ins Zuständliche, Innenschau, Trennung von Kunst und Leben aufhebend* (das vorangehende *vertikale Erkundung von Klängen* ist immerhin Zitat) usw. Die *Lasten von Schmerz und Trauer über die Beschaffenheit der Welt* mögen – weil vermutlich ironisch gemeint – noch hingehen. Daß das Musikfest darauf aus ist, *hautnäher ans Publikum, an die Bedürfnisse der Zuhörer und*

Zuschauer heranzukommen, dafür findet sich im Beitrag kein einziger Beleg. Im Gegenteil: man könnte meinen, der Autor habe durch seinen Text eben dieses Programm ad absurdum führen wollen. (So ist es aber sicherlich nicht gemeint.)

Solche Produkte fanden sich nicht nur in den „Minoritätenprogrammen" der zweiten Radioprogramme, sondern ebensosehr in der Kulturberichterstattung des Fernsehens. Heute scheint sich vielerorts ein neues Bewußtsein von den Aufgaben des Kulturjournalismus durchgesetzt zu haben. Man sieht dies bei Radio DRS z.B. schon daran, daß die früher strikt getrennten Kulturbereiche nun in ein und demselben Magazin präsentiert werden (freilich immer noch mit klaren Verteilungen auf die Wochentage).

Es scheinen sich nun weitherum in Hörfunk und Fernsehen des deutschsprachigen Raums die Tendenzen zu verstärken, die Strassner bereits 1981 (b) für Teile des Fernsehens der BRD beobachtet hat: „Für die Kulturberichterstattung, speziell der des ZDF, möchte ich kurz anführen eine für mich wohltuende intellektuelle Zurückhaltung, die sich auch sprachlich-stilistisch manifestiert. Früher etwa in der Sendung ‚Aspekte' durchaus übliche Wort- und Satzkaskaden, feuilletonistischer Schwulst, fachliche bis metaphysische Hybris sind weitgehend verbannt." (179)

In Rock- und Popmusiksendungen ist eine spezielle Entwicklung zu beobachten: Sowohl in der einschlägigen Presse (vgl. dazu Ortner 1982) als auch in Radio und Fernsehen, mit ganz extremer Ausprägung beim Radio, breiten sich englische Fachsprache und Jargon aus, und auch der Jargon der Discjockeys ist durchsetzt von englischen Elementen. (Beispiele für den unbekümmerten Umgang mit englischen Musiktiteln in Begleitprogrammen wurden bereits S. 202 f. gegeben.) Der schweizerische Privatsender „Radio 24" geht so weit, ganze Rock- und Popsendungen in englischer Sprache zu präsentieren. Nachfragen bei der Redaktion ergaben, daß man aufgrund von Hörerreaktionen den Eindruck hat, das – vorwiegend jugendliche – Publikum nehme keinen Anstoß an dieser Praxis. Im Gegenteil: die Sendungen würden als besonders „flott" bewertet. Und das, obwohl man annehmen darf, daß die wenigsten Hörer genügend Englisch können, um die Moderation auch nur einigermaßen zu verstehen.

Bei den bisher behandelten „Fächern“ läßt sich also, mit Ausnahme der Wirtschaft, registrieren, daß – aus sehr unterschiedlichen Gründen – auf eine Vermittlung der Fachsprache weitgehend verzichtet wird, daß sich in einigen Fächern sogar „sondersprachliche“ Tendenzen zeigen (d.h. Tendenzen zur Absonderung einer „Ingroup“ gegen außen durch Verwendung esoterischen Sprachmaterials, insbesondere im lexikalischen und phraseologischen Bereich; vgl. Möhn 1980). Grundsätzlich anders verhält es sich mit den wissenschaftlichen Fächern (die Wirtschaft steht mit ihrem ausgeprägten ökonomiewissenschaftlichen Hintergrund verständlicherweise zwischen den beiden Gruppen). Hier versteht sich der Journalist ganz ausgeprägt als Vermittler zwischen Fachgebiet und Publikum. Zwar gibt es auch andere – problematischere – Relationen zwischen Wissenschaft und Journalismus. J. Goodfield (1983) zeigt anhand von Fallstudien (z.B. des Contergan-Falls) sehr eindringlich, wie konfliktreich das Verhältnis von Wissenschaftlern und Journalisten sein kann. Konflikte entstehen aber vor allem in Extremsituationen: wenn wissenschaftliche Entdeckungen gemacht werden, deren Brisanz von den Medien simplifizierend „aufgedeckt“ wird; wenn die Medien Skandale im Wissenschaftsbetrieb enthüllen etc.

Die durchschnittliche Praxis aber ist harmloser, und die Dominanzen sind klar geregelt: der Journalist „dient“ der Popularisierung wissenschaftlichen Wissens. Entsprechend haben Presseartikel (soweit sie nicht für spezialisierte Wissenschaftsmagazine konzipiert sind) ebenso wie Radio- und Fernsehsendungen mit wissenschaftlichen Themen einen betont didaktischen, gelegentlich penetrant didaktischen Anstrich – wenn der Journalist sich in eine allzu servile Rolle begibt, wenn er nur noch Stichwortlieferant ist oder wenn er das (von ihm vertretene) Publikum „für dumm verkauft“.

Die didaktischen Formen, in denen wissenschaftliche Themen vermittelt werden, sind insbesondere beim Fernsehen vielfältig und hinsichtlich der sprachlichen Aspekte noch überhaupt nicht untersucht.

Ich greife hier nur die Formen heraus, in denen Wissenschaftler (oder sonstige Fachleute) selbst zu Wort kommen. Das sind vor allem Statements, die vom Experten zu einer bestimmten Frage eingeholt werden, und Gespräche (Interviews oder Diskussionen) mit Experten.

Statements haben den Vorteil, daß der Experte das Problem kurz und gut gegliedert behandeln kann – sofern er diese didaktischen Fähigkeiten hat. Der Nachteil ist, daß etwa entstehende Unklarheiten (unerklärtes Fachvokabular etc.) nicht sofort, sondern erst nachträglich behoben werden können. So im folgenden Text aus dem Magazin „Wissenschaft und Forschung heute" (S3, 3.12.82). Der Beitrag trägt den Titel „Zum Wegwerfen zu schade" und behandelt das Problem des Kunststoff-recyclings. Die zitierte Passage dreht sich um Mehrwegflaschen, speziell um die Frage, wie Polyesterflaschen als Mehrwegflaschen genutzt werden können. Ein Chemiker der Hoechst AG gibt dazu ein Statement ab, in dem – nach einem gut verständlichen ersten Teil – die eigentlichen chemischen Probleme mit nicht-erklärtem Fachvokabular dargestellt werden. Anschließend folgt ein Film, der die vom Experten genannten Verfahren veranschaulichen soll, wobei der Text die Erläuterung der Fachbegriffe „nachholt".

Text	Bild
[on] Die Polyesterflasche hat sich – in den Vereinigten Staaten – in dem Bereich der kohlensäurehaltigen Erfrischungsgetränke – mit Flaschengrößen oberhalb von einem Liter – in einem überwältigenden Ausmaß durchgesetzt̂ in diesem Jahr werden dort – allein größenordnungsmäßig etwa 5 Millionen Flaschen – in diesem Material abgesetzt. In Deutschland – hat – der/die Polyesterflasche noch nicht den gleichen Erfolg erzielt̂ obwohl es eine ganze Reihe wesentlicher Vorteile gibt. (...) Wir haben uns bei der HOECHST AG Gedanken gemacht̂ wie wir – die Polyesterflasche, wenn sie in Deutschland eingeführt würde, auch einer Wiederverwendung zufüh-	Chemiker im Laboratorium, spricht in die Kamera

ren könnten. Dafür gibt es im Wesentlichen zwei grundsätzliche Möglichkeiten. Das eine ist die *mechanische Reinigung,* bei der der Polyester von den Begleitprodukten *Polyaethylen,* Papier und Aluminium befreit würde, und das andere ist die *chemische Aufarbeitung,* die bei einem *Polykondensat* leichter möglich ist als bei den *Polymerisaten Polyaethylen, Polypropylen* undsoweiter. Die chemische Aufarbeitung ist grundsätzlich nach – drei verschiedenen Verfahren wirtschaftlich sinnvoll möglich: das wäre die *Hydrolyse,* die *Glykolyse* – und die *Methanolyse.* Ein sinnvoller Einsatz dieser Aufarbeitungsverfahren ist möglich bei entsprechend großem Anfall von Rücklaufmaterial, unter Wiederverwendung von Anlagenteilen, wie wir sie schon bei der üblichen Herstellung unserer Polyester-Ausgangsmaterialien bei HOECHST einsetzen. Wir haben die Möglichkeit, auf diesem Wege auch farbige Flaschen und Rücklaufprodukte so aufzuarbeiten, daß man zu einem Produkt kommt, das später die universelle Einsetzbarkeit – des Rohstoffs ermöglicht, beispielsweise für die Herstellung von Textilien, Fasern und Fäden oder – von hochfesten Materialien.

[off] *Mechanische Aufbereitung* würde *bedeuten,* die Polyester-Schnitzel nach der Abtrennung der	Kunstfasern auf Fließband
Böden und Verschlüsse einzuschmelzen. Die dann daraus gewonnenen Fasern finden sich in Kopfkissen, wattierten Jacken oder Schlafsäcken,	Kunstfasern auf Fließband (andere Perspektive)
oder auch im Straßenbau wieder. *Chemische Methoden,* wie *Glykolyse, Methanolyse* undsoweiter, *bedeuten* nichts anderes als	Rollen pressen die Kunstfasern

(7) *M:* Diese Zahlen sind ja sehr schön, aber was macht eigentlich der Laie? |Wie kann er's selbst feststellen?| [SEHR RASCH]

(8) *T:* |Der Laie kann äh – | kennt zumindest – die Größe seiner Wohnung in Quadratmeter – und es gibt Anhaltszahlen draußen̂ daß der Verbrauch im Jahr – zwischen – äh 20 bis 40 Liter Heizöl pro Meter Quadrat|liegt|

(9) *M:* |pro Quadratmeter|

(10) *T:* Meter Quadrat Quadratmeter Wohnflächê ja Entschuldigung [SEHR HASTIG] äh – wenn er nun eine hundert – Quadratmeter große Wohnung hat, dann braucht er also zwischen 2000 und 4000 Liter Heizöl. Und das ist doch eine erhebliche Spanne.

(11) *M:* Das heißt alsô was würden Sie sagen̂ daß der ideale Wert wäre?

(12) *T:* Nun, der ideale Wert wäre – wie bei einigen Fertighäusern – 10 bis 12 Liter – pro Quadratmeter. (...)

(13) *M:* Herr Professor̂ Sie haben uns hier mal ne Rechnung gemacht̂ ich hol mal die Tafel hier̂ bleiben Sie [HOLT DIE TAFEL NACH VORN, WÄHREND ER SPRICHT, EIN PAAR WORTE UNVERSTÄNDLICH] – Sie mal zeigen können, wie die Energiebilanz in Mark und Pfennig ausgedrückt |aussieht|

(14) *T:* |Nun̂ ich habe vorhin| von – 20 bis 40 Liter gesprochen, und ich habe hier eine Anlage, die braucht beispielsweise 20 Liter – |Nettobedarf|

(15) *M:* |Ein alter Kessel| |also praktisch|

(16) *T:* |Hm das ist ein| alter hier̂ aber die 20 Liter Nettobedarf̂ die braucht das Haus, ob alter oder|neuer Kessel|

(17) *M:* |Was heißt Netto|-Bedarf?

(18) *T:* Daŝ was das Haus an Wärme|braucht|
(19) *M:* |Ja|

(20) *T:* und brutto, das was in den Heizkessel hineingesteckt wird.

Die Vermittlerrolle des Journalisten geht im Normalfall natürlich über die Erklärung des Fachvokabulars weit hinaus. Ein sehr üblicher Mechanismus ist der, daß abstrakte Zusammenhänge durch den Journalisten „anschaulich“ gemacht werden. Beim Fernsehen bietet sich dafür das Bild an (Film oder Grafik), beim Radio muß das Veranschaulichen auf der sprachlichen Ebene erfolgen. Im folgenden Text, der „biologische Rhythmusforschung“ zum Thema hat, ist der Transfer von abstrakten zu anschaulichen Formulierungen die durchgehende Strategie des Wissenschaftsjournalisten:

(1) *Prof. H.:* Im Menschen sind Rhythmen vorgegeben. Alle Lebensprozesse sind rhythmisch geordnet, und man muß sagen,̂ daß im Menschen eben nicht nur ein Rhythmus – sich abspielt,̂ sondern ein ganzes Spektrum von verschiedenen rhythmischen Vorgängen.

(2) *Dr. L.:* Herr Prof. H.,̂ wo ist die Úhr?

(3) *Prof. H.:* Das ist eine Frage,̂ die ich nícht beantworten kann,̂ denn man hat früher gemeint, es gebe – eine innere Uhr,̂ von der aus alle Vorgänge geregelt würden,̂ heute weiß man, daß schon die einzelne Zélle des Körpers – in der Lage ist,̂ eine Uhrenfunktion zu übernehmen,̂ wir sprechen heute von einem sogenannten – multioszillatorischen – eh – System,̂ das also viele,̂ unendlich viele Uhren hat,̂ die untereinander – synchronisiert und reguliert werden müssen.

(4) *Dr. L.:* Herr Prof. H.,̂ Sie sagen reguliert – wo ist dann das Steúersystem?

(5) *Prof. H.:* Ja, wir müssen unterscheiden,̂ – wenn man – das ganze Spektrum der rhythmischen Funktionen anschaut im Menschen, dann sieht man, daß wir einerseits Rhythmen haben, die in der Umwelt Entsprechungen finden. –

(6) *Dr. L.:* Also etwa der Ablauf von Tag und Nacht?

(7) *Prof. H.:* Ja, der Tages- und Nachtablauf,̂ es wäre ein Beispiel,̂ – aber auch zum Beispiel der Mondenrhythmus,̂ also der Lunarrhythmus, oder der Jahresrhythmus,̂ da haben wir also äußere Entsprechungen für unsere inneren Vorgänge.

(8) *Dr. L.:* Der Mensch hat sozusagen einen Sensor für diese Verän-

derungen und wird – von diesen Veränderungen könnte man jetzt – um es technisch zu sagen – zwangssynchronisiert.

(9) *Prof. H.:* Na das is – eh eigentlich ganz gut geschildert, so wie Sie es sagen. Es is auf der einen Seite so, daß der Organismus in der Lage ist, diese Rhythmen selber zu produzieren. Das tut er auch, das gehört zur Lebens- eh zum Leben überhaupt dazu. – Aber – er kann es nicht mit der nötigen Pünktlichkeit. Wir wissen das aus den Isolationsversuchen, die man ja – sehr vielfältig nicht nur bei Tieren, sondern auch an freiwilligen Menschen – gemacht hat. Wenn ein Mensch von seinen Umweltzeitgebern – wie wir das nennen, isoliert wird|

(10) *Dr. L.:* |Etwa in einem Bunker sich einschließen läßt, und – eh die Umgebung nurmehr in Form der Mauer – sieht, aber sonst nicht?

(11) *Prof. H.:* Ganz recht, er hat keine Uhr, er hat keine weitere Zeitorientierung. Dann aber produziert sein Organismus weiterhin – Rhythmen, bloß dieses sind Zirkarhythmen, wie wir sagen, sie sind eben nicht ganz exakt, z. B. einen Tag lang, sondern sie sind nur zirkadian, d. h. – von circa und dies, lateinisch, etwa einen Tag lang.

In (2) und (4) setzt der Journalist die Aussagen des Wissenschaftlers in Vorstellungen um, die aus dem Alltag geläufig sind (bei der *Uhr* ist das klar, beim *Steuersystem* vielleicht schon nicht mehr so ganz). In (8) ist wohl der gleiche Mechanismus intendiert; man darf aber bezweifeln, ob *Sensor* alltagsnäher ist als die Formulierung des Wissenschaftlers. (Mit *zwangssynchronisiert* nimmt der Journalist den vom Wissenschaftler in (3) eingeführten Terminus *synchronisieren* wieder auf, ohne eine eigentliche Veranschaulichung zu versuchen.) Diese Fragen des Journalisten sind aber nicht nur Reformulierungen der Aussagen des Wissenschaftlers, sondern zugleich initiative dialogsteuernde Fragen, die nach Präzisierung des vorher Gesagten verlangen (und die deutlich machen, daß der Journalist die Probleme kennt, auf die es ankommt und die nach weiterer Klärung verlangen).

In (6) und (10) gibt der Journalist Beispiele für das, was der Wissenschaftler generalisierend formuliert hat *(Umwelt: Ablauf von Tag und Nacht; von Umweltzeitgebern isoliert: sich in einem Bunker einschließen lassen).* Beispiele, die der Wissenschaftler vielleicht selber angeführt hätte, wenn ihm der Journalist nicht zuvorgekommen wäre. Das „Hineinreden" in (10) erklärt sich aus dem Eifer des Journalisten, nur ja kein Fachwort unerklärt zu lassen *(Umweltzeitgeber).*

Die Fragen des Journalisten wie auch die Reaktionen des Wissenschaftlers (Zustimmungssignale, explizite Anerkennung der Formulierung des Journalisten in (9): *das ist eigentlich ganz gut geschildert*) machen deutlich, daß die Rollen der Gesprächspartner nicht ganz klar abgegrenzt sind, daß sich ihre Beiträge fortlaufend gegenseitig ergänzen, daß der Journalist phasenweise die Rolle des Wissenschaftlers übernimmt (z.B. in 8), wie auch der Wissenschaftler phasenweise selbst schon die Übersetzung vornimmt (besonders deutlich in 11).

Diese – typische – Art von Wissenschaftsdialog wäre nicht richtig charakterisiert, wenn man sie als „Interview" bezeichnen würde, das auf „Konsens" angelegt ist. Da die für Interviews grundlegende Asymmetrie der Rollen nicht mehr überall gegeben ist, handelt es sich eher um ein „Gespräch" mit weniger rigiden Strukturen, als sie vom Interview verlangt werden. In einer Hinsicht freilich bleibt die Asymmetrie durchgehend erhalten: Der Wissenschaftler kann zwar versuchen, sich in die Perspektive des Laien zu versetzen und die nötigen Erklärungen selbst zu geben. Es gehört aber nicht zu seiner Rolle im Dialog-Spiel, daß er selber „dumme Fragen" stellt. Das bleibt dem Journalisten vorbehalten. In unserem Text ist das zu sehen in der Sequenz 2/3: Dort stellt der Journalist eine Frage, die der Wissenschaftler *nicht beantworten kann.* Die Frage ist zwar berechtigt, zeugt aber von Unkenntnis, ist somit eine „Laien-Frage". Der Fortgang des Gesprächs demonstriert dann, daß der Journalist sich bewußt „dumm gestellt" hat.

Das typische kommunikative Dilemma des professionellen Wissenschaftsjournalisten besteht also darin: Er/sie ist selber Fachmann, ist bestens vorinformiert über das zu verhandelnde Thema und könnte die meisten Fragen selber beantworten. Daß der Wissenschaftler überhaupt selbst auftreten muß, ist in allgemeinen Funktionen von Experten-Interviews begründet: der Experte verleiht dem Gesagten erhöhte Glaubwürdigkeit, er vermittelt den Eindruck, daß man unmittelbaren Einblick in die „Werkstatt" der Fachleute bekomme, schließlich wirkt er oder sollte er wirken als überlegene, kompetente Persönlichkeit.

Für den Wissenschaftsjournalisten ist es schwer, für sich eine Rolle zu finden, die ihm anzudeuten erlaubt, wie kompetent er selber ist, und die andererseits dem Wissenschaftler die von der Situation erforderte Dominanz zubilligt. Dieser Balance-Akt gelingt nicht immer. In der medizinischen Ratgeber-Sendung „Die Sprechstunde" (S 3, 7.12.82) wurde über Sauna und deren medizinische Funktionen berichtet, verbunden mit Ratschlägen für die Praxis. Es beginnt mit der Einführung durch die Wissenschaftsjournalistin (Dr. med. A. Schaeffer-Kühnemann), die – züchtig mit ihrem Handtuch bedeckt – in der Sauna sitzt. Dann folgt ein Filmbericht, an den sich ein Gespräch im Studio anschließt. Die Moderatorin (= M) begrüßt die Gäste:

(...) Es ist Herr Dr. Fritzsche [= F], Sie sind Vorsitzender der Internationalen Saunagesellschaft Helsinki. Und ich begrüße Herrn Professor Günther [= G]. Sie sind Ordinarius für physikalische Therapie an der Universität Innsbruck und Internist.

Nach einigen Fragen und Antworten zur Definition von *Sauna* lenkt die Moderatorin das Gespräch auf die Frage (die schon im Filmbericht angesprochen worden war), ob die Sauna vorbeugend wirken könne gegen Herz- und Kreislauferkrankungen. Da offensichtlich vorher abgesprochen ist, wer was zu welchem Thema sagen soll, genügt der Moderatorin jeweils ein kurzer Augenkontakt, um den jeweils nächsten Sprecher zu „wählen".

(1) *M:* Und was bewírkt das – im Organismus,̂ wenn ich jetzt in diese hohen Temperaturen gehe, denn man hört oft von Sauna-Ánfängern, daß sie's gar nicht so gut vertragen,̂ daß das Herz anfängt zu klopfen, daß äh sie so ein bißchen sich vielleicht sogar schwindlig unwohl fühlen, das heißt also,̂ warum wirkt es sich auf Dauer dennoch positiv aus?

(2) *F:* Beim Anfänger spielt sicher eine Rolle,̂ daß er besorgt ist,̂ wenn er die hohe Temperatur plötzlich |erlebt, |

(3) *M:* |hm (+)|

(4) *F:* daß deshalb schon das Herz schneller schlägt. Dann nimmt auch die Herzfrequenz zu; wenn man auf die Bänke |hinauf|steigt,

(5) *M:* |Ja |

(6) *F:* und das is aber nur zu Anfang, denn nachher berúhigt sich die Frequenz wieder. Und die Verträglichkeit kommt dann, wenn man sich ein wénig an diese Reize gewöhnt hat. |Nach|

(7) *M:* |Ja |

(8) *F:* eínem Bad kann man's also nicht beurteilen,̂ man muß schon vier, sechs, acht |Mal|

(9) *M:* |Ja |

(10) *F:* die Sauna besuchen.

(11) *M:* Denn viele meinen ja, daß – der Witz daran,̂ das Besondere daran in einem Kreislauftraining läge, *und wenn wir jetzt vorhin gehört haben,̂ daß der eine gesagt hat,̂ ich geh schon 25 Jahre in die Sauna,̂ der andere sagt,̂ ich geh 30 Jahre in die Sauna,̂ aber der eine hatte vier Bypassoperationen,̂ der andere hatte soundsoviel Herzinfarkte* [*...* IN EINEM ATEMZUG] – also gánz so förderlich für Herz und Kreislauf und vor allen Dingen ein Schútz gegen solche Erkrankungen kann es dann ja dóch nicht sein?

(12) *G:* Einen verläßlichen Schutz gibt sie wahrscheinlich nícht (...) Aber in Anfangsstadien (...), da is durchaus denkbar, daß die Sauna als ein relativ milder Trainingsreiz doch vorbeugend auch, nach Art einer Gefäßgymnastik,̂ |wissen Sie|

(13) *M:* |Ja |

(14) *G:* – also meine – Gefäße lernen besser, sich auf verschiedene Reize,̂ besonders Kälte und Hitze in diesem speziellen Fall, anzupassen, und daß sie dadurch unter Umständen auch in ihrem Stoffwechsel so – gefördert werden, oder verändert werden,̂ daß ich nicht so schnell – Arteriosklerose kriege und nicht so schnell vielleicht einen |Herzinfarkt|

(15) *M:* |Ja |

(16) *G:* also vorbeugend |vielleicht|eine gewisse posi|tive Wirkung|

(17) *M:* |Hm |Nun gíbt es |

doch Messungen,̂ und ís es so, daß man nicht zunächst einmal festhalten muß,̂ daß dieser – dieses Gefäßtraining,̂ also in der Hitze stellen sich die Gefäße ganz weit,̂ in der Kälte werden sie wieder eng, doch wohl vorwiegend erst einmal nur die Hautgefäße betreffen. Gilt das überhaupt für die größen Gefäße in unserem Organismus aúch?

(18) *F:* Sicher nicht, sondern es betrifft vorwiegend die Hautgefäßeˆ die Gefäße in den Schleimhäuten der Atemwege – und in dén Bezirkenˆ die reflektorisch beeinflußt werdenˆ und das ist ja bei den Herzkranzgefäßen nachgewiesen.

(19) *M:* Also reflektorisch heißtˆ daß zwar da nicht direkt Hitze und Kälte einwirktˆ sondern auf dem Umweg über diese Umstellung im gesamten Organismus da etwas mit – erfolgt – und – jetzt will ich aber nicht den Eindruck erweckenˆ als würde ich sagenˆ die Sauna bringt gar nichtsˆ denn auch dieses Gefäßtraining der Haut hat ja eine Menge doch positiver Effekte und welche?

(20) *G:* Äh – die positiven Effekte sind die, daß eben dieses verbesserte Gefäß-Spiel der Haut – zuerst einmal die Haut selber günstig beeinflußt (...) Immerhin – is doch eine gewisse – über das Hautorgan eineˆ eine Entschlackung eine |gewisse| –

(21) *M:* |Ja|

(22) *G:* denkbar, also das Hautorgan selber wird |zum Beispiel|

(23) *M:* |hm|

(24) *G:* positiv |beeinflußt|

(25) *M:* |Und dann| wissen wer ja, daß die Haut unser sensibelstes Organ ist, sie ist also – mit Nervenendigungen nur so – gespickt, bedeutet also nicht auch hier der Reiz der Sauna – einen Einfluß auf unser so oft strapaziertes Nervenkostüm?

(...)

(26) *M:* Vegetativ heißt also, es ist dás Nervensystem, das wir nicht vom Wìllen her steuern, sondern das all solche Funktionen von sich aus steuert, wie eben Herzschlag, Pulsfrequenz undsoweiter, aber wir haben hier eine gewisse Einflußmöglichkeitˆ Bedeutet also dieses Gefühl der Entspannung und der Ruhe, daß es hier zu einem Ausgleich kommt?

(27) *F:* Ja, das ist durchaus denkbar.

(...)

(28) *F:* Also der Muskel – wenn er Hartspann hat, drückt seine eigenen |Gefäße|

(29) *M:* |hm (+)|

(30) *F:* ab – und dadurch wird er mangeldurchblutet, und Mangeldurchblutung ist gleich Schmerz im Muskel. Der Herzinfarkt is auch nix anderes. Mangeldurchblutung im |Herzmuskel|

(31) *M:* |Genau|

(32) *F:* ist – die Schmerzursache | auch |
(33) *M:* | genau |
(34) *F:* im Herzmuskel |
(35) *M:* | so daß letzt | lich
(36) *F:* | die Ent | spannung gut ist –
(37) *M:* | die Wirkung über die
| Entspannung |
(38) *F:* | wenn ich | entspanne –
(39) *M:* geht
(40) *F:* weniger Schmer | zen |
(41) *M:* | ja |
(42) *F:* oder gar | keine |
(43) *M:* | Genau:̂ | Und ich meine aber,̂
wir sollten uns jetzt doch mal ganz praktisch mit der Art vertraut machen, wie man in die Sauna zu gehen hat.
[Film]

Auch diese Moderatorin ist um Vermittlung der Fachsprache für den Laien bemüht (*reflektorisch* 19, *vegetativ* 26). Doch das Schwergewicht ihrer Aktivitäten liegt anderswo: Sie ist darauf aus, möglichst differenzierte Aussagen über das Pro und Contra zu erhalten und die Argumente gegeneinander abzuwägen. Da diese medizinischen Argumentationen nicht anders als fachlich geführt werden können, bleibt das Gespräch – trotz der vermittelnden Eingriffe der Moderatorin – vergleichsweise exklusiv. Daß die Moderatorin selber alle Argumente kennt und darüber hinaus weiß, welcher Gesprächspartner welches Argument bringen soll, zeigt sich in der Art ihrer Dialogsteuerung: Sie befragt nicht, sondern sie „fragt ab". Besonders drastisch in 19: *denn auch dieses Gefäßtraining der Haut hat ja eine Menge doch positiver Effekte und welche?* Ein geschickterer Interviewer hätte die Frage offener gestellt *(hat das Gefäßtraining positive Effekte?)* und allenfalls in einer Nachfrage noch Präzisierungen verlangt. Ihre Formulierung hingegen präsupponiert, daß sie weiß, daß es positive Effekte gibt, daß sie weiß, welche es sind, und daß sie sie nur noch aufgezählt haben will.

Das genaue Konzept, das sie offenbar vom Ablauf des Gesprächs im Kopf hat, verleitet sie dazu, die Befragten kaum ausreden zu lassen, bevor sie auf den nächsten Punkt zusteuert. Gegen Ende der Äußerung des Befragten verstärken sich ihre Hörsignale (1–5–7–9; 21–23; 29–31–33). Ihre eigene Äußerung schließt sich dann so an, als sei es eine Fortsetzung der Äußerung des Befragten: *Und dann wissen wer ja* (25); *Denn viele meinen ja* (11). Oder sie beginnt bereits ihre Äußerung, während der Befragte noch spricht, indem sie dessen Äußerung selber zu Ende führt. Wie sehr sich die beiden Textstränge überlagern, ist an der Sequenz 35 bis 42 zu erkennen: Sie unterbricht F, indem sie mit einem Konsekutivsatz (35) syntaktisch dessen Äußerung fortsetzt. Er faßt dies als Stimulus auf, die Schlußfolgerung selbst zu formulieren, setzt den Anfang des Satzes fort (36), sie aber führt ihren begonnenen Satz auf andere Weise selbst zu Ende (37, 39). Er versteht dies wiederum als Stimulus, die Schlußfolgerung plastischer zu formulieren (38–40–42). Das alles passiert fast simultan.

Ihre eigenen Äußerungen (11, 17, 19, 26) sind nicht kürzer als die der Befragten, was auch darauf hinweist, daß dieses Gespräch eine andere Struktur hat als ein Interview.

10. Text und Bild

Eine amerikanische Publikation der jüngsten Zeit, die mit ihren aggressiven Thesen rasch Popularität erzielte, bietet deprimierende Formulierungen für das Verhältnis von Text und Bild beim Fernsehen:

„Das Fernsehen ist in erster Linie ein visuelles Medium (...) Obwohl man im Fernsehen auch Sprache hört und diese mitunter sogar Wichtigkeit erlangt, ist es gleichwohl das Bild, welches das Bewußtsein des Zuschauers beherrscht und die entscheidenden Bedeutungen vermittelt. Um es so einfach wie möglich zu sagen: Die Menschen sitzen als Zuschauer vor dem Fernseher, nicht als Leser und auch nicht so sehr als Hörer. Sie sehen fern. Und dies gilt für Erwachsene und Kinder, Intellektuelle und Arbeiter, dumme und kluge Leute gleichermaßen. Und was sie sehen, sind bewegte, ständig wechselnde Bilder – bis zu 1200 verschiedene in einer Stunde. Zu den eher naiven Illusionen über das Fernsehen gehört auch die Auffassung, das begriffliche Niveau von Fernsehsendungen könne stark variieren."

Und: „Das Fernsehen bietet eine ziemlich primitive, freilich unwiderstehliche Alternative zur linearen, sequentiellen Logik des gedruckten Wortes und tendiert dazu, die Härten einer an der Schrift orientierten Erziehung irrelevant zu machen. Für Bilder gibt es kein ABC. Um die Bedeutung von Bildern verstehen zu lernen, benötigen wir keinen Unterricht in Grammatik, Rechtschreiben, Logik oder Wortkunde. Wir benötigen nichts, was einer Schulfibel entspräche, keine Hausaufgaben und keine Voraussetzungen schaffende Ausbildung. Das Fernsehen verlangt keine besonderen Fähigkeiten und entwickelt auch keine Fähigkeiten." (Postman 1983, 92f.)

Wenn das alles so wäre, könnten wir uns weitere Überlegungen zum Thema dieses Kapitels sparen. Doch sind hier mit Sicherheit einige Punkte zumindest übersimplifiziert, wenn nicht falsch:

– Es ist zwar richtig, daß das Bild so stark fasziniert, daß es die visuelle Rezeption favorisiert. Es ist auch richtig, daß die Faszination des Bildes dazu führt, daß Leute jeden Alters jedes Programm unterschiedslos anschauen, daß insbesondere Kinder auch Bilder anschauen, ohne den dazugehörigen Text zu verstehen. Das heißt nur, daß man durch die Bilder fasziniert wird, nicht aber, daß man die Bilder auch versteht. Gerade bei Kindern läßt sich leicht nachweisen, daß der Film nicht etwas ist, das man intuitiv richtig versteht, sondern daß der Film seine eigenen Techniken, Konventionen hat, die einer eigentlichen Entschlüsselung bedürfen (vgl. z.B. Jörg 1979, Sturm/Jörg 1980).

Es ist also keineswegs abwegig, Alphabetisierung, Medienpädagogik im Filmbereich zu betreiben, „Fibeln" für das Verstehen von Filmen zu entwickeln. Man erhofft von solcher Medienpädagogik gleichzeitig einen kritisch-reflexiven Effekt: daß nämlich derjenige, der einen Blick bekommen hat für die „Filmsprache", der Faszination des Bildes nicht mehr so bedingungslos erliegt wie der „Film-Analphabet".

– Auch das Verhältnis des Bildes zur Sprache ist nicht so simpel, wie es bei Postman dargestellt wird.

Hier ist zunächst einmal zu fragen, ob der Sprecher im Bild erscheint oder nicht. Beim Fernsehen gibt es beide Fälle. Dementsprechend ist eine grundlegende Dichotomie zu machen zwischen „bildimmanentem" und „bildtranszendentem" Sprecher (oder: „szenisch integriert" vs. „szenisch nicht integriert", so Kuchenbach 1978, 57; in der journalistischen Terminologie: *on*- vs. *off [-screen]*-Sprecher).

1. Wenn der/die Sprecher im Bild sichtbar ist/sind (bildimmanent), gelten für die Rezeption ähnliche Bedingungen wie bei alltäglicher, nicht technisch vermittelter Kommunikation. D.h. die Fähigkeiten, über die ein Erwachsener verfügt, um kommunikative Ereignisse zu interpretieren, können auf diese Fernsehereignisse angewendet werden – und sollten im Prinzip eine vergleichbare Rezeption garantieren. Im Vergleich mit einer Alltagssituation sind freilich einige Unterschiede festzuhalten: Der Fernsehzuschauer ist der Perspektivik der Kamera ausgeliefert, er kann sich seine Perspektive des Geschehens nicht wählen (er kann nicht um die Szene herumgehen, vor allem kann er sich nicht in ein Kommunikationsereignis einschalten und mitmachen...). Wenn wir einmal von artifiziellen Filmtechniken absehen, ist damit auch ein Rezeptionsvorteil verbunden: die Kamera wird in der Regel so geführt, daß sie

die Teile der Szene fokussiert, die auch textlich die wichtigsten sind. (Bei einer Diskussion wird der gerade Sprechende hauptsächlich oder allein ins Bild genommen.) Ähnliches gilt für die Text-Seite: Einerseits ist der Rezipient – z.B. bei einem Spielfilm – auf das angewiesen, was ihm im Text vermittelt wird; er hört etwa bei einer Party nur die Texte der Leute, die „vor dem Mikrofon" sind (was im Hintergrund vor sich geht, wird akustisch ausgeblendet oder als unverständliches Geräusch vermittelt). Andererseits hört er aber das, was ihm vermittelt wird, besser, deutlicher, als es in vergleichbaren Alltagssituationen möglich wäre. M.a.W.: der Rezipient nimmt diesen Typ von Text-Bild-Verhältnis mit den rezeptiven Kategorien wahr, die er in sonstiger Kommunikation entwikkelt hat. Was er aber i.a. nicht wahrnimmt, ist das Maß der Fiktivität, das der Fernsehsituation innewohnt. Die technische Vermittlung und deren Routinen schaffen eine eigene, neue (Fernseh-)Realität, nicht nur dort, wo es sich – wie im Film – von vornherein um fiktive Ereignisse handelt, sondern auch bei der Abbildung von Realität, bei Dokumentarfilmen, live-Sendungen (aus der Stadthalle X). Semiotisch läßt sich das so formulieren: Alles kommunikative Geschehen in der Realität vollzieht sich auf der Basis von mehr oder weniger starken Codes (Sprache, nonverbales Verhalten, Kleidung etc.).

Diese Zeichenebene kann man als „erste Kodierung" bezeichnen. Die Filmtechniken mit ihrer spezifischen Sprache ergeben dann die „zweite Kodierung". Was nun Fernsehereignisse prinzipiell zu fiktiven Ereignissen macht, ist der Prozeß der Amalgamierung der beiden Kodierungen, der sog. „Photogenieeffekt" (vgl. Mühlen-Achs 1977). Für den Rezipienten werden die beiden Kodierungsebenen ununterscheidbar. Das hat z.B. bedeutende Konsequenzen für das proxemische Verhalten: In natürlichen Kommunikationssituationen spielen Parameter wie Distanz, Anordnung der Beteiligten im Raum, Stehen–Sitzen–Gehen etc. eine wichtige Rolle für die Definition der sozial-kommunikativen Beziehungen der Personen. Durch die Filmtechnik werden diese Parameter beeinflußt: Da die Kamera – im Gegensatz zu einem realen Beobachter – beliebig nahe an das „Objekt" heranfahren (bzw. es heranzoomen) kann, da sie beliebige Ausschnitte aus dem kommunikativen Geschehen herausgreifen kann, sind für den Rezipienten keine stabilen proxemischen Verhältnisse mehr erkennbar, und damit sind seine eingeübten Interpretationsmechanismen mindestens partiell außer Kraft gesetzt. Ein anderer Bereich, der ebenso deutlich vom Photogenie-Effekt betroffen wird, ist der Regelmechanismus der Dialogsteuerung durch nonverbale Prozesse, insbesondere durch Blickkontakt und Kopf- und Körperhaltung. Dazu ein Beispiel: Linke (1984) untersucht anhand der Diskussionssendung „Tatsachen und Meinungen" des Schweizer Fernsehens u.a. auch die Techniken der Kameraführung hinsichtlich des Eindrucks, den sie dem Zuschauer vom dialogischen Geschehen vermitteln (Kap. 11). Ein Vergleich mit dem „tatsächlichen" Geschehen wurde mindestens ansatzweise dadurch ermöglicht, daß im Studio eine zusätzliche Kamera permanent die gesamte Gesprächsrunde erfaßte. Das Hauptproblem des Bildregisseurs ist es, „in jedem Moment des Gesprächs den weiteren Gesprächsablauf antizipieren zu können". Wenn das nicht gelingt, besteht die Gefahr des „Nachhinkens", da die Kamera träger ist als das Dialoggeschehen. Wie verfährt die Bildregie nun tatsächlich? Es ergaben sich u.a. folgende Beobachtungen:

(1) Die Kamera tendiert dazu, „immer den jeweiligen Sprecher bzw. die jeweilige Sprecherin in Großaufnahme ins Bild zu nehmen". Die direkt Angesprochenen kommen selten ins Bild. Wenn die Partner einer Dyade (Sprecher und unmittelbar Angesprochener) nicht gleichzeitig zu sehen sind, „verpaßt der Zuschauer oft wichtige nonverbale Reaktionen des angesprochenen Hörers, die z.T. sogar für das Verständnis entsprechender verbaler Gegenreaktionen des Sprechers notwendig wären". Die „aggressive Gestik" eines Sprechers kann so durchaus befremdlich wirken, weil man ihr „Ziel" nicht sieht. Die nonverbalen Aktivitäten der Sprecher verlieren für den Zuschauer ihre Gerichtetheit, und damit einen Teil ihrer kommunikativen Intention. Und wenn der Sprecher den Partner der Dyade aufmerksam anblickt und seine Reaktion kontrolliert, kann das auf den Zuschauer als „starrer" Blick wirken. Letzten Endes wird die Gesprächsrunde für den Zuschauer „zu einem Forum von Leuten, die alle etwas zu einem bestimmten Thema sagen, aber eigentlich nicht mehr partnerbezogen, sondern einfach ins Freie hinaus bzw. in die Kamera hinein sprechen."

(2) Für Sprecherwechsel gilt die Regel: die Kamera versucht, möglichst rasch, „im Idealfall schon kurz vor der Wortübernahme", den neuen Sprecher zu zeigen. „Dies ergibt beim Zuschauer einen Erfahrungswert, der sich wiederum in einer entsprechenden Erwartungshaltung niederschlägt: sobald die Kamera am oder gegen Ende eines Gesprächsbeitrags einen anderen Gesprächsteilnehmer als den Sprecher ‚ins Auge faßt', geht man davon aus, daß man den nächsten Sprecher vor sich hat. Wenn dann dennoch ein anderer Studiogast das Wort ergreift, wird das ‚automatisch' als Panne empfunden."

Allgemeiner gesagt: Einerseits durch den Usus, jeweils nur den Sprechenden ins Bild zu nehmen, andererseits durch die Tendenz, den Sprecherwechsel durch die Kamera „vorwegzunehmen", entgehen dem Zuschauer weitgehend die nonverbalen Mechanismen der Sprecherwahl (Selbstwahl, Fremdwahl). Das kann bei mißglückten Dyadenansätzen durchaus seine Vorteile haben: Von einem mißglückten Ansatz einer Dyade kann man dann sprechen, wenn sich ein Beteiligter nonverbal einem anderen zuwendet, um mit ihm eine Dyade einzuleiten, dabei aber keinen Erfolg hat – z. B. weil der Diskussionsleiter die Initiative nicht bemerkt oder weil er diese Dyade momentan für nicht opportun hält, oder weil der nonverbal Angesprochene nicht willens ist, das Angebot anzunehmen, sich auf seine Rolle als gerade nicht aktiver Diskussionsteilnehmer zurückzieht oder so tut, als ob sich niemand gerade an i h n gewendet hätte. All diese nonverbalen Ereignisse können durch die Kameraführung getilgt werden, und damit wird auch das Mißglücken von Dyadenansätzen kaschiert.

(3) Besonders interessant im Zusammenhang mit dem Photogenie-Effekt ist die Beobachtung, daß sich durch die Kameraführung auch der Eindruck vom „Gesprächsklima", von Lebendigkeit oder Monotonie des Gesprächsverlaufs gegenüber der Totale verändern kann. Bei besonders lebhaften Diskussionsphasen mit häufigen Sprecherwechseln führt das Prinzip, immer den Sprecher zu zeigen, zu raschen Einstellungswechseln. Und damit verstärkt sich gegenüber der Totalaufnahme der Eindruck von Lebendigkeit.

Monotone, mühsame Passagen können durch die Kameratechniken verlebendigt, entkrampft werden. Das ist besonders in der

Einleitungsphase der Diskussionen zu beobachten, bei der Vorstellung der einzelnen Teilnehmer, wo sich nur der Moderator aktiv verhält, die Gäste sich aber „in kommunikativer Hinsicht weitgehend zurückziehen und rein abwartend verhalten, was sich vor allem in einem ‚eingefrorenen' nonverbalen Verhalten äußert". Durch Kameraschwenks, Bildschnitte, Wechsel von Groß- und Nahaufnahme wirkt diese Phase in der gesendeten Fassung weitaus lebendiger als in der Totalaufnahme.

Am einfachsten interpretierbar ist eine *on*-Situation dann, wenn nur e i n Sprecher anwesend ist, der einen Text abliest und dessen kommunikative Aktivitäten sich im übrigen in stereotypen Blicken in die Kamera (d.h. auf den transzendenten Zuschauer) erschöpfen. (Hier hat man eine Situation vor sich, die sich mit einer Universitätsvorlesung vergleichen läßt. Freilich ist die monologische Fernsehsituation noch weit „abstrakter" als die Vorlesungssituation, da im Gegensatz zum Fernsehen das Publikum immerhin reaktionsfähig ist und einen gewissen Feedback liefert.) Der Rezipient ist hier ganz auf die Text-Ebene verwiesen, er könnte sich voll und ganz auf die Text-Information konzentrieren – er könnte, wenn er wollte und wenn er durch den Text dazu motiviert würde. Kritiker wie Postman glauben, daß das Fernsehen für Informationsvermittlung solcher Art das falsche Medium ist. Das Fernsehen sei „eine Bilderschau, ein bildliches, kein sprachliches Medium" (93). Wenn Nachrichtensprecher auftreten, dann passiert – nach Postman – gerade nicht das, was von der Funktion der Sendung her passieren sollte, nämlich Konzentration auf den Text. In den USA nämlich scheint es so zu sein, „daß fast alle Nachrichtensprecher und -sprecherinnen jung und attraktiv sind. (...) In fast allen Fällen gewinnen daher die Reize des menschlichen Antlitzes die Oberhand über die Möglichkeiten der menschlichen Stimme. Es kommt nicht darauf an, daß ein Nachrichtensprecher die Bedeutung dessen, was er mitteilt, erfaßt; viele von ihnen sind nicht einmal imstande, eine Mimik zu produzieren, die zu den von ihnen gesprochenen Worten paßt. Und einige haben diesen Versuch längst aufgegeben. Wichtig ist, daß den Zuschauern ihre Gesichter gefallen." (121)

So weit sind wir hierzulande noch nicht. Es scheint mir auch nicht nötig, derartige Befunde in dem für Medienkritiker wie Postman typischen apokalyptischen Ton zu präsentieren. Das Faszinierende am Fernsehen ist zweifellos das Bild. Daraus folgt ein systemimmanenter Zwang zur Visualisierung. Und daraus folgt, daß das Nicht-Visualisierbare nicht primär fürs Fernsehen geeignet ist. Sprechermeldungen einer Tagesschau sind dann allenfalls kurzfristig tolerierbar, wenn man drum herum noch etwas „zu sehen bekommt", also Filmberichte, Interviews etc. Beim „Heute-Journal" z.B. werden Meldungen des Nachrichtenblocks konsequent bebildert (meist Fotos), das bloße Sprecher-Bild wird nur toleriert, wenn der Moderator in seiner Moderator-Funktion auftritt (vgl. S. 157ff.).

2. Die eigentliche Problematik des Bild-Text-Verhältnisses entsteht beim Fernsehen, wenn der Sprecher nicht im Bild zu sehen ist, also *off* spricht. Dann empfängt der Rezipient Informationen auf zwei Kanälen, und diese Informationen sind nicht schon – wie beim *on*-Typ – per se koordiniert, sondern können allenfalls mehr oder weniger aufeinander abgestimmt werden. Wenn in der Forschung von Verstehensproblemen in bezug auf das Text-Bild-Verhältnis die Rede ist, meint man i.a. den Fall des bildtranszendenten Textes. Dadurch unterscheidet sich das Fernsehen auch grundsätzlich vom (Spiel-)Film: Für das Fernsehen sind die bildtranszendenten Texte mindestens ebenso wichtig und typisch wie die bildimmanenten; beim Film aber dominieren ganz eindeutig die letzteren.

Bevor man über die Verständlichkeit des Text-Bild-Verhältnisses diskutiert, muß man sich vor Augen führen, welche Relationen überhaupt zwischen Text und Bild beim Fernsehen bestehen können, und man muß überlegen, welche Fragen man zu diesen Relationen stellen kann. Hier ist m.E. – trotz zahlreicher Studien im einzelnen – noch zu wenig Grundlagenarbeit geleistet worden. Es nützt wenig, bei einem Filmbericht z.B. festzustellen, daß zwischen Text und Bild kein Zusammenhang oder nur ein schwacher Zusammenhang bestehe, wenn man nicht weiß, was *Zusammenhang* hier überhaupt bedeuten kann.

Hinzu kommt, daß das leitende Verstehensprinzip auch bei zweikanaliger Information das Prinzip der „Sinnkonstanz" sein dürfte (Hörmann 1976, 179ff.). D.h. der Zuschauer wird versuchen,

Text und Bild zu *einer* und zu einer sinnvollen Information zu verarbeiten. Wenn ihm in Bild und Text völlig unzusammenhängende (was immer das heißen mag) Informationen vermittelt werden, wird er gleichwohl versuchen, einen Gesamtsinn zu produzieren. Eine Filmszene z.B., in der der Vater zur Haustür hereinkommt, den Mantel auszieht und sich an den Abendessentisch setzt, kann mit dem *off*-Text unterlegt werden *Das Benzin ist wieder teurer geworden* (Kuchenbuch, 56). Der Rezipient wird daraus extrapolieren, daß der Vater mit dem Auto heimgekommen ist und vielleicht davon im folgenden die Rede sein wird. Ein Bild und einen Text zu finden, zwischen denen sich überhaupt keine Beziehung herstellen läßt, ist praktisch (und theoretisch) undenkbar. Das heißt fürs Fernsehen: Der Zuschauer ist prinzipiell immer in der Lage, ja geradezu gezwungen – durch die Automatismen des Verstehens –, Text und Bild in einen Zusammenhang zu bringen. Die Journalisten können ihm diese Aufgabe erleichtern oder erschweren, sinnvoller oder weniger sinnvoll machen, und in bezug auf diese journalistischen Verfahren sind Untersuchungen zur Verständlichkeit von Fernsehsendungen von praktischer Relevanz.

Ich möchte im folgenden nur skizzieren, welche Fragen man an das Verhältnis von Text und Bild beim Fernsehen stellen kann:

(1) Aus welcher Perspektive wird das Verhältnis betrachtet?

Zu unterscheiden ist zunächst die Perspektive des Kommunikators von der des Rezipienten. Für den Kommunikator von zentraler Bedeutung ist z.B. die Unterscheidung zwischen der Art von Film, die nachträglich – in der Redaktion – betextet wird (Nachrichtenfilm), und der anderen Art, bei der Text und Bild von vornherein in bezug aufeinander konzipiert sind oder mindestens sein können (z.B. Korrespondentenbericht). Beim ersten Typ hat das Bild – mindestens chronologisch – die Priorität, und der Text muß nachträglich dem Bild angepaßt werden. Beim zweiten Typ kann der Kommunikator durchgehend selbst bestimmen, welche Relation von Text und Bild er will.

Für den Rezipienten sind diese Unterschiede der Produktion nicht direkt erkennbar. Auch wenn er im Bild liest *Bericht von XY* o.ä., sagt ihm das nichts über die Produktionsbedingungen – es sei denn, er sei medienpädagogisch entsprechend vorgebildet. Was er aber zu spüren bekommt, das sind die Auswirkungen der unterschiedlichen Produktionsbedingungen. Es ist schwieriger, einen nicht selbst produzierten Film nachträglich zu betexten, als Bild und Text von vornherein aufeinander abzustimmen. Daraus resultieren dann potentielle Verständlichkeitsprobleme bei Nachrichtenfilmen, die bei Korrespondentenberichten nicht auftreten (sollten).

Für den Zuschauer spielt die Frage nach der zeitlichen Priorität von Bild und Text keine Rolle. Aus der Rezipientenperspektive ist es daher sinnlos zu fragen, ob ein Text bebildert ist oder ein Bild durch den Text erklärt wird. Für den Zuschauer ist beides simultan da. Was allenfalls dominant ist für seinen Rezeptionsprozeß, das hängt von verschiedenen Faktoren ab.

(2) Welcher Kanal liefert die dominante Information?

Mit „dominant“ meine ich, welche Information vom Kommunikator und Rezipienten als die wichtigere, interessantere etc. angesehen wird. Die beiden Perspektiven sind dabei wiederum klar auseinanderzuhalten (daß die Interessen von Kommunikator und Rezipient konvergieren, ist ja keineswegs selbstverständlich). Ich gebe zwei Beispiele, bei denen die Einschätzung der Dominanz durch Kommunikator und Rezipient wohl identisch sein dürfte:

Wenn ein Text in einem Wirtschaftsmagazin abstrakte Überlegungen zur Inflation enthält und das Bild dazu eine Grafik mit Zahlenmaterial, Kurven etc. liefert, dann ist es unmißverständlich, daß die Grafik dem Text „dient“ und nicht umgekehrt.

Bei einer Fußballreportage andererseits ist es ebenso klar, daß das gefilmte Geschehen auf dem Spielfeld dominant ist und daß der Text Hilfsfunktion hat. (Man hat ja diskutiert, ob Fußballreportagen im Fernsehen überhaupt einen Text brauchen, und wenn ja, welche Art von Text.) Ganz klar wird die „subalterne“ Funktion des Reportertextes beim Fernsehen, wenn man zum Vergleich die Radioreportage heranzieht. Beim Radio muß der Reporter das Geschehen simultan so in Sprache bringen, daß man den Eindruck hat, selber dabei zu sein. Diese Hauptfunktion der Radioreportage entfällt beim Fernsehen gänzlich, und damit bekommt der Text eine ganz andere – und weit weniger wichtige – Rolle.

(3) Ist eine der Informationen ohne die andere verständlich?

Unter der Voraussetzung, daß man von den kognitiven Verarbeitungsprozessen absieht, die typischerweise beim Fernsehen ablaufen und die unter den Bedingungen zweikanaliger Informationen ablaufen, kann man die beiden Kanäle voneinander isolieren und die vermittelten Informationen separat voneinander studieren (indem man den Ton oder das Bild abstellt). Man kann dann sagen, derjenige Kanal transportiere die Hauptinformation, derjenige Kanal sei „dominant" (in einem gegenüber (2) veränderten Sinn), der ohne den anderen verständlich ist. Mit diesem Kriterium ergibt sich für sozusagen sämtliche Informationssendungen (und wohl auch manche Unterhaltungssendung) eine klare Dominanz des Textes über das Bild. Doch trifft dies nur zu, wenn man sich in die (fiktive) Rolle eines Rezipienten versetzt, dessen Fernsehapparat defekt ist und nur noch entweder Ton oder Bild sendet. Aus der Perspektive des realen Rezipienten gibt es nur wenige strikte Kriterien, die die Dominanz eines der beiden Kanäle begründen würden. Bei einem Nachrichtenfilm über Libanon, der im Bild Kriegsschauplätze zeigt und im Text über die verworrene politische Situation berichtet, ist es niemandem verwehrt, den Film interessanter zu finden als den Text (das politische Hin und Her versteht man ja sowieso nicht!) und die Aufmerksamkeit ganz auf das Bild zu konzentrieren.

(4) Gibt es für den Zuschauer Hinweise darauf, wie er den Zusammenhang von Bild und Text zu verstehen hat?

Es gibt sie dann, wenn im Text deiktische Elemente enthalten sind, die unmißverständlich auf das Bild verweisen (*Das sind Bilder vom Kriegsschauplatz. Dies ist die Bank, die gestern abend überfallen wurde,* etc.). In solchen Fällen könnte man von „explizitem" Bild-Text-Verhältnis sprechen. In allen anderen Fällen handelt es sich um nur implizite Beziehungen, bei denen es keine „Gebrauchsanweisung" gibt. Gebrauchsanweisungen gibt es nur für das Bild, normalerweise nicht für den Text. Das erklärt sich daraus, daß man Texte im allgemeinen so zu formulieren bemüht ist, daß sie „selbsterklärend" sind, während man Bilder von vornherein für erklärungsbedürftig ansieht. Es erklärt sich aber auch aus den allgemeinen semiotischen „Defiziten“ des Bildes gegenüber dem Text (s.u. 5).

Eine – häufige – Zwischenform zwischen explizitem und implizitem Bezug sind elliptische Formulierungen wie *Das Moskauer Ausstellungsgelände*. Sie werden konventionell auch als deiktische Gebrauchsanweisungen verstanden (es gibt vermutlich kaum eine andere Deutungsmöglichkeit).

Deiktische Elemente im Text geben zu erkennen, daß der Sprecher auf das Bild „zeigt“. Wenn keine solchen Elemente vorhanden sind, bleibt es prinzipiell dem Zuschauer überlassen zu entscheiden, wie er das Bild gebrauchen will.

(5) Welche semantisch-logischen Relationen bestehen zwischen Bild und Text?

Diese Frage liegt vielen Untersuchungen zur Verständlichkeit der Text-Bild-Beziehung zugrunde. Man spricht dann z.B. von „engem“ oder „losem“ Zusammenhang, von „Auseinanderklaffen“ der Informationen usw. Wember (1976) operiert mit der – inzwischen gängig gewordenen – Metapher der „Text-Bild-Schere“:

> Bild und Text gehen wie eine Schere auseinander. Die gemeinsame Aufmerksamkeit von Sehen und Hören zerbricht. Wenn Bild und Text inhaltlich so weit voneinander entfernt sind, dann kann man unmöglich bewußt beobachten und gleichzeitig bewußt zuhören. Kein Mensch kann seine Aufmerksamkeit auf inhaltlich so verschiedene Informationsquellen richten und die Informationen verstehen.
> (Wember 1976, 47)

Solche Formulierungen setzen die Annahme voraus, daß Bilder im gleichen Sinne wie Texte „Informationen“ enthalten und vermitteln und daß Bild- und Textinformationen direkt miteinander vergleichbar seien, und zwar vergleichbar auf einer abstrakt-semiotischen Ebene, bei der die Verarbeitungsprozesse des Rezipienten ausgeklammert bleiben. Gegen diese Annahme spricht, daß es grundlegende semiotische Differenzen zwischen Texten und Bildern gibt. Wenn man diese Differenzen – die wir im folgenden kurz aufführen wollen – unter dem Aspekt der Fernsehpraxis betrachtet, zeigt sich aber sogleich, daß es Routinen der Produktion und – teilweise in der Folge davon, teilweise in der Folge allgemeinerer

Verstehensmechanismen – auch Routinen des Verstehens gibt, die zu konventionellen semantischen Interpretationen des jeweiligen Verhältnisses von Text und Bild führen. Die semantischen Bezüge zwischen Text und Bild sind also nicht einfach „vorhanden", sondern sie werden im Prozeß des Verstehens konstituiert (vgl. Muckenhaupt 1980). Der Rezipient versteht normalerweise ein bestimmtes Arrangement von Text und Bild als enges oder weites Verhältnis, und insofern haben die Kategorien „eng", „weit" etc. einen durchaus vertretbaren Sinn. (Muckenhaupt schüttet das Kind mit dem Bade aus, wenn er auf der Basis seiner berechtigten Kritik an Wember die Rede von semantischen Bezügen zwischen Text und Bild überhaupt als sinnlos abtut, 205).

Nun zu den semiotischen Differenzen im einzelnen:

(a) Bilder stellen immer nur Individuen dar, Exemplare von Klassen, nie aber generische Verhältnisse. Insofern unterscheiden sie sich ganz prinzipiell von Sprache. Wenn in einem Text von *Flaschen* die Rede ist und im Bild eine Flasche gezeigt wird, so ist dies das Verhältnis von Klasse und Exemplar und wird auch so verstanden. Wenn nicht nur eine Flasche gezeigt wird, sondern viele gleich aussehende, so handelt es sich – semiotisch gesehen – immer noch um Exemplare der Klasse (mehrere Individuen). Der Zuschauer aber, der viele optisch identische Individuen sieht, versteht dies als (metonymische) Visualisierung der Klasse *Flaschen*. Sofern man also nicht nur das semiotische Verhältnis Text–Bild, sondern auch die konventionellen Verstehensmechanismen berücksichtigt, kan man sagen, daß auch Bilder generische Aussagen machen können. Und man kann sagen, daß der semantische Bezug, den der Rezipient konstituiert, in beiden Fällen „eng" ist.

(b) Da Bilder Individuen darstellen, sind sie – nach dem philosophischen Satz *individuum est ineffabile* – potentiell unendlich deutbar und insofern mit unendlich vielen möglichen Texten zu „unterlegen". Abgesehen von Porträt-Fotos oder Grafiken zeigen Bilder, insbesondere bewegte Bilder, zudem normalerweise nicht kontextlose Individuen, sondern ein – je nach Bildtyp – mehr oder weniger dichtes Netz von Einzelheiten, die vom Zuschauer entsprechend seinen normalen Wahrnehmungsgewohnheiten gegliedert, geordnet und fokussiert werden. Bei einer komplexen Situation (z.B. ein Zimmer mit viel Mobiliar und mehreren Personen) könnte der Zuschauer je nach Interesse seine Aufmerksamkeit auf beliebige Details fokussieren.

Durch die Techniken der Kameraführung aber hat der Kommunikator bis zu einem gewissen Grade die Möglichkeit, das Interesse des Rezipienten auf den Punkt im Wahrnehmungsnetz zu lenken, den er als Zentrum herausstellen will (z.B. durch Zoom). Das einfachste Mittel aber, um das unendlich deutbare Bild zu monosemieren, eindeutig zu machen, ist der Text. Wenn also im Text von einem Gegenstand die Rede ist, der im Bild – unter vielen anderen – zu sehen ist, hat man den Eindruck eines „engen" semantischen Bezugs, sofern es dem Text gelingt, die Wahrnehmung des Zuschauers auf dieses sichtbare Objekt zu zentrieren.

Umgekehrt kann man auch sagen, daß Texte potentiell unendlich viele Visualisierungsmöglichkeiten bieten, da die Reihe der Individuen einer Klasse, die durch einen alltagssprachlichen Begriff bezeichnet wird, in der Regel nicht abschließbar (aufzählbar) ist. Auch hier gibt es wiederum fernsehspezifische Routinen, die die Koordination der zweikanaligen Information im Normalfall erleichtern: Wenn von *Konferenz* die Rede ist, zeigt man das Gebäude, in dem die Konferenz stattfindet, oder den Saal mit den Teilnehmern der Konferenz. Das ist wenig originell, aber eine übliche Praxis, und kommt sonstigen Sehgewohnheiten des Zuschauers entgegen (wenn im Text von einem Geschehen die Rede ist, entspricht es einer möglichen Erwartungshaltung des Zuschauers, wenn im Bild der Ort des Geschehens gezeigt wird). Das Beispiel demonstriert wieder eine mögliche Diskrepanz zwischen der Perspektive des Kommunikators und der des Rezipienten: Beim Kommunikator handelt es sich hier um Zwänge der Produktion, um Einschränkungen, die seine Arbeit erschweren (man kann kein Bild von der Konferenz selber zeigen, weil sie hinter verschlossenen Türen stattfindet, darum zeigt man die Teilnehmer im Saal vor oder nach Konferenzbeginn). Beim Rezipienten bewirkt diese Praxis langfristig eine Sehgewohnheit und Erwartungshaltung. Für den Zuschauer werden (ursächlich produktionsbedingte) Verknüpfungen von Text und Bild zu semantischen Mustern, die seine Interpretation steuern.

(c) Bilder zeigen immer Konkreta, nie Abstrakta. Auch insofern unterscheiden sie sich prinzipiell von Sprache. Da Texte zu Filmen im Regelfall nicht einfach das Bild „beschreiben", sondern auch argumentieren, bewerten, Vermutungen formulieren etc., ergibt sich in vielen Fällen eine unüberbrückbare Differenz zwischen Bild und Text. Da diese Differenz grundsätzlich nicht behebbar ist, haben sich wiederum Routinen herausgebildet, die das Verstehen erleichtern können: Wenn im Text argumentativ die unterschiedlichen politischen Standpunkte im Libanon dargestellt werden, kann im Bild der Kriegsschauplatz erscheinen. In diesem Fall wird die Ursache durch die Wirkung visualisiert (rhetorisch gesprochen: ein metonymisches Verhältnis). Genauso gut kann man es umgekehrt formulieren: das Bild wird so betextet, daß der Text die ursächlichen Hintergründe für das diskutiert, was im Bild gezeigt wird. Welche Perspektive eher dem Verarbeitungsprozeß beim Rezipienten entspricht, ist – ohne empirische Studien – nicht entscheidbar. Für den Produzenten handelt es sich im Falle eines Nachrichtenfilms eindeutig um Betextung von Bildmaterial. Dieser Punkt zeigt m. E. das hauptsächliche Dilemma im Verhältnis Text–Bild. Texte, insbesondere informierende Texte, wechseln oft rasch vom Berichten zum Argumentieren zum Erzählen zum Argumentieren usw. usw., während das Bild diese perspektivischen und stilistischen Sprünge nicht mitmachen kann. Im Beispiel des Libanon-Konfliktes: ein argumentierender Text kann gar nicht anders als mit libanesischen Konkreta „bebildert" werden (es sei denn, man weiche auf Grafiken aus, die bei den Zuschauern wohl weniger beliebt sind als bei Medientheoretikern). Und wenn schon Bilder, dann auch interessante. Und wenn sie interessant sind, sind sie für den Zuschauer meist interessanter als der Text...

(d) Bilder sind per se Zeit-indifferent. Es bedarf meist kriminalistischer oder historischer Fähigkeiten, um – anhand von Detail-Indizien – den genauen Zeitpunkt der Abbildung herauszufinden. Normalerweise erhält das Bild seine zeitliche Zuordnung erst durch den Text. Aber was wichtiger ist für den Film: Die Abfolge der Bilder kann zwar eine zeitliche Sukzession visualisieren, doch können Bilder von sich aus keine Zeitsprünge eindeutig anzeigen. Auch hier zeigt sich eine grundsätzliche Differenz von Bild und Sprache: Mit Sprache ist es möglich, in beliebigen Zeiträumen sich zu bewegen, Zeitsprünge zu machen, Zukünftiges zu antizipieren. Das Bild kann dies alles nur, wenn es durch den Text in jeder einzelnen Phase neu determiniert wird. Um dieses Defizit des Bildes auszugleichen, haben die Filmmacher wiederum Routinen entwikkelt, die dem Rezipienten konventionelle temporale Deutungen ermöglichen: man denke etwa an die Techniken, mit denen im Film „Rückblende“ visualisiert wird.

(e) Fernsehbilder werden als „Abbildung“ verstanden, und zwar als Abbildung von Realem. (Daher rührt ja die hohe Glaubwürdigkeit des Fernsehbildes.) Im Gegensatz dazu kann die Sprache beliebig von Realität zu Fiktion wechseln, oder von einer Art „Realität“ zu einer anderen (z.B. der Wirklichkeit der alltäglichen Erfahrung zur Wirklichkeit des Märchens usw.). Beim Film bedarf es besonderer filmtechnischer Arrangements, um eine Szene (auch ohne Text) als Fiktion kenntlich zu machen. Innerhalb der Gattung „science fiction“ sind solche Techniken weitgehend konventionalisiert, und der Kenner wird sie auch ohne Text eindeutig interpretieren.

(f) Das Verhältnis von Denotation und Konnotation in der Sprache ist ein wichtiges – und noch keineswegs gelöstes – Problem der heutigen Linguistik. Immerhin zeigen die einschlägigen neueren Arbeiten, daß es sinnvoll und bis zu einem gewissen Grad praktikabel ist, denotative und konnotative Anteile von sprachlichen Zeichen zu unterscheiden und Typen von Konnotationen zu differenzieren (z.B. Rössler 1979, Sornig 1981). Beim Bild ist die Unterscheidung Denotation/Konnotation viel problematischer, wenn überhaupt möglich. Eine Diskussion dieser Frage würde hier zu weit führen. Aber für das Text-Bild-Verhältnis ergibt sich in dieser Hinsicht eine interessante Konsequenz:

Es kann sein, daß Text und Bild bezüglich der Denotate nichts offensichtlich Gemeinsames haben, daß aber das Bild konnotative Aspekte des im Text besprochenen Denotats realisiert. Das ist typischerweise der Fall in Werbefilmen.

Zigaretten haben denotativ nicht direkt etwas mit Strand und Meer zu tun. Allenfalls könnte man sagen, daß Zigaretten im Kontext von ‚Strandszene' vorkommen können. Konnotativ hingegen ist der Zusammenhang unmittelbar verständlich – weil die Werbung uns diesen Zusammenhang oder ähnliche Zusammenhänge immer wieder suggeriert: Zigaretten ‚bedeuten' *Lebensfreude,* so wie Strandszenen *Lebensfreude* bedeuten. Über die Konnotation *Lebensfreude* sind Text und Bild in diesem Fall konventionell vermittelt.

Für den semantischen Zusammenhang Text-Bild heißt das: Der Bezug kann als semantisch eng wahrgenommen werden auch dann, wenn auf denotativer Ebene die Bezüge nicht sofort einleuchtend sind, sondern allenfalls konstruiert werden müssen, unter der Voraussetzung, daß das Bild als konnotativer Aspekt der Text-Aussage verstanden werden kann.

Diese Überlegung läßt sich auch neuropsychologisch stützen: Die Forschungen zur Dominanz der Hirnhälften deuten darauf hin, daß die rationalen Anteile der Sprache eher in der linken Hemisphäre, die emotionalen und bildhaften Anteile eher in der rechten Hemisphäre verarbeitet werden (vgl. List 1981, 55ff.). Es liegt nahe, die rechtshemisphärischen Anteile als eher „konnotativ" einzustufen. Daraus ergibt sich die Vermutung, daß das Bild bei der Verarbeitung der zweikanaligen Information die rechtshemisphärischen Anteile des Textes stützt (bzw. auch umgekehrt).

Zusammenfassend läßt sich zu den semantischen Relationen festhalten:

Bei stehenden Bildern sind am ehesten semantische Verhältnisse auszumachen, die sich abstrahiert von den kognitiven Verarbeitungsroutinen beschreiben lassen. Bei bewegten Bildern ist das nur noch im Ausnahmefall möglich. Dort werden Text-Bild-Bezüge vom Rezipienten in den Fällen als „semantisch eng" wahrgenommen, wo fernsehspezifische Routinen oder allgemeinere Routinen der Informationsverarbeitung die Herstellung von Sinnkonstanz erleichtern; als „semantisch weit" oder „auseinanderklaffend" werden die Informationen dort wahrgenommen, wo keine solchen Mechanismen zur Verfügung stehen.

(6) Welches sind die minimalen Analyseeinheiten und wie werden sie kombiniert?

Wenn man die semantischen Relationen zwischen Text und Bild im Detail studieren will, muß man das Textganze und das Bildganze jeweils segmentieren, um überhaupt vergleichbare Analyseeinheiten zu bekommen.

Das kleinste hier in Frage kommende Segment auf der Textseite ist das Wort (Morpheme haben wohl kaum je eine direkte Entsprechung auf der Bildseite). Auf der Bild-Seite ist zu unterscheiden zwischen stehendem und bewegtem Bild. Bei stehenden Bildern (Fotos, Grafiken...) ist die Minimaleinheit das einzelne Bild. In diesem Fall sind die Verhältnisse vergleichbar mit Text-Bild-Beziehungen im grafischen Medium (z.B. Werbeanzeigen, vgl. Heiz 1978, Spillner 1982). Während aber bei Werbeanzeigen die Bezüge oft absichtlich verrätselt sind, ist dies bei durchschnittlichen Informationsbeiträgen des Fernsehens sicher nicht der Fall. Im Gegenteil: Stehende Bilder werden i.a. nur-illustrierend, als Veranschaulichung einiger Aspekte des Textes (so meist bei Grafiken) oder individualisierend/personifizierend (so meist bei Fotos) verwendet, sind also gegenüber dem Text sekundär (s.o. 2).

Bei bewegten Bildern liegt die Sache ganz anders: Das „Standbild" beim Film ist keine reale Einheit der Rezeption, da der Rezipient (beim traditionellen Film) die einzelnen Bilder nicht wahrnimmt, sondern eben nur das bewegte Bild, und da bei elektronischen Techniken der Film gar nicht mehr aus einzelnen Bildern „zusammengesetzt" ist, das „Standbild" also erst als künstliche Einheit „erzeugt" werden muß. Die kleinste Einheit der Wahrnehmung ist die „Einstellung". (Für die filmtechnischen Termini verweise ich auf die einführenden Darstellungen, die gute Erläuterungen bieten: z.B. Kuchenbuch 1978, Schult/Buchholz 1982.)

Im Falle des stehenden Bildes ist es u.U. sinnvoll zu sagen, daß dem Bild e i n Wort oder eine Wortgruppe im Text entspricht (z.B. bei einem Foto von Gromyko der Name *Gromyko* oder der Titel *sowjetischer Außenminister* im Text). Im Falle der bewegten Bilder ist die Sachlage nicht nur quantitativ, sondern qualitativ anders: Durch die bloße Bewegtheit bekommt der Film ein Eigenleben, das ihn gegenüber dem Text prinzipiell in einem gewissen Maße verselbständigt (die Bewegtheit des Bildes ist, psychologisch gesehen, hauptsächlich für die Faszination des Fernsehens verantwortlich und ist zugleich der Grund dafür, daß der Rezipient „mit Recht" seine Rezeptionsaktivität auf das Bild konzentriert).

Im Normalfall erzählt das Bild eine „Geschichte", die im Text kein vollständiges und durchlaufendes Pendant hat. (Daß ein Text nur „beschreibt", was im Bild zu sehen ist bzw. vor sich geht, ist sicher der Ausnahmefall.)

Wie Filmtheoretiker gezeigt haben, erzählt der Film nach seinen eigenen strukturellen Gesetzen (z.B. Metz 1972, 1973, Faulstich 1978). Das heißt noch nicht, daß der Film deswegen schon eine „Syntax" habe, die derjenigen der Wortsprache analog sei. Für eine Syntax im strengen Sinn der Sprache wäre der Filmcode zu „schwach" und zu schwach organisiert (vgl. Möller 1981). Die filminterne Struktur entsteht zunächst durch den Wechsel der Kameraeinstellungen und durch die Kamerabewegung, dann durch die Kombination von Einstellungen zu Sequenzen (durch die Techniken der „Montage"). Um nur ein Beispiel zu nennen: durch das „Heranzoomen" eines Objektes kann man einen ähnlichen „Zeigeeffekt" erzielen wie durch deiktische Mittel in der Sprache.

Da der Ablauf eines Filmes weitgehend autonomen Regeln folgt, ist von vornherein nicht zu erwarten, daß die Textsegmente und ihre Anordnung den Filmsegmenten und ihrer Anordnung durchwegs parallel laufen.

So macht es wenig Sinn zu sagen, die Einstellung sei dem „Satz" und die Sequenz dem „Text" in der Sprache analog. Das ist ein weiterer Aspekt des Problems, wie man semantische Relationen zwischen Text und Bild angehen kann. Unmittelbare und eindeutige semantische Bezüge wird man allenfalls bei stehenden Bildern dingfest machen können. Bei bewegten Bildern wird es sich um Prozesse der Annäherung und des Sich-Entfernens, erneuter Annäherung usw. von Text und Bild handeln.

Will man diese Prozesse studieren, muß man zunächst die Ausdehnung der Bild- und Textsegmente relativ zueinander beobachten. Hier gibt es, kleinräumig gesehen, drei mögliche Fälle:

(1) Text |————————|

Bild |————————|

Der Einstellung entspricht eine syntaktische oder textgrammatische Einheit. Normalerweise heißt das auch: Mit Einstellungswechsel wechselt auch das Thema des Textes, oder es wird ein neuer Gesichtspunkt eingeführt.

(2) Text |————————————|

Bild |——————| – – – – – –

Der Bildschnitt erfolgt, während die syntaktische/textgrammatische Texteinheit noch läuft; ein inhaltlicher Einschnitt des Textes erfolgt erst nach dem Bildschnitt.

(3) Text |——————| – – – – – –

Bild |————————————|

Das syntaktisch-semantische Textsegment geht bereits zu Ende, während die Einstellung noch läuft.

Oberflächlich betrachtet, könnte man annehmen, der erste Typ sei am ehesten dem Verständnis förderlich, weil hier Text und Bild mindestens quantitativ „parallel" laufen. Es ist aber ebenso denkbar, daß die semantische „Verklammerung" zweier Bildsegmente durch einen fortlaufenden Text oder das reziproke Verfahren die kognitive Verarbeitung erleichtern. Dazu gibt es meines Wissens noch keine Untersuchungen.

Mit den sechs Fragestellungen ist sicher noch nicht das ganze Problemfeld des Bild-Text-Verhältnisses abgedeckt. Aber es dürfte bereits jetzt erkennbar sein, wie kompliziert sich die Frage nach der „Verständlichkeit" von Fernsehsendungen gestaltet. Entsprechend gehen in der Forschung die Meinungen selbst über die in der Praxis wichtigsten Fälle auseinander. Ein Beispiel für viele:

> In der gegenwärtigen Forschung herrscht keine Einigkeit darüber, ob Programme mit raschem Szenen- und Einstellungswechsel (fast-paced programs), wie sie typischerweise im amerikanischen Kommerzfernsehen anzutreffen, aber auch typisch für einige Formen im deutschen Fernsehen sind – z.B. für Nachrichten (...) –, den Zuschauer anregen oder überfordern. Zwei Thesen stehen sich gegenwärtig gegenüber, deren Richtigkeit mit

modernen Methoden empirisch überprüft werden müßte. Die eine These besagt, daß „fast-paced programs" mehr Aufmerksamkeit erregen und die Verarbeitung von Fernsehinformationen positiv beeinflussen. (...) Diese These wird gern von Programmgestaltern und Werbungtreibenden reklamiert, die ein (verständliches) Interesse haben, aufmerksamkeitserregende, abwechslungsreiche Sendungen oder Spots zu produzieren.
Die entgegengesetzte These (...) geht davon aus, daß solche Programme beim Zuschauer negative Effekte zeigen, weil der schnelle Wechsel von Bild und Ton ein Reflektieren der gesehenen und gehörten Ereignisse verhindere. Singer (...) und andere Forscher ziehen aus Ergebnissen psychologischer Forschung den Schluß, daß Fernsehen ein hochkomplexer Prozeß ist, der hohe Anforderungen an die kognitiven Fähigkeiten der Rezipienten stellt und daß ein „sensorisches Bombardement" im Fernsehen die Verarbeitung komplexer Botschaften teilweise empfindlich stören kann. Gerade in den Möglichkeiten des Mediums, in seiner optischen Attraktivität und der gleichzeitigen Verwendung akustischer Signale sieht Singer auch die Grenzen einer optimalen Informationsverarbeitung durch Überforderung.
(Habermann 1984, 54)

Mit Recht betont Habermann, daß sich die gegensätzlichen Thesen nicht unbedingt ausschließen müssen:

Die Art des Programms, der Informationsgehalt, unterschiedliche Zielgruppen sowie die Geschichte des Mediums und die Vertrautheit des Rezipienten im Umgang mit ihm, beeinflussen die Möglichkeit und die Notwendigkeit optimaler Informationsverarbeitung. Eine Unterhaltungssendung soll attraktiv sein und Aufmerksamkeit erregen. Dies wird erreicht durch schnelle Schnittfolge und optische Effekte sowie durch Veränderungen im akustischen Kanal (Lachen, Applaus) und den gezielten Einsatz von Musik (...). Für Sendungen, die einen großen Informationswert besitzen (Nachrichten, Magazine, Berichte) führen dieselben Techniken zur Überforderung des Rezipienten und zum (geistigen) „Abschalten". Hier muß der (begrenzten) Kapazität des menschlichen Systems zur Informationsaufnahme und -verarbeitung durch Synchronisation des akustischen und visuellen Kanals (...), durch Wiederholungen relevanter Inhalte, also Redundanz (...), durch Bildung sinnvoller, überschaubarer Einheiten (chunks) in Bild und Ton (...) Rechnung getragen werden.
(ebd., 54f.)

Wenn die Forschung zur Bild-Text-Verständlichkeit Fortschritte erbringen soll, muß sie interdisziplinär angelegt sein. Psychologische Studien ohne eine semiotische theoretische Basis reduzieren die Komplexität des Phänomens auf unkontrollierte Weise (daß man in konkreten empirischen Studien Problemvielfalt reduzieren muß, ist klar; aber die Reduktion muß methodisch kontrolliert vor sich gehen). Umgekehrt führen auch semiotisch-semantische Überlegungen, die die Prozesse der Informationsverarbeitung nicht mit einbeziehen, nicht weiter. Die Methode des Tiefeninterviews, die Muckenhaupt (1981) und Strassner (1982) für künftige Forschung postulieren, ist kein Allheilmittel. Im Rahmen empirischer Forschung dienen Tiefeninterviews vorwiegend zur Problemfindung und Problemdifferenzierung, damit auch zur Hypothesenbildung für standardisierte Interviews und experimentelle Studien. Tiefeninterviews können aber die „strengeren" empirischen Methoden keinesfalls ersetzen, wenn man zu objektivierbaren (validen und reliablen) Ergebnissen gelangen will.

3. In der gegenwärtigen Fernsehpraxis ist zu beobachten, daß man versucht, *on-* und *off*-Passagen stärker miteinander zu verknüpfen, eleganter ineinander zu überführen, als dies früher der Fall war. Der Moderator in Nachrichtenmagazinen, der ja von seinen Funktionen her primär „bildimmanent" sein sollte, spricht teilweise auch den *off*-Text zu Filmen (vgl. S. 157). Oder man verknüpft mit Mitteln der Textebene, besonders mit lexikalischen Mitteln, unterschiedliche Text-Bild-Verhältnisse, wie in dieser abschließenden Sequenz eines Filmberichts über die Leipziger Herbstmesse (Heute-Journal, ZDF, 9.9.83):

Einstellung Nr.	Text	Bild
1 [off]	Im Alltäglichen wenigstens klemmt es zur Zeit nicht allzu sehr. – Die Planwirtschaft holpert in diesem Jahr etwas weniger als 1982.	Gebäudeausschnitt und Fahnen. Schwenk nach unten auf den Obstmarkt 

2 In Leipzig sind zur Messe die Schaufenster immer üppig dekoriert. – Wie

Schaufenster mit Schuhen, davor zwei Leute, Rücken zur Kamera

---

3 international üblich, sagen die, die es anordnen. – – Der große Kredit,

Leute, die vor dem Schaufenster stehen, seitlich, Schaufenster nicht im Bild. Schwenk ins Schaufenster mit Haushaltgeräten.

---

4 das steht fest, hat in die Geschäfte nicht viel mehr und bessere Ware befördert. – Schnaps –

Schnapsflaschen im Schaufenster

5	gibt es immer – und Hoffnung. [O-Ton des Interviewten bereits im off:] Ja ich hoff doch, daß	 2 Personen vor diesem Schaufenster
6 [O-Ton on]	der Handel zum Aufblühen kommt, und daß wir in den Geschäften auch was spüren davon – im alltäglichen Leben – – – vielleicht – geht's aufwärts – woll' mer's hoffen	 Großaufnahme eines DDR-Bürgers, der auf der Straße interviewt wird (Interviewer nicht im Bild)
7 [on]	Man muß hoffen. – Wir haben noch von alten und neuen Sternen am Filmhimmel zu berichten, aber erst einmal kurz – vom Himmel – über uns.	 Moderator

Hier sind Text und Bild sehr eng ineinander „verschachtelt". Zunächst dadurch, daß Text- und Bildsegmente sich überlappen. In 2, 3, 4, 5, 6 fallen die Schnitte nicht mit den Satzgrenzen zusammen. Der O-Ton beginnt bereits *[off]* (5), bevor der Interviewte *[on]* im Bild erscheint (6). Durch die Lexeme *Hoffnung* (5), *hoffen* (5), *hoffen* (6), *hoffen* (7) sind *off*-Text, *on*-Text (Interviewter) und *on*-Text (Moderator) miteinander verknüpft. (Der Gemeinplatz des Moderators (7) erfreut allenfalls den Textlinguisten, im übrigen muß man hoffen, daß das nicht Schule macht.)

4. Als Beispiel dafür, wie sich in einem durchschnittlichen Korrespondentenbericht das Verhältnis Text–Bild gestaltet, gebe ich einen Ausschnitt aus dem Heute-Journal (ZDF) vom 7.9.83. Der Bericht wird vom Moderator *(on)* so eingeführt:

Gromyko wurde von den Vertretern westlicher und neutraler Staaten zur Rede gestellt und versuchte, sich zu verteidigen. G. T. über den Außenminister der Sowjetunion am ersten Konferenztag in Madrid.

Einstellung Nr.	Text	Bild
1 [off]	Er war der absolute Mittelpunkt dieses ersten Tages der dreitägigen Außenministerkonferenz in Madrid. Umlagert von den Fotografen und Kameraleuten wie ein Wesen vom anderen Stern.	 Gromyko im Konferenzsaal, begrüßt andere, Gesicht zur Kamera, setzt sich Kameraleute, sich drängelnd

2 Dabei ist an Andrej Gromyko, dem ewigen Außenminister der Sowjetunion, – längst nichts Neues mehr zu entdecken. Aber vielleicht würde sich diesmal, nach dem unbegreiflichen Abschuß des südkoreanischen Verkehrsflugzeuges, doch

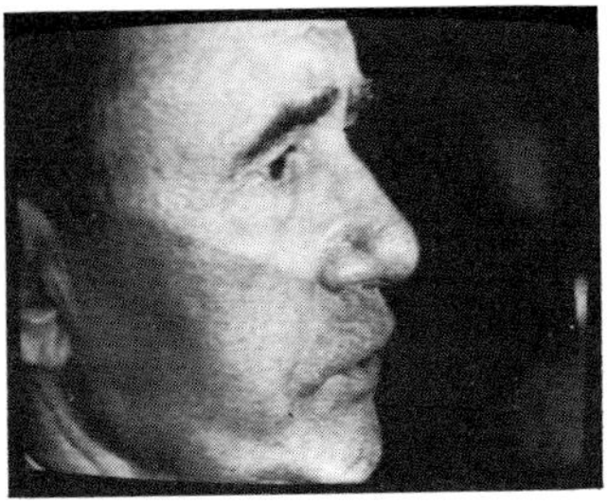

Gromyko Kopf, redet mit Nachbarn, Gesicht sehr deutlich sichtbar.

etwas an seiner Miene ablesen lassen,
Anspannung, innere Bewegung, vielleicht sogar
– Bedauern? – –

Allmählich weggezoomt, dann Schwenk zu anderen Konferenzteilnehmern

---

3 Schon draußen vor der Kongreßhalle – wurde jeder darauf gestoßen, daß die Konferenz – nicht unberührt – von dem – Luftzwischenfall über dem japanischen Meer

[Bild beginnt kurz vor Text]
Demonstranten mit Spruchbändern vor der Kongreßhalle

4

bleiben würde. Eine Gruppe südkoreanischer Demonstranten forderte die Delegierten auf, die Sowjetunion zur Rechenschaft zu ziehen. –

Demonstranten laufen frontal auf Kamera zu

5

Dies war im Westen längst beschlossene Sache.
Der amerikanische Außenminister George Shultz – er selbst spricht erst morgen – hatte seine NATO-Kollegen bei einem Arbeitsfrühstück vor Konferenzbeginn – noch einmal eingeschworen, die Sowjetunion nicht ungeschoren davonkommen zu lassen.

Gruppe von Leuten im Konferenzsaal, die sich setzen.
[Name geht aber aus dem Bild nicht hervor, nur Schild „Estados Unidos"]
Shultz sitzend kommt ins Zentrum des Bildes (mit je links und rechts einer Person)

---

6 Es hätte dieser Ermahnung allerdings gar nicht bedurft. Zwar stehen die Europäer – neuen Strafmaßnahmen gegen Moskau

Neuer Kopf im Bild, weggezoomt, Schild „Gran Breta“
[Rest nicht sichtbar]

---

7 skeptisch gegenüber, aber die Empörung ist in den europäischen Hauptstädten ebenso groß wie in Washington.

Genscher mit je einer Person links und rechts

---

8 Mehr oder weniger mußte Gromyko – von allen westlichen Außenministern das gleiche hören – wie von Bundesaußenminister Genscher:

Gromyko sitzend am Tisch, redet mit Nachbarn

9
[O-Ton]

Der Abschuß eines zivilen Passagierflugzeuges – kann durch nichts gerechtfertigt werden. – Wir verurteilen diesen Akt der Brutalität – und der Nichtachtung von Menschenleben. Die Sowjetunion ist der Staatengemeinschaft schuldig, daß sie für eine vollständige – und lückenlose öffentliche Aufklärung des Abschusses und aller seiner Umstände sorgt, und daß sie die Verantwortlichen – unnachsichtig zur Rechenschaft zieht.

am Rednerpult Genscher [sehr langsam sprechend]

10
[off]

Auch beim gemeinsamen Mittagessen der Außenminister – ist Gromykos Miene unverändert, läßt er nicht erkennen, ob ihm die Kritik aus dem Westen unter die Haut geht.

Konferenzteilnehmer gehen ins Haus, steigen Treppe hoch, Gromyko ganz, winkt von der Treppe, dann nur noch Rückenansicht, steigt Treppe hoch

---

11 Und – er gibt auch mit keinem Wort zu erkennen, worauf jeder wartet, ob er – auf die westlichen Angriffe antworten, ob er in seiner für den späten Nachmittag angesetzten Rede – auf den Luftzwischenfall eingehen wird. – –

Bankettisch mit vielen Leuten, die drum herumstehen, kein Gromyko zu sehen

---

12 Er tut es. Aber mehr Klarheit über den Vorgang verschafft er nicht. Er spricht, wie schon vorher TASS, von einer Provokation, von einer Verletzung des sowjetischen Luftraums

Gromyko im Saal, geht zum Rednerpult, setzt Brille auf, redet noch nicht, wird herangezoomt

---

13 ausgerechnet über einer der – wichtigsten strategischen Stellungen –

Genscher mit linkem und rechtem Nachbarn, sitzend, auf dem Tisch: Schild „Presidente“

---

14 der Sowjetunion, und nennt das sowjetische Vorgehen – rechtmäßig. Nur – wíe vorgegangen wurde, läßt er offen. Wir brauchen noch einige – Klarstellungen, vertröstet er die Konferenz. – –

Gromyko spricht am Rednerpult [Stimme, O-Ton, im Hintergrund hörbar]

---

15 Und die 35 Delegationen trösten sich damit, daß die Madrider Konferenz auch diese Konfrontation – wie manche andere vorher – überleben wird, daß der KSZE-Prozeß – weitergeht. – Es gibt noch immer – Wunder.

Totale des Saales von hinten

Zunächst sieht man, daß Text- und Bildsegmente in der Mehrzahl der Fälle kongruent verlaufen. Gleichzeitig (oder fast gleichzeitig) mit dem Einstellungswechsel beginnt auch eine neue syntaktische Einheit in 1/2, 2/3, 4/5, 5/6, 7/8, 8/9, 9/10, 10/11, 11/12, 14/15. Auch inhaltlich erfolgt im Text jeweils ein neuer Schritt, z.B. durch Abstraktion vom konkreten Geschehen (in 2) oder durch Rückgriff auf Vorangegangenes (in 5) usw.

In drei Fällen wird von dieser Praxis abgewichen: 3/4, 6/7, 12/13/14. Bei 3/4 fällt der Einstellungswechsel wohl nur dem Analysanten auf, da die vom Text gesteuerte Bild-Rezeption mühelos den Übergang von ‚Ort' (draußen vor der Kongreßhalle) zu ‚Personen' an diesem Ort vollziehen kann (die Personen sind ja schon in 3 im Bild zu sehen und werden in 4 nur näher herangeholt).

Die Sequenz 5/6/7 handelt im Text vom *Westen*, im Bild erscheinen drei verschiedene Repräsentanten des Westens in der Konferenz. Nur wenn man die Personen kennt oder die vor ihnen stehenden Schilder in der Geschwindigkeit lesen (und die jeweilige Sprache verstehen) könnte, würde man die drei Bilder auch ohne Text „richtig" verstehen. Durch den Text entsteht aber kein Zweifel darüber, um welche Gruppierung in der Konferenz es sich handelt.

Bei 12/13/14 zeigt das Bild die Personenabfolge Gromyko–Genscher–Gromyko, während der Text bei der Person Gromykos bleibt und über dessen Rede berichtet. Warum der Schnitt auf Genscher stattfindet, ist semantisch nicht einsichtig. Da die Einstellung 13 aber sehr kurz ist und sofort wieder Gromyko erscheint, wird dies den Rezipienten wenig stören (allerdings nützt es ihm auch nichts). Betrachtet man den Bildablauf in sich, so sieht man, daß der Film durchgehend das konkrete Geschehen zum Zeitpunkt und am Ort der Konferenz zeigt. Die Einheit des Ortes wird nirgends durchbrochen (ein Wechsel findet nur von ‚innen' nach ‚außen' und wieder nach ‚innen' statt). Zeitlich „erzählt" der Film, soweit das der Abfolge der Einstellungen überhaupt anzusehen ist, chronologisch. Ohne Text wäre die Chronologie nicht erkennbar. Gleichwohl würde man – ohne weitere Indizien – die Abfolge als chronologisch wahrnehmen, weil das den Sehgewohnheiten entspricht. (Man würde also z.B. annehmen, daß Gromyko in 12 nach dem Bankett redet und nicht vorher.) Freilich erzählt das Bild nicht kontinuierlich-chronologisch, sondern in Sprüngen. Wie groß die Sprünge sind, wird nur durch den Text erkennbar (z.B. bei 11/12). Im Gegensatz zum Bild bleibt der Text nicht am konkreten gegenwärtigen Geschehen haften, sondern wechselt von der Gegenwart zur Zukunft (2, 11, 15) und zur Vergangenheit (5, 12), vom Berichten zum Vermuten (2) und Kommentieren (12) und zu – sehr subjektiver – Stellungnahme (15).

Eine explizite Gebrauchsanweisung für das Verstehen des Bildes findet sich in 3 (das deiktische *draußen*), eine implizite in 8/9 (Ankündigung des O-Tons). Im übrigen ist es wenig von Belang, ob man die Personen im Bild „richtig" identifiziert, allenfalls könnte eine Verwechslung von Gromyko und Genscher Verwirrung stiften. Als implizite Gebrauchsanweisung kann man auch die Passagen verstehen, wo von Gromykos Mimik die Rede ist. Es wird ja im Text nicht einfach gesagt, was im Bild auch zu sehen ist, sondern der Text sagt, wie man das Bild sehen könnte, wie man es interpretieren könnte *(an seiner Miene ablesen)*. Leider tut dann Gromykos Miene dem Korrespondenten nicht den Gefallen, sich interpretieren zu lassen (10). Also war alles Spekulation.

Ich vermute, daß eine Mehrzahl der Rezipienten das Verhältnis von Text und Bild als semantisch eng einstufen würden (mit kleinen Ausnahmen, z.B. 10).

Daß der Bericht deswegen gut verständlich sei, folgt daraus noch keineswegs. Man könnte sagen: auf der Bildseite ist er langweilig und auf der Textseite kompliziert. Beides keine guten Voraussetzungen dafür, den sprichwörtlichen Hund hinter dem Ofen hervorzulocken.

11. Neuere Entwicklungen in den Medien – neuere Forschungstendenzen

Seit der ersten Auflage dieses Buches haben sich die linguistisch-kommunikativen Strukturen der Medien weiterentwickelt, freilich nicht so rasch und durchgreifend, daß bereits eine grundsätzliche Revision meiner Ergebnisse und Beobachtungen angezeigt wäre. Wie sich die Konzepte der privaten Fernsehsender auf das bisherige System auswirken werden, ist noch nicht deutlich zu erkennen.

In der linguistisch orientierten Medienforschung sind in den letzten Jahren einzelne Bereiche der Medienkommunikation intensiver bearbeitet worden, andere liegen weiterhin brach. Beachtung gefunden haben inzwischen vermehrt die dialogischen Formen. Da ich diesen Bereich andernorts im Überblick darstelle (Burger 1990), verweise ich hier nur pauschal auf einige größere Arbeiten (Holly/Kühn/Püschel 1986 und 1989, mehrere Aufsätze in Hundsnurscher/Weigand [Hrsg.] 1986, Jucker 1986, Leitner 1983, Linke 1985, Mühlen 1985, Sucharowski [Hrsg.] 1985, Troesser 1986).

Immer noch fehlen größere Arbeiten zum intermediären Vergleich von Textsorten, obwohl der Problembereich semiotisch und kommunikationstheoretisch von größtem Interesse wäre.

Ich werde auf der Basis der neueren Literatur und meiner eigenen Studien in den letzten Jahren zunächst diejenigen Aspekte meiner Darstellung ergänzen bzw. vertiefen, zu denen es neue Entwicklungen in Medien und Forschung gibt, und anschließend noch auf Fragestellungen verweisen, die in letzter Zeit das Interesse der Forschung gefunden haben, bei denen aber erst in Ansätzen Resultate vorliegen.

11.1 *Medien-Textsorten*

11.1.1 Klassifikation

Hier sind es insbesondere die Textsorten der Presse, die genauer untersucht worden sind, im Anschluß an die Arbeit von Lüger (1983), auf die ich daher etwas näher eingehe, als ich es 1984 getan habe. (Eine Anwendung des Modells von Lüger 1977 für die französische Presse bietet Schröder 1984.)

Lüger geht für seine Klassifikation der Pressetextsorten vom sprechakttheoretischen Begriff der „Intention" aus und unterscheidet (im Anschluß an E.U. Große) „fünf elementare Typen", „denen sich wiederum entsprechende Gruppen oder Klassen von Texten zuordnen lassen" (s.o. 50). Daß es aus grundsätzlichen kommunikationstheoretischen Erwägungen problematisch ist, bei Medientexten die Kategorie der Intention ins Spiel zu bringen (zumindest dann, wenn man damit im Rahmen institutioneller Kommunikation die individuellen Intentionen handelnder Subjekte meint, s.o. 30; vgl. dazu die Überlegungen von Dieckmann 1981 und neuerdings Rütten 1989), habe ich bereits hervorgehoben.

Daß der Begriff auch bei der konkreten Textsortendifferenzierung nicht praktikabel ist, läßt sich prima vista an der Lügerschen Typologie ablesen. Die Kategorie „bizentrierte Texte" fällt offensichtlich aus der Klassifikation heraus. Während bei den übrigen Texten jeweils eine Intention als Gesamtintention oder doch als dominierende Intention angenommen wird, müssen bei Texten wie dem Presse-Interview aus sprechakttheoretischer Perspektive zwei (alternierende) Intentionen angesetzt werden. „Die Textstrukturierung basiert dort auf dem Wechsel von Fragen (= Aufforderungen zur Informationsgebung) und Antworten (meist mit informations- oder meinungsbetonter Intention)." (60) Die Bizentriertheit liegt kategoriell auf einer anderen Analyseebene als die übrigen Kategorien. „Bizentriert" heißt ja nicht mehr, als daß zwei Sprecher mit alternierenden Äußerungen beteiligt sind. Somit handelt es sich um ein primär strukturelles Kriterium, und konsequenterweise müßte man den bizentrierten Texten die „monozentrierten" gegenüberstellen. Erst unterhalb dieser strukturellen Dichotomie könnten dann Textintentionen als Differenzierungskriterium ins Spiel kommen.

Die Kategorie der „kontaktherstellenden" Texte bietet in anderer Hinsicht Probleme: Es ist zweifellos richtig, daß bestimmte Elemente von Pressetexten – Fotos, Schlagzeilen, graphische Mittel des Layouts usw. – dazu dienen, „Aufmerksamkeit und Interesse zu erzeugen" (60). Diese Mittel finden in allen Teilen von Boulevardblättern Anwendung. Auf der Titelseite – aber nicht nur dort – werden sie häufig so dominant, daß der eigentliche Text auf ein absolutes Minimum reduziert wird, und zudem dienen sie primär als Blickfang für die Fortsetzung auf einer späteren Seite. Texte, die aus Schlagzeile, Foto und minimalem Text bestehen, würde ich eher als Grenzfälle von „Text" ansehen, als für sie eine eigene Klasse der „kontaktherstellenden Texte" zu schaffen.

Statt des Kriteriums der Intention verwendet man in der neueren Textsortendiskussion mit Vorzug das Kriterium der Text-Funktion als Prinzip der Textsortenunterscheidung (so z.B. Brinker 1985 und zahlreiche andere Autoren). Dann lassen sich die Funktionen der Presse-Textsorten als Teilmenge bzw. als Spezifikationen der Funktionen auffassen, die Brinker für Texte überhaupt auflistet. Brinker unterscheidet die 6 Funktionen Information, Appell, Obligation, Kontakt, Deklaration. Obligation und Deklaration spielen, soweit ich sehe, in der Presse keine Rolle. Lügers informationsbetonte bzw. meinungsbetont-persuasive Texte lassen sich unschwer als Spezialfälle von Texten mit Informations- bzw. Appell-Funktion erkennen. Bei den bizentrierten Texten sind unterschiedliche Funktionszuweisungen denkbar: Wenn es sich um Interviews im Informationsteil handelt – und das ist wohl der häufigste Fall –, haben sie Informationsfunktion. Wenn es sich um dialogische Formulierungen von Werbebotschaften handelt, haben sie Appell-Funktion. Ebenfalls Appell-Funktion hätten z. B. Interviews in Partei-Blättern, die für die jeweilige Partei werben usw.

Lüger sieht offenbar selbst, daß eine solche Zuordnung für bizentrierte Texte die näherliegende wäre, versucht den Einwand aber – wie mir scheint unzutreffend – zu entkräften. („Daß in der Publizistik Interviews wie Nachricht, Bericht, Reportage usw. als zur ‚informierenden Darstellungsform' gehörig verstanden werden, hängt mit der allgemeineren Interpretationsebene zusammen und braucht der hier vorgenommenen Zuordnung nicht zu widersprechen." [60] Tatsächlich besteht kein Widerspruch, was aber nicht an der „allgemeineren Interpretationsebene" liegt, sondern am kategorialen Unterschied zwischen struktureller und funktionaler Betrachtungsweise.)

Instruierend-anweisende Texte wären ebenfalls als Untergruppe der Appell-Funktion zuzuordnen. Brinker unterscheidet bei der Appell-Funktion zwei Aspekte:

„Der Emittent gibt dem Rezipienten zu verstehen, daß er ihn dazu bewegen will, eine bestimmte Einstellung einer Sache gegenüber einzunehmen (Meinungsbeeinflussung) und/oder eine bestimmte Handlung zu vollziehen (Verhaltensbeeinflussung)." (102) Es ist offensichtlich, daß sich Lügers meinungsbetont-persuasive Texte auf den ersten Aspekt beziehen lassen (Meinungsbeeinflussung), während die instruierend-anweisenden Texte dem zweiten Aspekt (Verhaltensbeeinflussung) zuzuordnen sind. Im Blick auf Medientexte wäre es von praktischem Vorteil, wenn man die beiden Aspekte von „Appell" auch terminologisch auseinanderhalten könnte. Doch gibt es derzeit keine eingeführten Termini dafür.

Im Rahmen eines funktionalen Modells bereitet es keine Schwierigkeit, Hierarchien von Funktionen anzunehmen, auch eine Unterscheidung von manifesten und latenten Funktionen kann plausibel sein.

Problematischer hingegen ist die Zuordnung von Funktion und formaler Textstruktur. Hier gibt es keine allgemeingültigen und eindeutigen Zuordnungsregeln. Eine Funktion kann formal vielgestaltig realisiert werden, und eine formale Struktur kann in vielerlei Funktionen eingesetzt werden. Dennoch ist der funktionale Ansatz für die Textsortenunterscheidung in der Presse brauchbar, weil es hier Konventionen der Zuordnung gibt, die mindestens außerhalb des Boulevard-Journalismus über längere Zeit stabil sind oder die sich mindestens innerhalb eines Blattes über längere Zeit etablieren, für die regelmäßigen Leser damit zum berechenbaren Rezeptionsmuster werden.

In den weitaus meisten Fällen ist in Presse-Texten leicht feststellbar, welches die dominante Text-Funktion ist, und zwar weil es unmittelbare und eindeutige Indikatoren im Text oder in der Text-Umgebung gibt. Häufig sind Presse-Texte auch noch metakommunikativ auf die beabsichtigte Text-Funktion hin indiziert (durch Angaben wie „Bericht", „Kommentar" oder Verweise von einem Artikel auf einen andern: „einen ausführlichen Kommentar dazu finden Sie auf S. x" o.ä.).

Schwierigkeiten ergeben sich bei der Gruppe der Werbetexte. Nun kann man darüber streiten, ob es sich bei Werbetexten überhaupt um eine Textsorte der Presse handelt. Werbetexte stehen nicht in der Verantwortung der Redaktionen, kommen „von außen" in das Blatt hinein und können nicht von der Redaktion bearbeitet werden – dies etwa im Gegensatz zu Agenturtexten. Andererseits findet unzweifelhaft eine Beeinflussung von Werbetexten und redaktionellen Texten statt. Beispielsweise wird dasselbe Produkt nicht in jeder Zeitung oder Zeitschrift auf die gleiche Weise beworben, vielmehr richtet sich die Gestaltung der Werbebotschaft nach der stilistischen Umgebung und der politisch-ökonomischen Tendenz des Blattes.

Bei Werbetexten stellt sich in den meisten Fällen die Frage, wie Textfunktion und sprachliche Indikatoren korreliert sind, oder anders gesagt: wie aus der realisierten Textform die Textfunktion erschließbar ist. Brinker (1985) gibt als Beispiel eine Volvo-Anzeige:

Mit Sicherheit auf alles Mögliche gefaßt.
Es gibt immer noch Verkehrsteilnehmer, die die Straße für eine Kampfarena halten.
Die Folgen sind bekannt.
Deshalb geht VOLVO immer den Weg der Sicherheit.
Denn sollte es wirklich einmal hart auf hart kommen, ist Sicherheit die größere Chance.
VOLVO
Informationsmaterial schickt Ihnen die VOLVO Deutschland GmbH
Vertriebsgesellschaft, 6051 Dietzenbach-Steinberg.
Sicher fahren – VOLVO fahren. (105f.)

Zunächst läßt sich hier feststellen, daß es sich um ein „argumentatives Textmuster“ handelt, das sich mit den Kategorien der Argumentationsanalyse beschreiben läßt (Brinker 107). Das argumentative Textmuster würde auf die Funktion der Information, allenfalls diejenige des Appells in der Variante „Meinungsbildung“ hindeuten. Was aber tatsächlich beabsichtigt ist, ist die Variante „Verhaltensbeeinflussung“.

In einer früheren Arbeit hat Brinker diese Diskrepanz mit sprechakttheoretischen Überlegungen aus dem Umfeld der „indirekten“ Sprechakte zu beschreiben versucht (Brinker 1983): Er unterscheidet – analog zur sprechakttheoretischen Terminologie – „direkte“ und „indirekte“ „Signalisierung“ der Textfunktion. Im Falle des Werbetextes läge eine indirekte Signalisierung vor. Nun hat die Diskussion der letzten Jahre um die indirekten Sprechakte eine Fülle von Problemen und Aporien offengelegt, die dieser Begriff mit sich bringt (z.B. Sökeland 1980, Burkhardt 1986), und man tut wohl gut daran, die Rede von „indirekter Signalisierung“ zu vermeiden. Brinker (1985) formuliert denn auch wesentlich vorsichtiger: „Für die Realisierung ist kennzeichnend, daß sich der Emittent des argumentativen Musters nur in einer mehr äußerlichen, oberflächlichen Weise bedient. Der Text zielt weniger darauf, den Rezipienten argumentativ, d.h. auf rationalem Wege, von der Richtigkeit seiner These zu überzeugen (...); es geht dem Emittenten vielmehr darum, den Rezipienten emotional anzusprechen, ihn in seiner (psychischen) Einstellung zu beeinflussen.“ (107) Und dann natürlich – im nächsten Schritt – zum Handeln zu bewegen. Damit hätte man eine dreigestufte Abfolge von Funktionen: Die dominante Textfunktion wäre diejenige, den Leser zum Kauf zu bewegen; um dies zu erreichen, wird ein Textmuster eingesetzt, daß „oberflächlich“ der Informationsfunktion dient, unter der Oberfläche aber auf Einstellungsbeeinflussung zielt. Bucher (1986, 60) schlägt vor, Brinkers Beschreibung durch folgende Formulierung zu ersetzen:

„A wirbt für den Kauf eines Volvos, indem er dafür argumentiert, daß Volvo-Fahren im Straßenverkehr mehr Sicherheit bietet.“ Bei dieser an sich plausiblen und einfachen Formulierung geht freilich der bei Brinker angesprochene Zwischenschritt der Einstellungsbeeinflussung verloren.

Wie dem auch sei – im Gegensatz zu einer Beschreibung, die sich der Kategorie der „Indirektheit" bedient, ist hier von vornherein klar, daß die dominante Textfunktion nicht auf Umwegen erschlossen, „rekonstruiert" werden muß. Nach Jahrzehnten der Gewöhnung an Werbetexte und ihre Aufmachung bzw. Plazierung in der Presse ist es jedem Leser in der Regel klar, wann er einen Text als Werbetext aufzufassen hat. Im Normalfall ist keine Deutungsarbeit nötig, um die Textsorte zu identifizieren; wohl aber bedarf es häufig des genaueren Hinsehens und Lesens, um die semantischen „Tricks" des Textes und allenfalls des Verhältnisses von Text und Bild zu entschlüsseln. Selbst bei raffiniertesten Textmustern muß dem Leser sofort klar sein, daß es sich noch um einen Werbetext handelt. Beispielsweise gab es in „Brigitte" eine doppelseitige Werbeanzeige, auf der linken Seite nur eine Telefonnummer, auf der rechten Seite in der Mitte ein graphisch völlig unauffälliger Text, in der oberen rechten Ecke das Wort „Anzeige". Der Text selber lautet:

Diese Anzeige liest doch keiner. Wieso nicht? Weil sich niemand für Teppichboden interessiert. Vielleicht ja doch. Unter der nebenstehenden Telefonnummer bekommen die Brigitte-Leser, die die Anzeige gelesen haben, einen tollen bunten großen Katalog. Na schön. Aber nächstes Mal schalten Sie bitte eine richtige Anzeige. Dieses Weiß blendet mich so.

Der Text ist „trickreich". Er arbeitet mit einer kommunikativen Paradoxie zu Beginn und einem nicht angekündigten Rollenwechsel am Schluß (zu Beginn „spricht" der Inserent, am Schluß der Leser). D.h. der Text will genau gelesen werden. Dennoch ist der Werbecharakter auf den ersten Blick unmißverständlich erkennbar: die Telefonnummer auf weißem Blatt, das leistet sich nur die Werbung, und dann der metakommunikative Hinweis in der Ecke sowie der Textanfang selber („Diese Anzeige") – auch ohne daß man den Text durchliest und entschlüsselt, ist die Textsorte eindeutig definiert.

Nun ist mit der Zuweisung von Pressetexten zu einigen wenigen Textfunktionen noch nicht viel Konkretes gewonnen. Erst eine Subklassifizierung der auf diesem Wege gewonnenen globalen

Klassen führt zu medienspezifisch interessanten Beobachtungen. Hier bieten insbesondere die Arbeiten von Bucher (1986, insbesondere Kap. 4 „Monologische Strukturen der Pressekommunikation“) und Müller (1989) neue Ansätze. Sie betreffen Textsorten mit der Funktion der Information bzw. des Appells im Sinne der Meinungsbeeinflussung.

Den gesamten Bereich der informierenden und meinungsbeeinflussenden Texte gliedert Bucher nach dem Kriterium der sprachlichen Handlungen, die in den jeweiligen Textsorten typischerweise vollzogen werden. Dabei kommt er zu folgender Liste (82, von mir neu numeriert):

I.

1.	mitteilen,	was sich ereignet hat.		
2.		wo		
3.		wann	}	etwas passiert ist.
4.		wie		
5.		weshalb		
6.		wer an dem Ereignis beteiligt war.		

II

1.	mitteilen,	wie ein Ereignis verlaufen ist.		
2.		wie einzelne Aspekte des Ereignisses zusammenhängen.		
3.		welche Folgen das Ereignis hat.		
4.		was dem Ereignis vorausgegangen ist.		
5.		in welchen sozialen		
6.		historischen	}	Zusammenhängen das Ereignis steht.
7.		politischen		
8.		kulturellen		

III

1.	mitteilen,	was der Berichtende gesehen, gehört und erlebt hat.		
2.		aus welcher Perspektive das Ereignis dargestellt wird.		
3.		was der Berichtende recherchiert hat.		
4.		in welchen politischen		
5.		historischen	}	Zusammenhängen der Berichtende das Ereignis sieht.
6.		sozialen		
7.		kulturellen		

8. welche Rolle der Berichtende bei der Recherche gespielt hat.
9. auf welche Weise der Berichtende das Berichtete erlebt hat.

Auf dieser Basis lassen sich die Textsorten „Meldung", „Bericht" und „Reportage" unterscheiden. Für die Meldungen sind die Mitteilungshandlungen der Gruppe I typisch, für Berichte die der Gruppe II, für Reportagen die der Gruppe III. Dabei können Berichte auch die Handlungen der Gruppe I enthalten, Reportagen auch Handlungen der Gruppen I und II. Damit wird erkennbar, daß eine Abstufung der Komplexität vorliegt.

Bucher selbst spricht nicht von „Textsorten", sondern von „Formen des Berichtens". Das scheint mir in zweifacher Hinsicht unglücklich: Zum einen handelt es sich nicht um „Formen", sondern um die Handlung des „Mitteilens", spezifiziert durch die verschiedenen Komplementsätze. Die verbale Formulierung, die den Handlungscharakter betonen soll, kann nicht darüber hinwegtäuschen, daß es sich um nichts anderes als eine *inhaltliche* Spezifikation handelt. Zum anderen ist es wenig praktikabel, „Berichten" als Oberbegriff für den ganzen Textbereich und „Bericht" als Unterklasse von Texten zu verwenden.

11.1.2 Meldung – Bericht (– Kommentar)

Die terminologische Abgrenzung von „Meldung" und „Bericht" scheint mir vorteilhaft gegenüber der bisherigen journalistischen und linguistischen Praxis. Insbesondere wird der Terminus „Nachricht" als Textsortenname überflüssig, womit eine terminologische Verwirrung beseitigt wird, die in vielen einschlägigen Arbeiten anzutreffen ist: „Nachricht" einerseits als Name für das, was inhaltlich bestimmten Kriterien der Neuigkeit entspricht, was „Nachrichtenwert" hat (entsprechend engl. „news" in „hard/soft news"), andererseits als Name für ein strukturell beschreibbares Textmuster, eine Textsorte. Bei Lüger (1983) z.B. sind die beiden Verwendungsweisen vermischt, wenn er im Kapitel „Journalistische Textsorten" einen Abschnitt mit „Nachricht (hard news)" betitelt (66). (In den elektronischen Medien freilich hat sich der

Terminus „Nachrichten“ eingebürgert, im Radio als Name für ein Sendegefäß, im Fernsehen meist für einen Block innerhalb des Sendegefäßes „Tagesschau“, so daß er dort kaum mehr ersetzbar ist. Linguistisch gesehen, steht der Name für eine Textsorte. In inhaltlicher Hinsicht enthält die Textsorte i.a. hard news, mit Beigabe gelegentlicher soft news meist gegen Ende einer Ausgabe, von den Tagesschau-Sprechern typischerweise mit entspanntem Lächeln angekündigt.)

Die heutigen Tageszeitungen haben weit mehr Berichte als bloße Meldungen. Beispiel für eine Meldung wäre der folgende Text:

US-Handelsbilanz tiefer in roten Zahlen
Washington. – Das Defizit der US-Handelsbilanz hat im November 1988 wieder kräftig zugenommen: Einschließlich der Versicherungs- und Frachtkosten ist das saisonbereinigte Defizit im US-Außenhandel auf 12,51 (Vormonat 10,26) Milliarden Dollar geschnellt, wie das Handelsministerium in Washington am Mittwoch mitteilte. (Reuter)
Weiterer Bericht und Kommentar Seite 25
(Tages-Anzeiger, Zürich, 19. 1. 89)

Selbst dieser ganz kurze Text enthält nicht nur Fakten (die „nackte“ Meldung ordnet Bucher dem „Faktenjournalismus“ zu). Es wird zusätzlich die Quelle der statistischen Aussage genannt („wie ... mitteilte“). Außerdem wird die Quelle der ganzen Meldung genannt (die Nachrichtenagentur „Reuter“). Schließlich kommt mit dem Wort „schnellen“ ein leicht wertendes Element in den Text (im Gegensatz zum neutralen Verb „steigen“), wobei nicht klar ist, welcher Autor-Ebene die Wertung zuzuschreiben ist: dem Handelsministerium als Quelle der Nachricht, der Agentur als Quelle des Textes oder der Redaktion, die die Agentur-Meldung möglicherweise bearbeitet hat.

Mit dem Zusatz „Weiterer Bericht ...“ erhält der Leser verständniserleichternde Hinweise, wie er diesen Text aufzufassen hat: Er ist offenbar als kurze Vorinformation (auf der Frontseite!) gemeint zu einem ausführlicheren „Bericht“, dem seinerseits ein „Kommentar“ beigegeben ist. Mit diesem letzten Satz der Meldung stellt sich nun ein neues Problem, das sich mit der Typisierung von Bucher (1986) und allgemein mit linguistischen Klassifikationen von Medien-Texten ergibt:

Die Journalisten verwenden selbst bestimmte Namen konventionell für bestimmte Arten oder Mach-Arten von Texten (wie es in den einschlägigen Handbüchern der journalistischen Praxis dargestellt ist). Die journalistischen Klassifikationen decken sich aber nur selten mit den Klassifikationen der Linguisten. Der Grund ist offensichtlich: Die journalistischen Klassen ergeben sich durch eine ad-hoc-Mischung von Kriterien, während Linguisten sich darum bemühen, ein Klassifikationskriterium (oder allenfalls einige wenige Kriterien) konsequent durchzuhalten. Bei Bucher ist es das Kriterium der Sprechhandlungen bzw. des Inhalts. Natürlich sind die journalistischen Klassifikationen nicht „falsch", sondern i. a. zu komplex und heterogen, um strikte Zuordnungskriterien abzugeben.

Im obigen Text kommen die journalistischen Textformen „Bericht" und „Kommentar" vor. Die journalistischen Handbücher formulieren hier i.a. eine „Trennungsnorm", gemäß derer der Bericht sachlich, neutral, „objektiv" zu sein habe, während im Kommentar ausdrücklich der subjektive Standpunkt und die persönliche Meinung des Schreibenden erkennbar werden sollen. Bucher lehnt diese Unterscheidung ab, u.a. weil sie auf der Fiktion beruhe, „man könne voraussetzungslos, ohne Standpunkt und ohne Festlegung auf ein Verständnis des Berichteten berichten" (177), und er verweist auf die Neue Zürcher Zeitung, um zu belegen, daß man durchaus auch ohne diese Unterscheidung auskommen kann (178). Nachdem viele Jahre in der Medienpolitik um den Begriff der „Objektivität" gestritten wurde, ist es nachgerade keine Neuigkeit mehr, daß es reine Faktendarstellung ohne jeden subjektiven Anteil aus theoretischen Gründen nicht geben kann. Wenn im Journalismus dennoch weitherum noch die Trennungsnorm gilt, dann ist das gemeint als eine Frage der Gewichtung, auch der formalen Gestaltung. Im Kommentar wird explizit die persönliche Meinung des namentlich Unterzeichnenden erkennbar, und der Kommentar bedient sich anderer stilistischer Mittel als der Bericht. Ich habe oben (S. 135 ff.) das Verhältnis von Bericht und Kommentar in Nachrichtenmagazinen der elektronischen Medien besprochen. Das dort Gesagte gilt grosso modo auch für die Printmedien, da der Kommentar der Printmedien das Vorbild für Radio- und

Fernsehkommentare abgab. Während aber die elektronischen Medien zu Mischformen tendieren (s.o. S. 140ff.), bleibt in der Zeitung die Trennung und Komplementarität der beiden Formen sehr viel stabiler und auch – mindestens äußerlich – deutlicher erkennbar. Schon auf den ersten Blick sind Bericht und Kommentar durch ihren – graphisch akzentuierten – Aufbau unterschieden: Der Bericht folgt dem konventionalisierten Aufbauprinzip

[Obertitel]
Schlagzeile (Titel)
[Untertitel]
Lead (Vorspann)
Haupttext. (vgl. Lüger 1983, 66ff. und die kritische Diskussion bei Bucher 1986, 49ff.)

Der Anfang (Schlagzeile, Untertitel, Lead) eines Berichtes (Tages-Anzeiger, Zürich, 18. 3. 89) lautete beispielsweise folgendermaßen:

Kolchose bleibt Rückgrat der Landwirtschaft

Sowjetisches Zentralkomitee billigt Agrarreform – Bauern dürfen das Land pachten und vererben

Das Zentralkomitee der sowjetischen KP hat das Reformprogramm von Staats- und Parteichef Michail Gorbatschow zur Ausdehnung der privaten Pachtverträge in der Landwirtschaft am Donnerstagabend gutgeheißen (TA vom Freitag). Das Plenum hat indessen die Priorität der Kollektivwirtschaft ausdrücklich betont und ist damit den konservativen Kräften um den Vorsitzenden der Landwirtschaftskommission Jegor Ligatschow entgegengekommen. (...) Am Freitag hat Moskau eine weitere Maßnahme zur Lockerung des zentral geleiteten Wirtschaftssystems getroffen: Praktisch alle Betriebe des Landes dürfen inskünftig Auslandgeschäfte tätigen.

Der Lead ist in nüchternem, abstraktem Agenturstil mit zahlreichen Nominalisierungen (s.o. 108ff.), ohne rhetorischen Glanz, formuliert. Die Schlagzeile enthält immerhin eine Metapher („Rückgrat der Landwirtschaft"), die aber sehr konventionell und wenig „bildkräftig" ist.

Demgegenüber hat der (als solcher betitelte) „Kommentar" (ebenfalls Tages-Anzeiger, Zürich, 18. 3. 89) keine konventionalisierte Aufbaustruktur. Er ist anschaulicher, konkreter, mit deutlicher Bevorzugung verbaler gegenüber nominalen Konstruktionen und reich an Metaphorik (vgl. o. S. 137ff.):

Während sich im Westen die Politiker ständig mit den Agrarüberschüssen herumschlagen und die Konsumenten wählerisch vor den sichtbarsten Zeugen unserer Überflußgesellschaft, den randvollen Regalen stehen, stehen die Menschen im Osten, namentlich in der Sowjetunion, Schlange – um Brot, Milch, etwas Fleisch, und dies meist um einiges länger als die paar Minuten, die uns Westler bereits ungeduldig machen.

Der Kontrast der konkreten Vorstellungen „vor den vollen Regalen stehen" und „Schlange stehen" strukturiert diese Einleitung. Sie zeigt auf die sichtbaren Zeichen („sichtbarste Zeugen"), die dann auf die dahinterliegenden bezeichneten Abstrakta verweisen („Agrarüberschüsse", „Überflußgesellschaft"). Das Vokabular ist unbürokratisch („uns Westler"), salopp („sich herumschlagen"). Im folgenden wird das Für und Wider der Reformen in der Sowjetunion diskutiert. Die abstrakten ökonomischen und politischen Argumente werden aber jeweils verbildlicht, und zwar mit geläufigen Metaphern und Phraseologismen, z.B.:

Während Gorbatschows Reformen im ideellen Bereich einiges gebracht haben (...), *harzt* es in der Wirtschaft (...)
Dank Glasnost gibt es heute immerhin mehr Möglichkeiten, dem *Knurren der Mägen* verbal Ausdruck zu geben. (...)
Indem das Kolchossystem offiziell immer noch als *Rückgrat* der Nahrungsmittelproduktion erklärt wird, *bleibt* ideologisch gesehen *die Kirche im Dorf*. (...)
Es gibt allerdings andere, tiefer liegende Gründe dafür, daß in der sowjetischen Landwirtschaft der *Frühling* kaum *anbrechen* wird. (...)

Die Metaphern sind konventionell interpretierbar, sie lassen der Interpretation keinen großen Spielraum, ihre Konnotationen sind festgelegt. Ihre Metaphorizität liefert die „imagery strategy" für den Argumentationsgang (dazu Burger 1987), über die Konnotationen und Assoziationen aktivieren sie Einstellungen (vgl. Kühn 1984) des Lesers („die Kirche bleibt im Dorf" evoziert ‚Konservativität', ‚Anti-Fortschrittlichkeit' u.ä., der „Frühling" läßt an „Prager Frühling" u.ä. denken).

Das ist ein Kommentar, wie man ihn täglich in beliebigen Zeitungen antrifft, und er entspricht vollständig dem Muster, wie man es auch aus den elektronischen Medien kennt. Interessant erscheint mir nun aber die Tatsache, daß auch in den Zeitungen, die formal die Trennungsnorm noch klar befolgen, die Berichte immer mehr den Charakter von Mischformen annehmen, und daß sich damit die Praxis der Zeitungen derjenigen der Konkurrenzmedien annähert.

Beim oben zitierten Bericht (Tages-Anzeiger, Zürich, 18.3.89) bildet nur der Lead einen klaren Kontrast zum „Kommentar". Der Haupttext ist dann stilistisch viel weniger einheitlich. Er enthält neben Elementen, die man eher im Kommentar erwarten würde, sogar Reportage-ähnliche Passagen:

Als er [Ligatschow] (...) ins Medienzentrum kam, zeigte er sich von einer überraschend anderen Seite. Als die unweigerliche Frage nach seinen Divergenzen mit Gorbatschow kam, öffnete sich sein Gesicht zu einem breiten Lachen: „Ich weiß, daß Sie mich Ligatschow, den Konservativen, nennen, manchmal sogar den Reaktionär. (...)" Dann fügt er grinsend hinzu: (...) Eine gewisse „Eleganz" ist ihm nicht abzustreiten (...)

Das hat den Charakter einer Vor-Ort-Reportage. Der Reporter beschreibt, was er sieht und hört, die Atmosphäre usw. (s.u. 339).

Insbesondere bei Korrespondentenberichten ist der Trend zur Mischform unverkennbar, und damit ist natürlich der Sinn eines Nebeneinanders von Bericht und Kommentar nicht mehr einsichtig. Geradezu kurios mutet es an, wenn auf der gleichen Seite vom gleichen Korrespondenten zum gleichen Ereignis Bericht und Kommentar nebeneinanderstehen, wie in folgendem Beispiel (beide Male „von Mark Schenker, Bonn"):

Unter dem Titel „Bonner Regierung stark umgebildet" berichtet der Korrespondent zunächst über die Bonner Ereignisse, in einem Stil, der bereits alle Merkmale des Kommentierens hat. Bereits der Lead läßt die sonst übliche Nüchternheit vermissen, es ist von „verheerenden Wahlniederlagen" die Rede, und der Haupttext ist dann erst recht nicht mehr von einem Kommentar zu unterscheiden:

(...) Indem er jetzt *„den Bock zum Gärtner mache"*, so wird vielfach spekuliert, versuche Kohl die CSU-Kritik an der Steuerreform zu entschärfen. (...) Daß Stoltenberg neuer Verteidigungsminister wird, hat niemand überrascht; er ist als wahrscheinlicher Scholz-Nachfolger in den deutschen Medien seit Wochen *„gehandelt"* worden. (...) Scholz hat seit Amtsbeginn unglücklich und mit wenig politischem Instinkt agiert. Er *trat* nicht nur bei der Tiefflugaffäre mehrmals *ins Fettnäpfchen*, sondern *boxte* auch die Verlängerung der Wehrdienstzeit von 15 auf 18 Monate *durch*.

Es ist anschließend vom „quirligen, entscheidungsfreudigen Schäuble" die Rede, und so weiter in diesem Stil. Der Kommentar mit dem Titel „Nützt der ‚Befreiungsschlag'" ist dann inhaltlich wie stilistisch nichts anderes als eine Fortsetzung des Berichtes. Besonders merkwürdig wirkt es, wenn der erste Satz so tut, als käme nun ein Text sui generis, der auf einer anderen Ebene argumentiert als der Bericht:

Endlich, nach vier Wochen Werweißen in den Medien, sind die Einzelheiten des „kleinen Befreiungsschlags" bekannt. Der Ausdruck soll andeuten, daß die lautstark inszenierte Bonner Regierungsumbildung den Koalitionsparteien CDU/CSU helfen soll, ihr Popularitätstief zu überwinden, in welches sie seit den Wahlschocks von Berlin und Hessen gefallen sind. (...)

Wenn hier auf der Meta-Ebene über das Schlagwort des Tages („kleiner Befreiungsschlag") reflektiert wird, so kann das nicht darüber hinwegtäuschen, daß die Argumentation nur aufnimmt und weiterführt, was im Bericht schon argumentativ behandelt worden war. Hier ist somit die Trennung der Textsorten rein äußerlich und funktionsentleert, so daß man gut daran täte, unter solchen Bedingungen ganz darauf zu verzichten.

Von vielen Kommunikationswissenschaftlern wird ein solcher Verzicht gefordert und statt dessen eine Art der Berichterstattung propagiert, die Bucher als „reflexiv" bezeichnet. Gemeint ist damit, daß der „Leser nicht nur über die Ereignisse [...], sondern auch über das Berichten selbst" informiert werden sollte. „Ziel einer reflexiven Berichterstattung wäre, daß der Leser einen Bericht als e i n e von möglichen Versionen erkennt und sieht, worauf diese Version sich stützt." (Bucher 1986, 119) Bucher führt drei Gruppen von möglichen Maßnahmen an, mit denen eine solche Berichterstattung realisiert werden kann:

– „Maßnahmen, mit denen die Informationsbeschaffung und die Nachrichtenlage geklärt werden" (im einzelnen z. B. „die Informationsquelle angeben", „die Verläßlichkeit der Informationsquelle beurteilen" usw., 122)

- „Maßnahmen, mit denen die Konzeption einer Berichterstattung erläutert wird“ (z.B. „den Aufbau einer Beitragsserie oder einer Beitragskonstellation erläutern“, „die thematische oder funktionale Stellung eines Beitrags innerhalb einer Beitragsserie bzw. -konstellation angeben“ usw., 123)
- „Maßnahmen, mit denen öffentliche Zusammenhänge der Pressekommunikation dargestellt werden“ (z.B. „einen Beitrag bzw. eine Berichterstattung mit vorausgegangenen Beiträgen vergleichen“, „die Berichterstattung zu einem Ereignis in einem anderen Medium, einer anderen Zeitung kritisieren“ usw., 126).

Solche reflexiven Maßnahmen würden – so die Hoffnung der Wissenschaftler – nicht zuletzt auch die Verständlichkeit (vgl. u. 351ff.), der Berichterstattung erhöhen. Eine Berichterstattung, die nicht nur das bloße Faktum meldet, sondern auch die Hintergründe des Faktums offenlegt, die zudem klarmacht, wie der Journalist beispielsweise zu seinem Wissen über das Faktum gekommen ist, wie er selber das Faktum sieht usw., ermöglicht dem Rezipienten ein tiefergehendes Verständnis des Ereignisses, als es durch die konventionelle Berichterstattung erreicht werden kann.

11.1.3 Reportage

In bezug auf die Reportage stellt sich mit der Arbeit von Müller (1989) das Problem der Definition und Abgrenzung der Pressetextsorten von einer anderen Seite. Wie Bucher geht sie von der „klassischen“, quasi-literarischen Bestimmung der Gattung Reportage aus. Das Modell, an dem sie sich orientiert, sind demnach die berühmten Reportagen eines Kisch u.ä. (11f.), und an diesem Modell werden die aktuellen Presseprodukte gemessen: „Die Reportage – Kronjuwel journalistischer Formen oder billige Massenware? Literarische Kampfform oder Konsumprodukt? Ist die Reportage heute verkümmert, oder erfüllt sie in einer veränderten medienpolitischen Landschaft eine andere Funktion?“ (12) Auf der Basis dieser vortheoretischen Konzeption (nach einem Vorschlag von H. Steger „vortheoretische Typisierungskompetenz“ genannt, 85) erstellt sie ihr Korpus, das auf schweizerische Presseorgane beschränkt ist, aber nach meiner Einschätzung keine gravierenden Unterschiede zur BRD-Presse aufweist.

Auf der Makro-Ebene werden drei „globale Textebenen" unterschieden, die konstitutiv sind für Reportagen:

- die Vor-Ort-Ebene
- die Personenebene
- die Dokumentationsebene

Nur wenn die drei makrostrukturellen Ebenen etwa gleichgewichtig realisiert sind, läßt sich nach Müller von einer Reportage im strengen Sinne sprechen. Müller nennt sie „dreidimensionale Reportagen", im Gegensatz zu den „zweidimensionalen", in denen zwei Textebenen ausgeprägt vorhanden sind, und den nur „eindimensionalen", bei denen eine Ebene dominant ist und die anderen beiden deutlich zurücktreten. (245 ff.)

Bucher kommt zu einer anderen Typisierung, auf der Basis seiner Liste sprachlicher Handlungen (Gruppe III, vgl. o. 328 f.). Man erkennt schon bei der Liste einen deutlichen Unterschied zu den Makroebenen bei Müller: Es fehlt die Ebene der „Personen", bzw. sie ist nur implizit in anderen Sprechhandlungen enthalten (z.B. „mitteilen, was der Berichtende gehört hat" oder „mitteilen, aus welcher Perspektive das Ereignis dargestellt wird" – in den Fällen, wo Personen direkt zitiert werden, also das Ereignis aus deren Perspektive dargestellt wird). Es scheint mir wenig konsequent, wenn dieses zweifellos zentrale Element der Reportage an späterer Stelle nur unter den sprachlichen Handlungen aufgeführt wird, die zum Aufbau der Erzählperspektive dienen (Bucher 1986, 134: „zitieren, was jemand in Anwesenheit des Reporters gesagt hat"). Dafür sind jedoch die Rolle und die Perspektivik des Berichtenden differenzierter berücksichtigt. Es ist unverkennbar das Interesse an einer „reflexiven" Berichterstattung, das für die Erstellung der Liste leitend war. Aus der Gruppierung jeweils mehrerer Arten des „Mitteilens" ergibt sich dann folgende Typologie (83):

1. Vor-Ort-Reportage
2. Hintergrundreportage
3. Rollenreportage

Bei jedem Typ dominieren jeweils andere der aufgelisteten Handlungen: beim ersten die Handlungen 1 und 2, beim zweiten die Handlungen 3 und 4, und beim dritten dürften wohl die Handlungen 8 und 9 gemeint sein. (Bucher gibt hier die Handlungen 5 und 6 an, was mir aber unverständlich erscheint. Außerdem bleibt offen, wohin die restlichen zwei Handlungen gehören sollen.)

Hier werden keine normativen Ansprüche gesetzt, und entsprechend ist diese Typologie offener für vielfältiges empirisches Material. Allerdings ist sie nicht an einem Korpus erprobt und wird auch nicht im einzelnen diskutiert. (Im knappen Abschnitt, der speziell der Reportage gewidmet ist, 130ff., wird nur die Rollenreportage etwas näher charakterisiert.)
Auch bietet sie – ähnlich wie bei der Charakterisierung von Meldung und Bericht (s.o. 329) – keinerlei Anhaltspunkte für die sprachlich-stilistische Realisierung der verschiedenen Sprechhandlungen.

Eine weitere plausible Möglichkeit, wie sich Reportagen klassifizieren ließen, böte das Kriterium der *Perspektivik*. Reportagen sind grundsätzlich perspektivische Darstellungen des Berichteten. Aber sie unterscheiden sich deutlich je nach Art der Perspektive, die der Autor einnimmt und explizit oder implizit formuliert. Bucher unterscheidet drei Arten von Perspektiven, denen er jeweils typische sprachliche Handlungen zuordnet (134ff.):

> Augenzeuge: „den Beobachterstandpunkt des Berichtenden angeben“ und „beschreiben, wie das Berichtete vom angegebenen Standpunkt aus aussieht“.
> Teilnehmender Beobachter: „beschreiben, wie der Schauplatz eines Ereignisses aussieht“ und „eine Szene beschreiben, an der der Berichterstatter beteiligt war“.
> Insider: „die Rolle beschreiben, die der Berichterstatter spielt“ und „beschreiben, wie ein Akteur des berichteten Ereignisses das Berichtete sehen könnte“.

Diese Auflistung ist sicherlich nicht abschließend. Die Begriffe „teilnehmender/nichtteilnehmender Beobachter“ haben natürlich nur eine vage Ähnlichkeit mit den gleichlautenden Termini der empirischen Sozialwissenschaften. Überhaupt sind die drei Arten von Rollen nicht scharf voneinander trennbar: Der bloße, völlig unbeteiligte Augenzeuge ist i.a. kein geeignetes Autor-Ich für eine Reportage; schon die emotionale Beteiligtheit macht den Autor in irgendeiner Weise zum „Komplizen", zum „Mitleidenden" oder sonstwie Beteiligten. Und auch die Rollen des teilnehmenden Beobachters und des Insiders lassen sich im Einzelfall nur schwer voneinander scheiden. Hier wäre die reiche literaturwissenschaftliche Literatur zur Erzählperspektivik mit Gewinn in die Linguistik einzubringen.

Die Untersuchung von Müller enthält viele linguistisch interessante Einzelbeobachtungen, insofern für die drei Makroebenen textlinguistische Merkmale auf der Mikroebene zusammengestellt und an Texten belegt werden. Ich führe einige Merkmale auf:

(a) Vor-Ort-Ebene:
In den Vor-Ort-Passagen werden die Räume und die Situation mit all ihren Aspekten, insbesondere auch in ihren atmosphärischen Besonderheiten detailliert beschrieben. Dazu gehört beispielsweise auch die Vermittlung der Geräuschkulisse:

Der Wagen quält sich rauf und runter. Ächzend neigt er sich zur Seite. Das Fahrgestell knarrt, als ob es jeden Moment auseinanderbrechen könnte. (Müller 1989, 118)

Für diese Zwecke steht das ganze Arsenal von Verfahren aus der literarischen Tradition zur Verfügung. Für den Einstieg werden oft Techniken verwendet, die filmischen Verfahren analog sind, z.B. der Übergang von der Totale zu Nah-Einstellungen, wie im folgenden Beispiel einer Reportage über Peru:

[Nach zwei einleitenden Sätzen über Lima und die Bedeutung des Stadtteils Miraflores, ohne optischen Bezug:]
Fürs Auge eine Mischung zwischen New York und Capri: an der Küste, oberhalb der steilen Kiesfelsen, protzen Apartmenthäuser, den Wachsoldaten mit Maschinenpistole vor dem Eingang, Tennisplätze, Palmen, hohe Bankhäuser, Gebäude von Investmenttrusts, Shopping-Center, ein „Kentucky Fried Chicken", Restaurants in Rustikalarchitektur. Ich sitze im Café „Vivaldi", einem nachgebauten englischen Pub mit offenen Fenstern zur Straße hinaus. (...) (Müller 180)

Mit „fürs Auge“ wird die Totale angekündigt. Von der Gesamtansicht schwenkt dann der Blick über die Szene, einzelnes wird sichtbar, bis hin zu den Restaurants, bis hin zur Nah-Ansicht des Pubs Vivaldi, wo sich die „Kamera“, das sehende „Ich“ mit ihrem Standort zu erkennen gibt.

Statt des Bezugs auf Filmtechniken könnte man hier natürlich ebensogut wieder auf literarische Traditionen verweisen. Ganz klar ist diese Traditionslinie erkennbar bei dem, was Müller als „szenischen Einstieg“ bezeichnet.

Hier wird „ohne einleitende Erklärung direkt auf ein konkretes Geschehen an einem bestimmten Ort geblendet. Von der ersten Zeile an wird dem Leser das Gefühl vermittelt, direkt dabeizusein als einer, der plötzlich selbst zum Augenzeugen wird.“ (121) Entscheidend für diesen Effekt ist, daß der Autor im Text noch nicht existiert, daß er seine eigene Perspektive gerade noch nicht ins Spiel bringt, daß er noch keinen Bezug zum Leser herstellt, daß so getan wird, als seien viele Informationen schon gegeben usw. Charakteristisch dafür ist die Verwendung des bestimmten Artikels bei Substantiven, ohne daß vorher bereits auf die entsprechenden Denotate referiert worden wäre. Ein Beispiel:

Der Lange im blauen Hemd bläst sich auf wie ein Frosch. Dann ein Schrei aus tiefster Seelennot: „50 Brief!“ Die Wirkung ist verheerend – lauthals Gezeter und Gebrüll im Rund. Am wütendsten kräht der Kleine mit der Glatze dazwischen: „30 Geld!“ (...) (Müller 123)

Die Szenerie ist nicht bekannt, die Personen sind nicht bekannt, allenfalls lassen die direkten Zitate erraten, wo man sich befindet: in der Börse. Alle die als bekannt unterstellten Informationen werden dann nach und nach erst vermittelt. Das ist eine bekannte literarische Technik des Textbeginns, für die man nicht lange nach Beispielen suchen muß.

Die Vor-Ort-Passagen sind es, in denen das Autor-Ich seine physischen und psychischen Erfahrungen zur Sprache bringt:

Trotz der beißenden Kälte, die mir um die Ohren pfeift, schreite ich eisern die schachbrettartig angeordneten Straßenzüge des Stadtzentrums ab. (Müller, 115)

Hier wäre zu ergänzen, daß die Intensität, mit der die „Erlebnisdimension“ (so Müller) des Autor-Ichs ins Spiel gebracht wird, sehr unterschiedlich sein kann. Zu einem Teil hängt sie von der Thematik ab, zum Teil von der Rolle, die der Autor in bezug auf das Berichtete einnimmt (s.o.).

In thematischer Hinsicht bedeutet es trivialerweise einen drastischen Unterschied, ob über einen Vulkanausbruch oder eine Kunstausstellung berichtet wird.

Dabei ist es keineswegs ausschließlich, vielleicht nicht einmal in erster Linie, die äußere Situation, die über die jeweilige Rolle entscheidet. Zumindest die Wahl der Rolle, wie sie im Text explizit oder implizit realisiert ist – und nur über diese können wir als Rezipienten uns ja ein Bild machen –, liegt zum großen Teil in der Freiheit des Schreibenden. Zwei Beispiele – beide in derselben „Reportagen“-Beilage einer Zeitung (Tages-Anzeiger, Zürich, 18. 1. 89) veröffentlicht – mögen das verdeutlichen:

In beiden Fällen handelt es sich um Reportagen über Reisen, und beide Male begleitet der Journalist eine Reisegruppe nach Südamerika. (Im Vorspann der ersten Reportage wird diese Funktion des Journalisten explizit definiert: „TA-Südamerika-Korrespondent Romeo Rey hat Schweizer Touristen nach Namuncurá auf eine Estancia begleitet.“) Die erste trägt den Titel „Wenn in der Pampa die Stunde der Akrobaten schlägt“ und den Untertitel „Eine neue Art von Reisen, um Argentiniens Eigenheiten in direktem Kontakt zu erleben“. Es beginnt mit einer knappen geographischen Situierung, gefolgt von einer Art Totale aus einer nicht näher definierten Perspektive:

(...) fette Mastweiden, Kornfelder, Ölsaaten, so weit das Auge reicht, Drahtzäune, die am Horizont verschwinden, Rinderherden zur Linken und zur Rechten und weit und breit kein Stall (...)

Dann kommt Emotion ins Spiel, aber in einer sozusagen generalisierten Form, ohne daß das Autor-Subjekt sich zeigen würde:

Ein Gefühl maßloser Freiheit packt *den Menschen*, der inmitten dieser flachen und stillen Welt steht, von ihr beinahe erdrückt, von der hoch im Zenith stehenden Sonne gebrandmarkt und vom Wind ausgepeitscht wird. Ein *Gefühl* der Ohnmacht zugleich, der Melancholie.

„Der Mensch“ und „ein Gefühl“, nicht „ich“ und „mein Gefühl“ – diese Entpersönlichung setzt sich fort, indem unmittelbar anschließend ein Autor des 19. Jahrhunderts zu diesem „Gefühl“ zitiert wird:

„Was für einen Eindruck muß es beim Bewohner der Republik Argentinien erwecken, wenn er den Blick zum Horizont schweifen läßt und... nichts sieht?“ hat sich schon Domingo Faustino Sarmiento, Erzieher, Schriftsteller und Staatspräsident im letzten Jahrhundert, in seiner pamphletartigen Novelle „Facundo“ gefragt.

Auch bei den in direkter Rede zitierten Gesprächen mit aktuellen Personen tritt der Autor als Gesprächspartner nicht hervor:

„Ich mag dieses Leben auf dem Land“, *redet* der Rechtsanwalt aus der Stadt *vor sich hin* (...)

oder:

„Noch vor etwas mehr als hundert Jahren gehörte das ganze Land zwischen Mar del Plata und Necochea einer einzigen Gesellschaft“, weiß der Besitzer von Namuncurá (...) zu erzählen.

Die Fragen des Autors sind getilgt. Die Personen sprechen sozusagen „von selbst“. Das hindert den Autor nicht an quasi-poetischen, aber subjektlosen Formulierungen wie dieser:

Hier findet der warme Nordwind, der ungestüm über die Ebenen braust, und sein nicht weniger kraftvoller Widersacher, der kalte, oft bissige Pampero, einen Resonanzkasten vor, in dem es sich heulen und stöhnen und rauschen und ächzen und wetteifern läßt mit den Drosseln, den Spatzen, den Schwalben, den Möven, die in den Zweigen lärmen.

Völlig anders die zweite Reportage (von einem anderen Autor), die betitelt ist „Galapagos: Noch helfen Touristen Tiere schützen“:

Hier meldet sich der Autor nach einer geographischen Einleitung unmittelbar als Teilnehmer und Beobachter, als einer der selber erlebt und der beobachtet, was die Gruppe erlebt:

Mit einem kribbeligen Gefühl steige *ich* aus dem kleinen Beiboot, die Schuhe in der linken, den Fotoapparat in der rechten Hand. *Wir* sind auf Genovesa, einer unbewohnten Insel des Galapagosarchipels gelandet. (...) *Uns* nimmt aber in erster Linie eine überwältigende Vogelwelt gefangen. (...) *Wir* halten uns an die markierten Pfade (...) *Ich* gehöre für ein paar

Tage zu einer *Gruppe* von acht Touristen mit einem einheimischen Führer, die sich mit einer Motorjacht auf einer Kreuzfahrt von Insel zu Insel befindet.

Man könnte denken, die stärkere Ich-Beteiligung sei durch die sensationellere äußere Situation bedingt. Aber das ist schon in den eigentlichen Reise-Passagen nicht der Fall, und erst recht nicht bei den Vor-Ort-Gesprächen. Auch hier bleibt das Autor-Ich präsent:

Wieder zurück im Ausgangshafen des Streifzuges durch die faszinierende Inselwelt, sitze *ich* im kleinen Restaurant direkt am Quai. Hier treffen sich Individualtouristen, einheimische Bootsbesitzer und offizielle Touristenführer bei einem kühlen cerveza (Bier), um zu plaudern (...)

Und damit ist der Übergang geschaffen zu den Zitaten der Interviewten.

(b) Personenebene:
Die beteiligten Personen sind zunächst und vor allem in der Hinsicht von Interesse, wie das von ihnen Gesprochene im Text zur Geltung kommt. Zitate, und vorzugsweise Zitate in direkter Rede, nehmen einen bedeutenden Raum ein. Es sind im Korpus von Müller durchschnittlich 4 Personen pro Reportage, die in direkter Rede zitiert werden. Ein quantitativer Vergleich mit Nachrichten und Berichten zeigt weiterhin, daß die direkte Rede ein Spezifikum der Reportage ist und somit als Kriterium der Textsortenabgrenzung dienen kann (Müller 1989, 133). Das gilt freilich nur, wenn man die Boulevard-Presse ausklammert. Dort sind, wie ich gezeigt habe (s.o. 51ff.), die Grenzen der Textsorten bewußt verwischt, und die direkte Rede ist für den größten Teil aller Texte dieses Pressetyps konstitutiv geworden.

Dabei hat direkte Rede nicht nur die Funktion, das Gesagte zu dokumentieren und zu aktualisieren, sondern sie dient als Mittel, die „atmosphärischen" Anteile der gesprochenen Situation (insbesondere der idiosynkratischen Merkmale des Sprechers und seiner Sprache) zu vergegenwärtigen. Damit hat sie eine ähnliche Funktion wie der O-Ton in den akustischen Medien. Hier kommt im Rahmen der schweizerischen Presse Mundartliches im schriftlichen Text (Müller 141f.) zur Geltung, in binnendeutschen Texten primär Umgangssprachliches bzw. überhaupt Merkmale der gesprochenen Sprache, vergleichbar den oben (57 ff.) besprochenen Praktiken des Presseinterviews, gelegentlich werden auch fremdsprachige Zitate als Kolorit – übersetzt oder unübersetzt – mitgegeben. Wenn man sich anschaut, welcher Art die Personen sind, die zitiert werden, und in welchen Funktionen sie erscheinen, dann sieht man zunächst – was zu erwarten war –, daß offizielle Persönlichkeiten aus Politik, Wirtschaft, Behörden, Kirchen usw. mit ihren Statements zum Thema und Betroffene mit ihren individuellen Aussagen zum Berichteten im Vordergrund stehen. Interessant und nicht unbedingt intuitiv zu erwarten ist, daß etwa ein Drittel der Personen namenlos zitiert wird. Den „Namenlosen" kommt dabei hauptsächlich die Funktion zu, Gerüchte, das was in der Luft liegt, die opinio communis zu verbalisieren, Aussagen freilich, die „im Grunde jedoch oft die persönliche Meinung des Journalisten oder Fakten beinhalten, die zwar stimmen, bei denen der Journalist aber in Beweisnot käme, weil sie obwohl richtig, kaum belegbar sind" (136).

c) Dokumentationsebene:
Dokumentation von Hintergrundwissen gibt es nicht nur in der Reportage, sondern auch in ausführlicheren Berichten und Kommentaren. Textsortenspezifisch ist aber, wie die Dokumentation erfolgt (Müller 1989, 146).

So wird in Reportagen häufig statistisches Material beigezogen, jedoch meist nicht bzw. nicht nur als abstraktes Zahlenmaterial, sondern auf Alltagswissen und Alltagserfahrungen hin interpretiert. Das geschieht mit Vorliebe durch superlativische Formulierungen vom Typ „die größte Baustelle der Welt", „die wohl jüngste Bevölkerung der Welt", „die verkehrsreichste Kurve Europas" (147). Oder durch Vergleiche wie „Die Höhe der 7,7 Kilometer langen Mauer entspricht einem Wolkenkratzer von 62 Stockwerken" (147). In der folgenden Passage folgt auf die Präsentation des Zahlenmaterials zunächst eine Anwendung auf die konkrete Situation der Bürger („das heißt...") und dann eine metaphorische Interpretation aus der Perspektive der Bürger:

[nach Präsentation des Materials:] *Das heißt*, die Leibstädter könnten dann die Steuern auf juristische Personen beschränken und hätten trotzdem mehr Steuereinnahmen denn je. Was für den *Koloß* KKL ein *Brosamen* ist, erscheint aus der Perspektive der Leibstädter als *riesiger Berg aus dem Schlaraffenland.* Was die Gemeinde Leibstadt im ganzen 20. Jahrhundert ausgeben konnte, *verbuttert* die KKL in einem Monat ihrer bis jetzt zehnjährigen Bauzeit. (148)

Wenn historisches Material dokumentiert wird, dann geschieht das häufig in „personalisierter" Weise: Geschichte wird vermittelt durch die Geschichten der Personen, die maßgeblich daran beteiligt waren, oder durch exemplarische Lebensgeschichten, wie hier:

Da kann es einer, wenn er clever genug ist, in der Tat vom Habenichts zum Millionär bringen, und er kann erst noch politische Karriere machen, wie jener Bill Sheffield, der vor bald 30 Jahren als Fernsehflicker nach Alaska kam, dann eine nach ihm benannte Hotelkette aufbaute und schließlich im letzten November zum fünften Gouverneur in der Geschichte des 49. amerikanischen Bundesstaates gewählt wurde. (151)

Schriftliches Dokumentationsmaterial wird häufig wörtlich zitiert, einerseits sicher (so Müller 152), um zu demonstrieren, wie sorgfältig der Autor recherchiert hat, andererseits aber wohl auch, um – wie beim Zitat der mündlichen Rede – das Atmosphärische der Situation einzufangen. Darauf deuten einige der von Müller selbst gegebenen Belege hin, z.B.:

Nicht selten führen die Vorzüge der verkehrsfreien Wohnstraße auch zu spekulativen Häuserverkäufen und damit eklatanten Mietzinserhöhungen. „Renovierte 3-Zimmer-Wohnungen an verkehrsfreier Lage in künftiger Wohnstraße, Fr. 1200.– exkl." steht dann im „Stadtanzeiger" zu lesen (...) (152)

Ich hatte den Horror während Wochen über die Zeitung verfolgt. (...) So am 20. Februar: „Krieg eröffnet, schon hundert Tote. Kämpfe an zwei Fronten (...)." Am 21. Februar: „Sendero Luminoso geschlagen, Abimael ist tot, seine Leiche hat weder Füße, Hände noch Gesicht." Und am 22. Februar: „Die entstellte Leiche ist nicht Guzmán, Abimael lebt! (152)

Im ersten Text ist die zitierte Annonce Beleg für die vorhergehende ökonomische Aussage und zugleich Vergegenwärtigung der konkreten Situation, wie sie sich dem einzelnen Betroffenen präsentiert. Im zweiten Text werden Zeitungspassagen – und zwar offensichtlich Schlagzeilen – zitiert, um die Dramatik und Hektik des Geschehens zu evozieren.

Die Reportage in dem von Müller definierten strikten Sinne ist also eine sehr aufwendige Textform, sowohl was die textexternen Voraussetzungen als die eigentliche Textproduktion betrifft. Sie setzt nicht nur voraus, daß der Reporter sich vor Ort befindet, sondern daß er aufwendige Recherchierarbeit „hinter den Kulissen" leistet, Arbeit, die sich nicht im bloßen Gespräch mit Anwesenden oder Beteiligten erschöpft. Der Text selber ist – wenn er gelingt – eine raffinierte Kombination narrativer, deskriptiver und argumentativer Textbildung, die sich mikrostrukturell im Wechsel von berichtenden und erzählenden Tempora, im Wechsel von direkter, indirekter Rede und Formen des Redeberichts zeigt, im Wechsel auch der Modi usw., zweifellos eine äußerst anspruchsvolle Art der Vertextung.

Die restriktive Definition von „Reportage" führt m.E. jedoch zu einer problematischen Ausblendung großer und interessanter Bereiche des empirisch tatsächlich Vorkommenden:

- Bereits bei der vortheoretischen Erstellung des Korpus fällt aufgrund der Orientierung am klassischen Reportage-Modell nahezu der ganze Bereich des Boulevard-Journalismus durch die Maschen der Auswahl-Kriterien: Unter den 113 Reportagen, die Müller aus der gesamten deutsch-schweizerischen Presselandschaft bei den Tageszeitungen während einer Woche, sonst während eines Monats gesammelt hat, findet sich kein einziger Beleg in der Boulevard-Zeitung „Blick" (Pendant zu „Bild" in der BRD), der größten Schweizer Boulevard-Zeitung (96).
- Bei einer nachträglichen Revision des Korpus werden noch einmal von den 113 Texten 43 ausgesondert, da sie den theoretischen Textsortenmerkmalen nicht oder nur partiell entsprechen. Damit verbleiben in bezug auf die doch relativ breite Grundgesamtheit der untersuchten Texte gerade noch 70 Reportagen, die die Textsortenkriterien erfüllen, womit die Reportage faktisch zu einer quantitativ marginalen Größe in der Presse absinkt.
- Schließlich folgt aus der Typisierung in ein-, zwei- und dreidimensionale Reportagen eine letzte Reduktion: Nur die dreidimensionalen Exemplare sind Reportagen „im engeren Sinne", woraus folgt, „daß nur gerade 21 [von 113!] Texte als Presse-

reportagen im engeren Sinne bezeichnet werden können. Bei den Textbeispielen der übrigen Reportagetypen handelt es sich deshalb lediglich um mehr oder weniger enge ‚Verwandte' der Pressereportage." (250)

Müller hebt selbst hervor, daß bereits in ihrem Material die Vor-Ort-Ebene eine dominante Rolle spielt. „Stärker als die andern Globaleinheiten zeichnet sie für den eigentlichen Reportagecharakter verantwortlich." (249) Noch viel deutlicher dürfte dies in den von ihr ausgeklammerten Reportage-ähnlichen Formen der Fall sein, und hier läßt sich unschwer eine Brücke schlagen zu meinen Beobachtungen bezüglich der Verteilung der Printmedien und der Pressetextsorten auf einer Skala zwischen Mündlichkeit und Schriftlichkeit: Einige Elemente der klassischen Reportage hat der Boulevardjournalismus für seine Zwecke genutzt, andere hingegen getilgt. Das Vor-Ort-Prinzip, die Augenzeugenschaft, das Reden mit den Vor-Ort-Anwesenden, die emotionale Beteiligtheit des Schreibenden – diese Elemente der Reportage kommen dem Boulevard-Journalismus entgegen. Sie unterstützen den Trend zur Mündlichkeit, zum direkten Zitat – sei es echt, sei es fiktiv. Es ist i.a. eines dieser Elemente, das dominant ist und einen Text zum Boulevardtext macht. Für die Komplexität der klassischen Reportage hingegen – die nur mit einem hinlänglich großen Textumfang zu realisieren ist – ist das Boulevardblatt nicht der geeignete Ort. Wie auch sonst in der Boulevardpresse kann hier keine Rede mehr sein von einer „reinen", auch nur einigermaßen klar konventionalisierten Textsorte. Viel eher muß man mit einer stets wechselnden Mischung einiger weniger Stil-Faktoren rechnen, die es unmöglich macht, zwischen Reportage, Bericht, Interview usw. noch klar zu trennen. (s.o. 74) Man könnte es aus historischer Perspektive so formulieren: Die Reportage hat ihre Erscheinungsformen verändert, den veränderten Konsumgewohnheiten angepaßt.

Werfen wir noch einen Blick auf einen Sonderfall der Reportage: die *Sportreportage*. Die Sprache der Sportreportage war – im Gegensatz zu anderen Textsorten – schon früh ein Gegenstand linguistischer Untersuchungen. Im Vordergrund standen dabei lexikalisch-syntaktische Aspekte (z.B. Dankert 1969, Kroppach 1970, Schneider 1974). Die nun vorliegende Darstellung der „zeitgleichen Fernseh-Sportberichterstattung" von Neugebauer (1986) ist vor allem an den produktionstechnischen Hintergründen und den kommunikativen Aspekten interessiert, während der lexikalisch-semantische und der textlinguistische Aspekt kaum zur Geltung kommen. Neugebauer zeigt, wie vielfältig die technischen Möglichkeiten des Fernsehens sind, ein sportliches Ereignis zu präsentieren. Zu unterscheiden sind zunächst die „zeitgleiche" und die „zeitverschobene" Berichterstattung. (Neugebauers Terminologie ist wenig konsistent: sie spricht teils von „Berichterstattung", teils von „Kommentierung", teils von „Reportage", ohne daß die textlinguistischen Implikationen der Termini expliziert würden. Ich verwende „Berichterstattung" als Oberbegriff, „Reportage" usw. als Unterbegriffe). Prototyp der zeitverschobenen Berichterstattung sind die Fußball-Kurzberichte, wie sie in den Abendsendungen gezeigt werden. Den Begriff der „zeitgleichen" Berichterstattung verwendet Neugebauer als Oberbegriff für drei Darstellungstypen:

1. die echte „live"-Berichterstattung (das entspricht vom Verhältnis zur außersprachlichen Realität her am ehesten der klassischen Reportage), d.h. direkt zur Aufzeichnung gesprochen und simultan ausgestrahlt.
2. Berichterstattung direkt zur Aufzeichnung, aber zeitversetzt ausgestrahlt.
3. Mischformen, bei denen nachträgliche und direkte Berichterstattung beim gleichen Ereignis abwechseln.

(Damit ist „live" nur eine Spielart von „zeitgleich", und der Begriff „zeitgleich" darf nicht wörtlich genommen werden. Die Terminologie scheint mir praktisch, da sie eine gute begriffliche Erfassung der vielfältigen Mischformen ermöglicht.)

Beim zweiten Typ ist von besonderem textlinguistischem Interesse der Fall, bei dem der Reporter weiß, daß seine Reportage nur in Ausschnitten gesendet werden wird, ohne daß er aber genau vorhersehen kann, welche Ausschnitte dies sein werden. (Die Konventionen, die eine solche Art des Berichtens erleichtern, sind bei Neugebauer, 100f., beschrieben.)

Ohne daß dies statistisch belegt wäre, ist zu vermuten, daß die Sportsendungen des Fernsehens immer stärker zu gemischten Formen tendieren. Beim Fußball ist das bei den öffentlich-rechtlichen Sendern der BRD durch äußere Umstände erzwungen – seit die Privatsender die Rechte für live-Sendungen aufgekauft haben. Aber auch ohne diesen Druck von außen wäre die Tendenz verständlich. Bei einem großen Leichtathletikereignis beispielsweise hat das Fernsehen die Möglichkeit, durch Kombination von live- und nachträglichem Bericht den Zuschauer am Bildschirm in zeitlicher Sukzession über alle Höhepunkte zu informieren, während der Zuschauer im Stadion die Ereignisse teilweise simultan und nebeneinander erlebt. Auf diese Weise wird das ursprüngliche Ereignis verändert, man kann geradezu sagen: es entsteht ein neues, vom Fernsehen partiell geschaffenes Ereignis. Wie sich das auf der Textebene auswirkt, wie etwa die makrostrukturellen Relationen von Reportage/Erzählung/Kommentar usw. aussehen, dazu steht eine Untersuchung noch aus. Im mikrostrukturellen Bereich gibt Neugebauer einige Hinweise zu den Varianten des Bewertens (199 ff.). Sie unterscheidet drei Stufen der Intensität von Bewertungen (mit den etwas merkwürdigen Termini „minimal/moderat/eindeutig") und zeigt, daß die „eindeutigen", drastischen Formen („emphatisches Lob" und „harte Kritik") gegenüber den minimalen und moderaten Formen klar in den Hintergrund treten. Bewertungen werden meist relativiert, eingeschränkt, durch verschiedenste Techniken: Man hebt erst das Positive hervor und schließt dann die Einschränkung an („der Schweizer hat eine sehr gute Vorhand, aber Probleme mit der Rückhand, mit der er wenig machen kann"), man zitiert Äußerungen anderer („Unsicherheiten in der Bayern-Abwehr, die Deckung ist ohnehin der Schwachpunkt beim Deutschen Meister, Trainer P.C. hat das immer wieder kritisiert"), man formuliert die Kritik in „flapsigem" Stil, vorzugsweise phraseologisch („Klappkarec hat es geschafft in zwo null neun achtundneunzig, hat damit aber die Bestmarke von Thomas Lebherz um über sechs Sekunden verfehlt, auch das hier ist also nicht das Gelbe vom Ei was die bundesdeutschen Teilnehmer bisher geboten haben") u. ä. Dies bildet einen deutlichen Gegensatz zur Sportberichterstattung in der Boulevardpresse (vgl. dazu Kroppach 1970). Beim Fernsehen findet man kein Pendant zur dort üblichen Hyperbolik und keine vergleichbar drastische Metaphorik:

Manzi-Tor! Tränen, Küsse, Schreie!
Es war wie ein Vulkan-Ausbruch
(BILD 4.9.89)

In BILD gehören solche Schlagzeilen – und auch die Texte selbst sind nicht viel anders – zum alltäglichen Sport-Stil, während Formulierungen dieser Art im Fernsehen und ebenso in seriösen Tageszeitungen sicher die große Ausnahme bilden würden.

Ein intermediärer Vergleich wäre bei dieser Textsorte, insbesondere im Bereich Fußball, sehr aufschlußreich, da hier die funktionale Ausdifferenzierung des Mediensystems besonders deutlich sichtbar wird. Da die Zeitungen heute davon ausgehen müssen, daß ihre Leser die Spiele in den elektronischen Medien verfolgt haben, ist der narrative Anteil der Berichterstattung eher sekundär geworden. Schaut man sich an einem beliebigen Montag eine Sportseite in BILD an, dann findet man kaum mehr eine Reportage im Sinne eines Spielberichtes, allesfalls reportageartige Passagen. Im Zentrum stehen die Spiel-Höhepunkte, die Sensationen, die der Fernsehrezipient gern noch einmal in der Zeitung nacherleben möchte („Schönstes Tor des Tages"), daneben Unfälle, Pannen, personelle Folgen für Spieler und Trainer („VfB schon wieder gerupft – Macht der Haan den Abflug? BILD 4.9.89)

Radio- und Fernseh-Berichterstattung, sofern sie live stattfinden, unterscheiden sich wesentlich dadurch, daß der Radioreporter das ganze Ereignis sprachlich vergegenwärtigen muß, während der Fernsehreporter sich zu einem großen Teil auf die Aussagekraft des Bildes verlassen und somit andere als direkt-reportierende Funktionen übernehmen kann. (s.o. 297) Bei der „klassischen" live-Fußballreportage im Radio dominiert ganz eindeutig die Vor-Ort-Ebene. Der Reporter ist in erster Linie Augenzeuge und Vermittler des Geschehens, und er kann das Geschehen nahezu lückenlos vermitteln, da das Tempo der Spielzüge dies zuläßt. Für Vermittlung von Hintergrund bleibt nur Zeit, wenn das Spiel unterbrochen ist oder eine besonders flaue Phase hat. (Anders bei einer Tischtennisreportage: dort treten die direkt-reportierenden Passagen gegenüber kommentierenden, zusammenfassenden, nacherzählenden in den Hintergrund, da eine beinah-simultane Wiedergabe des Ereignisses gar nicht möglich ist.) Bei live-Reportagen im Fernsehen ändert sich die Rolle des Reporters: Er muß nicht mehr „vermitteln", was der Zuschauer ja selber sehen kann; statt dessen kann er kommentieren, Hintergrund liefern usw. Von einer „Reportage" im oben beschriebenen Sinne kann allenfalls phasenweise noch die Rede sein. Bei den zeitverschobenen Kurzberichten ist die Lage ganz anders: Der Kommentator muß hier mit einem potentiellen Zuschauer rechnen, der den Ausgang der Spiele noch nicht aus anderen Sendungen kennt. Der Textproduzent kennt den Ausgang, und der Rezipient weiß das. Diese Konstellation führt dazu, daß der Sprecher als der Allwissende den Zuschauer mit vagen Vorausdeutungen, ahnungsvollen Fragen u. dergl. bis zum Schluß in Spannung halten muß. Hier dominiert wieder ganz eindeutig das Erzählen.

Wie groß der Wort-Anteil in den verschiedenen Typen von Fernseh-Sportberichterstattung ist, welche Textmuster und Sprachhandlungen des Reporters dominieren, wäre eine Untersuchung wert. Auch von einer kontrastiven Erfassung der Reportage-Stile in den deutschsprachigen Ländern würde ich mir interessante Aufschlüsse erhoffen, möglicherweise im Hinblick auf interkulturelle Differenzen.

11.2 Verständlichkeit von Radio- und Fernsehnachrichten

11.2.1 Radio- und Fernsehnachrichten

Der oben (308 f.) angesprochene Methodenstreit zwischen Vertretern „harter" und „weicher" empirischer Methoden im Bereich der Verständlichkeitsforschung ist nach wie vor im Gang und nicht entschieden. (Zur gegenwärtigen Einschätzung qualitativer Methoden in der Medienforschung allgemein vgl. neuerdings Baacke/Kübler [Hrsg.] 1989.) In der Linguistik zeichnet sich ein Trend zur Methodenkombination ab, wie sie etwa in Wodaks Untersuchung zur Verständlichkeit von Radionachrichten (Ö 3) exemplarisch realisiert ist (Wodak 1987). Auf der Basis eines „integrativen Verstehensmodells" berücksichtigt sie sowohl Faktoren des Textes als auch psycho- und soziolinguistische Faktoren auf seiten des

Rezipienten (zur Unterscheidung von „Verständlichkeit" und „Verstehen" s.o. 252ff.). Neben schriftlichen Nacherzählungen von Nachrichten in 3 Versionen (Original und 2 vereinfachte Versionen) verwendet sie Tiefeninterviews mit ausgewählten Vpn. und zusätzlich verschiedene psycholinguistische Tests. Daß syntaktische und lexikalische Vereinfachungen sowie verbesserte Textstrukturierungen zu verbesserten Reproduktionsleistungen führen, war zu erwarten. Aufschlußreich ist das Resultat, daß die Reformulierung der Texte in erster Linie den Vpn. mit höherer Bildung zugute kommt, daß also die Kluft zwischen den niedrigeren und den höheren Bildungs- und Sozialschichten dadurch noch vergrößert wird. In den Tiefeninterviews ergaben sich Aufschlüsse über Rezeptionsgewohnheiten, die Rolle von Vorwissen und Interesse am berichteten Ereignis oder Sachverhalt, wobei freilich die relative Gewichtung dieser hörerseitigen Faktoren durch die gewählte Methode nicht zu erheben ist.

Anhand der bereits vorliegenden Kriterien für Erschwerungen des Nachrichten-Verstehens (vor allem Straßner 1982 und Muckenhaupt 1981 a und b) untersucht Narr (1988) das Südwestfunkmagazin „Heute-Mittag" unter quantitativen und qualitativen Aspekten. Dabei zeigen sich für die monologischen Formen (auf die dialogischen gehe ich ein in Burger 1990) im paraverbalen, syntaktischen und lexikalischen Bereich jene charakteristischen Mängel, die schon an anderen Nachrichtensendungen moniert wurden:

- zu hohes Sprechtempo
- zu hohe syntaktische Komplexität
- ausgeprägter Nominalstil
- zu viele (unnötige) Fach- und Fremdwörter (122)

In extremem Maße realisiert sind diese verständniserschwerenden Merkmale im „Kurzreport", auf den die Redaktion offenbar besonders stolz ist. In qualitativer Hinsicht wird die Verständlichkeit vor allem dadurch beeinträchtigt, daß der Textproduzent

- das Hintergrundwissen des Rezipienten überschätzt
- nicht in der Lage ist, Hintergründe zu vermitteln bzw.
- sich nicht dazu veranlaßt sieht, Hintergrundinformationen zu vermitteln (190ff.)

Zwar wird eine empirische Überprüfung an Rezipienten nicht vorgenommen, doch bietet Narr – aus gründlicher Insider-Erfahrung – sehr nützliche Einblicke in die produktionsseitigen Bedingungen der Sendung. An vielen Stellen kann er zeigen, wie die Beeinträchtigungen der Verständlichkeit durch die konkreten Abläufe bei der Nachrichtenbeschaffung und -redaktion zustande kommen. Dabei erliegt er nicht der Versuchung, diese Erklärungen als Entschuldigungen für nicht-rezipientengerechte Informationsvermittlung hinzustellen.

Im Bereich der Fernsehnachrichten bietet Ebner (1986) vergleichbare Einblicke in die Produktionsbedingungen, hier der „Landesschau Baden-Württemberg". Darüber hinaus wird erstmal das Verhältnis regionaler Nachrichtenmagazine zu den Weltnachrichtensendungen aus linguistischer Perspektive dargestellt. Von Sendungen wie der „Tagesschau" oder „Heute" weicht die „Landesschau" vor allem in folgenden Punkten ab:

- Die Verständlichkeit der Texte ist wesentlich besser. Der Nominalstil ist zurückgedrängt (151). Mit einer mittleren Satzlänge von 12,7 Wörtern liegt die „Landesschau" sehr nahe bei „Bild" (150).
- Informierende und unterhaltende Elemente sind bewußt integriert (was sich auf der Textebene wie auch bei der Visualisierung zeigt).
- Die Trennungsnorm ist in schwächerem Masse wirksam: informierende und kommentierende Handlungen sind nicht mehr planmäßig getrennt (221).
- Die Darstellung politischer Sachverhalte und Vorgänge, insbesondere wenn überregionale Themen zur Sprache kommen, unterliegt einer gewissen „Trivialisierung": Politik wird (noch stärker als sonst) „personalisiert" und „parzelliert" (117ff.). Insgesamt wird also die rezipientenfreundliche Darbietung durch ein geringeres Maß an „Informativität" erkauft.

11.2.2 Text und Bild

Zur Effizienz und Verständlichkeit der Darbietungsformen in Fernsehnachrichten, insbesondere zu den verschiedenen Text-Bild-Konstellationen, gibt es inzwischen eine umfangreiche, aber äußerst disparate Literatur. Die Resultate sind widersprüchlich, nicht zuletzt weil die verwendeten empirischen Methoden und damit auch die spezifischen Fragestellungen nicht voll vergleichbar sind. Nach Berry (1988) und seiner knappen Übersicht über die Forschungslage gibt es nur wenige Resultate, die sich in mehreren Studien bestätigt haben und als einigermaßen gesichert gelten können. Ich nenne einige Punkte:

1. Positiv für die Verständlichkeit wirkt es sich aus, wenn die Bilder „Aspekte des Textes, vor allem kausale Zusammenhänge, fokussieren und dadurch die Struktur der Nachricht deutlich machen" (169). Das läßt sich am einfachsten durch Standfotos und Grafiken erreichen – Instrumente, die aber ihre offenkundigen Nachteile haben: sie können nur gelegentlich und punktuell eingesetzt werden, da sie „langweilig" sind und in gehäufter Form als nicht „fernsehgerecht" empfunden werden.

2. Nachrichten, die „zwischen visueller Bereicherung und Sprecher im ‚On'" abwechseln, bringen bessere Aufnahmeleistung als solche mit nur gehörtem Text (167). Der Verbesserungseffekt ist aber allgemein nur gering.

3. Die (von Wember so genannte) Text-Bild-Schere (s.o. 299) hat anscheinend geringere negative Auswirkungen, als man früher annahm. Es gibt keine klaren empirischen Bestätigungen des negativen Effekts. (Wembers eigene Arbeiten können kaum als „empirisch" gelten, da sie den Standards der empirischen Forschung nicht genügen.) „Die vorherrschende Ansicht zur Text-Bild-Schere ist, daß Bilder das Erfassen und Behalten eines Textes fördern, wenn Text- und Bildinhalt parallel laufen. Eine effektive Text-Bild-Beziehung ist jedoch eher mit einem Pas de deux zu vergleichen. Hierbei ist es nicht Aufgabe des Tänzers, jeden Schritt seiner Partnerin nachzuahmen, sondern ihn bei bestimmten wichtigen Bewegungen zu unterstützen." (Berry 170) Diese Einschätzung scheint mir plausibel, besonders auch auf dem Hintergrund meiner

Überlegungen zu den möglichen semiotisch-semantischen Relationen von Bild und Text (s.o. 299f.). Die eher resignative Bilanz der Forschung mag auch verständlich machen, warum die Kooperation von Journalisten und Linguisten, die einige Jahre lang mit großen Hoffnungen von beiden Seiten betrieben wurde, inzwischen nur noch punktuell und mit bedeutend geringerem Enthusiasmus stattfindet.

Im Normalfall fluktuiert also die Relation von Text und Bild bei Nachrichtenfilmen zwischen engeren oder loseren semantischen Bezügen. Ein typisches Beispiel eines Textes, der zu Filmmaterial einer Bildagentur gemacht wurde, ist dieser (Tagesschau DRS, 20.3.86):

[Im Anschluß an eine Sprechermeldung über das Attentat:]

Vor den Toren der internationalen Handelsmesse in Kairo gestern nacht. Die vier Israelis, zwei Frauen und zwei Männer, hatten eben das Messegelände verlassen, als ihr Auto von einem Fahrzeug gestoppt wurde. Aus einem dritten Auto heraus wurde auf die vier Israelis geschossen. Die getötete israelische Botschaftsangehörige und ihre drei schwerverletzten Landsleute wurden inzwischen in ein israelisches Spital überführt. Eine Gruppe namens „Ägyptische Revolution" bezichtigte sich in einem Bekennerbrief des blutigen Attentates.

Während dieser ganzen Textpassage sind Bilder vom Tatort zu sehen, die offenbar kurz nach dem Ereignis aufgenommen wurden. Durch die Sprechermeldung ist der Rezipient „vorgewarnt", daß nunmehr Bilder vom Tatort zu erwarten sind. So bringt er den Beginn des off-Textes („vor den Toren...") selbstverständlich mit dem Tatort in Verbindung. Der erste Satz situiert das Bild räumlich und zeitlich („vor den Toren...", „gestern nacht"), und diese Situation bleibt, soweit man das als Rezipient überhaupt beurteilen kann, wohl während der ganzen Szene gültig. Vom zweiten Satz an verläßt der Text die deiktische Ebene und damit den unmittelbaren Bildbezug: Narrativ wird das Vorher („hatten eben...") des Ereignisses, das Ereignis selber und das Nachher („inzwischen") aufgerollt, und schließlich wird noch der Urheber des Attentates genannt (ohne daß der „Bekennerbrief" gezeigt würde). Der Rezipient ist an solche Text-Bild-Relationen gewöhnt, auch daran, daß die Bilder irgendwelche Aspekte der Situation zeigen, ohne daß der

Text sich im einzelnen präzise darauf beziehen würde. Ich würde meinen, daß Berrys Beurteilung der Text-Bild-Schere auf solche Beispiele zutrifft und daß sich hier wahrscheinlich weitergehende verständnisfördernde Maßnahmen erübrigen.

Größere Untersuchungen der Art, wie sie z.B. Schmitz (1985) in Ansätzen vorlegt – d.h. Konkretisierung und Differenzierung dessen, was global als Text-Bild-Schere bezeichnet zu werden pflegt – wären hier vonnöten, um die Basis für empirische Verständlichkeitsuntersuchungen zu legen. In dem von Schmitz untersuchten Sample der „Tagesschau" (ARD) von 1978 ist nur etwa ein Drittel des Textes mit Bildern „unterlegt, die anderes oder mehr als nur die gerade den Text sprechenden Personen und ggf. mnemotechnische Symbole bzw. gleichgültige ruhende Hintergründe zeigen" (139). Im bebilderten Drittel verweist ca. jeder 12. Satz unmittelbar auf das Bild, im Sinne einer Beschreibung des im Bild Gezeigten (allenfalls mit zusätzlichen Informationen) oder von deiktischen Bezügen (140f.). Die Bebilderungen seien mehr oder weniger belanglos, uninformativ oder nur illustrativ, zudem hochgradig stereotyp. Ob das nun Resultate sind, die im Sinne der Verständlichkeitsforschung negativ zu werten sind, scheint mir ohne empirische Überprüfung an Rezipienten schwer zu ermessen. Ist es zu wenig, wenn jeder 12. Satz unmittelbar auf das Bild verweist? Was tun denn die anderen Sätze genau? Wie ist eine Abstufung der Text-Bild-Bezüge operationalisierbar? (Bis wohin reicht etwa im obigen Beispiel eines Nachrichtenfilms der unmittelbare Bezug auf das Bild?) Sind Stereotypien der Bebilderung grundsätzlich von Übel oder vielleicht doch auch eine Hilfe für das Verstehen?

Semiotisch-semantische Analysen können zeigen, welches die überhaupt möglichen und die üblicherweise realisierten Relationen von Text und Bild sind, aber sie lassen kaum direkte Schlüsse auf die Verständlichkeit zu. Einen neuen Aspekt bringen demgegenüber Arbeiten ins Spiel, die mit sprachhandlungstheoretischen Überlegungen das Problem der Verständlichkeit der Text-Bild-Relationen angehen. Einer der engagierten Vertreter einer „weichen" Empirie, M. Muckenhaupt, hat seine früheren Ansätze in einer umfassenden Arbeit zu „Text und Bild" (ohne Beschränkung auf die Verhältnisse in den Medien) weitergeführt, in der er im Kapitel „Text-Bild-

Zusammenhänge verstehen" (245 ff.) für Theorie und Praxis relevante Kritik an der gängigen Fernsehberichterstattung übt. Seine Kriterien bezieht er nach wie vor aus Tiefeninterviews (offenbar mit einer geringen Zahl von Vpn.), da er das „dialogische Prinzip" als das einzig forschungsrelevante im Problembereich der Verständlichkeit erachtet (was ich allerdings für eine unnötige Einschränkung der Methodologie halte). Zu der oben (298) formulierten Frage „Gibt es für den Zuschauer Hinweise darauf, wie er den Zusammenhang von Bild und Text zu verstehen hat?" finden sich bei Muckenhaupt zahlreiche Hinweise. Ausgangspunkt der Überlegungen ist die These, daß Bilder in Handlungszusammenhängen vorkommen und nur innerhalb dieser Handlungszusammenhänge ihren Sinn erhalten. Er nennt die folgenden potentiellen Informationsquellen, die allgemein – auch außerhalb der Medien – über die mögliche Verwendung eines Bildes, über Handlungsmöglichkeiten, die mit dem Bild vollzogen werden sollen, Auskunft geben (es handelt sich ausdrücklich nur um „Beispiele" für Indizien, die Liste ist also offen für potentielle Erweiterung):

a) der sprachliche Zusammenhang eines Bildes,
b) die Situation, in der das Bild verwendet wird,
c) die Darstellungsform und die dargestellte Situation,
d) die Kenntnis üblicher Verwendungsweisen,
e) die Vor- und Nachgeschichte eines Bildes,
f) die begleitende Musik und das Geräusch. (162 f.)

Bei Fernsehnachrichtensendungen geht allen diesen Informationsquellen m.E. noch eine grundlegende Annahme des Rezipienten voraus: daß Bild und Text sich mindestens grosso modo auf den gleichen „Gegenstand" beziehen, daß also vom Produzenten ein direkter Zusammenhang intendiert ist, der vom Rezipienten als solcher wahrgenommen werden soll (s.o. 296).

Auf der Basis dieser Unterstellung der „Kooperativität" können nun die übrigen Indizien wirksam werden. Am wichtigsten scheinen mir die „Kenntnis üblicher Verwendungsweisen" und der sprachliche Text zu sein. Die Kenntnis der Konventionen der Bebilderung von Texten ebenso wie der Betextung von Bildern ermöglicht das problemlose Verstehen vieler Szenen, die ohne diese Kenntnis vielleicht als schwer verständlich einzustufen wären.

Die zentrale Informationsquelle müßte natürlich der Text sein, der zum Bild gesprochen wird (ich beziehe mich im folgenden nur auf die off-Situation, da die on-Situation wenig Probleme bietet, s.o. 294f.).

Muckenhaupt gibt ein drastisches Beispiel dafür, wie die gleiche Bildfolge durch unterschiedliche Betextung gänzlich anders verwendet wird (163ff.): In zwei Wahlspots der CDU und der SPD zur Bundestagswahl 1976 wurde nahezu das gleiche Filmmaterial verwendet – Bilder von Truppenparaden, Panzern, Kanonen usw.

Der CDU-Text lautete:

(...) Aber freie Länder haben nicht nur Freunde. Trotz der Entspannungspolitik, die von der SPD FDP über unsere Köpfe hinweg gemacht wird, der Ostblock rüstet unbeirrt auf, mit Angriffswaffen.

Der SPD-Text:

Das sind Originalbilder aus Fernsehwahlfilmen der CDU. Viele erinnern sich dabei an die Propagandamethoden der Nationalsozialisten, aber auch an die der DDR. Damit soll uns Deutschen wieder einmal Angst gemacht werden.

Genauso wie man einen Text zitieren kann, kann man auch Bilder zitieren. Die CDU verwendet die Bilder, um die Aufrüstung des Ostblocks zu belegen. Die SPD zitiert die Bilder des Originalspots, um zu belegen, daß die CDU durch ihre Verwendung von Bildern den Rezipienten „Angst machen“ will. Das Zitat ist aber insofern unvollständig, als nur das Bild, nicht jedoch der Originaltext zitiert wird. Daß die CDU selber die Bilder als Beleg für Aufrüstung des Ostens verstanden wissen wollte, wird unterschlagen. Statt dessen wird der Bildwahl der CDU eine (im Original-Text nicht formulierte) auf Emotionalisierung zielende Tendenz unterschoben. Während die Verwendung der Bilder im CDU-Spot vom Rezipienten ohne weiteres aufgrund der Annahme von Kooperativität verstanden werden kann, ist die Verwendung der Bilder im zweiten Spot sehr viel komplexer. Damit diese Verwendung dennoch verstanden werden kann, muß sie im Text explizit thematisiert werden: es wird gesagt, um was für Bilder es sich handelt, woher sie stammen und zu welchem Zweck sie in der ursprünglichen Situation (nach Meinung der SPD) verwendet werden sollten.

Hinweise dieser Art erhält der Rezipient bei Nachrichtenfilmen in der Regel nicht, obwohl er sie benötigen würde, um den Handlungszusammenhang der Bildverwendung verstehen zu können – das ist, kurz zusammengefaßt, die These von Muckenhaupt. Was i.a. fehlt, sind Maßnahmen im Sinne einer „reflexiven" Berichterstattung (s.o. 335f.). Muckenhaupt (290ff.) demonstriert am Beispiel eines Beitrages von „Zeit im Bild 1" (ORF), im Vergleich mit dem zugrunde liegenden Agenturfilm, daß der Rezipient ohne explizite Hinweise auf den Verwendungszusammenhang des Bildes irregeführt werden kann. (Ob das freilich der Normalfall oder doch eher die Ausnahme ist, wird aus dem Material von Muckenhaupt nicht ersichtlich.) Seiner Meinung nach sollten die folgenden Fragen in bezug auf das Bildmaterial beantwortet werden:

a) Wie werden die Bilder, die für einen Beitrag herangezogen werden, in ihrem ursprünglichen Zusammenhang verwendet?

b) Wie können die Bilder in dem neuen Zusammenhang (z.B. die Bilder eines Agenturfilms in einem Nachrichtenfilm) sinnvoll verwendet werden?

c) Was kann und was soll mit den Bildern gezeigt werden und was soll durch das Zeigen der Bilder erreicht werden? (331)

Als Muster, wie ein entsprechender Text in einer Nachrichtensendung aussehen könnte, gibt Muckenhaupt einen Text, den „Studenten in der Auseinandersetzung mit dem ZIB 1-Beispiel entwikkelt haben". (Weder im Agenturfilm noch im Beitrag von ZIB 1 – die ich hier nicht in extenso abdrucken kann – sind Fragen dieser Art beantwortet.) Es geht um die Frage, wer die Verantwortung für die Massaker an der Zivilbevölkerung in Rhodesien trage, die Guerilleros oder Regierungstruppen. Ian Smith behauptet, es handle sich um Terrorakte der Guerilleros.

Moderator:
(...) Mein Kollege Peter Kaiser hat den Vorwurf Ian Smith's näher untersucht und geht jetzt der Frage nach, wer tatsächlich für Massaker an der Zivilbevölkerung verantwortlich ist.
Peter Kaiser, welche der beiden Darstellungen stimmt nun eigentlich?
Redakteur im Studio (Peter Kaiser)
Traurige Tatsache ist zunächst einmal, daß es tatsächlich Massaker an der Zivilbevölkerung gibt. Die Bilder, die ich Ihnen gleich zeige, sind Zeugen

für die unvorstellbaren Grausamkeiten des Krieges in Rhodesien, begangen an Frauen, Kindern und Männern.

Fotosequenz ohne Ton [...]

Glaubt man der rhodesischen Regierung, aus deren Propagandamaterial wir diese Bilder genommen haben, so scheinen sie tatsächlich den Vorwurf Ian Smith's zu bestätigen. Und das sollen sie offenbar auch – zu welch anderem Zweck wären Propagandabroschüren auch gedacht? Aber genau genommen sagen diese Bilder nichts aus über die Täter, die Mörder. Hierauf können nur Nachforschungen vor Ort Antwort geben. Und genau das haben in Rhodesien lebende Priester der Katholischen Kommission für Frieden und Gerechtigkeit getan. Ihr Ergebnis: eine vierbändige Dokumentation, die Seite für Seite nachweist, daß es Regierungskommandos sind, und nicht – wie immer behauptet – Truppen der Patriotischen Front, die die Blutbäder unter der Bevölkerung zu verantworten haben. Um Ihnen eine Vorstellung über die niederträchtigen Methoden zu geben, mit denen das rhodesische Regime seine Eliteeinheiten dabei vorgehen läßt, will ich Ihnen aus der vom Weltkirchenrat in Genf herausgegebenen Zeitschrift ‚One World' zitieren – und zwar Teile von Aussagen verschiedener Deserteure der rhodesischen Armee. (...) (333)

Im Gegensatz zu den üblichen Nachrichtenfilmen wird hier der Gebrauch der Bilder thematisiert, und zwar im voraus. Damit wird „eine Sichtweise vorgegeben: Die Bilder werden als Beleg für die ‚Massaker an der Zivilbevölkerung' und als Beleg ‚für die unvorstellbaren Grausamkeiten (...)' vorgestellt. Nach dieser Einführung werden die Bilder ohne Ton gezeigt. Der Zuschauer kann sich also ausschließlich auf die Bilder konzentrieren." (333) Im Anschluß an die Bilder wird deren Herkunft thematisiert. Aber da „die Frage nach der Verantwortlichkeit nicht durch das vorliegende Bildmaterial entschieden werden kann (...), wird in der Nachrichtensequenz ein anderes Beweisverfahren gewählt, nämlich das Zitieren von Zeugenaussagen." (ebd.)

Der Beitrag beantwortet zweifellos die oben gestellten Fragen sehr klar, in einer Weise, wie man sie in der Praxis der Fernsehnachrichten kaum je antrifft. Unüblich ist auch das Vorführen von Bildern ohne Ton – ganz sicher ein taugliches Mittel, um sicherzustellen, daß sowohl die Bilder selbst als auch die sprachliche Deutung wahrgenommen werden. Problematisch scheint mir an diesem Text, daß der reflektierte Umgang mit den Bildern hier nur um den

Preis eindeutiger Parteilichkeit möglich ist. Daß ein Propagandafilm die Herkunft von Bildern fälscht, ist möglich, aber – auch in diesem Fall – keineswegs bewiesen. Der Text suggeriert, daß eine Fälschung vorliegt, und das ist trotz aller Recherchen eine bloße Unterstellung. Was durch die Recherchen der Redaktion in erster Linie erreicht wird, ist ein Infragestellen der Aussagen von Smith, nicht aber eine Widerlegung der Verwendung der Bilder in der Originalquelle. Es geht also weniger um die Bilder, als um die Texte der offiziellen Stellen. Eine Parteinahme gegen das rhodesische Regime war damals – auch im Rahmen eines öffentlich-rechtlichen Mediums – nicht riskant, da man sich auf einen breiten internationalen Konsens der Ablehnung stützen konnte. So ist auch die stark wertende Rede von „niederträchtigen Methoden" der rhodesischen Regierung unproblematisch. Aber man stelle sich vor, die Fernsehredaktionen würden die Glaubwürdigkeit des Propagandamaterials der Parteien ihres eigenen Landes oder die offiziellen Darstellungen befreundeter Länder in dieser Weise anzweifeln... Es handelt sich also um einen thematischen und politischen Sonderfall, vergleichbar z.B. der heutigen Berichterstattung über Südafrika. Gleichwohl meine ich, daß die Forderung nach reflektierterem Umgang mit den Bildern gerechtfertigt ist – vor allem dann, wenn die beschriebenen Konventionen des Bildverständnisses den Rezipienten in die Irre führen würden oder wenn die Funktion des Bildes von den alltäglichen Verwendungen abweicht. In der alltäglichen Praxis wäre es sinnlos, jede Bildverwendung zu problematisieren, aber die gestellten Fragen können – wie Muckenhaupt selbst vorschlägt – „bei der Herstellung von Filmberichten als Korrektiv bedacht werden" (333).

Mit einem vergleichbaren handlungstheoretischen Ansatz gelangt Huth (1985) zu einer sehr differenzierten Kategorisierung des in Fernsehnachrichten überhaupt verwendeten visuellen Materials, seiner möglichen interaktiven, kognitiven und sonstigen Funktionen (z.B. Angabe des Textthemas, Textstrukturierung, Erläuterung, Demonstration, Dramatisierung, Motivation des Rezipienten...), der Indikatoren, die vom Kommunikator für die intendierte Illokution vermittelt werden, und der potentiellen Rezipientenfragen, die mit dem Zeigen des visuellen Materials beantwortet werden (wer erzählt mir etwas? worüber wird gesprochen? wie funktioniert das? wie sieht das aus? ist das wirklich wahr? usw. 231). Diese Systematik kann für noch zu leistende empirische Forschung leitend werden. Als praktische Konsequenz der theoretischen Überlegungen stellt sich die Aufgabe, „die verschiedenen Funktionen visuellen Materials in TV-Nachrichten zu trennen und für die Rezipienten mit eindeutigen Verwendungsanweisungen zu versehen" (229).

Einen Hinweis auf Untersuchungen, die durch sprachhandlungsorientierte Fragestellungen initiiert werden könnten und sollten, bietet die Studie von Oomen (1985). Sie kontrastiert die deutsche „Tagesschau" mit den amerikanischen „ABC News" und registriert dabei divergierende Kommunikationsverfahren beim Umgang mit den Bildern. Die deutsche Version weist sie dabei einem an „Schriftlichkeit" orientierten Verfahren zu, während die amerikanische eher zur „Mündlichkeit" tendiere. Während das Bild in der „Tagesschau" vorwiegend Belegfunktion habe und die Objektivität und Wahrheit des Gesagten unterstreiche, verwende man in den amerikanischen Nachrichten das Bild als Mittel der Wertung und des Kommentierens, als Ausdruck subjektiver Erfahrung und zur Konkretisierung abstrakter Sachverhalte. Was hier als interkulturelle Differenz beschrieben wird, scheint mir eher zwei unterschiedliche Konzeptionen von Nachrichtensendungen zu reflektieren, wie sie auch im deutschsprachigen Raum, ganz sicher aber im europäischen Raum nebeneinander vorkommen: nicht-moderierte vs. moderierte Konzeptionen, bei denen der Moderator mehr als nur strukturelle Funktionen hat (z.B. „Zeit im Bild" beim Österreichischen Fernsehen, „Téléjournal" beim Westschweizer Fernsehen, „Journal" von Antenne 2 in Frankreich). Möglicherweise sind es sogar nur Unterschiede zwischen nachgetexteten Agenturfilmen und von Korrespondenten gestalteten Berichten. Beispielsweise findet sich das „bildrhetorische" Verfahren, metaphorische Phraseologismen „in Bilder umzusetzen" (163), nach meinen Beobachtungen tagtäglich in Korrespondentenberichten beliebiger deutschsprachiger Nachrichtensendungen. Hier eröffnet sich jedenfalls ein großes Feld kontrastiver (intra- und interkultureller) Untersuchungen.

11.3 Standardsprache – Mundarten

Das Verhältnis von Standardsprache und Mundarten ist in der deutschen Schweiz in den letzten Jahren sehr intensiv diskutiert worden, insbesondere im Kontext der Schule (vgl. Sieber/Sitta 1986) und der Medien. Während dieser Problembereich in der BRD besonders unter soziolinguistischen und bildungspolitischen Aspekten relevant ist und auch vorwiegend unter diesen Aspekten studiert wurde, ist er in der deutschen Schweiz für den ganzen Bereich formaler bzw. öffentlicher Kommunikation höchst aktuell. Es vergeht kein Tag, an dem nicht in Zeitungen, Leserbriefen, Radio- und Fernsehbeiträgen das Für und Wider des Gebrauchs der Standardsprache und das Problem der „Mundartwelle" angesprochen würde. Ich referiere einige neuere Befunde, die von allgemeinem linguistischen Interesse sein können:

Im großen und ganzen hat sich die Situation, wie ich sie 1984 dargestellt habe, nicht grundsätzlich verändert. Einige damals schon registrierte Tendenzen haben sich inzwischen verstärkt. Durch die Einführung des 3. Radioprogramms ist der Mundartanteil beim Radio noch einmal gestiegen. DRS 3 ist – wie die dritten Programme anderer deutschsprachiger Sender – ein Programm für ein jüngeres Publikum (etwa von 15 bis 35 Jahren), mit Schwerpunkt auf U-Musik. Von beiden Faktoren her – Alter der Rezipienten und bevorzugte Musik – ist verständlich, daß grundsätzlich Mundart als Moderationssprache gewählt wird. „Die Standardsprache wird reduziert auf eine eigentliche Nachrichten- und Hilfssprache: ¾ der Standardsprache entfallen auf den Sendetyp Nachrichtensendung (...)." (Ramseier 1988, 184)

Bei den Journalisten (wie auch in der Öffentlichkeit) ist allgemein ein stärkeres Bewußtsein gegenüber dem Problemfeld erkennbar, als es damals wohl vorhanden war – was nicht unbedingt bedeutet, daß man bessere Lösungen gefunden hätte. Zunächst einmal ist ein Befund aufschlußreich, den eine Studie des SRG-Forschungsdienstes erhoben hat (Draganits/Steinmann 1987):

Die Bewertung von Standardsprache und Mundart(en) ist im Bereich Schule eine andere als im Bereich Medien. Auf die Frage „Finden Sie, daß in der Schule vermehrt auf Schweizerdeutsch unterrichtet werden sollte?“ geben 52,2% der Deutschschweizer die Antwort „nein“, nur 26,1% antworten „ja“. Und auf die Frage „Meinen Sie, daß in der Schule genügend getan wird, um Schriftdeutsch zu lernen, oder sollte eher mehr oder eher weniger getan werden?“ votieren zwar 40,7% für „genügend“, aber doch immerhin 34,8% für „mehr“. Angesichts der allgemeinen Tendenz zum vermehrten Gebrauch der Mundart – auch in der Schule, wo das Hochdeutsche offizielle Unterrichtssprache ist – ist das Resultat erstaunlich: Die Schule gilt offenbar als der Ort, wo gesprochenes Hochdeutsch noch gepflegt werden sollte – wohl damit es hierzulande nicht ganz ausstirbt. Mit der Verteilung der Sprachformen beim Radio sind die Deutschschweizer überwiegend zufrieden (75%), 15% wünschen sich mehr Mundart, nur 7,7% mehr Hochdeutsch. Ganz ähnlich sind die Zahlen fürs Fernsehen (70,1/17,6/9,1%). Das heißt: Die Schweizer sind damit einverstanden, daß beim Radio ein erdrückendes Übergewicht der Mundart besteht; allenfalls wünschen sie noch mehr Mundart. Beim Fernsehen sind die Verhältnisse von vor 1984 wohl einigermaßen stabil geblieben, und auch damit sind die Schweizer zufrieden, soweit sie nicht auch hier eine Stärkung der Mundart wünschen. Die Arbeit von Ramseier (1988) zu den Verhältnissen im Radio DRS bestätigt im wesentlichen meine Beobachtungen von 1984 und gibt ein sehr detailliertes Bild von den z.T. sehr komplexen und im einzelnen oft kaum entwirrbaren Verhältnissen. Insbesondere wird der Frage nachgegangen, auf welcher Ebene des Programms im einzelnen die Entscheide über die Wahl der Sprachform getroffen werden. Es zeigt sich, daß dies bei jedem der drei Programme auf der obersten Ebene einer möglichen Klassifikation von Sendungen (d.h. beim „Sendetyp“ und „Sendegefäß“) der Fall ist. Zuständig für den Entscheid ist der Programmleiter bzw. der Senderedaktionsleiter zusammen mit den Sendemitarbeitern. Der Entscheid „kann schriftlich oder mündlich fixiert, aber auch als Konvention unbewußt und unreflektiert tradiert werden“ (169).

Von allgemeinem sozio- und pragmalinguistischen Interesse sind nach wie vor die Situationen, in denen Faktoren der Sprachwahl miteinander in Konflikt geraten. Symptomatisch für die jüngste Entwicklung ist wieder die „Presseschau“ (vgl. o. 223ff.), wo der

Faktor „Schriftlichkeit" mit dem Faktor „Moderationssprache Mundart" in Konflikt gerät. Und dies ist einer der Fälle, bei denen die Sprachformenwahl offenbar sehr reflektiert entschieden wird. In internen Papieren von Radio DRS wird bezüglich der Sprachformenproblematik großer Wert auf das Postulat gelegt, man solle die Zweisprachformigkeit der Deutschschweiz als Chance, als Angebot nutzen. Bei der Presseschau, die nunmehr innerhalb des morgendlichen Begleitprogramms (zwischen 7 und 8 Uhr) gesendet wird, hat das eine Entwicklung zu einer eigentlichen Mischsprache zur Folge gehabt. Wenn im obigen Beispiel (223 f.) die Sprachformen immerhin noch durch Sprecherwechsel klar voneinander getrennt waren, liest nun der gleiche Sprecher einen mundartlich-standardsprachlichen Mischtext. Das hört sich so an:

(1) Ich bleibe, seit sie dütlig im wälsche *Matin*, und im *Blick* heißts: Rücktritt – kein Thema für mich. (2) S Wort hät jewils Bundesrätin *Kopp*, wil schließlig hät ire Maa nichts gehört und nichts gesehen, Zitat *Berner Oberländer*. (3) Nüt ghört und nüd gwüßt vo däne komische Finanz-Transaktioone wo de *Hans W. Kopp* agäblig söll dri verwickelt sii, mit zwöi Milliarde kriminellem Gäld us m Usland. (4) D Fraag vom *Bieler Tagblatt:* Für wie dumm darf so ein intelligenter Mann die Öffentlichkeit verkaufen? Kopps Umfeld scheint lusch [louche], wohin man schaut. (5) Offen isch ja au no, öb dr Maa vo de Bundesräätin Stüüre hinderzoge hät. (6) D Ziitige si sig einig, daß d Laag für d *Elisabeth Kopp* ugmüetlig wird. (7) Die welsche *24 Heures* wirft s Schlagwort „Kopp geit" id Rundi. (8) Hinter dr Frau *Kopp* aber s *Badener Tagblatt:* Wann und wo immer der Name *Hans W. Kopp* fällt, richten gewisse Medien den Scheinwerfer sogleich auf seine Frau. (9) Solchen Leuten tritt die Bundesrätin mit Festigkeit entgegen. (10) Öb das allerdings geschiid isch, fragt sich s *Aargauer Tagblatt.* (11) Zitaat us m Kommentar: Gewiß, im Schweizerischen Rechtsempfinden gibt es keine Sippenhaftung. (12) Aber kann es Frau *Kopp* mit einem Mann, der derart im Zwielicht steht, in ihrer Haut und vor allem in ihrem Amt noch wohl sein – Fraagezeiche. (13) Unsicher isch aber gäng au no, was dran isch an dere Gäldwäschgschicht. (14) Immerhin: Die Eidgenössische Bankenkommission will intervenieren, title die *Luzerner Neuschte Naachrichte.* (15) D Großbanke müessed die Wuche Red und Antwort staa und – Parlamentarier fordern rasche Strafnorm gegen Geldwäscherei, heißts i de *Basler Ziitig.*

Die dominante Textebene – der redaktionelle Text – ist mundartlich, die wörtlichen Zitate sind hochdeutsch. Ob die Passagen in indirekter Rede (10,15) mehr oder weniger wörtlich zitiert sind oder eine Eigenformulierung des Redakteurs darstellen, ist nicht erkennbar, da keine metasprachlichen Signale wie „so wörtlich" o. ä. gegeben werden. Das Code-switching erfolgt überwiegend nach der Redeeinleitung (1, 4, 8, 11, 14), an (Teil-)Satzgrenzen (1, 1/2, 4/5, 9/10, 12/13, 14, 15), aber auch innerhalb ein und desselben (Teil-) Satzes (2). In (1) ist ein französisches Zitat auf Hochdeutsch („Ich bleibe") wiedergegeben, während in (7) in Mundart übersetzt wird („Kopp geit" = ‚Kopp geht'). Die hochdeutsche Passage in (2) ist durch eine kurze Pause vom Vorhergehenden abgesetzt und durch besonders deutliche Artikulation als hochdeutsch gekennzeichnet. Interessant ist dabei, daß das Code-switching hier innerhalb eines Satzgliedes stattfindet („hät/nichts gehört und nichts gesehen"). Die Namen der Deutschschweizer Zeitungen werden teils hochdeutsch, teils mundartlich ausgesprochen, die französische Zeitung in französischer Phonetik.

Welcher Art die hochdeutsch zitierten Passagen sind und warum sie so zitiert werden, ist meist leicht erkennbar: In mehreren Fällen handelt es sich offenkundig um Schlagzeilen (erkennbar an den elliptischen Formulierungen oder am metasprachlichen Signal „titeln die Luzerner Neuesten Nachrichten"). Sonst sind es offenbar besonders prägnante Formulierungen, die zum Zitieren Anlaß geben („nichts gehört und nichts gesehen" – eine Formulierung, die inzwischen zum karikierenden Schlagwort geworden ist; „Kopps Umfeld scheint lusch..." – hier ist es wohl das saloppe Wort „lusch", das im Pressekontext sonst nicht zu erwarten wäre). Häufig sind es Metaphern und Phraseologismen, die für zitierwürdig befunden sind („für dumm verkaufen", „den Scheinwerfer richten auf...", „im Zwielicht stehen", „kann es Frau Kopp... in ihrer Haut... wohl sein"). Diese Mischsprache sucht wohl ihresgleichen, und auch in der Deutschschweiz hat sie, soweit ich sehe, außerhalb der Medien keine Domäne. Nicht immer gelingt es so gut wie hier, die kleinräumige Funktionsverteilung der Sprachformen durchzuhalten und erkennbar zu machen. Wenn aber nicht erkennbar ist, wozu das artifizielle Mischprodukt dienen soll, ist seine Berechtigung im Medium nicht einzusehen. Hier wie in vielen anderen Bereichen ist die Deutschschweizer Sprachsituation ambivalent: das Nebeneinander der Sprachformen ist im öffentlichen Sprachgebrauch Chance und Risiko zugleich. Ich habe in der ersten Auflage dieses Buches darauf hingewiesen, daß die Mundart in Radio und Fernsehen einer „Verschriftlichung" unterliegt und sich strukturell immer mehr dem Hochdeutschen annähert. Das bestätigen auch die Resultate von Ramseier, der darüber hinaus auch im lexikalischen Bereich eine vergleichbare Tendenz nachweist: Das Lexikon von mundartlichen Sendungen im Radio (zumindest bei überregionalen Programmen) ist ausgesprochen „mundartfern" oder „mundart-neutral" (Ramseier 390). D.h. es vollzieht sich einerseits eine Neutralisierung der Dialektdifferenzen und andererseits eine Annäherung an das Hochdeutsche.

11.4 Mediensprache in der BRD und der DDR

Die sprachliche Differenzierung infolge der Teilung Deutschlands hat in den letzten Jahren zunehmende Beachtung gefunden. (Zur Geschichte der Erforschung der deutschsprachigen Sprachdifferenzierung und zum gegenwärtigen Forschungsstand vgl. Hellmann 1989.) Allerdings handelt es sich bei den einschlägigen Untersuchungen meist um Arbeiten zum öffentlichen Sprachgebrauch im allgemeinen, wobei die Medien als am besten erreichbare und vergleichbare Materialbasis dienen. Hier ist insbesondere auf Wortschatzstudien wie die von Hellmann (Hrsg., 1984) oder Frein-Plischke (1987) zu verweisen. Nur einige wenige Arbeiten befassen sich bisher mit medienspezifischen Differenzen des Sprachgebrauchs in den beiden Ländern. Good (1989) legt kontrastive Analysen von Pressetexten aus der BRD und der DDR vor, ergänzt durch eine allgemeine Einführung in die differierenden Pressestrukturen und knappe, aber instruktive Beobachtungen zu den sprachlichen Differenzen. Einige der Differenzen sind bereits in Dieckmann (1986) beschrieben. Ich nenne einige interessante Punkte:

– Die in DDR-Zeitungen vorkommenden Textsorten entsprechen im wesentlichen denjenigen der BRD-Presse, doch ist die funktionale und sprachliche Differenzierung der Textsorten in der DDR geringer als in der BRD. Besonders augenfällig ist das beim „Kommentar": „Während im westdeutschen ‚Kommentar' zum Beispiel eine gewisse ‚Brechung', d.h. differenzierende Reflexion der Nachrichtenartikel stattfindet, ist im DDR-Kommentar eher eine Wiederholung bzw. Verstärkung des anderen Inhalts zu konstatieren." (Good, 32; ähnlich schon Dieckmann 1986, 228) Aus Läzer (1988), der die „Illokutionsstruktur" von Kommentaren aus den DDR-Tageszeitungen „Junge Welt" und „Berliner Zeitung" untersucht, lassen sich leider keine klaren Schlüsse ziehen auf Unterschiede zur BRD-Presse, da die Analyse sehr abstrakt bleibt und nicht mit Beispielmaterial dokumentiert ist.

– In jüngster Zeit ist auch in der DDR-Presse ein Trend zur Aufnahme „mündlicher" Formen zu beobachten, zu Interviews und zu Mischformen, bei denen neben narrativen Elementen Zitate der „Betroffenen" eine zentrale Rolle spielen (Porträts von Werktätigen u.ä.). Doch scheint es sich hier um keine durchgreifende Umgestaltung des Sprachstils zu handeln, sondern allenfalls um formale Varianten des schon Gehabten, da der propagandistische Stil mit seinen Stereotypen, Verstärkungen usw. auf die Sprache der Bürger, die da zu Worte kommen, immer wieder durchschlägt.

– Der Stil der DDR-Tageszeitungen ist sehr viel einheitlicher, einförmiger als der der BRD-Presse. Den möglichen Gründen dafür ist bereits Dieckmann (1986) nachgegangen: Ein offensichtlicher Grund ist das hohe Maß an staatlicher Lenkung, der die DDR-Presse unterliegt. (Zwar kann man auch von der BRD-Presse kaum sagen, sie sei in jeder Hinsicht „frei", doch ist sie „gerade in der Hinsicht frei", „in der die DDR-Presse es nicht ist: Die Presse in der BRD ist im wesentlichen frei von autoritativen Einflußnahmen der staatlichen Exekutive oder von Parteien." (Dieckmann, 222) Nun ist mit dem Stichwort „Lenkung" noch nicht erklärt, wie es zu dem außerordentlichen Maß an sprachlich-stilistischer Einförmigkeit kommen kann. Dieckmann nennt im wesentlichen drei Gründe:

(1) Die Presse übernimmt die von den zentralen staatlichen Gremien vermittelten Deutungen und Wertungen der Ereignisse, und damit zumindest auch einen Teil der angebotenen Formulierungen. Läzers Analyse (1988) von Kommentaren in DDR-Zeitungen bestätigt aus der Sicht eines DDR-Theoretikers diese Auffassung: „Der Journalist verfaßt den Text im Auftrag und Interesse des als soziale Institution organisierten kollekti-

ven Senders. Er ist damit als kompetent und befugt autorisiert, politische Sachverhalte in einer von den Interessen des Senders bestimmten Weise zu analysieren und zu bewerten." (475)

(2) Die Menge der Nachrichten wird gefiltert, vor allem durch die ADN, bevor sie den Redakteur erreicht. Die Nachricht erreicht ihn bereits als formulierter Text, von dem sprachlich abzuweichen kein zwingender Grund besteht.

(3) Die Redakteure üben eine Art „Selbstzensur", die in diesem Ausmaß von der staatlichen Führung nicht einmal erwünscht wäre. Dies ist erkennbar an der monotonen Abstimmung von Berichten und Kommentaren (s.o.).

– Die monochrome „Einfärbung" des Stils wird noch verstärkt dadurch, daß die DDR-Presse in viel höherem Maße als die BRD-Presse einen „Verlautbarungsjournalismus" realisiert; d.h. die Redakteure stützen sich in häufig exzessiver Weise auf wortwörtliche Zitate von Politikern ab, wenn nicht sogar ganze Reden wörtlich abgedruckt werden.

– Mit lexikostatistischen Methoden hat Hellmann (1986) beim Vergleich von „Welt" und „Neues Deutschland" ein aufschlußreiches Detail feststellen können, das die Beobachtungen Dieckmanns und Goods ergänzt: In der BRD-Zeitung werden weit mehr abschwächende Modifikatoren gebraucht als in der DDR-Zeitung; demgegenüber ist der Stil des „Neuen Deutschland" geprägt durch die gehäufte Verwendung einiger weniger verstärkender Modifikatoren. Relativierende Formulierungen der offiziellen Sehweisen sind in der DDR unerwünscht, statt dessen soll die optimistische Selbsteinschätzung der DDR-Führung immer und immer wieder verstärkt werden: „es geht immer und überall stetig und siegreich aufwärts" (zitiert bei Hellmann, 176).

– Im Blick auf die Rolle, die die Presse im Rahmen der öffentlichen Kommunikation und darüber hinaus auch in der Alltagskommunikation spielt, läßt sich soviel vermuten: Die Presse der DDR wirkt in geringerem Maße aktiv auf die Gesamtsprache ein, als es in der BRD der Fall ist. In der DDR ist die Presse vor allem „Multiplikator" der Sprache, wie sie von den staatlichen Gremien gebraucht und normiert wird, während die BRD-Presse einen selbständigen

Faktor in Sprachwandelprozessen darstellt (Dieckmann, 229). Bezüglich der elektronischen Medien liegt an größeren Arbeiten nur der aufschlußreiche Vergleich von Sportinterviews im Fernsehen der BRD und der DDR vor (Thomas 1988).

[Während der Redaktion dieses Textes – November 1989 – vollziehen sich in der DDR tiefgreifende Umwandlungen, die auch im Bereich der Medien bereits erkennbare Auswirkungen haben und durch die die obigen Befunde mit großer Wahrscheinlichkeit bald überholt sein werden.]

11.5 Mediensprache – Sprache der Politik

Viele Arbeiten zum öffentlichen Sprachgebrauch, insbesondere zur Sprache der Politik, beziehen sich auf Sprachmaterial aus den Medien, ohne aber die medienspezifischen Aspekte in den Vordergrund zu rücken (z.B. Schäffner/Neubert [Hrsg.] 1986, wo u.a. ein Ausschnitt aus dem politischen Wortschatz westeuropäischer Zeitungen vergleichend analysiert wird). Eine Ausnahme ist Good (1985), der interessante Einblicke in pressespezifische Verfahren und auch Differenzen ideologischen Sprachgebrauchs bietet. Anhand von 8 Textgruppen jeweils zum gleichen Thema bzw. Ereignis wird vergleichend dargestellt, wie der einzelne Text eine je eigene politisch-soziale Wirklichkeit schafft. Im sprachlichen Detail wird nachgewiesen, daß „Personalisierung", „Dramatisierung", „Entpolitisierung" usw. typische Verfahren der Konstruktion von Weltbildern darstellen. Aus den Analysen geht hervor, wie sehr sich die Wirklichkeitsmodelle der verschiedenen Pressetypen voneinander unterscheiden. Insbesondere die Spezifik der Boulevardpresse, z.B. hinsichtlich der ideologischen Funktionen ihrer Metaphorik, tritt deutlich ans Licht. Obwohl die Arbeit keine Textsortenklassifikation zum Ziel hat, könnten die – noch kaum systematisierten – Aspekte einen neuen Zugang zur Unterscheidung von Medien-Textsorten eröffnen.

Von den neueren Arbeiten, die öffentlichen Sprachgebrauch (u.a.) an Medientexten untersuchen, sei v. Polenz (1985) hervorgehoben, eine „Satzsemantik", die vorzügliche Hinweise für den „sprachkritischen Umgang mit Sätzen in Texten" (S. 342) gibt und die sich – wie die analysierten Beispiele demonstrieren – gut für die Analyse von Medientexten eignet. Als gut dokumentiertes Hilfsmittel für die lexikalische Erschließung von Medientexten kann neuerdings das den „brisanten Wörtern" gewidmete „Lexikon zum öffentlichen Sprachgebrauch" von Strauß/Haß/Harras (1989) herangezogen werden.

Desiderat bleiben weiterhin intermediäre Vergleiche, ferner Vergleiche der Medienkommunikation innerhalb aller deutschsprachigen Länder und darüber hinaus mit anderssprachigen Ländern. Hier wäre internationale Kooperation und Literaturrecherche vonnöten. Ich verweise nur auf vergleichbare Arbeiten zum Französischen: Kreft (1984) bietet eine Darstellung kommunikativer und im engeren Sinne linguistischer Merkmale französischer Fernsehnachrichten, die einen Vergleich mit den Resultaten von Straßner (1982) ermöglichen würden (beispielsweise in bezug auf die Nominalisierungsprozesse, die ja weitgehend „internationalen" Charakter zu haben scheinen). Für die Zeitungssprache käme z.B. ein Vergleich mit den Resultaten von Schröder (1984) in Frage, die auf der Basis der Textsortenklassifikation von Lüger (vgl. o. 322 ff.) die französische Tageszeitung „Le Monde" untersucht.

Anhang

1. *Zum Transkriptionsverfahren*

(1) Transkription der gesprochenen Medientexte

Das Hauptprinzip der Transkription ist die leichte Lesbarkeit. Bei standardsprachlichen Texten wird deshalb die normale Orthographie und – soweit möglich – auch die normale Interpunktion verwendet. Für die Transkription der Mundarttexte gilt – außer der Beachtung der morphologischen Form – in Abweichung von den Prinzipien der hochdeutschen Orthographie lediglich: Kürze vs. Länge der Vokale wird durch einfache vs. doppelte Vokalschreibung repräsentiert. (Das heißt zugleich, daß „ie“ als Diphthong zu lesen ist.) Die vielfältigen Abstufungen der oberdeutschen Vokale, z.B. im Bereich der /e/-Laute, werden nicht berücksichtigt. Die verschiedenen Varianten des verdumpften /a/ in österreichischen Mundarten werden als „å“ wiedergegeben. „st“, „sp“ sind entsprechend der hochdeutschen Aussprache als /št/ oder /st/ bzw. /šp/ oder /sp/ zu lesen. Wenn abweichend von der hochdeutschen Regelung /št/ bzw. /šp/ gemeint ist, wird „scht“ bzw. „schp“ geschrieben (z.B. „finschter“ für /finštər/). Bei Texten mit regionaler „Färbung“ werden jeweils nur die besonders auffälligen phonetischen Merkmale berücksichtigt.

Namen von Journalisten (und gegebenenfalls auch von Politikern, Städten usw.) werden, da sie nicht immer verständlich sind bzw. ihre Schreibung nicht immer eindeutig ist, meist abgekürzt.

Zusatzzeichen für paraverbale Phänomene:

Durchgehend transkribiert sind nur Pausen, da die Pausensetzung ein guter Indikator dafür ist, ob ein Text „abgelesen“ wirkt (bzw. wirken soll) oder nicht.

Ob eine Pause als kürzer oder länger wahrgenommen wird, hängt nicht nur von der absoluten Dauer der Pause ab, sondern auch vom Sprechtempo und anderen idiolektalen Merkmalen des Sprechens.

Wir unterscheiden daher nach dem Höreindruck nur „normale" kurze Pausen (wie sie z.B. bei schriftnahem Ablesen von Texten an den syntaktischen Schnittstellen hörbar sind = „syntaktische Pausen") von längeren Pausen. Die kurzen Pausen werden durch „–" wiedergegeben, sofern es sich um Pausen handelt, die nicht an den syntaktischen Schnittstellen auftreten (= „nicht-syntaktische Pausen"). Die syntaktischen Pausen sind durch die bloßen Interpunktionszeichen repräsentiert. Sofern an der Position des Interpunktionszeichens keine Pause auftritt, wird dies durch Zirkumflex über dem Interpunktionszeichen angegeben (z.B. *die Konferenz der Außenminister,̂ bei der...*).

Längere Pausen werden je nach Höreindruck mit – –, – – –, – – – – transkribiert.

„Gefüllte" Pausen werden nach der Art der Füllung annähernd phonetisch transkribiert *(äh)*.

Im übrigen sind paraverbale Merkmale nur dort notiert, wo sie im jeweiligen Zusammenhang auffällig sind:

```
Akzent:        aúfgeben
Intonation:    ———/          steigend
               ———\          fallend
```

Lachen und sonstige stimmliche Äußerungen werden in Klammern mit Majuskeln notiert, z.B. (LACHT), (RÄUSPERT SICH).

Durch *...* wird angegeben, auf welche Textpassage sich ein Kommentar wie (SEHR HASTIG GESPROCHEN) erstreckt.

Wenn das Hörersignal *hm* deutlich als Zustimmungssignal erkennbar ist, wird es mit (+) versehen.

Simultane Passagen werden durch zwei vertikale Striche indiziert, z.B.

```
A: Also|gestern haben|wir
B:     |Ja           |
```

Unterbrechungen werden durch einen vertikalen Strich angezeigt, z.B.:

```
A: Also gestern|
B:             |Darf ich mal dazwischenfragen...
```

(2) Text-Bild-Transkription

Für die Analyse des Text-Bild-Verhältnisses benötigt man eine Transkription, die auch die wesentlichen Elemente der Bildabfolge erkennen läßt. Aus den Ausführungen über die semiotischen Besonderheiten von Bildern (S. 300 ff.) geht hervor, daß eine „Transkription" des Bildteils – noch viel stärker, als dies schon bei Transkriptionen von gesprochener Sprache der Fall ist – unvollkommen und selektiv bleiben muß und nur Hilfsfunktion für analytische Zwecke haben kann. Am anschaulichsten ist die gleichzeitige Verwendung von Standbildfotos und verbaler Beschreibung einiger wichtiger Merkmale des Bildes. Genauigkeit und Art des „Bildprotokolls" haben sich aber, wie bei Sprachtranskriptionen, nach der Fragestellung der Untersuchung zu richten.
Texttranskription und Bildprotokoll sollten graphisch so angeordnet sein, daß die synchronen Abläufe soweit möglich erkennbar werden (damit man z.B. sehen kann, ob die Bildschnitte mit syntaktischen Grenzen zusammenfallen etc.). Zusätzlich zu den Transkriptionen können, je nach Fragestellung, noch weitere Informationen vermittelt werden: Zeitzählung, in Sekunden; Numerierung und Dauer der Einstellungen, Textsorte, Bildsorte usw. (Gute Beispiele für Text-Bild-Transkriptionen findet man bei Wember 1976, 108 ff. oder Strassner 1982, 254 ff.).

2. *Abkürzungen*

NZZ = Neue Zürcher Zeitung
FAZ = Frankfurter Allgemeine Zeitung

Die Radio- und Fernsehsender erscheinen mit den üblichen Siglen (ARD, ZDF etc.). Die Deutschschweizer Sender werden abgekürzt als „Radio/Fernsehen DRS" (= Radio/Fernsehen der deutschen und rätoromanischen Schweiz).

Bibliographie

Amstad, T. (1978): Wie verständlich sind unsere Zeitungen? Zürich

Arnold, B.-P. (1982): Nachrichtenwert und Nachrichtenauswahl – Anmerkungen aus der Sicht der Praxis. – In: Media Perspektiven 1, 28–34

Baacke, D./Kübler, H.-D. (Hrsg., 1989): Qualitative Medienforschung. Konzepte und Erprobungen. Tübingen (= Medien in Forschung + Unterricht A/29)

Bentele, G. (Hrsg., 1981): Semiotik und Massenmedien. München

Bentele, G./Hess-Lüttich, E. W. B. (Hrsg., 1985): Zeichengebrauch in Massenmedien. Zum Verhältnis von sprachlicher und nicht-sprachlicher Information in Hörfunk, Film und Fernsehen. Tübingen (= Medien in Forschung + Unterricht A/17)

Berens, F.-J. (1975): Analyse des Sprachverhaltens im Redekonstellationstyp „Interview". Eine empirische Untersuchung. München (= Heutiges Deutsch I/6)

Berry, C. (1988): Rundfunknachrichtenforschung – Ein Beitrag zur Klärung der Wirkung von Präsentation und Motivation. – In: Media Perspektiven 3, 166–175

Böhm, S./Koller, G./Schönhut, J./Strassner, E. (1972): Rundfunknachrichten. – In: Rucktäschel, A. (Hrsg., 1972): Sprache und Gesellschaft. München, 153–194

Braun, P. (1979): Tendenzen in der deutschen Gegenwartssprache. Stuttgart

Brinker, K. (1983): Textfunktionen, Ansätze zu ihrer Beschreibung. – In: ZGL 11, 127–148

Brinker, K. (1985): Linguistische Textanalyse. Eine Einführung in Grundbegriffe und Methoden. Berlin 1985

Bucher, H.-J. (1986): Pressekommunikation – Grundstrukturen einer öffentlichen Form der Kommunikation aus linguistischer Sicht. Tübingen (= Medien in Forschung + Unterricht A/20)

Burger, H. (1976): „Die Achseln zucken" – zur sprachlichen Kodierung nicht-sprachlicher Kommunikation. – In: Wirkendes Wort 26, 311–334

Burger, H. (1987): Funktionen von Phraseologismen in den Massenmedien. – In: H. Burger/R. Zett (Hrsg.), Aktuelle Probleme der Phraseologie. Bern (=Zürcher Germanistische Studien 9), 11–28

Burger, H. (1990, im Druck): Das Gespräch in den Massenmedien. Berlin

Burger, H./Buhofer, A./Sialm, A. (1982): Handbuch der Phraseologie. Berlin-New York

Burger, H./Imhasly, B. (1978): Formen sprachlicher Kommunikation. München

Burger, H./von Matt, P. (1980): „Die Telearena", Literatur- und sprachwissenschaftliche Aspekte einer Fernsehreihe. – In: Schweizer Monatshefte 60, Heft 4, 325–337

Burkhardt, A. (1986): Soziale Akte, Sprechakte und Textillokutionen. Tübingen (= Reihe Germanistische Linguistik 69)

Dankert, H. (1969): Sportsprache und Kommunikation. Untersuchungen zur Struktur der Fußballsprache und zum Stil der Sportberichterstattung. Tübingen

Dardano, M. (1973): Il Linguaggio dei giornali italiani. Roma

Debus, F./Hellmann, M.W./Schlosser, H.D. (Hrsg., 1986): Sprachliche Normen und Normierungsfolgen in der DDR. Hildesheim 1986 (= Germanistische Linguistik 82–83, 1985)

Dieckmann, W. (1981): Probleme der linguistischen Analyse (öffentlich-) institutioneller Kommunikation. – In: Dieckmann, Politische Sprache – Politische Kommunikation. Vorträge, Aufsätze, Entwürfe. Heidelberg, 208–245

Dieckmann, W. (1986): Sprachliche Gleichförmigkeit und sprachliche Varianz in der politischen Presseberichterstattung von Tageszeitungen aus der Bundesrepublik und der DDR. In: Debus, F., et al. (Hrsg., 1986), S. 217–241

Dovifat, E. (1967[5]): Zeitungslehre. 2 Bde. Berlin

Dovifat, E. (Hrsg.) (1968–69): Handbuch der Publizistik. 3 Bde. Berlin

Draganits, A./Steinmann, M. (1987): Mundart – Schriftsprache. Eine gesamtschweizerische Untersuchung zu allgemeinen Sprachproblemen. Bern

Ebner, W. (1986): Kommunikative Probleme tagesaktueller Berichterstattung im Fernsehen – dargestellt am Beispiel der „Landesschau Baden-Württemberg". Frankfurt a.M. (= Sprache in der Gesellschaft 9)

Ecker, H.-P., et al. (1977): Textform Interview. Darstellung und Analyse eines Kommunikationsmodells. Düsseldorf

Ehlich, K. (1981): Text, Mündlichkeit, Schriftlichkeit. – In: Forschungsberichte des Instituts für Phonetik und Sprachliche Kommunikation der Universität München 14, 23–51

Faulstich, W (1978[2]): Einführung in die Filmanalyse. Tübingen (= Literaturwissenschaft im Grundstudium 1)

Ferguson, C.A. (1959): Diglossia. – In: Word 15, 325–340

Fishman, M. (1982): News and Nonevents – Making the Visible Invisible. – In: Ettema, J.S./Whitney, D.C. (eds.): Individuals in Mass Media

Organizations – Creativity and Constraint. Beverly Hills/London/New Dehli, 219–240
Frein-Plischke, M.-L. (1987): Wortschatz Bundesrepublik – DDR. Semantische Untersuchungen anhand von Personalkollektiva. Düsseldorf (= Sprache der Gegenwart 72)
Friedrich, H. (Hrsg., 1977): Kommunikationsprobleme bei Fernsehnachrichten. Akademie für Politische Bildung Tutzing (= Politische Medienkunde 3)
Früh, W. (1980): Lesen, Verstehen, Urteilen. Untersuchungen über den Zusammenhang von Textgestaltung und Textwirkung. Freiburg/München
Good, C.H. (1985): Presse und soziale Wirklichkeit. Ein Beitrag zur „kritischen Sprachwissenschaft". Düsseldorf. (= Sprache der Gegenwart 65)
Good, C.H. (1989): Zeitungssprache im geteilten Deutschland. Exemplarische Textanalysen. München
Goodfield, J. (1983): Wissenschaft und Medien. Basel-Boston-Stuttgart
Habermann, P. (1984): Fernsehen und Informationsverarbeitung. – In: Media Perspektiven 1, 51–57
Häcki Buhofer, A. (1985): Schriftlichkeit im Alltag. Theoretische und empirische Aspekte – am Beispiel eines Schweizer Industriebetriebs. Bern (= Zürcher Germanistische Studien 2)
v. Hahn, W. (1980^2): Fachsprachen. – In: Lexikon der Germanistischen Linguistik, 390–395
v. Hahn. W. (1983): Fachkommunikation. Entwicklung – Linguistische Konzepte – Betriebliche Beispiele. Berlin–New York
Hang, H.-G. (1976): Die Fragesignale in der gesprochenen deutschen Standardsprache. Dargestellt an Interviews zweier Rundfunkmagazinsendungen. Göppingen
Häusermann, J./Käppeli, H. (1986): Rhetorik für Radio und Fernsehen. Regeln für mediengerechtes Schreiben, Sprechen, Kommentieren, Informieren, Interviewen, Moderieren. Aarau (= Schriften zur Medienpraxis 1)
Heath, S. (1981): Toward an Ethnohistory of Writing in American Education. – In: Whiteman, M. (ed., 1981): Writing: The Nature, Development, and Teaching of Written Communication. Hillsdale, New Jersey. Bd. 1, 25–45
Hebel, F. (1969): Sprache der Wirtschaft – Eine kritische Leseübung in Klasse 10. – In: Der Deutschunterricht 21, 58–72
Heiz, A. (1978): Wie argumentiert Werbung. München
Hellmann, M.W. (1986): Einige Beobachtungen zu Häufigkeit, Stil und journalistischen Einstellungen in west- und ostdeutschen Zeitungstexten. In: Debus, F., et al. (Hrsg., 1986), 169–199

Hellmann, M. W. (1989): Die doppelte Wende – Zur Verbindung von Sprache, Sprachwissenschaft und zeitgebundener politischer Bewertung am Beispiel deutsch-deutscher Sprachdifferenzierung. – In: Klein, J. (Hrsg.), Politische Semantik. Bedeutungsanalytische und sprachkritische Beiträge zur politischen Sprachverwendung, Opladen, 297–321

Hellmann, M. W. (Hrsg., 1984): Ost-West-Wortschatzvergleiche. Maschinell gestützte Untersuchungen zum Vokabular von Zeitungstexten aus der BRD und der DDR. Tübingen (= Forschungsberichte des Instituts für deutsche Sprache Mannheim 48)

Hermann, I./Heygster, A.-L. (Hrsg., 1981): Fernsehkritik. Sprache im Fernsehen. Spontan? Konkret? Korrekt? Annäherung an das Thema. Mainz

Hess-Lüttich, E. W. B. (1983): Alternative Dialoge? Ästhetik und Illusion der Verständigung in jugendlichen Subkulturen. – In: Kühlwein, W. (Hrsg.): Texte in Sprachwissenschaft, Sprachunterricht und Sprachtherapie. Tübingen, 24–37

Hoffmann, R.-R. (1982): Politische Fernsehinterviews. Eine empirische Analyse sprachlichen Handelns. Tübingen (= Medien in Forschung + Unterricht, A/9)

Holly, W./Kühn, P./Püschel, U. (1986): Politische Fernsehdiskussionen. Zur medienspezifischen Inszenierung von Propaganda als Diskussion. Tübingen (= Medien in Forschung + Unterricht A/18)

Holly, W./Kühn, P./Püschel, U. (Hrsg., 1989): Redeshows – Fernsehdiskussionen in der Diskussion. Tübingen (= Medien in Forschung + Unterricht A/26)

Hörmann, H. (1976): Meinen und Verstehen. Grundzüge einer psychologischen Semantik. Frankfurt a. M.

Hudson, R.A. (1980): Sociolinguistics. Cambridge

Hundsnurscher, F./Weigand, E. (1986): Dialoganalyse. Referate der 1. Arbeitstagung Münster 1986. Tübingen (= Linguistische Arbeiten 176)

Huth, L. (1985): Bilder als Elemente kommunikativen Handelns in den Fernsehnachrichten. – In: Zeitschrift für Semiotik 7/3, 203–234

Inderbitzin, St. (1984): Die Geschichte der Telearena – Telebühne. Eine Auswertung im Auftrag der Abteilung Dramatik des Fernsehens DRS. Zürich

Jörg, S. (1979): Was Bilder dem Kind erzählen – Das narrative Element im Fernsehen. – In: Fernsehen und Bildung 13/3, 209–222

Jörg, S. (Hrsg., 1982): Spaß für Millionen – Wie unterhält uns das Fernsehen? Berlin

Jucker, A.H. (1986): News Interviews. A Pragmalinguistic Analysis. Amsterdam/ Philadelphia (= Pragmatics & Beyond VII : 4)

Kaupp, P. (1980^2): Presse – Hörfunk – Fernsehen. Funktion. Wirkung. Ein medienkundliches Handbuch. Frankfurt a.M.
Klare, G.R. (1963): The Measurement of Readability. Ames (Iowa)
Klockow, R. (1980): Linguistik der Gänsefüßchen. Untersuchungen zum Gebrauch der Anführungszeichen im gegenwärtigen Deutsch. Frankfurt a.M.
Kniffka, H. (1980): Soziolinguistik und empirische Textanalyse. Schlagzeilen und Leadformulierung in amerikanischen Tageszeitungen. Tübingen (= Linguistische Arbeiten 94)
Koszyk, K./Pruys, K.H. (1976^4): Wörterbuch der Publizistik. München (dtv 3032)
Kreft, W. (1984): Ein Analysemodell der Funktionen und Formen mittelbarer sprachlicher Kommunikation. Dargestellt an französischen Fernsehnachrichten. Frankfurt a.M.
Kreuzer, H./Prümm, K. (Hrsg., 1979): Fernsehsendungen und ihre Formen. Stuttgart
Kroppach, D. (1970): Die Sportberichterstattung der Presse. Untersuchungen zum Wortschatz und zur Syntax. Marburg
Kübler, H.-D. (1975): Abendschau – Unterhaltung und Information im Fernsehen. Tübingen.
Kuchenbuch, Th. (1978): Filmanalyse. Theorien – Modelle – Kritik. Köln
Kuhn, F. (1983): Überlegungen zur politischen Sprache der Alternativbewegung. – In: Sprache und Literatur 51, 61–79
Kühn, P. (1984): Pragmatische und lexikographische Beschreibung phraseologischer Einheiten: Phraseologismen und Routineformeln. – In: H.E. Wiegand (Hrsg.), Studien zur neuhochdeutschen Lexikographie IV. Hildesheim (= Germanistische Linguistik 1–3/83), 175–235
Kunczik, M. (1979^2): Massenkommunikation. Eine Einführung. Köln
Langer, I./Schulz v. Thun, F./Tausch, R. (1974): Verständlichkeit in Schule, Verwaltung, Politik und Wissenschaft. München/Basel
v. La Roche, W./Buchholz, A. (Hrsg., 1980): Radio-Journalismus. Ein Handbuch für Ausbildung und Praxis im Hörfunk. München
Läzer, R. (1988): Zur Illokutionsstruktur von Pressekommentaren – ein praktischer Beitrag zur Theoriendiskussion der handlungsorientierten Textanalyse. – In: Zeitschrift für Germanistik 9, 472–479
Leisi, E. (1975^5): Der Wortinhalt, seine Struktur im Deutschen und Englischen. Heidelberg
Leitner, G. (1983): Gesprächsanalyse und Rundfunkkommunikation. Die Struktur englischer phone-ins. Hildesheim
Linke, A. (1985): Gespräche im Fernsehen. Eine diskursanalytische Untersuchung. Bern (= Zürcher Germanistische Studien 1)
List, G. (1981): Sprachpsychologie. Stuttgart

Löffler, H. (1983): Zur Natürlichkeit künstlicher Studio-Gespräche – Beobachtungen an moderierten Sendungen im Fernsehen. – In: Rosengren, I. (Hrsg): Sprache und Pragmatik. Stockholm (= Lunder germanistische Forschungen 52), 359–372

Lüger, H.-H. (1977): Journalistische Darstellungsformen aus linguistischer Sicht. Freiburg. (Diss.)

Lüger, H.-H. (1983): Pressesprache. Tübingen (= Germanistische Arbeitshefte 28)

Maletzke, G. (Hrsg., 1972): Einführung in die Massenkommunikationsforschung. Berlin

Metz, Ch. (1972): Semiologie des Films. München

Metz, Ch. (1973): Sprache und Film. Frankfurt a. M.

Mittelberg, E. (1967): Wortschatz und Syntax der Bild-Zeitung. Marburg (= Marburger Beiträge zur Germanistik 19)

Möhn, D. (1980^2): Sondersprachen. – In: Althaus, H. P. et al. (Hrsg.), Lexikon der Germanistischen Linguistik, 384–390

Möller, K.-D. (1981): Syntax und Semantik in der Filmsemiotik. – In: Bentele, G. (Hrsg.), 243–279

Muckenhaupt, M. (1980): Der Ärger mit Wörtern und Bildern. Probleme der Verständlichkeit und des Zusammenhangs von Text und Bild. – In: Kodikas/Code 2, 187–209

Muckenhaupt, M. (1981 a): Verstehen und Verständlichkeit. Vorschläge zu einer kommunikativen Analyse der Verständlichkeit und des Zusammenhangs von Text und Bild. – In: Kodikas/Code 3, 39–81

Muckenhaupt, M. (1981 b): Spielarten des Informierens in Nachrichtensendungen. – In: Hermann, I./Heygster, A.-L. (Hrsg.), 211–245

Muckenhaupt, M. (1986): Text und Bild – Grundfragen der Beschreibung von Text-Bild-Kommunikationen aus sprachwissenschaftlicher Sicht. Tübingen (= Tübinger Beiträge zur Linguistik 271)

Mühlen, U. (1985): Talk als Show. Frankfurt a. M.

Mühlen-Achs, B. (1977): Filmsprache und Wirklichkeit. München

Müller, M. (1989): Schweizer Pressereportagen. Eine linguistische Textsortenanalyse. Aarau (= Reihe Sprachlandschaft 7)

Narr, A. (1988): Verständlichkeit im Magazinjournalismus. Probleme einer rezipientengerechten Berichterstattung im Hörfunk. Frankfurt a. M. (= Sprache in der Gesellschaft 12)

Netzer, H.-J. (1970): Thesen über das Interview. – In: Publizistik 15, 31–37

Neugebauer, E. (1986): Mitspielen beim Zuschauen – Analyse zeitgleicher Sportberichterstattung des Fernsehens. Frankfurt a. M.

Ohler, J. (1982): Wird das Nachrichtendeutsch immer schlechter? Versuch einer Sprachkritik. – In: Media Perspektiven 1, 41–48

Oomen, U. (1985): Bildfunktionen und Kommunikationsstrategien in Fernsehnachrichten. In: Bentele, G./Hess-Lüttich, E.W.B. (Hrsg.), 155–166

Ortner, L. (1982): Wortschatz der Pop-/Rockmusik. Düsseldorf (= Sprache der Gegenwart 53)

v. Polenz, P. (1985): Deutsche Satzsemantik. Grundbegriffe des Zwischen-den-Zeilen-Lesens. Berlin. (= Sammlung Göschen 2226)

Postman, N. (1983): Das Verschwinden der Kindheit. (Orig. New York 1982) Frankfurt a.M.

Prott J., et al. (1983): Journalisten an Bildschirmgeräten. Düsseldorf (= Praktikerreihe 3)

Ramseier, M. (1988): Mundart und Standardsprache im Radio der deutschen und rätoromanischen Schweiz. Aarau und Frankfurt a.M. (= Reihe Sprachlandschaft 6)

Ratzke, D. (1982): Handbuch der Neuen Medien. Stuttgart.

Rehbein, J. (1982): Zu begrifflichen Prozeduren in der zweiten Sprache Deutsch. – In: Bausch, K.-H. (Hrsg.): Mehrsprachigkeit in der Stadtregion. Düsseldorf (= Sprache der Gegenwart 56), 225–281

Renckstorf, K. (1977): Neue Perspektiven in der Massenkommunikationsforschung. Beiträge zur Begründung eines alternativen Forschungsansatzes. Berlin

Renckstorf, K. (1980): Nachrichtensendungen im Fernsehen (1). Berlin

Renckstorf, K./Rohland, L. (1980): Nachrichtensendungen im Fernsehen (2). Berlin

Ris, R. (1979): Dialekte und Einheitssprache in der deutschen Schweiz. – In: International Journal of the Sociology of Language 21, 41–61

Ris, R. (1980): Dialektologie zwischen Linguistik und Sozialpsychologie. – In: Göschel, J., et al. (Hrsg.): Dialekt und Dialektologie. Wiesbaden (= ZDL Beiheft 26)

Rosengren, I. (1972, 1977): Ein Frequenzwörterbuch der deutschen Zeitungssprache. 2 Bde. Lund (= Lunder germanistische Forschungen 41, 43)

Rössler, G. (1979): Konnotationen. Untersuchungen zum Problem der Mit- und Nebenbedeutungen. Wiesbaden (= ZDL Beiheft 29)

v. Rüden, P. (Hrsg., 1979): Unterhaltungsmedium Fernsehen. München

Ruoff, A. (1981): Häufigkeitswörterbuch gesprochener Sprache. Tübingen (= Idiomatica 8)

Rütten, D. (1989): Strukturelle Merkmale politischer Rundengespräche im Fernsehen. Dargestellt am Beispiel der „Elefantenrunde". – In: Klein, J. (Hrsg.), Politische Semantik – Beiträge zur politischen Sprachverwendung, Opladen, 187–230

Sanders, W. (1982): Sachsensprache, Hansesprache, Plattdeutsch – Sprachgeschichtliche Grundzüge des Niederdeutschen. Göttingen
Sandig, B. (1978): Stilistik. Berlin
Saville-Toike, M. (1982): The Ethnography of Communication. An Introduction. Oxford
Saxer, U. (1979): Fernsehen unter Anklage. Zürich
Saxer, U. et al. (1979): 20 Jahre Blick. Zürich
Schäffner, Ch./Neubert, A. (Hrsg., 1986): Politischer Wortschatz in textueller Sicht. (Linguistische Studien A 146)
Scharf, W. (1981): Nachrichten im Fernsehen der Bundesrepublik Deutschland und der DDR – Objektivität oder Parteilichkeit in der Berichterstattung. Frankfurt a.M.
Schäublin, P. (1972): Probleme des adnominalen Attributs in der deutschen Sprache der Gegenwart. Morphosyntaktische und semantische Untersuchungen (= Studia linguistica germanica 5)
Schmitz, U. (1985): Kein Licht ins Dunkel – Der Text zum Bild der ‚Tagesschau'. – In: Bentele, G./Hess-Lüttich, E.W.B. (Hrsg.), 137–154
Schneider, P. (1974): Die Sprache des Sports. Terminologie und Präsentation in den Massenmedien. Düsseldorf
Schröder, D. (1984): „Le Monde". Versuch einer texttypologischen und syntaktischen Monographie. Bern
Schult, G./Buchholz, A. (Hrsg., 1982): Fernsehjournalismus. Ein Handbuch für Ausbildung und Praxis. München
Schwitalla, J. (1979): Dialogsteuerung in Interviews – Ansätze zu einer Theorie der Dialogsteuerung mit empirischen Untersuchungen. München (= Heutiges Deutsch I/15)
Sieber, P./Sitta, H. (1986): Mundart und Standardsprache als Problem der Schule. Aarau (= Reihe Sprachlandschaft 3)
Sökeland, W. (1980): Indirektheit von Sprechhandlungen. Tübingen (= Reihe Germanistische Linguistik 26)
Sornig, K. (1981): Soziosemantik auf der Wortebene. Tübingen (= Linguistische Arbeiten 102)
Spillner, B. (1982): Stilanalyse semiotisch komplexer Texte. – In: Kodikas/Code 4/5, Nr. 1, 91–106
Steger, H./Deutrich, H./Schank, G./Schütz, E. (1974): Redekonstellation, Redekonstellationstyp, Textexemplar, Textsorte im Rahmen eines Sprachverhaltensmodells. Begründung einer Forschungshypothese. – In: Gesprochene Sprache. Düsseldorf (= Sprache der Gegenwart 26), 39–97
Steinberg, G. (1971): Erlebte Rede. Ihre Eigenart und ihre Formen in neuerer deutscher, französischer und englischer Erzählliteratur. Teil I und II. Göppingen (= Göppinger Arbeiten zur Germanistik 50/51)

Stellmacher, D. (1981): Niederdeutsch. Formen und Forschungen. Tübingen (= Reihe Germanistische Linguistik 31)
Straßner, E. (1981 a): Sprache in Massenmedien – ein Forschungsüberblick. – In: Bentele, G. (Hrsg.), 57–74
Straßner, E. (1981 b): Sprachstrukturen. – In: Hermann, I./Heygster, A.-L. (Hrsg.), 169–184
Straßner, E. (1981 c): Sprache in Spiel- und Fernsehfilmen. Medienbedingte Einflüsse auf dialogisches Sprechen. – In: Schaefer, E. (Hrsg.): Medien und Deutschunterricht. Tübingen
Straßner, E. (1982): Fernsehnachrichten. Eine Produktions-, Produkt- und Rezeptionsanalyse. Tübingen (= Medien in Forschung + Unterricht A/8)
Straßner, E. (1983): Rolle und Ausmaß dialektalen Sprachgebrauchs in den Massenmedien und in der Werbung. – In: Besch, W., et al. (Hrsg.): Dialektologie. Bd. 1.2 Berlin-New York, 1509–1525
Straßner, E. (Hrsg., 1975): Nachrichten. Entwicklungen – Analysen – Erfahrungen. München (= Kritische Information 31)
Strauß, G./Haß, U./Harras, G. (1989): Brisante Wörter von Agitation bis Zeitgeist. Ein Lexikon zum öffentlichen Sprachgebrauch. Berlin (= Schriften des Instituts für deutsche Sprache 2)
Sturm, H./Jörg, S. (1980): Informationsverarbeitung durch Kinder. München (= Schriftenreihe Internationales Zentralinstitut für das Jugend- und Bildungsfernsehen 12)
Sucharowski, W. (Hrsg., 1985): Gesprächsforschung im Vergleich. Analysen zur Bonner Runde nach der Hessenwahl 1982. Tübingen (= Linguistische Arbeiten 158)
Tauber, M./Stoll, F./Drewek, R. (1980): Erfassen Lesbarkeitsformeln und Textbeurteilung verschiedene Dimensionen der Textverständlichkeit? – In: Zeitschrift für experimentelle und angewandte Psychologie, Bd. XXVII, Heft 1, 135–146
Teichert, W. (1979): Die Sehgewohnheiten der Zuschauer oder Was erwartet das Publikum von den Unterhaltungssendungen des Fernsehens? – In: v. Rüden, P. (Hrsg., 1979): Unterhaltungsmedium Fernsehen. München, 73–84
Thomas, J. (1988): Denn sie leben ja voneinander – Analyse von Sport-Interviews im Zweiten Deutschen Fernsehen und im Fernsehen der DDR. Frankfurt a.M.
Troesser, M. (1981): Die Illusion von der Mitproduktion – Oder die Macht des Moderators im Wohnzimmer des Hörers. – In: Bentele, G. (Hrsg.), 81–107
Troesser, M. (1986): Moderieren im Hörfunk. Handlungsanalytische Untersuchung zur Moderation von Hörfunksendungen des Westdeutschen Rundfunks mit Publikumsbeteiligung. Tübingen

Weischenberg, S. (1982): Journalismus in der Computergesellschaft. München
Wember, B. (1972): Objektiver Dokumentarfilm. Modelle einer Analyse und Materialien für den Unterricht. Berlin
Wember, B. (1976): Wie informiert das Fernsehen? München
Wiesinger, P. (1983): Sprachschichten und Sprachgebrauch in Österreich. – In: Zeitschrift für Germanistik 2, 184–195
Wittkämper, G. (1981): Medienwirkungen in der internationalen Politik. Projektbericht in 2 Bdn. Münster
Wodak, R. (1987): ‚And where is the Lebanon?‘ A socio-psycholinguistic investigation of comprehension and intelligibility of news. – In: Text 7/4, 377–410
Wolf, F. F. (1982): Das Lokalradio in Österreich. – In: Media Perspektiven 1, 49–53
Wuttke, H. (1875): Die deutschen Zeitschriften und die Entstehung der öffentlichen Meinung. Leipzig

Sachregister